CB135993

INTRODUÇÃO À HISTÓRIA DA FILOSOFIA

MARILENA CHAUI

Introdução à história da filosofia

Vol. 2: As escolas helenísticas

2ª reimpressão

Companhia Das Letras

Grafia atualizada segundo o Acordo Ortográfico da Língua Portuguesa de 1990, que entrou em vigor no Brasil em 2009.

Capa
Moema Cavalcanti

Edição
Heloisa Jahn

Preparação, bibliografia e glossários
Ana Lima Cecilio

Índice remissivo
Luciano Marchiori

Mapas
Sônia Vaz

Revisão
Daniela Medeiros
Marise Leal
Eduardo Russo

Dados Internacionais de Catalogação na Publicação (CIP)
(Câmara Brasileira do Livro, SP, Brasil)

Chaui, Marilena
Introdução à história da filosofia : Vol. 2 : As escolas helenísticas / Marilena Chaui. — 1ª ed. — São Paulo : Companhia das Letras, 2010.

Bibliografia
ISBN 978-85-359-1715-4

1. Filosofia – História I. Título.

10-06440 CDD-109

Índice para catálogo sistemático:
1. Filosofia : História 109

EDITORA SCHWARCZ S.A.
Rua Bandeira Paulista, 702, cj. 32
04532-002 — São Paulo — SP
Telefone: (11) 3707-3500
www.companhiadasletras.com.br
www.blogdacompanhia.com.br
facebook.com/companhiadasletras
instagram.com/companhiadasletras
twitter.com/cialetras

Para Cacau e Chico, meus afilhados

Sumário

PARTE I

AS ESCOLAS DO PERÍODO HELENÍSTICO

Introdução à parte I

Do final da pólis independente ao Império de Alexandre

HELENISMO

Os historiadores da cultura convencionaram designar *Helenismo* as atividades culturais desenvolvidas no período transcorrido entre a morte de Alexandre Magno, em 323 a.C., e o fim da república romana, em 31 a.C., quando Augusto (vencedor da batalha de Actium, em 27 a.C.) se torna imperador de Roma. A designação refere-se à presença dominante da língua e da cultura gregas em todo o mundo conhecido, numa difusão sem precedentes cuja causa inicial foi a convicção de Alexandre, aluno de Aristóteles, de que por seu intermédio a Grécia devia cumprir uma missão civilizatória sobre todos os povos da terra. A língua grega transformou-se na *koiné*, dialeto comum em todas as terras conquistadas por Alexandre, e Alexandria, no Egito, tornou-se a capital cultural da Antiguidade, papel que conservou mesmo quando Roma ocupou o lugar de centro político e econômico de um império que se estendia do Próximo Oriente ao Sul da Europa, do Mediterrâneo ao Atlântico.

Embora o termo *Helenismo* pareça indicar apenas a hegemonia da cultura grega, na realidade, exprime a comunicação intensa entre as criações culturais helênicas e as orientais enquanto submetidas a um mesmo e único poder central, ligadas por rotas comerciais e tendo como ponto de encontro Alexandria e, mais tarde, Roma. Muitos preferem usar a expressão *alexandrinismo* para acentuar o papel que a dinastia dos Ptolomeus conferiu a Alexandria como centro de confluência da cultura grega e da oriental, com a criação do Museu e da Biblioteca, espaços destinados às atividades do conhecimento e das artes.

No caso da história da filosofia, fala-se em *período helenístico* para designar os três grandes sistemas filosóficos predominantes nessa época: ceticismo, epicurismo e estoicismo. Todavia, aqui, alguns reparos precisam ser feitos.

Em primeiro lugar, um reparo cronológico. De fato, embora os três grandes sistemas possam ser datados a partir da morte de Alexandre, sua elaboração prossegue após o fim da república romana, estendendo-se durante todo o Império Romano, portanto, até o século V d.C. Essa alteração cronológica permite inserir entre as filosofias helenísticas um sistema tardio, do século III d.C., o neoplatonismo. Em segundo, um reparo de conteúdo. Com efeito, além dos três grandes sistemas filosóficos predominantes e do neoplatonismo, deve ser incluída no Helenismo filosófico também a filosofia peripatética, isto é, a continuação da filosofia aristotélica, prosseguida com Teofrastro e seu discípulo, Estratão. Além disso, é preciso considerar que os sistemas helenísticos possuem uma fase romana, havendo escritos filosóficos não em grego, mas em latim, como os de Cícero, Sêneca, Lucrécio e Marco Aurélio, para mencionar os mais conhecidos. Finalmente, cumpre não esquecer que durante o longo período entre a morte de Alexandre e o reino de Augusto (mais de trezentos anos) permaneceram vivas muitas antigas correntes filosóficas, como o neopitagorismo, que será reavivado pelos neoplatônicos, e o cinismo que, juntamente com aspectos do platonismo, será retomado pelos céticos e estoicos.

Independentemente dessa pluralidade de tendências filosóficas e do longo tempo de sua duração, alguns traços são comuns a todas e levam a falar em *filosofia helenística* para distingui-la da filosofia clássica grega. Destaquemos alguns desses traços.

Em primeiro lugar, como observam os historiadores, o pensamento helenístico, ainda que se erga como adversário de Platão e Aristóteles, enraíza-se nas duas grandes filosofias clássicas do século IV a.C., a platônica e a aristotélica. Como consequência, as novas filosofias tendem a dividir seus escritos em conformidade com a classificação dos saberes realizada por Xenócrates, dirigente da Academia platônica entre 339 e 314 a.C., que dividira toda a filosofia em três campos: a lógica (estudo do raciocínio e do discurso racional), a física (estudo da

Natureza e de todas as suas manifestações) e a ética (estudo da natureza humana e da vida reta e feliz). É assim que, na *Carta 89*, Sêneca escreve que "os autores mais importantes dizem que há três partes na filosofia: ética, física e lógica", a primeira incluindo política e moral, a segunda tratando não só da filosofia natural, mas também da ontologia, e a terceira incluindo a retórica. O cético da época imperial, Sexto Empírico, numa obra intitulada *Esboços pirrônicos*, examina as muitas disputas entre os dogmáticos quanto às partes da filosofia: alguns, como os peripatéticos, preferem dividi-la em apenas duas partes, a teorética e a prática, deixando de fora a lógica por ser considerada apenas um instrumento para a filosofia; outros, como o estoico Cleanto, chegam a propor seis partes (dialética, retórica, ética, política, física e teologia). Embora tenda a prevalecer a divisão tripartite, há disputa sobre seu significado. Por vezes, a divisão parece ser apenas pedagógica, isto é, define em que ordem um estudante de filosofia deve ser ensinado. Sexto, por exemplo, declara que, do ponto de vista pedagógico, a maioria costuma seguir a tripartição de Xenócrates. Outras vezes, a divisão parece ser sistemática: quais as relações entre as partes? Qual pressupõe as outras ou é por elas pressuposta? Muitas vezes, porém, a divisão parece ser normativa: qual parte é o ponto mais elevado ou a culminação da filosofia? Essa indagação levou ao surgimento de analogias como a da filosofia como um pomar no qual as árvores são a física, os frutos, a ética, e a cerca, a lógica. Ou como um ovo em que a ética é a gema, a física, a clara e a lógica, a casca. Ou como o animal: carne e sangue são a física, os ossos, a lógica e a alma é a ética.

Em segundo lugar, opondo-se à herança platônico-aristotélica, os filósofos helenísticos, particularmente epicuristas e estoicos, como lembra Bréhier, estavam convencidos da impossibilidade de encontrar regras de conduta humana e de alcançar a felicidade sem o apoio numa concepção racional da Natureza, isto é, uma ética é impossível sem uma física. Porém a física (ou filosofia da natureza), diferentemente da concepção de Platão ou da de Aristóteles, não possuía sentido e valor em si mesma, mas apenas como sustentáculo da ética. Consequentemente, em vez da separação platônica entre o sensível (a física) e o inteligível (a ética) ou da distinção aristotélica entre os seres que possuem em si mesmos a causa do movimento (física) e os seres que, além disso, são guiados pela vontade racional que escolhe fins (ética e política), os helenísticos tenderam ao naturalismo ético, isto é, a encontrar no todo da Natureza as determinações fundamentais da ação humana. O privilégio da ética sobre as demais partes da filosofia conduziu à ideia da *sophía** menos como *theoría** e muito mais como sabedoria prática, *phrónesis**.

Um terceiro traço comum às novas filosofias, e consequência de sua oposição ao legado platônico-aristotélico, é o materialismo, ou seja, a recusa de entidades imateriais ou incorporais — as Formas ou Ideias platônicas; o Intelecto Agente e o Primeiro Motor Imóvel aristotélicos —, consideradas desnecessárias para a explicação da estrutura da Natureza e para os acontecimentos naturais, bem como para a vida ética justa e feliz. Em outras palavras, os filósofos helenísticos recusam todas as figuras da transcendência e do supranatural.

Em quarto lugar, as novas filosofias possuem em comum a forma: são *sistemas*, isto é, como a palavra *systéma* indica (conjunto total de partes interligadas de um corpo ou de um objeto), nelas há uma interligação necessária entre as partes (lógica, física e ética), que se articulam de maneira a que cada uma não possa ser pensada sem as outras. Isso lhes dá também uma novidade quanto ao conteúdo, ou seja, são *doutrinas*: cada sistema apresenta-se como conjunto articulado de verdades, constituindo uma totalidade coerente e autossuficiente. Daí, pouco a pouco, o ensino das doutrinas tende a ser mais importante do que novas investigações que, embora realizadas continuamente, são consideradas acréscimos ao corpo doutrinário e não refutações ou inovações.

Disso resulta, em quinto lugar, outra peculiaridade da nova atitude filosófica, qual seja, a formação de escolas para a transmissão da doutrina dos mestres fundadores. Na verdade, o fenômeno das escolas não é helenístico: a Academia, de Platão, e o Liceu, de Aristóteles, antecederam o Jardim, de Epicuro, e o Pórtico, dos estoicos. Como explica o helenista Pierre Hadot, atualmente costumamos considerar o estudo da filosofia tal como se encontra organizado nos currículos escolares (a filosofia é uma matéria do programa) e identificar uma escola filosófica com a ideia de uma posição teórica. Para os antigos, porém, uma escola filosófica é uma *hairésis**, uma preferência por uma maneira de viver, a escolha de uma opinião entre várias possíveis e uma decisão pessoal quanto ao pensamento e ao modo de vida. A escola filosófica, entendida como *hairésis*, é uma instituição social permanente definida por um modo de vida praticado por seu fundador e seus membros; é também uma tendência doutrinal; e entendida como *scholé** é o lugar onde a filosofia é ensinada ou transmitida. Abertas ao público, as escolas ensinavam sem que os mestres recebessem honorários (como, aliás, é próprio da *scholé*, o lazer), os recursos pecuniários eram pessoais (bens do fundador, doações de discípulos ou de benfeitores) e os membros faziam uma doação diária de dois óbulos para prover as necessidades cotidianas. Entre os frequentadores, distinguiam-se os meros ouvintes ocasionais (que vinham para ouvir alguma palestra ou discussão) e os discípulos (chamados "familiares", "amigos" ou "companheiros"), que viviam em comum com o mestre seja em sua casa seja próximo a ela. No que concerne às escolas helenísticas, Hadot assinala uma distinção fundamental, que coloca os céticos de um lado e, de outro, as demais correntes. Como escreve Sexto Empírico, nos *Esboços pirrônicos*:

> Se se disser que uma escola (*hairésis*) é uma adesão a numerosas verdades ou dogmas (*dogmata*) coerentes entre si [...] diremos que o cético não tem escola. Em contrapartida, se se disser que uma escola (*hairésis*) é um modo de vida que segue um certo princípio racional conformemente ao que nos aparece [...] diremos que ele tem uma escola.

Assim, malgrado as diferenças, pode-se, finalmente, apontar como traço comum às escolas helenísticas o *racionalismo ético* ou a convicção de que é possível definir regras racionais universais para a conduta humana cuja exemplaridade é oferecida pela figura do filósofo como sábio ou homem virtuoso que não se deixa corromper pela boa fortuna nem abater-se pelo infortúnio, capaz de ensinar aos outros o caminho da vida feliz, fazendo da filosofia uma sabedoria de vida. Eis a imagem da filosofia que se conservou até nossos dias.

> É na época helenística que nasce o conceito popular da filosofia, que designa uma certa arte, difícil, é verdade, mas de direito acessível a todos, de viver feliz mesmo em circunstâncias adversas. É a um tal conceito que se refere ainda hoje a expressão "aceitar os acontecimentos com filosofia" (Aubenque, 1973, p. 168).

Sem dúvida, os traços que destacamos acima se aplicam diretamente ao estoicismo e ao epicurismo. Não se poderia falar em materialismo, no caso dos neoplatônicos que, pelo contrário, levarão o espiritualismo às últimas consequências. Também pareceria impossível admiti-los como características afirmativas do ceticismo. Todavia, como vimos pela afirmação de Sexto Empírico, o ceticismo pode ser interpretado como afirmação da racionalidade ética e como uma doutrina que, pela via negativa, possui os mesmos traços gerais dos outros sistemas helenísticos, ao mesmo tempo que, pela via positiva, elabora a figura do filósofo como sábio cuja sabedoria se encontra na serenidade ou tranquilidade de alma, conseguida graças à suspensão dos juízos especulativos sobre a realidade e o homem.

Sob essa perspectiva, há nos sistemas helenísticos um fundo comum que permanece idêntico sob a pluralidade doutrinária: a concepção da filosofia como *medicina da alma*, terapia para a felicidade.

Epicuro dizia ser vã toda filosofia que não seja capaz de medicar uma paixão humana. De fato, todas as escolas helenísticas dedicam-se ao estudo das paixões da alma e consideram impossível ser feliz e passional ao mesmo tempo porque uma paixão se opõe a outras e chama outras, dilacerando interiormente o ser humano. Não é possível, à maneira platônica e aristotélica, distinguir entre boas e más paixões, afastar estas e cultivar aquelas, pois toda paixão é uma agitação interior que desencadeia novos afetos, em geral contrários uns aos outros. Estar sob o domínio das paixões é estar doente da alma e cabe à filosofia ser a medicina que ensina a liberar-se delas, começando por libertar-se do desejo de possuir coisas e outros seres humanos. Libertar-se do apelo dos bens exteriores e encontrar na razão, no espírito ou na interioridade o verdadeiro bem é o caminho da sabedoria — nem a riqueza, nem as honras, nem o poder político, nem a imortalidade da alma, nem a sorte, nem um Deus transcendente são o bem. Por isso mesmo o grande mote dos helenísticos será: renunciar a tudo que não depende de nós e buscar apenas o que depende de nós, o *lógos* que habita todo ser humano. Em cada uma das escolas, a terapêutica da alma proporá remédios e procedimentos diferentes, mas seu tema e seu objetivo serão sempre os mesmos: não se submeter ao *páthos**, mas buscar a *apathéia**, graças à qual se chega à *ataraxía**, isto é, à ausência total de perturbação. Alcançar essa serenidade ou essa tranquilidade de espírito é a verdadeira felicidade ou beatitude.

O Helenismo se estende por quase quatro séculos. Entre seu início e seu término, indaga Jacques Brunschwig, "o palco foi ocupado por uma peça única?". A resposta, à primeira vista negativa, é, no final das contas, afirmativa:

> O período helenístico é talvez o mais animado, o mais conflituado, o mais enredado de toda a história da filosofia antiga. Malgrado a perda quase total de inumeráveis livros que foram produzidos, ainda percebemos bastante a efervescência das

escolas, o eco de suas polêmicas [...]. A julgar pela variedade da oferta, a demanda deve ter sido intensa.

Talvez seja justamente aí que se deva procurar o que há de comum às diversas filosofias da época helenística: são filosofias que querem responder a uma demanda e se modelam por essa demanda. Seria justo, mas insuficiente, caracterizar essa demanda como uma demanda de felicidade, pois as outras filosofias gregas também procuraram satisfazê-la, incluídas as que visam essencialmente ao conhecimento desinteressado. Na época helenística, porém, a demanda de felicidade pela filosofia parece mais espalhada, mais subjetiva, mais impaciente. [...] Sem dúvida a maioria das escolas helenísticas recusam ceder à tentação de se restringir, como algumas dentre elas, somente à filosofia prática: não renunciam a fornecer respostas a numerosas questões teóricas [...]. Mas as filosofias helenísticas mais ambiciosas não deixam de professar, com frequência, que os conhecimentos teóricos (sobre o mundo natural ou sobre os mecanismos da razão) só valem ser buscados se tiverem, de longe ou de perto, um fim moral (Brunschwig, 1997, p. 459).

ALGUNS PRECONCEITOS DOS HISTORIADORES DA FILOSOFIA

Quando iniciamos nosso caminho pela história da filosofia, assinalamos a articulação entre o surgimento da *pólis* e o nascimento da concepção ocidental da racionalidade e enfatizamos, particularmente, a invenção democrática ateniense como referência indispensável ao entendimento da sofística e do pensamento de Sócrates, Platão e Aristóteles, isto é, da filosofia clássica. Para tanto, mencionamos o elogio da democracia num trecho famoso da "Oração fúnebre" de Péricles, tal como elaborada pelo historiador Tucídides em sua obra *História da Guerra do Peloponeso*.

Tem sido também um lugar-comum nas histórias da filosofia considerar o término da *pólis* democrática, sob o poderio imperial de Filipe e Alexandre da Macedônia, primeiro, e de Roma, depois, a referência fundamental para a grande mutação filosófica conhecida como *Helenismo*. Nos inícios da filosofia, diz a maioria dos historiadores, a *pólis* democrática teria sido o paradigma para construir a ideia de *kósmos** — as ideias políticas de *isonomía** e *isegoría**, *díke** e *ágon** teriam alicerçado a maneira como o pensamento filosófico concebeu a Natureza e a vida dos homens; em contrapartida, na sua fase (grega) final, desaparecida a antiga *pólis* livre e independente, a filosofia tomou o *kósmos* — o mundo — como paradigma da única *pólis* conhecida pelos filósofos, agora *cosmopolitas* ou cidadãos do mundo, verdadeiros descobridores da universalidade humana. No ensaio "As filosofias helenísticas", Pierre Aubenque escreve:

> A perda da independência das cidades gregas tem por primeiro efeito, na ordem espiritual, dissociar a unidade do homem e do cidadão, do filósofo e do político, da interioridade e da exterioridade, da teoria e da prática, em resumo, desfazer a "bela totalidade consigo" que caracteriza, segundo Hegel, a idade clássica da Grécia. No momento em que o quadro tradicional da cidade grega se extingue diante de um império cujas decisões escapam tanto à crítica como à deliberação de seus súditos, o filósofo se acha confinado ou à teoria pura ou à predicação moral [...]. É o momento em que a liberdade do homem livre, que até então se confundia com o exercício dos direitos cívicos, se transforma, por falta de melhor, em liberdade interior [...]. Mas é também o momento em que a própria dissolução dos antigos quadros políticos e as misturas de populações farão nascer solidariedades novas: esse tempo verá o nascimento do *cosmopolitismo* (Aubenque, 1973, p. 168).

Os historiadores da filosofia, tomando como ponto de vista a percepção que os atenienses tiveram de si mesmos quando de sua submissão à Macedônia, tendem a interpretar a mutação da filosofia como "decadência", "declínio" e "ocaso".

É dessa maneira que Emile Bréhier, em sua *História da filosofia*, descreve a passagem do apogeu clássico ao declínio helenístico da filosofia:

> Denomina-se *idade helenística* a época durante a qual a cultura grega torna-se patrimônio comum de todos os países mediterrâneos. Desde a morte de Alexandre até a conquista romana, vemô-la dominar, gradualmente, o Egito e a Síria, alcançando Roma e a Espanha, os meios judaicos esclarecidos, a nobreza romana. A língua grega, sob forma de *koiné* ou dialeto comum, é o órgão dessa cultura. Sob certos aspectos, esse período é um dos mais importantes da história de nossa civilização ocidental. Ao mesmo tempo que as influências gregas se fazem sentir até o Extremo Oriente, vemos, inversamente, a partir das expedições de Alexandre, o ocidente grego abrir-se às influências do Oriente e do Extremo Oriente. Agora encontramos, em sua maturidade e *radioso declínio*, uma filosofia que, afastada de preocupa-

> ções políticas, aspira a descobrir regras universais da conduta humana e a dirigir as consciências. Assistimos, durante *esse declínio*, à ascensão paulatina das religiões orientais e do cristianismo. Sobrevêm a *invasão dos bárbaros*, a decomposição do Império [Romano] e o vasto recolhimento que prepara a cultura moderna (Bréhier, 1978, pp. 29-30; grifos meus).

Numa linha interpretativa semelhante, lemos na *História da filosofia* de Wilhelm Windelband:

> Quando, na filosofia de Aristóteles, condensou-se a essência do espírito grego em sua expressão conceitual, este se encontrava já *muito próximo do ocaso*: era o legado do espírito grego moribundo a todas as gerações sucessivas da humanidade.
>
> A decomposição interna, que se havia assenhorado da substância espiritual da nação grega na época da ilustração, prosseguira em proporções cada vez maiores e conduziu também à decomposição externa. Desde o término da Guerra do Peloponeso, que quebrara para sempre a energia vital de Atenas, o Estado grego civilizado, tornara-se decisiva a influência persa na política dos estados helênicos e de tão triste situação apenas se eximiram submetendo-se ao reino macedônico [...] até ficarem incorporados ao Império Romano, quando perderam totalmente a independência política da qual, em casos esporádicos, salvaram somente mísera aparência.
>
> Porém, precisamente com seu *ocaso político*, a Grécia cumpriu em sentido mais elevado sua missão cultural. O egrégio discípulo [Alexandre] do mais universal dos filósofos gregos [Aristóteles] levou também aos vastos países do Oriente, juntamente com a vitória de suas armas, o espírito helênico, e a enorme mescla de povos iniciada com sua expedição de conquista e fomentada com as lutas incertas de seus sucessores, a cultura grega converteu-se em patrimônio comum do mundo antigo e, finalmente, em potência espiritual dominante no Império Romano e na posse imperdível de toda a humanidade (Windelband, 1955, p. 313; grifos meus).

Tanto Bréhier como Windelband dão crédito a uma visão muito peculiar do mundo grego, desenvolvida pela filosofia da segunda metade do século XIX, particularmente por Hegel, deixando transparecer vários preconceitos sobre o Helenismo, preconceitos cuja origem se encontra, afinal, nos próprios gregos. Nestes, como nos nossos historiadores, encontramos certo desprezo pelo Oriente, que teria sido "salvo" pela "potência espiritual" da cultura grega, ainda que, dizem os historiadores, esta se encontrasse no "ocaso"; deparamos também com a identificação etnocêntrica entre civilização, humanidade e Grécia, colocando os outros povos como "bárbaros"; e reencontramos a ideia de que foi decisiva para o surgimento da especulação grega a diferença entre despotismo oriental-bárbaro e democracia. A imagem, posterior à Guerra do Peloponeso, de uma perda e de um declínio que, no entanto, também devem ser considerados um ganho, pois, como afirma Windelband, a cultura grega tornou-se "posse imperdível da humanidade", é um eco das palavras de Péricles quando, no início da Guerra do Peloponeso, dissera ser Atenas "a escola de toda a Hélade". Mas não só um ganho. Também uma preparação para a modernidade, pois, como deixa entrever Bréhier, haverá, entre o período clássico da filosofia e sua reaparição moderna, "um vasto recolhimento silencioso", isto é, a Idade Média.

A filosofia helenística surgiria, pois, como resultado da perda da independência política, da influência das religiões orientais, primeiro, e do cristianismo, depois. Tanto é assim que os dois historiadores, prosseguindo na descrição do Helenismo, afirmam tratar-se de um período no qual não há grandes e originais pensadores, mas um refazer das tradições clássicas. O aparecimento das escolas indica um espírito gregário em torno de uma doutrina transmitida a discípulos, suscita disputas encarniçadas entre doutrinas e leva ao predomínio da erudição sobre a criação. A razão e o raciocínio, escreve Bréhier, servem apenas para consolidar os dogmas da escola e proporcionar segurança inabalável, mas não há preocupação com a investigação livre, desinteressada e ilimitada da verdade.

Nessa mesma perspectiva, Pierre Aubenque escreve:

> Menos preocupadas em dizer o Ser que em consolar ou tranquilizar os homens, as filosofias da época helenística não atingirão o vigor teórico do platonismo ou do aristotelismo. [...] Preocupadas em dar uma resposta imediata aos problemas de adaptação colocados ao indivíduo pelas transformações sociais, elas terão um caráter e uma função "ideológicos" mais marcados que as filosofias da era clássica. Por outro lado, saberão alcançar um nível de universalidade suficiente para representar, perante as provações da vida, diversas atitudes possíveis da consciência, que depois aparecerão como categorias intemporais ou estereótipos propostos ao homem do Ocidente (Aubenque, 1973, p. 168).

Por sua vez, em *Esboços da história da filosofia grega*, caracterizando o período helenístico, Eduard Zeller, ainda que numa posição mais atenuada do que as encontradas em Bréhier e Windelband, escreve:

> A revolução sobre a vida do povo grego causada pela subida de Alexandre ao poder e suas conquistas iria ter profunda influência sobre o saber. Enquanto nos países do sul e do leste um imensurável campo de trabalho abria-se, as mentes eram espicaçadas pela abundância de novas ideias, novos centros internacionais de educação eram criados e as escolas gregas recebiam o influxo dos estudantes e professores orientais, a Grécia, espoliada de sua independência e atividade políticas, tornou-se objeto de disputas para os estrangeiros e o palco de suas lutas. A prosperidade e a população do país declinaram consideravelmente. As antigas crenças há muito haviam cessado de ter qualquer influência moral e agora, com o desaparecimento daquela atividade política vigorosa dirigida a fins altos e liberais, a moralidade ameaçava afundar-se nos pequenos interesses da vida privada, na busca de prazeres e ganhos e na luta pela sobrevivência cotidiana. Nessas circunstâncias, era natural que o *desejo e o poder de uma livre visão do mundo puramente científica desaparecessem, que os problemas práticos viessem à frente e que a filosofia encontrasse seu principal valor providenciando um refúgio para as misérias da vida*. Ainda assim, para isto também o gosto especulativo dos gregos e a convicção racionalista que se enraizara desde Sócrates tornaram indispensáveis uma teoria científica definida. É, porém, facilmente compreensível que essa missão da filosofia somente pudesse ser preenchida pelo indivíduo que se fez a si mesmo independente de todas as circunstâncias externas e *mergulhou completamente em sua vida interior* [...]. Doravante, nos sistemas da filosofia helenística, a ética e a teoria social passam a ocupar posições proeminentes, mesmo que busquem nos pré-socráticos, como Heráclito e Demócrito, as bases metafísicas (Zeller, 1931, p. 207).

Na *História da filosofia*, Hegel afirma que a marca própria do período helenístico é o *dogmatismo*: perdida a referência a uma realidade — a *pólis* — que possuía sentido e punha questões ao pensador, a filosofia teria passado a definir a verdade como harmonia ou adequação do pensamento às coisas, mas, dada a exterioridade e o vazio delas, a harmonia e a adequação referiam-se, afinal, à relação do pensamento consigo mesmo, à autoconsciência ou consciência de si. Por conseguinte, escreve Hegel, tudo o que existe só será verdadeiro se puder ser pensado em conformidade com os princípios da consciência de si e, portanto, com o próprio pensador. A verdade perde a concreticidade da relação entre o subjetivo e o objetivo para tornar-se puramente subjetiva, formal e abstrata. Donde a tendência ao aparecimento de doutrinas e escolas e da identificação do filósofo ao *sábio* como mestre e guia. Espera-se da filosofia que seja um guia para a vida, que propicie recolhimento, isolamento, libere o indivíduo do mundo e lhe confira o poder de autodomínio sobre suas paixões.

> Porque o princípio dessa filosofia não é objetivo, mas dogmático e repousa no impulso da consciência de si rumo à autossatisfação o que há para ser considerado são os interesses do sujeito. Este busca por sua própria conta um princípio para sua liberdade, qual seja, a imobilidade em si mesma [...]. A consciência de si vive na solidão de seus pensamentos e aí encontra satisfação (Hegel, 1968, t. II, 234).

Essa tendência dogmático-doutrinária se reforça, afirma Hegel, sob o Império Romano. Na "luminosa Grécia", escreve o filósofo alemão, o indivíduo estava apegado ao Estado e ao mundo, "neles estava em casa". Em contrapartida, "na prosaica Roma", desapareceu o que Platão e Aristóteles haviam construído, isto é, a moralidade concreta ou a introdução do princípio universal na constituição do Estado. Tudo quanto havia de "belo e nobre na individualidade espiritual foi brutalmente varrido" pelo espírito prático romano, que estendeu sua regra abstrata ao mundo inteiro. Diante desse poder universal e abstrato, exterior e sem sentido concreto, o indivíduo não encontrava mais a referência de sua nação, de sua pátria e de seu Estado, forçando-se a recolher-se numa individualidade interiorizada e a encontrar nela o refúgio da liberdade. À regra universal e abstrata do césar romano, que governa o universo civilizado, corresponde, filosoficamente, o elogio do sábio como indivíduo cuja vontade domina o mundo exterior e a si mesmo e que por isso considera-se livre mesmo sob grilhões.

> O mundo romano é o mundo da abstração, no qual uma única regra fria estendeu-se por todo o mundo civilizado. As individualidades dos espíritos nacionais vivos foram sufocadas e mortas; um poder estrangeiro, como um universal abstrato, pressionou pesadamente os indivíduos. Sob tais condições era preciso refugiar-se na liberdade interior do sujeito enquanto tal. E como o que era levado em consideração era apenas a vontade abstrata do governante individual do mundo, também o princípio in-

terior do pensamento tinha que ser uma abstração capaz de trazer apenas uma reconciliação formal e subjetiva. Somente um dogmatismo erigido como princípio e efetivado sob a forma do intelecto poderia satisfazer a mentalidade romana. Essas filosofias são, pois, conformes ao espírito do mundo romano, visto que a filosofia em geral sempre se encontra em estreita conexão com o mundo em seu aparecer ordinário (Hegel, 1968, t. II, 235).

As filosofias helenísticas, portanto, "estavam conformes ao espírito do mundo romano", que produziu um patriotismo formal e um sistema do Direito, mas foi incapaz de produzir uma filosofia especulativa, oferecendo ao mundo apenas bons moralistas e advogados.

Três contrapontos determinam a interpretação do Helenismo por Bréhier, Windelband e Zeller, tendo como pano de fundo a interpretação hegeliana: o contraponto entre Ocidente livre e Oriente despótico, ou entre civilizados e bárbaros (o Helenismo implicando a forte presença do orientalismo); o contraponto entre filosofia clássica no apogeu e doutrinas helenísticas no declínio; e o contraponto entre a "prosaica Roma" imperial e a "luminosa Grécia" democrática da "Oração fúnebre" de Péricles.

Antes de examinarmos este último aspecto, acompanhemos brevemente o historiador da filosofia Giovani Reale quando este examina os principais preconceitos que limitaram durante séculos a compreensão do significado das filosofias helenísticas.

O primeiro preconceito é a imagem decadente da filosofia helenística, frequentemente designada como pós-aristotélica e pós-platônica para indicar que se trataria do pensamento pouco original de epígonos divididos por disputas estéreis. A origem desse preconceito deve-se ao desaparecimento da maior parte da produção das escolas helenísticas. De seus fundadores não possuímos obras inteiras e de alguns, sequer uma obra (mesmo porque alguns, como Pirro, nada escreveram) — possuímos fragmentos, muitos deles indiretos, e testemunhos de discípulos ou de adversários. E somente a partir do final do século XIX e durante o século XX textos e fragmentos foram compilados, sistematizados e organizados. Ora, as escolas helenísticas deixaram Platão e Aristóteles de lado (quando não os combateram explicitamente) e retomaram muito do pensamento pré-socrático, transfigurando-o. Visto, porém, que esse pensamento era praticamente desconhecido, os intérpretes tenderam a desvalorizar a originalidade com que os filósofos helenísticos trataram a antiga filosofia da Natureza.

O segundo preconceito é designado por Reale como "teoricismo", isto é, o fato de Platão e Aristóteles terem sido erguidos como paradigmas e parâmetros exclusivos para a avaliação das filosofias, uma vez que (como vimos no volume I) só no final do século XIX e no século XX os chamados filósofos pré-socráticos passaram a ser conhecidos. Uma vez que Platão e Aristóteles foram lidos e interpretados a partir das questões da ontologia e gnosiologia e dos aspectos mais altamente especulativos ou teóricos de seu pensamento, era inevitável a desqualificação das filosofias helenísticas que, além de mal conhecidas por falta de fontes fidedignas, deram ênfase aos aspectos práticos ou éticos.

Além disso, como observa Jacques Brunschwig, apesar do prestígio inegável da moral estoica no mundo cristão, não devemos esquecer que o materialismo (no plano da filosofia da natureza), o empirismo (no plano da gnosiologia) e a recusa da transcendência do bem (na ética) tornavam as filosofias helenísticas pouco propícias à sua absorção pelo cristianismo, diferentemente de Platão e Aristóteles, cristãmente espiritualizados e adotados pelos Padres da Igreja.

Finalmente, um terceiro preconceito pode ser denominado "classissístico", ou seja, proveniente daquela imagem idealizada (que examinamos no volume I) do espírito grego como harmonia, medida, equilíbrio e luminosidade e do que Hegel havia chamado de "bela totalidade", isto é, a perfeita fusão e integração entre indivíduo e *pólis*, a plena vida cívica. Assim, quando as filosofias helenísticas não recusaram a presença do pensamento oriental, de um lado, e do romano, de outro, passou-se a considerá-las expressões menores e decadentes do belo espírito grego.

A IDEOLOGIA DOS HISTORIADORES DA FILOSOFIA

Detenhamo-nos, por um momento, na "Oração fúnebre", que Tucídides atribuiu a Péricles.

Em sua obra *A invenção de Atenas*, Nicole Loraux analisa e interpreta o gênero retórico-literário grego *oração fúnebre* ou *epitáfio*, do qual o exemplo mais conhecido é aquele que Tucídides, no decorrer da *História da Guerra do Pelopone-*

so, coloca na boca de Péricles quando este profere um discurso para engrandecer a memória dos primeiros mortos atenienses.

Com Nicole Loraux fazemos algumas descobertas espantosas: descobrimos que a "Oração fúnebre" de Péricles, esse monumento da democracia ateniense, tido como discurso fundador para a democracia ocidental moderna, é um discurso militar, patriótico e aristocrático; que o elogio da democracia que nela se realiza é feito a partir dos valores da aristocracia e não dos critérios, práticas e valores democráticos; que nela há uma distância insuperável entre o que é dito e a democracia efetivamente praticada em Atenas porque desta última não possuímos escritos; e, portanto, que a "Oração fúnebre" é parte da construção de um imaginário político e que seu campo é a ideologia.[1]

Fomos habituados a considerar certos discursos como expressão clara e distinta para a compreensão da democracia ateniense, e mesmo a tomá-los como discursos fundadores para a democracia ocidental. Dentre eles, a oração fúnebre ateniense — *epitáphios lógos* — tem sido a preferencial "via transparente de acesso a um modelo transparente da *pólis*", escreve Nicole Loraux. Ora, o *epitáphios lógos* é mesmo "uma invenção bem ateniense, mas de qual Atenas e invenção do quê?", indaga a helenista.

A oração fúnebre é a "intersecção do militar com o político" interagindo no espaço e no tempo cívicos: o *epitáphios lógos* fala da guerra. É uma instituição social ateniense em que, ao honrar seus guerreiros mortos em combate, Atenas é posta como origem da lei (o *nómos**) e como causa final da morte dos atenienses (que desejam morrer por ela). Trata-se de um tipo de discurso que não se deixa apanhar pela divisão aristotélica dos três gêneros retóricos, não sendo discurso epidítico, judiciário nem deliberativo.[2] Modelo de discurso ligado à tradição da *paideía** cívica e a um modo de pensar a história, é um *gênero político* que procura vencer a tensão entre *lógos* e *erga*, a palavra e os feitos, um discurso oficial sobre a *pólis*, portanto, com intenção normativa e, desta maneira, um *lógos* que se apresenta como um *ergón*, isto é, como um fazer e como um feito.

Homilia educativa que ergue uma palavra de honra e glória aos mortos e aos vivos, a oração fúnebre é a fala agonística e aristocrática de uma *pólis* imperialista que *silencia suas lutas internas* para oferecer-se una e indivisa perante aqueles que devem aceitar sua hegemonia, isto é, como indica esta palavra, a superioridade de um igual sobre seus iguais. O *epitáphios* é uma "palavra sem contrapartida" ou discurso da hegemonia no qual os outros surgem como aliados suplicantes ou inimigos subjugados. Em outras palavras, a oração fúnebre pretende *silenciar sobre as relações de força ou de violência* que Atenas exercia sobre as demais cidades, falando, em vez disso, de sua *hegemonia*, isto é, da naturalidade com que sua excelência devia ser reconhecida e aceita por seus pares, as demais cidades. Seu objeto é Atenas; seu tema, a hegemonia meritória e merecida de Atenas; seus destinatários, os atenienses vivos e os "outros" (os aliados dos atenienses; os espartanos e seus aliados; e os "bárbaros"); seus autores, os aristocratas ou, pelo menos, o espírito aristocrático da *areté* dos *andría agathói*, os homens bons ou valorosos; seu núcleo retórico e de fascinação é a bela morte, *kalós thanátos*, do jovem guerreiro morto em combate; seu fundamento, a autoctonia ateniense, sangue puro e solo do patriotismo e da superioridade de Atenas sobre os "bárbaros" e sobre todos os helenos — Atenas, afirma Péricles, é "a escola de toda a Hélade".

Sem mencionar uma única vez o *imperialismo ateniense*, o tom agonístico do discurso coloca a guerra como rivalidade entre os iguais e, com isto, mais engrandece Atenas por havê-los vencido. Hegemonia e *ágon* conduzem a oração fúnebre a *fazer da guerra o modelo da política*. Não há, mostra Nicole Loraux, *biós polítikos*, isto é, vida política nem aquilo que a democracia chama de cidadão: o ateniense não vale por sua cidadania (critério democrático), mas só vale e existe como hoplita, ou seja, como soldado que, por uma decisão lúcida da vontade, coloca a felicidade na liberdade, a liberdade na valentia e a valentia na morte gloriosa com a qual a liberdade de Atenas é defendida (critério aristocrático). O *epitáphios* sequer fala dos feitos individuais, mas dos atenienses como um sujeito militar coletivo. Patriótica e bélica, a oração fúnebre afirma que os vivos só existem por sua devoção à cidade e os mortos, só pela memória de Atenas. Eis a "luminosa Grécia" hegeliana, a "bela totalidade", a *pólis* aristocrática como devoção e única doadora de sentido às vidas individuais que só se reconhecem nela e por ela.

O *epitáphios* organiza a temporalidade de maneira a conjurar as inovações do presente, articulando o tempo da *pólis* (sua grandeza perene), o dos cidadãos (seu dinamismo atual) e o dos mortos (sua exemplaridade imortal). Graças a uma série de procedimentos retóricos codificados, o orador produz no ouvinte o efeito de um afastamento de *chronos* (o tempo como sucessão e mudança) porque a palavra enfatiza o *aión* (o tempo como permanência de um princípio que se renova sem cessar). A oração fúnebre oferece "a história ateniense de Atenas" como *movimento imóvel*, gesta, encenação repetitiva e exemplar de uma única e sempre a mesma *areté*: os feitos gloriosos da guerra e as "derrotas vitoriosas" de Atenas intemporal. Partindo do mito da autoctonia (os atenienses são originários do solo de Atenas e não das migrações e invasões realmente acontecidas, mas silenciadas), que afirma, portanto, a pureza de nascimento e sangue dos atenienses bem como sua coragem inata e sua excelência, essa história ideológica constrói a *essência ateniense* como modelo e humanidade e divide o mundo em dois campos: a *díke* ateniense, justiça e medida, e a *hýbris*, injustiça e desmedida, dos "outros". Essa divisão entre um "nós, atenienses" e um "eles, os outros" permite figurar a guerra ofensiva como liberação dos oprimidos e a guerra defensiva como castigo aos invasores ímpios. É essa construção militar de Atenas como idealidade intemporal que torna a oração fúnebre uma palavra eficaz, mesmo e sobretudo quando a realidade contradiz o discurso, exercendo sobre seus ouvintes fascínio e êxtase porque lhes dá o sentimento da imortalidade, da nobreza e da glória, pois sabem que Atenas excede os vivos e os mortos.

Nicole Loraux dedica minuciosa análise a um trecho da "Oração fúnebre" de Péricles, exatamente aquele no qual o orador, segundo Tucídides, afirma: "a isto [aos costumes e práticas atenienses] dão o nome de democracia". Esta declaração indica, como nos mostra a helenista, que a oração fúnebre é um enigma e propõe um problema.

De fato, a "Oração" de Péricles sempre foi lida como um discurso que teria em seu centro o elogio da democracia, porém nela reina o silêncio sobre o *krátos* do *demos* (o poder popular). Quando Péricles diz "*a isto* dão o nome de democracia", não se refere ao poder popular e às práticas democráticas, mas, espantosamente, aos valores da *areté* aristocrática, isto é, aos costumes militares, ao comedimento na manifestação das riquezas, ao fato de todos os valorosos (sejam pobres ou ricos) sentirem-se concernidos pelo destino da pátria. Não só. Nessa "Oração", pesa completo silêncio sobre a existência dos escravos e a divisão social entre ricos e pobres; nela não são mencionados os excluídos da cidade — mulheres, estrangeiros e velhos; nela, a figura de Atenas é mais importante do que a da democracia, tanto assim que não é mencionada, senão de maneira vaga e esporádica, a *ekklésia*, a assembleia popular na qual as decisões sobre a cidade são tomadas pelo voto dos cidadãos, não são mencionados os critérios mais importantes da democracia (*boulê*, *isonomía*, *isegoría*, *mistophoría*, sorteios etc. — ver volume 1) e, em contrapartida, a *areté*, isto é, a ideia aristocrática do valor, da excelência ou da virtude enquanto dons militares, detém o lugar mais importante, a democracia aparecendo em alguns dos *epitaphói* aureolada de uma origem quase mítica e intemporal.

Mais do que isso. Quando emprega o vocabulário democrático (povo, lei, igualdade, liberdade), a "Oração fúnebre" de Péricles o deforma, dando-lhe um sentido aristocrático e oligárquico. É assim que o próprio termo *democracia* é empregado com o sentido de governo *para* o povo e não *do* povo. É assim também que, embora afirme que todos possuem competência igual para tratar dos assuntos privados e públicos, Péricles o faz de tal maneira que uma diferença, sutil e quase imperceptível, é estabelecida entre os "mais competentes" e "os trabalhadores" ou os "semi-instruídos", os primeiros sendo portadores da verdadeira competência política. Da mesma maneira, falando das leis, a "Oração fúnebre" as remete exclusivamente à esfera das relações privadas, tornando irreconhecível e inexistente a ideia mesma de *isonomía*, isto é, não só a igualdade *perante* as leis, mas sobretudo o direito igual de todos os cidadãos de *fazer* as leis em público. Donde, como consequência, a valorização, no plano público, da lei aristocrática, isto é, a lei oral — a tradição dos ancestrais — e a desvalorização da lei democrática, isto é, a lei escrita, garantia de direitos conquistados pelas lutas na assembleia e coração da democracia ateniense.

Como um discurso no qual sempre se acreditou reconhecer a prática democrática pode ter sido tecido com a linguagem e as representações aristocráticas?, indaga Nicole Loraux. E responde mostrando que os democratas atenienses, diversamente dos oligarcas de Atenas, eram os "homens semi-instruídos" que confiavam na prática democrática, na participação na assembleia e em suas decisões, não tendo por isso escrito uma teoria da democracia. Como consequência, historiadores e filósofos buscaram em *escritos* essa teoria e julgaram encontrá-la na "Oração fúnebre" de Péricles, que não é uma teoria democrática sobre a democracia ateniense, mas uma ideologia aristocrática que elogia a democracia.

Por que ideologia? Porque, como é próprio de toda ideologia, a "Oração" é tecida com silêncios e lacunas, omitindo os critérios democráticos que regem a democracia, e porque, como em toda ideologia, faz da *stásis*, isto é, das tensões e divisões que caracterizam a vida da *pólis* e suas práticas, não o coração da vida democrática, mas algo pejorativo e perigoso, substituindo-as pela ideia da bela totalidade, da *pólis* "sem tensão e sem facção", una, indivisa, harmoniosa e sempre concorde consigo mesma, na qual cada um se reconhece por inteiro e sem falhas, "atribuindo ao Estado funções universais e intemporais". Numa palavra, como agora podemos constatar, exatamente a imagem que Hegel possui da "luminosa Grécia" na qual o indivíduo só existiria porque se sentiria plena e felizmente identificado com o Estado do qual sua existência receberia todo sentido. E a "Oração fúnebre" é uma ideologia de um tipo particular, ou seja, aristocrática, porque, na falta de uma teoria democrática da democracia, o *epitáphios lógos*, pronunciado a partir de ideais aristocráticos, preenche a lacuna teórica democrática com representações e valores da aristocracia.

Ora, é nessa perspectiva, exceção feita a alguns dos sofistas efetivamente plebeus e democratas — e, não por acaso, desprezados e temidos pelos aristocratas atenienses —, que os filósofos clássicos da Grécia falam da *pólis*, à qual endereçam tantas críticas e para a qual propõem tantas reformas. Em outras palavras, a filosofia clássica é o pensamento aristocrático que se exprime no interior de uma democracia sobre a qual pouco sabemos porque os democratas nada deixaram escrito sobre ela.

Podemos, então, indagar se a visão que os historiadores da filosofia nos oferecem do Helenismo como consequência da desaparição da *pólis* democrática sob o poderio imperial de Alexandre e de Roma e sob a influência oriental pode ser mantida, uma vez que, por *pólis* democrática, os historiadores entendem a Atenas aristocraticamente interpretada por Péricles. Não só isso. Mesmo que Alexandre tenha sido péssimo aluno de Aristóteles, este foi seu mestre e a ele deve-se a recomendação ao jovem rei de que a Grécia, minada pelas lutas internas, pereceria sem a unificação monárquica, mesmo porque, para o filósofo, a monarquia sempre foi considerada a melhor forma da política e a democracia, uma corrupção da *politeia*. O mestre de Aristóteles, o Platão das *Leis*, retoma, na velhice, o antigo sonho da juventude que o fizera, por três vezes, viajar a Siracusa: a construção da figura do governante perfeito, isto é, o filósofo-rei. Em outras palavras, do ponto de vista da *tradição filosófica clássica*, aristocrática e de gostos monárquicos, a desaparição da *pólis* democrática teria sido vista como benéfica e não como "ocaso" ou "declínio". Em contrapartida, o que teria sido considerado terrível e insuportável seria a perda da independência política para os "bárbaros".

Os historiadores da filosofia tendem, assim, a confundir tradição filosófica aristocrática e democracia, amor à independência política e horror à tirania "bárbara" para, com essa mescla, compor a fisionomia do Helenismo como "declínio".

Não nos esqueçamos, também, de três aspectos significativos quanto à atitude dos filósofos clássicos diante da *pólis* democrática: quando Platão, na *República*, narra o Mito da Caverna, afirma que aqueles que chegaram ao ponto mais alto da contemplação intelectual das Ideias não desejam retornar à caverna, isto é, ao mundo comum dos homens, e que será preciso forçá-los a isto; ainda na *República*, ao expor o projeto da cidade perfeita, Platão afirma que os governantes, isto é, os filósofos, deverão ocupar o posto governamental por um pequeno período e serem substituídos por outros para que não sejam privados da felicidade perfeita, a contemplação do Bem; finalmente, Aristóteles, tanto na *Metafísica* quanto na *Ética a Nicômaco*, após colocar as virtudes intelectuais acima das virtudes morais, afirma que a vida plenamente sábia e feliz não pode realizar-se na política, mas longe das tensões e conflitos do Estado, na pura contemplação da verdade. Em outras palavras, vem da filosofia clássica a ideia de que a finalidade suprema da ética é o homem como membro de uma comunidade moral e espiritual mais ampla e mais alta do que a *pólis*, e a ideia da necessidade puramente teorética do conhecimento do mundo como caminho da felicidade. Sabedoria moral e conhecimento intelectual sempre formaram o par definidor do ideal do sábio.

Assim sendo, a sabedoria como *theoría* ou contemplação espiritual da verdade e a figura do filósofo como especulativo, isolado dos tumultos do mundo e das lutas políticas, não são, enquanto *ideais*, uma novidade decorrente da miséria espiritual causada pelo poderio imperial de Alexandre e dos césares romanos. Nesta perspectiva, podemos até mesmo pensar que, enquanto os filósofos clássicos elaboravam uma concepção aristocrática da felicidade do sábio, mas, ao mesmo tempo, eram solicitados pelas exigências da *pólis* democrática, forçados a escrever sobre ela, a propor reformas nos costumes e nas leis, a participar das atividades criadas pela condição da cidadania, os filósofos do período helenístico, já não sendo cidadãos, ver-se-ão desobrigados da política porque, de fato e de direito, foram excluídos dela e poderão, com maior liberdade e largueza, desenvolver o antigo ideal do sábio não mais como ideal, mas como prática concreta, possível e necessária. Para o sábio, portanto, não estaríamos numa época de "ocaso" e "declínio", mas, pelo contrário, de concretização de um antigo e almejado ideal de vida feliz.

Não se trata, porém, de substituir uma ideologia por outra — a da decadência pela do progresso. Trata-se, apenas, de procurar compreender o período helenístico sem essa dupla referência, negativa ou positiva.

As orações fúnebres revelam o particularismo e o etnocentrismo que marcam a visão grega de si e dos outros. O período helenístico, porém, descobre a fragilidade dessa visão. Os imperialismos alexandrino e romano criam, no dizer de um autor, "um novo espaço mental, cultural e geográfico" no qual bem e mal, verdadeiro e falso, justo e injusto, possível e impossível, natural e convencional perdem a clareza que lhes dera o pensamento clássico, particularista e etnocêntrico. Os valores se deslocam, se descentram, parecem desprovidos de fundamento, pois o novo cosmopolitismo torna impossível colocar os não gregos fora da humanidade e no exterior da cultura, despertando o pensamento para uma universalidade antes insuspeitada e impossível. Ao mesmo tempo, a mudança na política, seja com a orientalização extrema de Alexandre, proclamando-se deus vivo, seja com a sacralização não menos vigorosa dos césares, a partir de Augusto, permitia aos novos filósofos perceber não só a distância intransponível entre a forma presente do poder e a humanização e laicização do poder que caracterizaram a antiga *pólis*, como também os riscos de um desejo de potência ilimitada que não se dirigia ao domínio de sua própria vontade, mas à dominação de todas as outras vontades. Para eles, o vínculo entre poder e tirania tornara-se evidente e a questão posta, agora, era, por um lado, como não sucumbir ao delírio de potência e, por outro, como não ser interiormente subjugado por essa potência desmedida dos governantes.

Todavia, essa consciência não foi despertada apenas pela ascensão de Alexandre e seu entusiasmo pelo despotismo persa, nem apenas pela divinização dos imperadores romanos. Basta ler as tragédias de Eurípedes para perceber que a imagem da bela totalidade cívica não correspondia à realidade e que os indivíduos se erguiam contra as leis, numa rachadura perene entre o público e o privado. Também bastaria, para pôr em dúvida as palavras de Zeller, que citamos acima, falando em "vigorosa atividade política dirigida a fins altos e liberais", ler uma das passagens mais terríveis da *Guerra do Peloponeso*, no quinto livro, quando Tucídides narra o diálogo entre os magistrados da ilha de Melos e os embaixadores atenienses que vieram propor aos melianos uma aliança que os faria, de colonos neutros, inimigos de Esparta.

Diante da proposta ateniense, os melianos argumentam contra um acordo que os converteria em servos de Atenas, pois a desigualdade de forças, visível, e a intenção de dominação, tácita, impossibilitam qualquer amizade política, uma vez que esta só é possível entre os iguais. Se fizermos aliança convosco, dizem os de Melos, em breve dominareis nossa cidade. Como, então, pretendeis que consintamos em nossa escravidão para vosso bem? Vossa hostilidade, replicam os de Atenas, nos é menos danosa do que vossa amizade, porquanto esta pareceria aos demais prova de nossa fraqueza, enquanto vosso ódio pareceria sinal de nossa potência. É para vosso bem que deveis deliberar sobre os conselhos de paz que vos damos quando poderíamos ter usado das armas. Falais como se a guerra ainda estivesse por vir, retrucam os de Melos, quando já está presente. Dizeis que nosso bem vos preocupa quando a nós preocupam nossos direitos. Julgais poder propor aliança às cidades que não tomaram partido nesta guerra infeliz, mas como não se farão vossas inimigas ao saberem o que fazeis conosco? Vossa política não é desastrosa apenas para nós; ela será vossa ruína futura. O acordo não é firmado. Atenas cumpre a promessa: faz o cerco de Melos. Escaramuças sucessivas, dos melianos rompendo o cerco e dos atenienses a refazê-lo, terminam quando "uma traição do interior" leva à rendição de Melos. Um tratado de paz é firmado. Atenas mata todos os homens adultos, escraviza as mulheres, crianças e velhos e devasta a cidade, como haviam previsto os magistrados melianos.

A arte de Tucídides, nesse livro dedicado a um tempo de indecisão, hipocrisia e traição, desnuda a *hýbris* de Atenas e expõe a verdade do imperialismo ateniense, colocando na boca dos embaixadores falas de discursos de Péricles e Alcibíades e narrando a proibição feita aos magistrados de Melos de falar ao seu povo para impedi-lo de deixar-se seduzir pelo discurso ateniense. Arte suprema do historiador que prognostica o fim de Atenas no trágico fim de Melos, bem antes, portanto, do poderio de Filipe e Alexandre da Macedônia. E, como escreveu um historiador da filosofia, "a Guerra do Peloponeso, cem anos antes, causou muito mais sofrimento e dano à Grécia do que Alexandre e seus sucessores".

Assim, para nos acercarmos do Helenismo não basta enfatizar a diferença temporal entre a filosofia grega clássica e a helenística. É preciso também não esquecer continuidades subterrâneas, como a que observamos no caso do ideal do sábio e da vida feliz.

Os historiadores da filosofia costumam apontar o peso das religiões orientais sobre as novas filosofias, seja na forma da rejeição da religiosidade, levando ao materialismo ateu dos epicuristas e ao agnosticismo dos céticos, seja na forma da adesão ao espírito religioso, levando ao misticismo neoplatônico e ao providencialismo divinatório dos estoicos. Ora, a corrente materialista não é nova e sempre foi poderosa na filosofia grega: seus representantes mais significativos foram os atomistas. Por seu turno, o pitagorismo e o platonismo, polemizando contra a superstição da religião popular e cívica, caminharam rumo à religiosidade filosófica: ascetismo e rituais de iniciação e purificação, metempsicose, imortalidade da alma, visão do Bem em Deus, separação entre o corporal e o espiritual, numerologia, eis alguns elementos das religiões filosóficas de Pitágoras e Platão.

Todavia, simultaneamente a essa continuidade do classicismo no Helenismo, a novidade deste último também não pode ser negligenciada. À continuação de uma religiosidade filosófica, constantemente silenciada pelos historiadores da filosofia, devemos acrescentar a novidade helenística no modo como religião e filosofia passam a relacionar-se.

A religião dos filósofos sempre foi exclusiva de um grupo aristocrático que separava, como vimos no primeiro volume desta série, ensino exotérico (destinado a um público amplo) e esotérico (voltado apenas para os iniciados). A exposição exotérica evitava um confronto mais profundo com as crenças estabelecidas — as condenações de Sócrates e de Anaxágoras indicam o risco desse confronto aberto —, reservando-o ao ensino esotérico, do qual pouco sabemos, mas de que conhecemos o traço principal: o monoteísmo como crítica do irracionalismo supersticioso da religião cívico-popular politeísta. No período helenístico, porém, essa religião filosófica popularizou-se, oferecendo-se como substituto para a antiga religião popular e cívica que os tempos presentes haviam desacreditado. Em resumo, a filosofia (ou a religião filosófica) passou a ocupar o lugar deixado vazio pela antiga religião.

É aqui que podemos perceber a diferença entre o ideal clássico do filósofo e a figura do sábio helenístico, embora ambos se dirijam ao mesmo fim — a serenidade conseguida pelo distanciamento dos tumultos do mundo. O *conteúdo* da sabedoria se desloca. O filósofo clássico aspira ao conhecimento especulativo dos primeiros princípios de todas as coisas e das verdades últimas; sua razão volta-se para o puramente inteligível e imaterial. Em contrapartida, o sábio helenístico procura o autodomínio de sua vontade racional, fortalecendo-a para que se exerça como potência dominadora das paixões e dos vícios; sua razão volta-se para a ética. Eis por que a filosofia aparece como caminho de salvação e, sob este aspecto, assemelhada às religiões orientais. Além disso, o sábio fala, agora, daquilo que é muito próximo e conhecido de todos nós — nossas emoções, medos e esperanças, cólera e coragem, prazer e dor — e dos meios para afastar e dominar tudo quanto perturbe a calma de nosso corpo e de nossa alma.

O aspecto propriamente oriental do Helenismo não se encontra, portanto, na presença da religiosidade no interior da filosofia, pois ela já se encontrava presente no período clássico, mas em duas características novas da religião filosófica.

Em primeiro lugar, o monoteísmo filosófico recebe uma das marcas próprias da religiosidade oriental, ou seja, a divindade concebida como Providência. Todavia, o providencialismo é tratado de maneira oposta por estoicos e epicuristas. Os primeiros afirmam a imanência de Deus à Natureza e a providência divina, ou o *lógos*, é concebida como a ordenação racional das leis naturais que governam o mundo e a vida humana. Os epicuristas, porém, afirmam a absoluta transcendência de Deus à Natureza e a indiferença divina pelos acontecimentos naturais e humanos, de maneira que não há providencialismo.

Em segundo, o fato de os filósofos, guias morais, haverem passado a praticar o proselitismo, usando recursos retórico-literários, como a diatribe, com a mesma função que possuíam os sermões nas religiões orientais. Assim, ainda que permanecessem desconhecidos da maioria os princípios e fundamentos de um sistema filosófico, as novas filosofias exercerão grande influência sobre o público em geral, sobre pessoas inumeráveis que nelas buscavam consolo, explicação para a desventura, orientação moral para a vida cotidiana, um guia e um caminho de salvação. Os helenísticos conseguiram o que os sofistas não conseguiram: a popularização da filosofia.

KOSMÓPOLIS

Atenas vencida

Em 338 a.C., os exércitos aliados de Atenas, Beócia, Corinto, Acaia, Eubeia, Megara, Arcanania e Leucas são derrotados pelas forças de Filipe da Macedônia, na Batalha de Queroneia. Com essa vitória e os termos do acordo de paz firmado com a Liga de Corinto, Filipe colocou as cidades gregas sob seu controle e conseguiu exércitos para sua campanha contra a Pérsia. As cidades gregas passaram a gozar de estabilidade, findas suas guerras internas, mas pagando o alto preço da perda da liberdade política e, de algum modo, concluindo o longo percurso iniciado com a Guerra do Peloponeso.

No caso de Atenas, que no início da Guerra do Peloponeso fora chamada por Péricles de "escola de toda a Hélade", no final, derrotada, via-se tal como fora descrita por Tucídides, quando este narrara a praga que devastara a cidade nos primeiros anos da guerra: com exceção de uns poucos que se preocupavam com os doentes, todo o restante, "sem medo dos deuses e sem respeito pelos humanos", abandonou toda religião e toda moral, vendo, todos os dias, os prósperos que, repentinamente, tudo perdiam, os bens, a família e a vida. Descrevendo a peste, Tucídides já descrevia a cidade derrotada, antes mesmo do fim da guerra.

Embora, após a Guerra do Peloponeso, Atenas recuperasse muito de sua antiga prosperidade e continuasse centro intelectual da Grécia, a vida cívica desapareceu em proveito da vida privada. Isso transparece, como já observamos, nas tragédias de Eurípedes, nas quais o indivíduo conta mais do que a cidade, assim como na chamada *nova comédia*, criada por Menandro, cujo enredo é sempre doméstico, em contraposição à antiga, voltada para o espaço público: os incidentes não se referem aos negócios da cidade, mas à vida familiar. Essas mudanças na tragédia e na comédia acentuam-se na poesia quando a lírica, voltada para as emoções individuais, suplanta os outros gêneros, voltados para o espaço cívico. Tanto na literatura — tragédia, comédia e poesia — quanto na escultura o interesse maior do artista não é tanto, como outrora, movido pelo *éthos** de suas personagens, mas pelo *páthos* ou, em outras palavras, não é mais o ideal aristocrático do *caráter* que interessa ao artista, mas interessam-lhe as emoções, os sentimentos e as paixões dos indivíduos. Finalmente, no caso da religião, outrora exprimindo orgulho patriótico aristocrático, cívica e trágica, a religião do Estado, desde o final da Guerra do Peloponeso, vai sendo abandonada, substituída pela adoração de deuses mais ocupados com a satisfação das necessidades pessoais de seus crentes.

No caso da filosofia, a presença dos chamados *socráticos menores* — cínicos, cirenaicos e megáricos — já assinalava uma ruptura com o racionalismo dos *socráticos maiores* — Platão e Aristóteles. Essa presença dos socráticos menores, no correr e após o término da Guerra do Peloponeso, atesta que o deslocamento da filosofia para a arte de viver e o ideal do filósofo como sábio afastado dos tumultos do mundo já estavam em vias de constituição antes que a Macedônia e Roma substituíssem a *pólis* pela *kosmópolis*.

Alexandre e os ginosofistas

Muitos historiadores da filosofia atribuem a orientalização filosófica, no Helenismo, ao fato de que quando Alexandre partiu com suas expedições conquistadoras rumo à Pérsia e à India ("preciso ir ao fim do mundo", insistia ele), alguns filósofos o acompanharam: Calístenes, sobrinho de Aristóteles, que será morto pelas mãos do próprio rei sob acusação de haver conspirado, Anaxarco, adepto do atomismo de Demócrito, Onesicrito, discípulo do cínico Diógenes, e Pirro, que, voltando à Grécia, fundaria em sua cidade natal, Élis, uma escola inicialmente chamada de pirrônica e, mais tarde, cética.

A crermos num dos historiadores oficiais das expedições, Arrio, foram todos profundamente tocados pela descoberta daqueles que receberam, em grego, o nome de *gymnosophístes*, ascetas bramânicos, vivendo seminus e praticamente em jejum, dando provas de extraordinária resistência física às condições naturais e de espantoso distanciamento ou indiferença diante da potência militar daquele que pisava o solo da Índia. De um desses sábios, a quem propusera que o acompanhasse, Alexandre teria ouvido a seguinte resposta:

> Nada quero de ti, pois o que tenho basta [...], do que me podes oferecer, nada desejo que possas me dar, não temo a falta dos bens que talvez sejam os teus. A Índia, com os frutos de seu solo prodigalizados na boa estação, me basta para viver e quando eu morrer, me desembaraçarei de meu pobre corpo (Arrio, 1958, VII, p. 349).

No entanto, podemos indagar se os ginosofistas, efetivamente, provocaram tanta estranheza nos filósofos. O abandono do sensível, véu de ilusórias aparências, a indiferença à dor ou ao prazer, a resistência a condições físicas desfavoráveis, o desprezo pelos poderosos e a busca de purificação para livrar-se da "roda dos nascimentos", nada disso, afinal, era inteiramente estranho aos filósofos gregos.

Em contrapartida, poderíamos supor que a estranheza dos filósofos fosse provocada por Alexandre.

Como vimos no volume I, tendo inventado a política, os gregos haviam distinguido entre o sagrado e o profano, entre o poder segundo a lei e o poder arbitrário da vontade individual, portanto, entre política e despotismo. Com a escusa de realizar uma missão civilizatória, anexando territórios e dominando povos não helênicos, Alexandre era, na verdade, um déspota e um tirano — *despotês**, porque fazia de sua vontade a única lei; *tyrannikós**, porque pretendeu colocar-se, por sua excelência militar, acima de todos, e acima dos humanos, fazendo-se divinizar. Todavia, o episódio de Melos pode levar-nos também a atenuar a estranheza que os filósofos gregos teriam experimentado diante de Alexandre. Afinal, em nome da lei, da liberdade e da igualdade, e em nome do direito à hegemonia, Atenas fora despótica no Peloponeso e tirana de toda a Hélade.

Assim, se nem os costumes e crenças orientais, nem a tirania de Alexandre podem ser colocados entre as principais causas da nova filosofia, por que a insistência dos historiadores nesses aspectos? Possivelmente não pelos motivos alegados com frequência nas histórias da filosofia, mas por um outro, que costuma passar desapercebido.

A política, como vimos no volume I, nasceu com a transferência para a *pólis* de instituições criadas pelas assembleias dos guerreiros. Além de introduzir a *isonomía*, a *isegoría*, a *mistophoría** como práticas políticas, as instituições guerreiras aristocráticas marcaram a linguagem e o pensamento gregos com a mentalidade agonística dos chamados *dissói logói*, isto é, um falar e um pensar sob a forma de um debate e um embate entre contrários. A retórica sofística, a dialética socrático-platônica, a erística dos socráticos menores e o estilo aristotélico ("o ser se diz em muitos sentidos") são expressões desse modo de falar e pensar. Em toda a Antiguidade, os comerciantes e políticos gregos foram conhecidos por seu gosto em falar, pelo seu prazer de debater, discutir e questionar, pela tendência a criar jogos de contradições e paradoxos. E isto, os filósofos viajantes na expedição de Alexandre não encontraram nem no Oriente nem na prática do rei do mundo.

Em Alexandre, encontraram a tentativa para encarnar a unidade, a indivisão e a coesão do mundo, tais como só podem existir num deus. Nos sábios hindus, encontraram aqueles que desejavam solidão e silêncio, que se opunham à unidade mundana, imposta pelos poderosos, buscando a autodissolução numa unidade espiritual mais alta, dissolvendo-se na totalidade do vazio, o Nirvana.

Pensamos que, aplicando o paradigma dos *dissói logói* aos dois contrários, isto é, à oposição entre a unidade cósmica, ilusoriamente encarnada em Alexandre, e a totalidade espiritual vazia, ilusoriamente buscada pelos ginosofistas, os filósofos helenísticos, que vieram a seguir, *inventaram a kosmópolis*, em vez de, como querem os historiadores da filosofia, terem sido submetidos a ela.

Julgamos ser esta a inovação sem precedentes trazida pela nova filosofia como interpretação e resposta às questões colocadas por sua época.

AS FONTES

Com raras exceções, não restaram escritos originais dos grandes filósofos do primeiro período helenístico (ou do Helenismo antigo). Enquanto várias obras de Platão e de Aristóteles foram preservadas porque ensinadas em suas escolas, no final do século III d.C. as escolas helenísticas haviam praticamente perecido e com elas a maior parte dos escritos, pois as doutrinas dos fundadores já não eram ensinadas. A situação é diversa para o período imperial, isto é, para os pensadores latinos (como Sêneca, Cícero, Lucrécio, Marco Aurélio) ou gregos vivendo em Roma (como Epicteto e Sexto Empírico) cujas obras foram, em sua maioria, preservadas.

Como escreve Jaap Mansfield, no caso do Helenismo antigo, a desaparição da base institucional que, por meio do ensino, teria assegurado a preservação dos textos e, por outro lado, a fragilidade do material em que as cópias eram feitas (o papiro), além do pequeno número de cópias disponíveis, bem como o abandono ou o incêndio de bibliotecas tiveram como efeito a perda irreversível de quase todos os textos. Além disso, entre os séculos II e IV d.C., Platão e Aristóteles foram "oficializados" como únicos filósofos que deveriam ser lidos, interpretados e comentados e, visto que a maioria das escolas helenísticas era adversária desses clássicos, suas obras passaram a ser desconsideradas ou mencionadas pejorativamente, fora de contexto e sob a forma de objeções.

Das fontes primárias do epicurismo antigo possuímos três cartas didáticas escritas por Epicuro — *Carta a Heródoto*, *Carta a Pitócles*, *Carta a Meneceu* — e uma coleção de aforismos, conhecidos como *Máximas soberanas* (*Kyriai doxai*) preservados por Diógenes de Laércio no livro X das *Vidas, doutrinas e sentenças dos filósofos ilustres*, que atribui ao filósofo aproximadamente trezentas obras e menciona por volta de quarenta títulos. Nos séculos XVIII e XIX, duas importantes descobertas foram feitas: em 1753, uma escavação arqueológica feita em Herculano encontrou a biblioteca de um epicurista, Filodemo, e entre os papiros bastante danificados foi possível recuperar fragmentos de livros de Epicuro, particularmente seu tratado *Sobre a natureza*; e, em 1888, foram publicadas sentenças inéditas de Epicuro, conhecidas como *Sentenças vaticanas*, porque os manuscritos foram encontrados na biblioteca do Vaticano. Finalmente, em 1884, os especialistas tomaram conhecimento de fragmentos pertencentes a um grande pórtico de pedra contendo uma única gravação, conhecida como a *Inscrição de Enoanda*, atribuída ao epicurista Diógenes de Enoanda e datada, provavelmente, entre 120 e 125 d.C. (as primeiras edições foram feitas em 1892, na França, pela Escola Francesa de Atenas, e, na Alemanha, pelo filólogo Usener, seguidas de várias outras em inglês e italiano no correr do século XX; a última edição é de 1996, publicada na França por Alexandre Etienne et Dominic O'Meara). A gravação contém cartas, tratados e máximas e julga-se que algumas das cartas e máximas seriam do próprio Epicuro, transcritas por Diógenes de Enoanda.

No caso do estoicismo antigo, além das listas de obras e pequenas citações de Zenão e Crisipo, feitas por Diógenes de Laércio no livro VII das *Vidas*, há o *Hino a Zeus*, de Cleanto (conservado por Estobeu) e fragmentos das *Investigações lógicas*, de Crisipo, encontrados nos séculos XVIII e XIX na biblioteca de Herculano. Como explica Jacques Brunschwig:

> É importante assinalar que o destino material dos inumeráveis tratados escritos pelos filósofos estoicos foi terrivelmente desigual; esse estado de coisas teve consequências decisivas sobre a ideia que se fez do estoicismo e sobre o tipo de influência que exerceu no correr dos tempos. De Zenão até Posidônio incluído, não conservamos nada integral, com exceção do *Hino a Zeus* de Cleanto. Restaram numerosos fragmentos ou citações literais de tamanho variado, listas de títulos frequentemente bastante longas (a de Crisipo, no entanto conservada de maneira incompleta, contém 161 títulos — quanto trabalho e quanta surpresa teríamos se tivéssemos guardado tudo isso!), muitas paráfrases, muitos resumos, exposições mais ou menos sistemáticas, com frequência escritas por adversários do estoicismo e referidas muito mais ao Estoicismo em geral do que a algum autor em particular (Brunschwig, 1997, p. 515).

Como consequência, temos que nos fiar em fontes secundárias, como alguns tratados de Cícero e de Plutarco, obras de Sexto Empírico e do médico

Galeno. Todo o material disperso foi recolhido num trabalho do século XIX, *Fragmentos dos antigos estoicos*, por Hans von Arnim, hoje bastante criticado e suplantado por coletâneas mais completas e mais bem traduzidas, como a italiana de N. Festa *Fragmentos dos estoicos antigos* (de 1935), a alemã de M. Pohlenz *Stoá e estoicos* (de 1946 e 1950), a francesa de E. Bréhier e P. M. Schull *Os estoicos* (planejada na primeira metade do século XX e publicada em 1962) e a italiana de M. I. Parente *Os estoicos: obras e testemunhos* (de 1989).

O caso do ceticismo é ainda mais complicado, por dois motivos principais: o primeiro é que não há *um* ceticismo (no qual distinguiríamos o antigo e o imperial), mas vários já no período antigo; o segundo é que seu primeiro pensador, Pirro, nada escreveu e devemos nos fiar no que escreveu sobre ele seu discípulo Tímon. Acompanhemos o que diz Jacques Brunschwig:

> A época helenística se abre com Pirro, que a tradição designa como inventor da atitude cética; porém, mesmo seu mais fervente admirador, Tímon, não parece pensar que ele tenha sido o pleno inventor. As formas de ceticismo que se desenvolveram durante essa época não são todas tributárias de Pirro: poderiam perfeitamente referir-se a outros modelos que não o seu. Ao que parece, é preciso, pois, falar no plural da história dos ceticismos helenísticos e sublinhar o caráter pouco linear dessa história, cheia de reações e interações. O que domina a cena nos séculos III e II a.C. é a virada cética imprimida à Academia platônica, principalmente por Arcesilau (316-241 a.C.) e por Carneádes (421-129 a.C.). Quanto à tradição inaugurada por Pirro e prosseguida com Tímon, era objeto de controvérsia na Antiguidade, como testemunha Diógenes de Laércio: alguns pretendiam dar-lhe uma continuidade sem falhas, mas testemunhos probantes, entre outros, o de Cícero, atestam que ela se perdeu nas areias do tempo, antes de ter uma vigorosa ressurreição no século I a.C. (Brunschwig, 1997, p. 563).

No caso dos céticos, ao lado de fragmentos dos platônicos e de Tímon, temos que recorrer a Diógenes de Laércio, que lhes dedica o livro IX das *Vidas*, a Cícero, Plutarco, ao cético do período imperial, Sexto Empírico, a um dos primeiros pensadores da Patrística, Eusébio de Cesareia, e ao filósofo judeu Filo de Alexandria. As coletâneas mais recentes de textos são a francesa de J. P. Dumont *Os céticos gregos* (de 1966), a italiana de A. Russo *Os céticos antigos* (de 1978) e a inglesa de J. Annas e J. Barnes (orgs.) *Os modos do ceticismo: textos antigos e interpre-*

tações modernas (de 1985). Sobre Pirro, a coletânea mais significativa é a italiana de F. Decleva Caizzi *Pirro. Testemunhos* (de 1981).

Quanto ao período imperial, como dissemos, contamos com praticamente todas as obras originais dos filósofos epicuristas, estoicos e céticos mais importantes, traduzidas totalmente para línguas modernas e parcialmente em português.

É importante não minimizar os efeitos dos trabalhos arqueológicos e filológicos que, do final do século XIX e durante todo o século XX, permitiram superar paulatinamente os preconceitos que pesavam sobre as filosofias helenísticas. Os historiadores da filosofia foram, pouco a pouco, descobrindo as intenções, coerências e originalidades, o refinamento intelectual e o interesse filosófico dessas doutrinas e acabaram por reabilitá-las e lhes dar o lugar e o valor que, sem dúvida, merecem.

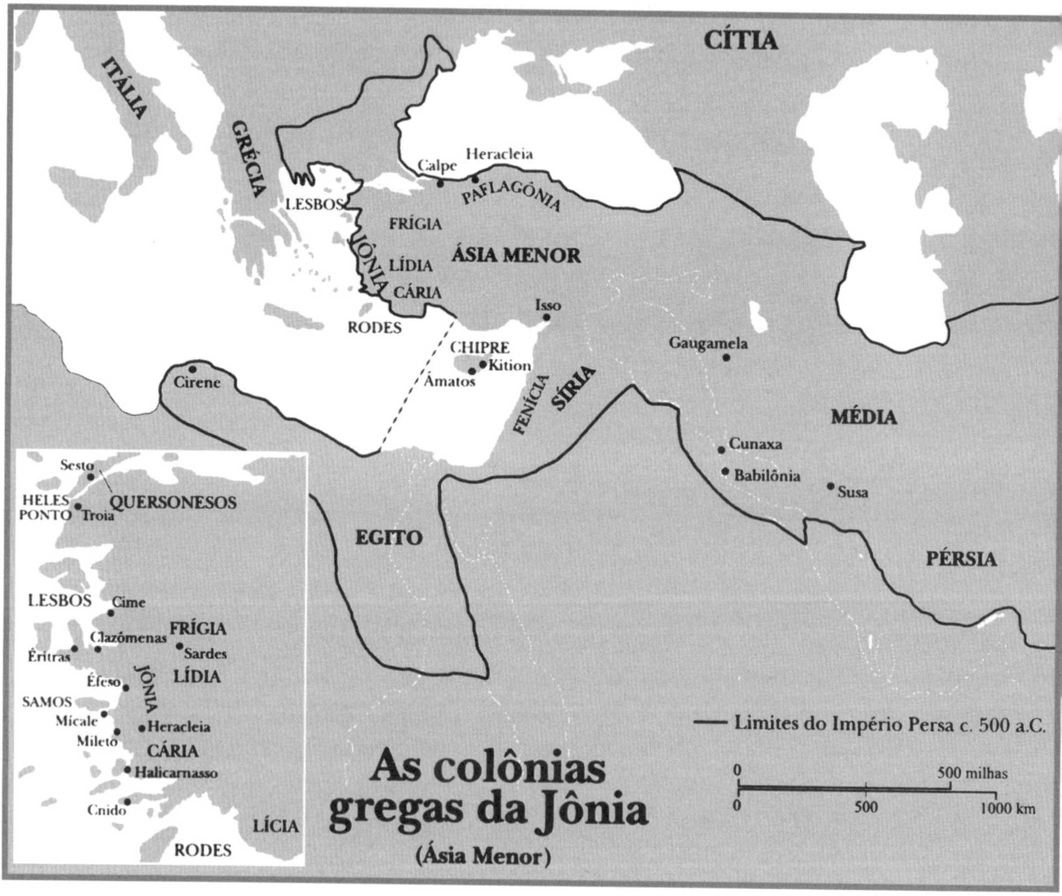
CÍTIA
ITÁLIA
GRÉCIA
Calpe
Heracleia
PAFLAGÔNIA
LESBOS
FRÍGIA
JÔNIA
LÍDIA
ÁSIA MENOR
CÁRIA
RODES
Isso
CHIPRE
Kition
Ámatos
Cirene
FENÍCIA
SÍRIA
Gaugamela
MÉDIA
Cunaxa
Babilônia
Susa
EGITO
PÉRSIA
Sesto
HELES PONTO
Troia
QUERSONESOS
LESBOS
Cime
Clazómenas
FRÍGIA
Éritras
Sardes
Éfeso
LÍDIA
SAMOS
Mícale
Heracleia
Mileto
CÁRIA
Halicarnasso
Cnido
LÍCIA
RODES
Limites do Império Persa c. 500 a.C.
0
500 milhas
0
500
1000 km
As colônias gregas da Jônia
(Ásia Menor)

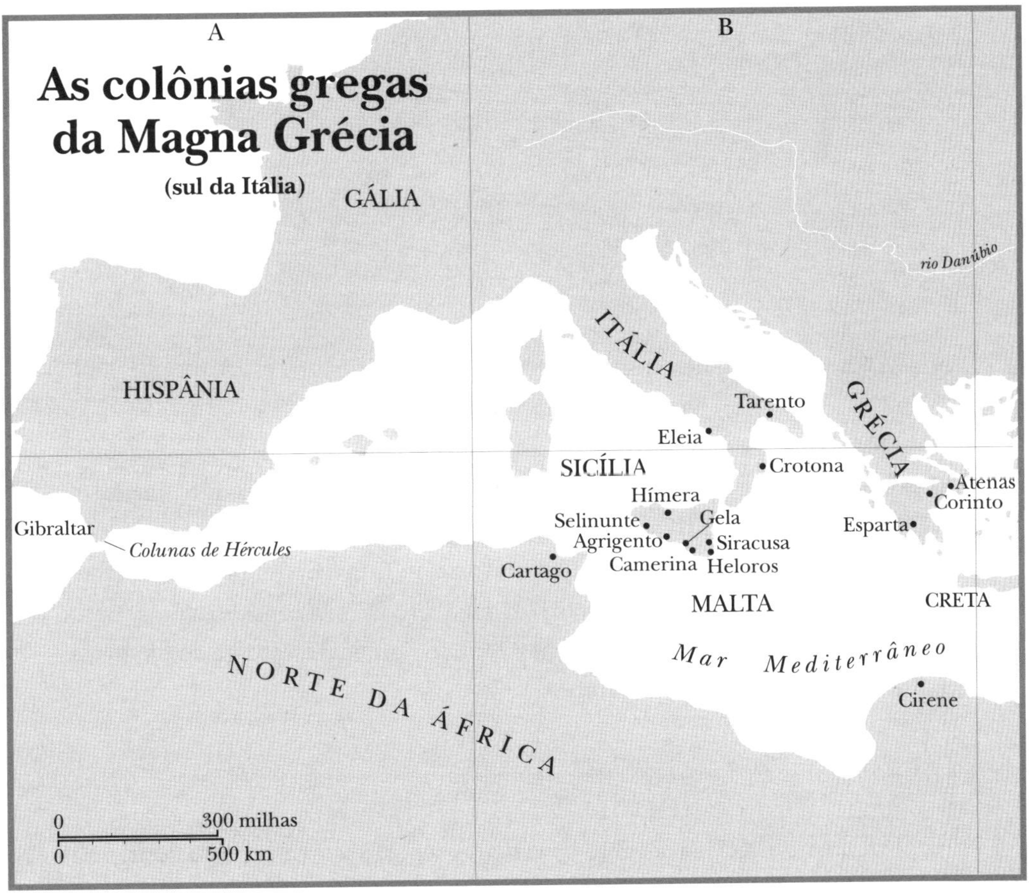

A
B
As colônias gregas da Magna Grécia
(sul da Itália)
GÁLIA
rio Danúbio
ITÁLIA
HISPÂNIA
Tarento
GRÉCIA
Eleia
SICÍLIA
Crotona
Atenas
Corinto
Hímera
Selinunte
Gela
Esparta
Gibraltar
Colunas de Hércules
Agrigento
Siracusa
Camerina
Heloros
Cartago
MALTA
CRETA
Mar Mediterrâneo
NORTE DA ÁFRICA
Cirene
0
300 milhas
0
500 km

1. Pirro e a filosofia como atitude cética

QUESTÕES GERAIS SOBRE O CETICISMO

Duas questões têm ocupado os historiadores do ceticismo. A primeira indaga se é possível falar de ceticismo no singular ou se é necessário usar o plural, ceticismos. A segunda, se há sentido em empregar o termo "escola" para referir-se aos céticos, mesmo que aceitemos o que diz Sexto Empírico (como vimos na introdução) quando declara que o cético não tem escola, se a considerarmos como um corpo sistemático de dogmas, mas a tem, se significar a escolha de uma vida moral conforme ao que nos aparece.

Ceticismos

Em uma obra clássica sobre os céticos gregos, Victor Brochard considera insatisfatória a divisão da história do ceticismo em dois períodos — o antigo e o novo — intercalados pelas posições céticas da Nova Academia platônica. Entre os céticos antigos estariam Pirro e Tímon; entre os novos, Enesidemo, Agripa e Sexto Empírico; e entre os acadêmicos, Arcesilau e Carnéades. Essa divisão, explica Brochard, é incorreta porque desconsidera tanto a maneira pela qual os próprios céticos estabelecem suas cronologias como o caráter intrínseco das doutrinas céticas. Assim, em lugar da divisão costumeira, o autor propõe dividir o ceticismo em três períodos, levando em consideração mudanças no pensamento dos céticos: ceticismo prático (com Pirro e Tímon, desenvolvido entre 300 e 234 a.C.); ceticismo dialético (com Enesidemo e Agripa, desenvolvido entre 150 a.C. e o século I d.C.); ceticismo empírico (com Sexto Empírico, desenvolvido a partir do século I d.C.). Entre o segundo e o terceiro períodos, Brochard propõe incluir a Nova Academia sob a designação de ceticismo probabilista (com Arcesilau e Carnéades, desenvolvido entre 260 e 85 a.C.).

> O primeiro período é o de Pirro e Tímon. Tem como característica distintiva o desdém pela dialética: preocupa-se antes de tudo em escapar das sutilezas dos sofistas. [...] Pirro e Tímon tomaram o partido de não responder a ninguém em discussões intermináveis. Donde fórmulas como "Nada sei", "Nada defino". [...] a vida prática é para eles o essencial. Nisso ainda são bem socráticos, mas Sócrates fundava a moral sobre a ciência e eles tentaram fundá-la sobre a negação da ciência. Esse período poderia ser designado com o nome de ceticismo moral, mas se o termo for equívoco, com o de *ceticismo prático*.
>
> O segundo período [...], separado do primeiro por um longo intervalo, compreende Enesidemo e seus sucessores imediatos. Apresenta uma característica completamente oposta ao período precedente: torna-se sobretudo dialético [...]. Enesidemo insiste sobretudo em mostrar dialeticamente a impotência da razão. Retoma, renovando-o, o método dos eleatas e se propõe a colocar a razão em contradição consigo mesma em toda parte. Pode-se designar esse período com o nome de *ceticismo dialético*.
>
> O terceiro período apresenta uma característica inteiramente nova [...]. A escola cética, continuando a aproveitar-se dos trabalhos dos antecessores, recusa o testemunho dos sentidos e usa e abusa da dialética para mostrar a impotência da razão. Mas, no fundo, despreza a dialética [...]. A característica própria dos céticos dessa época é a de serem médicos empíricos[1] e conhecerem (ou entreverem) o método de observação [...]: é esse método que pretendem colocar no lugar da dialética. Não é uma ciência, mas uma arte que lhe parece preferível à vã ciência. [...] É o período do *ceticismo empírico*.
>
> Além desses três períodos é preciso dar um lugar à Nova Academia. [...] As analogias exteriores são suficientemente fortes para que não se possa fazer uma

história do ceticismo sem falar da Nova Academia, situada entre o primeiro e o segundo períodos (Brochard, 1969, pp. 37-9).

Embora a maioria dos estudiosos do ceticismo tenha adotado a divisão proposta por Brochard, nem por isso a considera inteiramente satisfatória porque, como explica Frédéric Cossutta, a mera sucessão cronológica não dá conta dos motivos que levaram a transformações nas doutrinas e às suas várias figuras. Seria preciso evidenciar a lógica interna das vicissitudes de uma história que durou quatro séculos e mostrar que as mudanças do ceticismo foram produzidas pelas tentativas múltiplas dos sucessores de Pirro para superar e contornar dificuldades, contradições e ambiguidades próprias da "natureza paradoxal de sua mensagem filosófica". Não há uma história linear e contínua do ceticismo, mas retomadas e diferenciações que nos permitem falar, no plural, em ceticismos.

Somos, assim, conduzidos à segunda questão geral, isto é, pode-se falar numa *escola* cética e numa *doutrina* cética?

> Com efeito, coloca-se a questão de saber se há um corpo de doutrina e se a ideia de ensinamento ainda tem algum sentido para tal filosofia (Cossutta, 1994, p. 55).

Sképsis, zêtetês

Quando se fala em ceticismo, imediatamente entende-se uma filosofia que argumenta de todas as maneiras para mostrar que não existe nenhuma base sólida, nenhum fundamento para o conhecimento e até mesmo para a crença. A instabilidade sensorial, a pluralidade de opiniões e convenções, as contradições lógicas indicam que nem a sensação nem o pensamento racional podem apresentar-se como alicerces do conhecimento.

Na abertura de sua obra *Esboços pirrônicos*, Sexto Empírico apresenta "as principais diferenças entre as filosofias", distinguindo entre dogmáticos, acadêmicos e céticos:

> Os que buscam alguma coisa são, naturalmente, levados ou a descobri-la, ou a negar que possa ser descoberta, confessando seu caráter inapreensível, ou a continuar em sua busca. Assim, sem dúvida, nas investigações filosóficas, alguns pretenderam ter encontrado a verdade, outros declararam que ela é inapreensível e outros ainda a

procuram. Os que são chamados dogmáticos acreditam tê-la encontrado — por exemplo, Aristóteles, Epicuro, os estoicos e outros —; os que provaram seu caráter inapreensível são Clitômaco, Carnéades e outros acadêmicos; os que continuam a buscá-la são os céticos (Sexto Empírico, *Esboços pirrônicos*, I, 157).

Quando, no livro IX das *Vidas e doutrinas*, Diógenes de Laércio se refere a um grupo de filósofos seguidores de Pirro, escreve que "os filósofos céticos passavam seu tempo destruindo os dogmas de outras escolas e não estabelecendo nenhum que fosse seu próprio". Diz também que foram chamados de pirrônicos, céticos e buscadores. E explica: pirrônicos por causa de seu mestre; *skeptikói** porque observavam tudo sem nada encontrar de seguro; *zêtêtikói** porque procuravam a verdade por toda parte e, nunca a encontrando, jamais cessavam a busca.

O texto de Sexto Empírico distingue o cético dos demais porque recusa simultaneamente a afirmação de que a verdade é apreensível (como julgam os dogmáticos) e a de que ela é inapreensível (como julgam os acadêmicos). Eis por que Diógenes de Laércio declara que os pirrônicos não estabeleciam dogmas, eram *skeptikói* e *zêtêtikói*.

Sképsis provém de um verbo, *sképtomai**, que significa olhar atentamente, considerar, observar, examinar detidamente, meditar, inquirir, interrogar, refletir e preocupar-se. *Zêtêsis* provém do verbo *zetéuô**, que significa buscar ou procurar para encontrar, procurar conhecer, procurar para obter, examinar, investigar. Assim, de acordo com os testemunhos recolhidos por Diógenes de Laércio, os seguidores de Pirro eram inquiridores, interrogadores, observadores meticulosos, examinadores e meditativos — céticos — e buscadores ou investigadores perenes que tudo examinavam — zetéticos. Enquanto a tradição filosófica (ou os dogmáticos) indagava sob que condições o conhecimento é possível, o cético indaga por que ele não é possível. A esse respeito, escreve o helenista Roberto Bolzani:

> Permanecer na *zétesis* filosófica — considerar indecidida a questão da apreensão ou não apreensão da verdade — significa justamente a abstenção de qualquer pronunciamento tético sobre o mundo e sobre os discursos que o dogmatismo filosoficamente desenvolve na tentativa de explicá-lo. Eis o que a suspensão cética do juízo (*époché*) propõe (Bolzani, 2003, p. 13).

Nessas condições, parece inadequado falar em doutrina cética ou em pirronismo. Aliás, de acordo com Diógenes de Laércio, os próprios céticos recusavam ser chamados de pirrônicos:

> Teodósio (cético) recusa o nome de pirrônica para a escola cética dizendo que, visto que o movimento do pensamento de outrem nos é inapreensível, não poderemos conhecer qual era o pensamento de Pirro. Consequentemente, não podem ser chamados pirrônicos. Além disso, não foi Pirro quem encontrou a atitude cética e ele não propôs nenhum dogma. Pode-se muito bem chamar pirrônico todo homem que tenha vivido como Pirro (Diógenes de Laércio, IX, 70, t. II, 179).

Pirro não descobriu a atitude cética, pois essa atitude — observação meticulosa e meditação interrogativa — existe em todos os homens. Diógenes leva isso tão a sério que enumera um grande número de céticos, começando por Homero, passando por Zenão de Eleia, Heráclito e Empédocles e chega aos poetas Arquíloco e Eurípedes. Além disso, como "o pensamento de outrem nos é inapreensível", não dispomos de meios para observar o interior de outrem. Ser cético, portanto, é assumir uma *atitude* e não uma doutrina. É pirrônico aquele que vive à maneira de Pirro e não invoca a doutrina de um mestre a ser seguido. Por conseguinte, não pode haver um ensinamento ou uma transmissão doutrinal, pois não há uma matéria para ensinar, um mestre que ensine e um discípulo que aprenda. Eis por que, ao aceitar que se fale em escola cética, Sexto Empírico prefere empregar a expressão *agogê skeptiké* a fim de indicar que se trata de uma conduta e de uma atitude, de uma direção de vida ou de uma via rumo à sabedoria, entendida como *ataraxía*, tranquilidade ou serenidade de espírito.

É interessante observar que a pergunta sobre uma doutrina e uma escola céticas não aparece apenas no início do ceticismo — quando se indaga se certos filósofos são pirrônicos —, mas prossegue até seu término, como podemos comprovar pelos títulos dos últimos capítulos dos *Esboços pirrônicos* de Sexto Empírico. Pelo relato de Diógenes de Laércio, seríamos levados a pensar que ser pirrônico, não sendo a adoção de uma doutrina, há de ser a de uma arte de viver. Sexto Empírico nos dissuade dessa suposição. Assim, o capítulo 27 se intitula "Se a arte de viver pode ser ensinada"; o capítulo 28, "Se se pode ensinar alguma coisa"; o capítulo 29, "Se há um mestre e um discípulo"; e o capítulo 30, "Se há um modo de instrução".

A resposta à pergunta sobre a possibilidade de ensinar a arte de viver é negativa. Sexto começa declarando que a pergunta decorre do fato de que, visto tratar-se de uma arte, não pode ser algo existente nos homens por natureza e sim adquirido por ensino e instrução ou por experiência. O capítulo 27 conclui que não pode ser adquirida por ensino e instrução porque não há matéria a ser ensinada, nem mestre, nem discípulo — "portanto, o ensino não existe". O capítulo 28, operando com um conjunto de distinções feitas no correr da obra, particularmente com o sentido de "ser" ou "existir", explica por que não pode haver matéria a ser ensinada; o 29, operando com a distinção e a relação entre o "hábil" e o "inábil", explica por que não pode haver mestre nem discípulo; no capítulo 30, explicando que o que é evidente não se ensina, mas apenas se mostra, e que o que é obscuro teria que ser ensinado por meio do discurso, mas este é uma convenção e sua significação instável segundo os tempos e os lugares, Sexto conclui que além de não haver método de instrução, também não existe o objeto do ensinamento — a arte de viver — e, portanto, excluir o ensino não significa afirmar que tal arte seria adquirida por experiência, pois não há o que adquirir. Assim, a pergunta sobre o ensinamento da arte de viver conduz à conclusão de que tal arte sequer existe e, portanto, a questão é desprovida de sentido.

Vemos aí a radicalidade cética e zetética: a busca contínua, a investigação perene, a interrogação incessante, que levam à posição de uma questão e ao seu esvaziamento subsequente. No entanto, poder-se-ia perguntar qual a validade ou o sentido do exercício de colocar uma questão e argumentar para mostrar que ela é desprovida de significado. Responde Sexto:

> O cético, porque ama os homens (*philántropos*), quer curar pelo raciocínio a presunção dos dogmáticos e sua precipitação de julgamento (*boúletai*). Assim como os médicos que cuidam das doenças do corpo possuem remédios diferentes segundo a força do mal, aplicando remédios severos aos que estão violentamente afetados e remédios leves aos levemente afetados, assim também o cético propõe razões (*lógous*) de força diferente: serve-se daquelas pesadas que podem refutar vigorosamente a presunção de que sofrem os dogmáticos, no caso daqueles que estão violentamente afetados pela precipitação no julgamento; usa os mais leves para aqueles que sofrem de um mal superficial, fácil de curar e que podem ser refutados por métodos mais suaves de persuasão. Consequentemente, o filósofo cético não hesita em propor ora argumentos que têm peso por seu valor probante, ora argumentos proposi-

tadamente mais fracos porque isso basta para conseguir seu objetivo (Sexto Empírico, *Esboços pirrônicos*, XXX, p. 342).

PIRRO E O NASCIMENTO DA FILOSOFIA COMO ATITUDE CÉTICA

A vida

Pirro nasceu em Élis (no Peloponeso), entre 365 e 360 a.C. De família pobre, praticava uma arte manual para viver, a pintura.

Élis era a cidade encarregada da organização dos Jogos Olímpicos e para ela, a cada quatro anos, convergiam todos os gregos. Foi nessa cidade que um discípulo de Platão, Fédon, fundou uma escola que Pirro frequentou durante algum tempo, passando depois a frequentar a escola megárica e, mais tarde, Anaxarco de Abdera, que o familiarizou com as ideias de Demócrito — tanto a escola megárica como a filosofia de Demócrito foram tratadas no volume I. Com os megáricos, descobriu a impossibilidade da estabilização do discurso e do pensamento para apreender o ser; e alguns estudiosos consideram que o ceticismo começa quando Pirro faz uma crítica radical da concepção aristotélica dos princípios de contradição e de terceiro excluído. De Demócrito, Pirro recebe a crítica da percepção sensível: a realidade se reduz aos átomos e ao vácuo, ambos imperceptíveis, de sorte que a percepção é apenas o efeito subjetivo do modo como os átomos afetam nossos sentidos, habituando-nos a percebê-los com certas propriedades que acabamos atribuindo às próprias coisas, embora nada mais sejam do que convenções instituídas pelo hábito. Num fragmento democriteano, recolhido por Sexto Empírico no livro *Sobre as formas*, lemos:

> O homem deve dar-se conta, por meio do presente critério, de que [por causa das aparências sensíveis] está afastado da Verdade.
>
> Também essa consideração demonstra justamente que não sabemos nada, segundo a Verdade, sobre qualquer coisa, mas, em cada um, a Opinião é [uma espécie de conformação que os átomos da alma assumem em contato com os átomos das coisas percebidas e, portanto, variáveis].

Na companhia de Anaxarco, Pirro tomou parte na expedição de Alexandre

— fato que iria marcá-lo decisivamente — e travou conhecimento com a filosofia dos cínicos — tratada no volume I —, pois também se encontrava na expedição um discípulo de Diógenes, Onesícrito. Possivelmente, com os cínicos Pirro descobriu a crítica de um fundamento racional das relações sociais e políticas, bem como uma forma de indiferença, a *adiáphora**, que, como veremos, será central no vocabulário cético. E com Onesícrito, aprendeu a interessar-se pelos ginosofistas e magos hindus. A esse respeito, escreve Diógenes de Laércio que Pirro

> [...] teve a possibilidade de estabelecer relações com os ginosofistas da Índia e com os magos. Disso tirou grande estímulo para suas convicções filosóficas, e parece ter aberto para si a via mais nobre da filosofia quando introduziu e adotou os princípios da *akatalexía** (ou seja, a irrepresentabilidade ou incompreensão das coisas) e da *epoché* (ou seja, a suspensão do juízo) (Diógenes de Laércio, IX, 69).

A prova do impacto dos ginosofistas é dada pelo modo de vida praticado por Pirro ao retornar à Grécia:

> Retirava-se do mundo e buscava a solidão tranquila, de maneira que raramente se mostrava aos da casa. Comportava-se assim porque ouviu um hindu reprovar a Anaxarco, dizendo-lhe que jamais poderia instruir alguém a ser melhor enquanto ele próprio frequentasse as cortes dos reis e os obsequiasse (Diógenes de Laércio, IX, 63).

Na *Vida de Alexandre*, Plutarco narra um episódio que teria marcado profundamente Pirro: o suicídio do sábio Calano, que se deitou nas chamas de uma pira funerária, suportando impassivelmente os espasmos e as queimaduras, sem qualquer sinal de sofrimento. O fogo, escreve Plutarco, "se aproximou, mas ele não se moveu; permaneceu deitado, imolando-se segundo o uso dos sábios de seu país". Qual o testemunho de Calano? Que o sábio é capaz de pôr-se acima do que os homens consideram males e que pode ser feliz mesmo em meio a tormentos. Não se trata de dizer que Pirro teria adotado a doutrina religiosa dos ginosofistas, e sim que, muito provavelmente, articulou o que lhe viera da filosofia dos megáricos, cínicos e democriteanos e a conduta de impassibilidade dos ginosofistas, isto é, articulou dúvida apaziguante e indiferença feliz.

Como diz um historiador do ceticismo, a importância da viagem ao Oriente decorre de três deslocamentos que ela opera na filosofia grega. Em primeiro lugar, conduz a uma ligação original entre a dúvida e suas consequências, pois em vez de levar à instabilidade e à perturbação, duvidar é livrar-se delas. Em segundo, uma ligação original entre a *ataraxía* e seu conteúdo, pois a serenidade não se encontra nem na contemplação voltada para a plenitude do ser, nem, à maneira dos cirenaicos, no prazer em movimento, nem, como querem os epicuristas, no prazer em repouso, e sim como êxtase branco, vazio de conteúdo representativo. E, por fim, uma ligação original entre a liberação e as necessidades mundanas, pois

> o ceticismo não propõe uma retirada para longe do mundo (uma autarcia individual ou comunitária) nem uma transformação política calcada sobre um ideal racional [...], mas aceitar seguir as aparências ou fenômenos, conformar-se aos costumes e leis existentes e aceitar que a vida seja regida por necessidades inerentes a ela (Cossutta, 1994, p. 22).

De retorno a Élis, por volta de 324 e 323 a.C., Pirro inicia o movimento cético, oferecendo o testemunho de sua conduta e de seu modo de vida como ensinamento filosófico.

Morreu entre 275 e 270 a.C.

Como Sócrates, Pirro nada escreveu. Por isso, acontece com ele o mesmo que se passou com Sócrates, isto é, há vários "Pirros", segundo a variedade de testemunhos.

Há um Pirro asceta, isolado do mundo, dedicado a exercícios espirituais para alcançar a tranquilidade, aceitando todas as agruras sem se perturbar e provocando seus próximos com argumentos contraditórios para fazê-los praticar a dúvida como exercício liberador. As narrativas sobre ele acentuam a neutralização da percepção e dos sentimentos, o estado de não sensibilidade, a ausência de simpatia e de antipatia ou cólera na relação com os outros, a indiferença aos preconceitos e opiniões sociais (ou a suspensão de juízos de valor). É um homem "sem pensamento e imóvel no meio das coisas e dos homens", distanciado da instabilidade do mundo e que "permanece sempre no mesmo estado" ou na constância.

Há um Pirro que vive em conformidade com os costumes e as leis, ocupando até mesmo uma função sacerdotal em Élis — "vivia piedosamente e raciocinava empregando a dúvida, mas não cometia imprudências", relata um testemunho atribuído a Enesidemo. Cuidava dos próximos, não só dos familiares, mas também dos que considerava seus discípulos, com os quais se entretinha respondendo e colocando questões.

Há um Pirro mestre, fundador de uma escola de filosofia e descrito num poema daquele que recolheu suas ideias e considerou-se seu discípulo, Tímon de Fliunte.

Nesse poema, conhecido como *Imagens*, Pirro é descrito imóvel e impassível — "despojado de vaidade e não dominado por tudo quanto escraviza os mortais" —, sendo interpelado por um discípulo que deseja pôr-se no mesmo estado de serenidade — "eis o que meu coração queima por ouvir: Como, tu que és um homem, fazes para passar tua vida numa tal serenidade, sempre livre de pensamentos preocupantes, isento de agitação, sempre o mesmo, sem prestar a menor atenção nas misérias de uma sabedoria de linguagem suave?". A que ele responde, dizendo:

> Vou dizer-te, como isso me parece ser manifestamente, pois tenho por reta regra um discurso de verdade: a natureza do divino e do bem é sempre o que assegura ao homem a vida mais constante. [...] Mas em toda parte reina o fenômeno, seja onde for.

Sob a forma da imaginação poética, que apresenta Pirro segundo o modelo literário grego do fundador, o poema descreve um verdadeiro processo iniciático que suscita uma dificuldade de princípio: qual é a "natureza imutável do divino e do bem", que parece contradizer tudo quanto sabemos sobre o ceticismo? A posição cética não é inédita justamente porque articula felicidade e incerteza, recusando a pretensão dogmática de conhecer a natureza de seja lá o que for? No entanto, a dificuldade se desfaz quando compreendemos as palavras finais do poema: não há essa "natureza", pois em toda parte só há fenômeno ou aparência. Em outras palavras, a aparência é totalmente necessária (só ela existe, é ela a "natureza" do divino e do bem) e totalmente contingente (poderia ser esta ou aquela, indiferentemente) e por isso a serenidade não pode deixar de regular-se por ela.

As três imagens de Pirro poderiam, entretanto, articular-se e formar uma unidade, se pensarmos que cada uma delas descreve o itinerário do filósofo: retira-se do mundo (o asceta), exercitando-se até alcançar a serenidade (o mortal que frui a paz) e inscreve a sabedoria na vida cotidiana, não em conformidade com os preconceitos e as opiniões, mas em conformidade com os fenômenos, isto é, lúcido e não conformista.

A filosofia pirrônica

Tudo quanto sabemos das concepções de Pirro nos chegou por testemunhos de seus próximos (mencionados por Diógenes de Laércio) e pelos escritos de Tímon de Fliunte (dos quais restaram fragmentos).

Considera-se que o testemunho mais antigo de que dispomos é o do peripatético Aristócles de Messina, redigido a partir dos textos de Tímon:

> É necessário, antes de tudo, investigar sobre nosso conhecimento. Se, de fato, nada pudermos conhecer por natureza, torna-se supérfluo investigar o resto. [...] Pirro de Élis sustenta essa ideia com particular vivacidade, mas nada deixou escrito. Seu discípulo, Tímon, afirma que aquele que deseja ser feliz deve prestar atenção em três pontos: em primeiro lugar, o que são as coisas por natureza; em segundo, qual deve ser nossa disposição com relação a elas; em terceiro, o que resultará para quem se coloca nessa disposição. [...] de acordo com Pirro, as coisas são indiferentes (*adiaphora**), instáveis (*astathmèta**) e indecisas (*anepikrita**) e por isso nem as nossas sensações nem as nossas opiniões podem ser verdadeiras ou falsas. Portanto, por esse motivo, é preciso não lhes dar confiança, mas permanecer sem opinião (*adoxastous**), sem inclinação (*aklineis**), sem oscilação (*akradantous**), dizendo de cada coisa que ela é não mais do que não é, ou que é e que não é, ou ainda que nem é nem não é. Os que se colocam nessa disposição, conseguirão, diz Tímon, primeiro o silêncio (*aphasía**) e depois a quietude (*ataraxía**).

Esse texto propõe as etapas da investigação pirrônica: 1) responder à questão sobre a natureza das coisas; 2) adotar uma disposição de espírito com relação a elas; 3) essa disposição é um efeito terapêutico da interrogação. A primeira etapa conduz às noções de indiferença, instabilidade e indecisão (ou indeterminação) das coisas; a segunda explicita as disposições com relação a elas, isto é, ausência de opinião, inclinação e agitação; a terceira oferece os efeitos dessa disposição, isto é, o silêncio e a tranquilidade.

a) Primeira etapa: neutralização da ontologia

Pirro não propõe uma ontologia negativa ao dizer que as coisas são indiferentes, instáveis e indeterminadas, pois a ontologia pressupõe a distinção entre ser e não ser e exatamente essa distinção está sendo afastada. Vimos também, ao mencionarmos o poema de Tímon, que Pirro afirma que "em toda parte reina o fenômeno, seja onde for" (*to phainomenon pantè sthenei*), ou seja, abandonada a oposição entre ser e não ser resta somente o aparecer das coisas, sua manifestação, sem qualquer referência a algo em si que nos escaparia.

De fato, Pirro não diz que as coisas aparecem indiferenciadas, instáveis e indeterminadas *para nós*, ou seja, que seria por uma limitação nossa que as percebemos dessa maneira. Em outras palavras, não diz que não temos meios adequados (sensação, opinião, razão) para diferenciá-las, identificá-las e determiná-las, e sim que elas não possuem uma natureza que lhes dê uma configuração estável e por isso mesmo nossos sentidos, opiniões e razão não podem dizer nem o verdadeiro nem o falso sobre elas. Estão sempre em movimento e nos escapam sempre. Por conseguinte, não podemos falar nem pensar em essências ou em substâncias, em algum fundo estável, permanente, idêntico a si mesmo e que seria um sujeito de predicados. A predicação é impossível e, portanto, não é possível a distinção ontológica entre o verdadeiro e o falso.

b) Segunda etapa: neutralização do juízo e indiferença

Visto que as coisas são indiferentes ao ser e não ser e que nossas sensações e opiniões são indiferentes ao verdadeiro e ao falso e que não devemos dar-lhes nossa confiança, devemos permanecer sem opinião (*adoxastos*), ou seja, abster-nos do juízo ou, então, suspender o juízo (*epoché*).

Juízos pretendem identificar e estabilizar coisas instáveis e indeterminadas, moventes, que por isso mesmo não podem receber identidade e estabilidade. Por conseguinte, juízos tornam-se crenças opostas que nos dilaceram e nos puxam em direções contrárias. O cético experimenta os dados imediatos da sensação sem lhes dar adesão e sem lhes atribuir um coeficiente de realidade ou de verdade. Isso lhe permite o equilíbrio entre opiniões, impulsos, motivos e por isso pode viver não só sem opinião, mas também "sem inclinação (*aklineis*), sem oscilação (*akradantous*)".

A *epoché*, isto é, suspensão do juízo não significa ausência de reflexão. Pelo contrário, significa que diante de toda suposta evidência obtida pelo raciocínio e de toda ideia feita recebida, o cético, por um exercício da vontade, faz aparecer a opinião ou a ideia contrária para constatar que estas e aquelas se equivalem e se equilibram, nenhuma delas merecendo mais confiança ou mais adesão que a outra. A suspensão do juízo, portanto, é um exercício intelectual que impede a cristalização das sensações em opiniões, inclinações e agitações porque reconduz os dados (*pragmata*) à sua indeterminação e indiferença.

Esse exercício tem ainda outro papel filosófico preciso: impedir a queda do cético no dogmatismo. De fato, uma vez que não podemos ter certeza alguma, nem mesmo da indiferença, instabilidade e indeterminação das coisas, poderíamos ceder à sedução das crenças, à sua força persuasiva sobre nosso desejo de crer. Diríamos, então, que não sendo possível o conhecimento verdadeiro, todas as crenças se equivalem e podemos escolher as que desejarmos. Para impedir essa fascinação dogmática, o ceticismo cria um instrumento que nos faça permanecer na dúvida e na abstenção de opinião. Trata-se da regra principal ou do "justo cânone" (*orthon kanona*), que aparece no final da segunda etapa: "dizendo de cada coisa que ela é não mais do que não é, ou que é e que não é, ou ainda que nem é nem não é".

Esse cânone enuncia a disposição cética perante as coisas como exercício da dúvida de modo que a indiferença delas e de nossas sensações conduza à *aphasía*. De fato, o cânone nos coloca na presença

> de uma fórmula no sentido técnico, que recapitula ou concentra o que poderíamos chamar de lógica cética, ou, para respeitar o contexto helenístico, uma canônica,[2] isto é, uma teoria dos critérios de validação dos enunciados, permitindo estatuir simultaneamente no domínio do conhecimento, da ontologia e da ética. Esse instrumento permite à razão exercer metodicamente a dúvida em toda circunstância, sobretudo nos casos em que não percebemos, à primeira vista, nenhuma razão para suspeitarmos (Cossutta, 1994, p. 44).

Esse instrumento lógico e metódico de dúvida consiste em, quando estivermos na presença de algum dado (*pragma*) — que pode ser sensorial, um objeto percebido ou sentido, uma opinião estabelecida, um raciocínio apodítico, enfim, algo que se apresente com forte intensidade para ser tomado como verdadeiro —, retirar imediatamente a sua pretensão de fixar-se, fazendo aparecer o seu contrário. Mas não apenas isso. O cético deve afirmar simultaneamente os contrários como sendo e não sendo, recusando o princípio de contradição e o de terceiro excluído porque já recusou o de identidade.

Assim, enquanto as outras escolas filosóficas (anteriores a Pirro e contemporâneas ao ceticismo) buscavam mostrar que o homem dispõe de um cânone ou critério da verdade, isto é, meios para adquirir conhecimento e validar sua verdade, Pirro propõe um critério ou cânone para assegurar que isso não é possível e para invalidar toda pretensão à verdade. Isso não faz do ceticismo um irracionalismo porque é a razão que, investigando, duvidando, suspendendo o juízo, afirma seus próprios limites, afirmando, como escreve Diógenes de Laércio, que "a todo raciocínio pode-se opor um raciocínio".

c) Terceira etapa: aphasía, apatheia* e ataraxía**

Qual o efeito dessa disposição perante as coisas? A fórmula ou canônica cética não se refere apenas à ontologia e ao conhecimento, mas também à ética. Nos dois primeiros casos, ela conduz ao silêncio — *aphasía*; no terceiro, à impassibilidade ou ausência de paixão — *apatheia* — e à quietude ou serenidade ou tranquilidade de alma — *ataraxía*. Em outras palavras, a canônica não se refere apenas ao ser e não ser e ao verdadeiro e ao falso, mas também ao bom e ao mau.

A *aphasía* não é o silêncio absoluto, a mudez, e sim a suspensão do juízo afirmativo e negativo sobre o que quer que seja. É a recusa de um tipo determinado de palavra ou de linguagem, aquela que pretende dizer o que algo é ou não é. Ou, como explica Diógenes de Laércio, citando uma obra de Tímon: "não se deve definir coisa alguma e deve-se duvidar sempre". O pirrônico é afásico não porque prefere uma asserção em vez de outra, mas por conjugar uma asserção com sua oposta — pois "a todo raciocínio pode-se opor um raciocínio" — e não dá assentimento a nenhuma delas. Assim, por exemplo, quando perguntaram a Pirro por que não mataria outro homem, já que vida e morte são indiferentes, ele respondeu: por isso mesmo, exatamente porque são indiferentes.

Poder-se-ia supor que a neutralização da ontologia e do conhecimento teria como consequência a confiança na interioridade de cada um. Mas não é o caso. Na medida em que a canônica assegura a dúvida e a afasia, também assegura que a indiferença, a instabilidade e a indeterminação das coisas não sejam substituídas pela adesão aos impulsos e motivos interiores, isto é, às paixões, que nos arrastam em sentidos contrários, numa perturbação interminável. Não ser impulsionado, movido e agitado pelas coisas nem pelos sentimentos ou paixões (*páthos*) que elas provocam em nós é não ser passivo, não se submeter ao *páthos* e alcançar a *apatheia* ou a impassibilidade. Como é isso possível? Pelo modo de relacionar-se com as sensações e impressões: em vez de tomá-las como boas ou más ou referidas a coisas boas ou más, deixá-las acontecer na indiferença, sem emitir juízo.

> Como pode o homem ser im-passível (*apathés*), insensível? Essa palavra não diz somente que ele não se perturba, mas que não *sente*. E por que não? Não é evidente que o homem deve chegar a reformar sua sensibilidade total? [...] A insensibilidade pirroniana é, sem dúvida, obtida mediante um retorno à sensação pura. É uma insensibilidade ao mundo dos objetos, às causas, aos entes e aos seus efeitos sobre nós, em torno de nós, porque o universo dos entes e do ser, construído por nós e erigido diante de nós por nosso juízo, encontra-se agora desmembrado e desfeito. A sensibilidade a todas as coisas, conflitos e agitações do mundo cede lugar a uma sensibilidade às impressões puras, mudas, e tanto quanto possível, sem expectativa e sem memória (Conche, 1973, p. 63).

Essa reforma total da sensibilidade é uma terapêutica que cura o homem da agitação e perturbação passional. O sábio não é atormentado pelo verdadeiro e pelo falso, no conhecimento, nem pelo bom e pelo mau, na ação. Torna-se sereno. A indiferença — "dá tudo no mesmo" — e a insensibilidade — "as impressões puras e mudas" — produzem um estado mental isento de representações intelectuais e afetivas: a *ataraxía*. Serenidade daquele que, no conhecimento, pergunta e aceita a ausência de resposta e, na ética, aceita o curso espontâneo das impressões, sem conteúdos representativos, "sem expectativa e sem memória", experimentando apenas o presente, sem atormentar-se com o porvir nem aprisionar-se em lembranças. A afasia, agora como silêncio interior, traz uma alegria sem perturbação que constitui a felicidade do sábio.

O CONFLITO DAS INTERPRETAÇÕES

a) Primado da prática

Vimos até aqui uma interpretação do texto de Aristócles na qual a ênfase recai sobre os aspectos teóricos da atitude pirrônica dos quais resultam efeitos práticos. Alguns comentadores, entretanto, propõem outra interpretação, que enfatiza os aspectos práticos e dá aos teóricos uma tonalidade aporética. É o caso, por exemplo, de Jacques Brunschwig, que sublinha algumas dificuldades que parecem não poder ser sanadas pelo próprio texto.

No que se refere à primeira etapa, o intérprete indaga: 1) qual o sentido exato dos três adjetivos que descrevem as coisas (indiferentes, instáveis, indecisas)?; 2) se as diferenças que parecem separar as coisas não lhes pertencem por natureza, serão diferenças de valor e referidas ao desejo de felicidade?; 3) as coisas são sem diferença intrinsecamente ou relativamente a nós, por não termos meios cognitivos adequados para diferenciá-las corretamente?

Se a primeira etapa consiste em saber quais são os caracteres das coisas segundo sua natureza, com que direito Pirro, já de início, apresenta os três adjetivos? Como pode, de saída, afirmar que as coisas são sem diferenças? Poder-se-ia tentar uma resposta lembrando uma passagem de Diógenes de Laércio, segundo a qual Pirro dizia que nada é belo ou feio, justo ou injusto e que "em todas as coisas nada é isso ou aquilo em verdade, mas é por costume (*nómos**) e por hábito (*éthos**) que os homens fazem tudo o que fazem; pois cada coisa não é isso mais do que aquilo". Todavia, apesar do "todas as coisas", o texto de Diógenes deixa claro que se trata de predicados de valor na consideração da ação humana e não temos como generalizar essa afirmação para os predicados de realidade, a menos que levemos em conta a presença de elementos democriteanos na filosofia de Pirro.

Quanto à questão de nossas sensações e opiniões não serem verdadeiras nem falsas, a dificuldade consiste em saber como a indiferenciação objetiva das coisas pode ter como consequência a indiferença das sensações e opiniões. Alguns intérpretes julgam que Pirro raciocina da seguinte maneira: se as coisas são objetivamente indeterminadas, então as sensações e opiniões que as apresentam como determinadas não podem ser tidas como verdadeiras nem falsas. Brunschwig, porém, observa que podemos duvidar que Pirro tivesse afirmado a indeterminação das coisas independentemente da falibilidade das sensações e dos conflitos das opiniões. No entanto, se tal independência não estiver assegurada, cai-se num círculo vicioso: a indiferença de nossas sensações e opiniões acarreta a indeterminação das coisas, a qual, por seu turno, acarreta a das sensações e opiniões. A solução dessa dificuldade poderia encontrar-se numa leitura literal do texto, pois gramaticalmente o enunciado sobre as sensações e opiniões está referido a Tímon ("Tímon diz que") e não a Pirro, de maneira que se poderia considerar que o discípulo acrescentou uma consequência ao que o mestre disse, acarretando o círculo. No entanto, mesmo aqui, pode-se considerar que não há círculo, desde que se leve em conta que Tímon afirma que sensações e opiniões *também são coisas* e, como tais, são indiferentes, instáveis e indecisas, não sendo, portanto, nem verdadeiras nem falsas.

Assim interpretado, o final da primeira etapa encontra sequência no enunciado inicial da segunda etapa — "portanto, por esse motivo, é preciso não lhes dar confiança" —, pois tanto num caso como noutro trata-se de inferências feitas por Tímon acerca de nossa capacidade cognitiva.

Todavia, a segunda parte da segunda etapa — "permanecer sem opinião, sem inclinação e sem oscilação" — recoloca a dificuldade apontada para o início da primeira etapa, ou seja, os três adjetivos usados por Pirro (*adoxastous*, *aklineis*, *akradantous*) recomendam uma atitude teórica, a saber, abster-se de juízos de realidade, ou uma atitude prática, isto é, abster-se de juízos de valor? Brunschwig opta por esta última. Uma vez que a perspectiva dominante do período é a busca da felicidade,

> A "indiferença" do sábio é apresentada como a consequência que o homem deve tirar da natureza "indiferenciada" das próprias coisas, o que incita a pensar que essa indiferenciação consiste precisamente em que elas nada comandam por si mesmas, nem que ele as escolha, nem que ela as evite (Brunschwig, 1997, p. 470).

Conclui-se, então, que a canônica ou a fórmula técnica do justo cânone — "dizendo de cada coisa que ela é não mais do que não é, ou que é e que não é, ou ainda que nem é nem não é" — deve ser interpretada na perspectiva do juízo de valor e não de realidade. Em outras palavras, o verbo ser do "é" e "não é" deve ser tomado em sentido predicativo e não existencial. Pirro teria dito, portanto, que de cada coisa deve-se dizer que ela pode ser tanto *isto como aquilo*, que ela pode não ser *nem isto nem aquilo*, ou, enfim, articular o antagonismo, dizendo que ela é e não é *isto ou aquilo*. No entanto, a dificuldade permanece porque não sabemos se os predicados "isto" e "aquilo" são teóricos ou práticos, se se referem ao conhecimento ou à ação.

Poder-se-ia esperar uma solução na terceira etapa, se esta se limitasse a dizer que tal disposição perante as coisas tem como efeito a felicidade. No entanto, não é o que o texto diz, pois afirma que "os que se colocam nessa disposição conseguirão, diz Tímon, primeiro a perda da palavra (*aphasía*) e depois a quietude (*ataraxía*)".

Brunschwig observa que há uma anomalia no texto: o conjunto do testemunho é "construído sobre uma estrutura obstinadamente ternária" (três etapas, três adjetivos sobre as coisas, três adjetivos sobre a disposição do sábio, três recomendações na canônica) e é incompreensível que haja somente dois efeitos, em vez de três.

É de se supor que havia um terceiro termo que, em algum momento da história do texto, desapareceu. Seria esse termo a felicidade? Não podemos saber.

No que se refere à *aphasía*, é preciso distinguir a maneira como os céticos posteriores a interpretaram — como suspensão do juízo — e a maneira como ela aparece no texto. Por isso o intérprete não a traduz por "silêncio" e sim por "perda da palavra". De fato, o testemunho de Tímon coloca a *aphasía* não como o hábito de suspender o juízo (a canônica posta na segunda etapa) e sim como o efeito benéfico desse hábito e, por conseguinte, como silêncio absoluto, uma renúncia final à palavra, que acarreta um segundo benefício, a *ataraxía*.

Aristóteles dissera na *Metafísica* que aquele que não respeita o princípio de contradição "não diz nada determinado", uma vez que diz ao mesmo tempo que é assim e não é assim ou que não é assim e é assim, portanto, nada dizendo. E aquele que nada diz "é semelhante a um legume". Ora, ao recusar o princípio de contradição, Pirro julgou que se deveria falar exatamente como Aristóteles negou que fosse possível fazê-lo porque somente assim se conseguiria o despojamento perfeito ou, nas palavras de Diógenes de Laércio, "despojar o homem".

Sabemos que na cultura grega o despojar-se do humano era concebido de duas maneiras: para baixo, caindo no mutismo animal ou vegetal, e para o alto, ascendendo à imobilidade divina. É essa ascensão que aparece na figura de Pirro como mestre da verdade, imóvel, impassível e feliz, descrito nos versos das *Imagens* de Tímon:

> Como, tu que és um homem, fazes para passar tua vida numa tal serenidade, sempre livre de pensamentos preocupantes, isento de agitação, sempre o mesmo, sem prestar a menor atenção nas misérias de uma sabedoria de linguagem suave? Somente tu guias os homens à maneira de um deus [...]

E a resposta paradoxal de Pirro:

> Vou dizer-te, como isso me parece ser manifestamente, pois tenho por reta regra um discurso de verdade: a natureza do divino e do bem é sempre o que assegura ao homem a vida mais igual.

Os céticos posteriores renunciaram a compreender logicamente a passagem da *aphasía* à *ataraxía*, pois é logicamente incompreensível como aquele que busca a certeza para apaziguar-se pode acabar, paradoxalmente, apaziguando-se na renúncia a toda certeza. No caso de Pirro, pode-se dizer que

> Despojando-se de todo desejo, de todo afeto, de toda inclinação, tornando-se indiferente e insensível a tudo e a todos, encontrou no desespero a beatitude inesperada (Brunschwig, 1997, p. 473).

b) Primado da teoria

Como já observamos, há intérpretes que sublinham os aspectos teóricos do pirronismo e consideram que os efeitos práticos da atitude pirrônica são inseparáveis da dimensão propriamente teórica de sua filosofia.

Essa perspectiva leva, por exemplo, Frédéric Cossutta a afirmar que os versos de Tímon devem ser interpretados literária e não filosoficamente, correspondendo a um modelo poético característico do gênero epidítico ou laudatório, no qual é comum a referência ao divino e à quase divinização de um humano. Foram escritos para dar a Pirro o lugar do fundador e do mestre.

Nessa interpretação, a *aphasía* é vista como a decisão de escapar das tenazes aristotélicas, graças a um deslocamento dos usos da linguagem. Por um lado, como atesta Diógenes de Laércio, Pirro era um exímio zetético, hábil em perguntar e responder, conhecendo perfeitamente a dialética e a erística. Por outro, sua oposição ao dogmatismo o levou a inventar o uso cético da linguagem, isto é, afirmar sem afirmar e negar sem negar, de maneira a fazer com que a expressão inclua sua própria anulação. A linguagem é terapêutica e pode ser eliminada quando a cura está completa: "a cura é obtida quando o procedimento apofático esgotou sua virtude curativa". No prolongamento desses procedimentos, a afasia opera uma neutralização do dizer, a partir do momento em que foi superada a ilusão referencial da linguagem e o desejo de asserção. Essa afasia negativa

> pode ceder lugar a uma afasia "positiva", que não simples suspensão do discursivo, mas um estado a-discursivo feito de silêncio interior. Não é, portanto, uma atitude pré-predicativa, mas o resultado de uma travessia pela linguagem, efeito de um movimento que nos livra dela [...] silêncio interior que não é perturbado por nenhum desejo de comunicar (Cossutta, 1994, p. 53).

Visto pelo prisma da elaboração teórica, o ceticismo de Pirro adota em relação às filosofias instituídas a mesma atitude que assume em relação ao saber em geral, de sorte que a crítica não significa renúncia à filosofia e sim uma nova maneira de questionar que aceita a ausência de resposta. De fato, Pirro se recusa a levar a sério as pretensões dos filósofos de construir um sistema definitivo. Por isso expõe suas oposições, as contradições internas a cada filosofia e as incoerências entre vida e doutrina de cada filósofo. Ao fazê-lo, não abandona a filosofia e sim a ilusão de sistema, resgatando a vocação da filosofia como sabedoria refletida. A contingência de todo ponto de vista filosófico salva a diversidade filosófica em vez de anulá-la porque a pretensão tética das doutrinas (ou a pretensão de uma linguagem referencial, capaz de dizer o ser) pode ser neutralizada exatamente porque se tornou pensável. Na medida em que é recusada a pretensão dogmática de fazer coincidir o pensamento e as coisas, cada filosofia é apenas uma forma particular de representação que equivale às outras, todas elas nada mais sendo do que o desejo de introduzir alguma coerência na diversidade fenomenal.

> A indiferença de Pirro não é, portanto, indiferença à filosofia, mas indiferença filosófica. [...] a pretensa verdade afirmada sobre os fenômenos pelos filósofos inverte-se em proveito do estatuto fenomenal do discurso de verdade. Aparecem [as filosofias] pelo que são: uma aparência que duplica a aparência, uma porção limitada de uma série infinita de pontos de vista teóricos possíveis sobre o mundo, o qual é função da percepção relativa que dele se pode ter (Cossutta, 1994, p. 49).

No entanto, é preciso, agora, enfrentar uma nova dificuldade: se o ponto de vista cético encontra-se imerso na série das aparências filosóficas, se há o primado das aparências e a instabilidade das coisas, pode haver um discurso cético? As designações e as significações não são indiferenciadas e intercambiáveis? A canônica cética, ao evitar tanto uma linguagem referencial quanto uma lógica do absurdo, permitiria conciliar a necessidade prática de expressão e sua impossibilidade teórica? Em suma, estamos diante da objeção permanente dirigida ao cético, na medida em que não poderia justificar nem sua ação, nem seu pensamento nem sua linguagem, embora aja, pense e fale.

Ora, o texto de Aristócles indica a solução pirrônica, qual seja, o uso de expressões e termos negativos, à maneira de Parmênides. Rigorosamente, o "a" que antecede *adiaphora*, *astathmeta*, *anepikrita*, no tocante às coisas, e *adoxastous akli-*

neis, akradantous, aphasía, ataraxía, no tocante ao homem, é um prefixo negativo mais forte do que o nosso "in" (indiferente, instável, indecisa) e do que o nosso "sem" (sem opinião, sem inclinação, sem oscilação, sem fala, sem agitação). Esse procedimento negativo barra a pretensão à determinação ontológica, ao mesmo tempo que possibilita minimamente um discurso. Além disso, as três séries de termos indicam que em cada uma delas as palavras não são semanticamente equivalentes, mas formam uma rede flutuante, mantendo o deslizamento do sentido juntamente com uma coerência associativa. Esse dispositivo pirrônico "alia uma sistematicidade que não repousa sobre uma lógica identitária e uma semântica que associa o caráter oblíquo da referência a uma rede terminológica flutuante". Pode-se, então, dizer que o modo de expressão teórica do ceticismo está em conformidade com a atitude de pensamento cética.

TÍMON DE FLIUNTE

Pirro possuía muitos admiradores, que o cercavam, acompanhavam e procuravam imitá-lo. Assim, Filo de Atenas, vivia independente, longe das disputas, sem preocupação com a glória, "filosofando por sua própria conta". Nausífano de Téos dizia que imitava a maneira de viver de Pirro, mas procurava em si mesmo as ideias. Mas o sucessor de Pirro, seu confidente e intérprete foi Tímon de Fliunte.

A vida

Tímon nasceu em Fliunte por volta de 325 a.C. e morreu em Atenas por volta de 235 a.C. Como Pirro, era de origem modesta e exerceu o ofício de dançarino num grupo de saltimbancos, ao qual renunciou, dirigindo-se a Megara para dedicar-se à filosofia, ouvindo o megárico Estilpão. Retornou a Fliunte, onde se casou, e, a seguir, dirigiu-se a Élis, tornando-se discípulo de Pirro. Segundo Diógenes de Laércio, a pobreza extrema o forçou a emigrar para Calcedônia, onde ganhou boa reputação e enriqueceu ensinando filosofia. Foi, então, para Atenas, ali permanecendo até a morte, salvo por uma breve estadia em Tebas.

Apesar de sua admiração por Pirro, Tímon não o imitava em tudo: não aceitou a pobreza e não mantinha um ar grave digno, mas gostava de dançar e beber.

Todavia, como Pirro, apreciava a solidão, caminhando sozinho pelos jardins, e era indiferente à fama granjeada por suas obras.

Os historiadores da filosofia consideram Tímon desprovido de vigor especulativo. Sua importância encontra-se, por um lado, no fato de ter colocado por escrito o pensamento de Pirro, permitindo que a posteridade o conhecesse e, por outro, de haver medido Pirro com outros filósofos, confrontando-os e demarcando a posição cética.

> É sobretudo por seu espírito vivo e mordaz, por sua malevolência, que Tímon tornou-se célebre. Exercia sua verve zombeteira sobre todos os assuntos e às expensas de toda gente; não poupava nem mesmo sua própria pessoa: como era vesgo, apelidou-se de Ciclope, caçoando de sua deficiência. Mas o alvo preferencial de seus sarcasmos eram os filósofos (Brochard, 1969, pp. 80-1).

> Dançarino e beberrão nas horas vagas, parecia-se pouco com seu mestre e deveu o renome à ironia fustigante contra os filósofos, vivos e mortos, cobrindo-os de sarcasmo (Cossutta, 1994, p. 58).

Os escritos de Tímon

Tímon compôs muitas obras: poemas épicos, tragédias, sátiras, comédias e livros em prosa, entre os quais *A Piton* (que narra seu encontro com Pirro, quando partia para Delfos, e sua adesão ao pirronismo), um tratado *Sobre as sensações* e uma polêmica intitulada *Contra os físicos*. De seus escritos, restaram fragmentos de dois poemas, *Imagens* (*Indalmoi*, que alguns intitulam *Das aparências*) e *Silles*[3] (poemas satíricos contra os filósofos dogmáticos, parodiando Homero). Das *Imagens* restaram treze versos, conservados por Diógenes de Laércio; dos *Silles*, por volta de cento e cinquenta.

Os versos das *Imagens*, de que citamos alguns acima, dedicam-se à apresentação de Pirro como fundador do ceticismo e mestre. Ao que parece, os *Silles* compreendiam três livros de injúria aos filósofos: o primeiro era uma exposição contínua; o segundo e o terceiro, um diálogo em que Xenófanes de Colofon respondia a perguntas de Tímon, passando em revista os filósofos antigos e contemporâneos. De acordo com Diógenes de Laércio, a obra começava com o verso: "Vinde todos, agora, todos vós, sofistas importunos!".

Foram propostas várias reconstruções desses poemas satíricos. Embora discordantes sob alguns aspectos, essas reconstruções concordam na apresentação de três cenas.

Numa delas, parodiando os combates narrados por Homero na *Ilíada*, Tímon apresenta uma grande batalha de filósofos, sob gritos, apupos e aplausos da multidão. Sob a incitação de Éris, deusa da discórdia, enfrentavam-se dogmáticos e antidogmáticos numa logomaquia ensurdecedora até que aparece Pirro, "ao qual nenhum mortal pode resistir" e, depois de censurar a todos pela fúria e vacuidade de seus discursos, estabelece a paz.

Em outra, é representada uma pescaria em que os pescadores são filósofos contemporâneos — estoicos, epicuristas, acadêmicos e socráticos menores. Nada conseguem pescar porque suas redes (isto é, seus argumentos capciosos) eram arrastadas pelos peixes (isto é, as coisas que pretendem conhecer) e pela correnteza (isto é, pela realidade movente).

Enfim, na terceira, parodiando o Canto IX da *Odisseia*, Tímon narra uma descida aos infernos, onde, descobertos na multidão de sombras, os filósofos do passado são impiedosamente ridicularizados pela comparação entre suas doutrinas e suas vidas. Pitágoras é um charlatão impudente e ignaro; Heráclito, um declamador que ofende toda gente; Platão, um tagarela fanfarrão que não se deixa enganar por suas próprias mentiras; Aristóteles, um vaidoso insuportável.

Tímon satiriza todos os que pretendem confirmar o testemunho dos sentidos invocando a razão e confirmar esta última invocando os primeiros. Mas, pela boca de Xenófanes, cujo mérito foi ter combatido as fábulas de Homero, há os filósofos que Tímon preza e respeita: os eleatas, Protágoras e Demócrito, isto é, todos os que manifestaram dúvidas sobre o conhecimento da verdade ou cujas afirmações puderam dar razão ao ceticismo. Assim, "o grande e ilustre Parmênides" mostrou que as ideias são vãs aparências; Protágoras, que nada é por natureza e tudo é por convenção; Demócrito, a aversão por discursos equívocos e vazios.

No que tange à interpretação da atitude Tímon, reencontramos a mesma divergência que assinalamos no caso de Pirro, isto é, a ênfase deve recair sobre os aspectos teóricos ou sobre os práticos?

De acordo com Victor Brochard, o fato de que Tímon tenha apontado as contradições e dificuldades de seus adversários não faz dele um cético dialético, pois seu ceticismo é como o de Pirro, uma reação contra as pretensões da filosofia antiga. E "como seu mestre, ele tinha em vista sobretudo a prática, a maneira de viver".

Não é esta, porém, a interpretação de Fréderic Cossutta, para quem

> A riqueza da doutrina, de seus domínios de explicitação e a fecundidade potencial de seus meios de análise, indica que não se poderia reduzir a herança pirroniana a uma simples maneira de viver. Desde a origem, foram elaborados elementos de uma problematização cética rigorosa do conjunto dos temas essenciais da filosofia [...] de maneira sem dúvida embrionária e sob uma forma negativa ou paradoxal, apareceram preocupações lógicas, ontológicas, gnosiológicas e até mesmo estéticas (Cossutta, 1994, p. 60).

Todos os intérpretes concordam em considerar que, sem Tímon, a herança pirroniana estaria perdida e a história do ceticismo teria sido diferente do que foi. Exatamente por isso, todos se sentem perplexos com o fato de que a escola cética desaparece com a morte de Tímon para ressurgir apenas no século I a.C., com Enesidemo e Agripa. Antes disso, a inspiração cética foi absorvida e, segundo muitos, desnaturada pela Nova Academia.

Embora o primeiro dirigente da Nova Academia, Arcesilau, fosse contemporâneo de Tímon, que o fustigou impiedosamente com suas ironias (ainda que, segundo consta, lhe houvesse dedicado um poema fúnebre elogioso), muitas teses e posições do ceticismo platônico visavam criticamente o epicurismo e o estoicismo. Por esse motivo, nos voltaremos para a Nova Academia depois de passarmos por essas duas escolas helenísticas.

2. Epicuro e o jardim

UMA FIGURA CONTRADITÓRIA?

Os dicionários e a tradição filosófica

Se abrirmos um dicionário e procurarmos os verbetes "epicurismo" e "epicurista", encontraremos explicações curiosas. De modo geral (sobretudo em dicionários mais antigos), epicurismo, epicurista e epicúreo (ou epicureu/epicureia) são equivalentes. Ou seja, o epicurismo é definido como a moral hedonista de Epicuro, o epicurista como aquele que segue a doutrina de Epicuro e, assim como o epicureu, como alguém dado a prazeres voluptuosos e sensuais ou que dedica a vida à busca desses prazeres. É dessa maneira, por exemplo, que no *Grande e novíssimo dicionário da língua portuguesa*, de Laudelino Freire, lemos:

> **Epicurismo (ou epicureísmo):** 1. doutrina de Epicuro; teoria de Epicuro. 2. qualidade de quem é dado aos prazeres voluptuosos com elegância.
> **Epicúreo:** 1. relativo ao sistema filosófico de Epicuro. 2. que procura os prazeres sensuais, mas com elegância.
> **Epicureu:** o mesmo que epicúreo.

Epicurista: 1. partidário do epicurismo. 2. indivíduo dado às delícias da mesa e do amor.

No mesmo espírito, o *Dictionnaire alphabétique et analogique de la langue française*, de Paul Robert, nos diz:

Epicurismo ou epicureísmo: 1. doutrina de Epicuro, dos epicuristas. 2. moral que propõe a busca do prazer. Hedonismo.
Epicurista: 1. partidário da doutrina de Epicuro; relativo a essa doutrina. 2. em sentido corrente (por uma interpretação abusiva da doutrina de Epicuro), quem só se interessa pelo prazer. Sensual, voluptuoso.

No entanto, em dicionários mais recentes, podemos observar a tendência a distinguir entre epicurismo — a doutrina de Epicuro — e epicurista/epicúreo — aquele que vive em busca de prazeres do amor e da mesa. É assim, por exemplo, que o *Merriam-Webster's Collegiate Dictionary* enuncia:

Epicureísmo: 1. a filosofia de Epicuro, que afirmava uma ética hedonista e considerava o mais alto bem a imperturbável calma emocional, e cujos seguidores mantinham a superioridade dos prazeres intelectuais em comparação com a sensualidade transitória. 2. modo de vida em consonância com a filosofia de Epicuro.
Epicurismo: as práticas e os gostos de um epicurista.
Epicurista (ou epicúreo, epicureu): 1. alguém devotado ao prazer sensual. 2. alguém com gosto apurado e discriminador, especialmente quanto a comidas e vinhos.

De modo semelhante, no *Novo dicionário da língua portuguesa*, de Aurélio Buarque de Holanda Ferreira, encontramos:

Epicurismo: 1. Doutrina de Epicuro, filósofo grego (341-270 a.C.) e de seus seguidores, entre os quais se distingue Lucrécio, poeta latino (98-55 a.C.), caracterizada, na física, pelo atomismo, e, na moral, pela identificação do bem soberano com o prazer, o qual, concretamente, há de ser encontrado na prática da virtude e na cultura do espírito. [É errôneo identificar o *epicurismo* com o *hedonismo.*] 2. sensualidade, luxúria. 3. saúde do corpo e sossego do espírito.

Epicureu: 1. Relativo ao epicurismo. 2. que é sectário do epicurismo. 3. sensual, voluptuoso; 4. sectário do epicurismo. 5. homem sensual (no feminino: *epicureia*).
Epicurista: 1. Relativo ao epicurismo. 2. que é partidário do epicurismo, epicureu. 3. diz-se de uma pessoa dada aos deleites da mesa e do amor.

E, no *Dicionário Houaiss da língua portuguesa*, podemos ler:

Epicurismo: 1. Doutrina do filósofo grego Epicuro (341-270 a.C.) e seus epígonos, caracterizada por uma concepção atomista e materialista da natureza, pela busca da indiferença diante da morte e uma ética que identifica o bem aos prazeres comedidos e espirituais que, por passarem pelo crivo da reflexão, seriam impermeáveis ao sofrimento incluído nas paixões humanas. 2. o modo de viver, de agir, de quem só busca o prazer; sensualidade, luxúria. 3. desregramento de costumes, falta de temperança, devassidão, libertinagem.
Epicureu (no feminino: epicureia): relativo a Epicuro, filósofo grego, e a seus princípios.
Epicurista: 1. Relativo a ou seguidor de Epicuro ou do epicurismo. 2. que ou quem procura os prazeres do amor ou os deleites gastronômicos.
Epicurizar: pensar ou viver segundo a doutrina de Epicuro, filósofo grego, ou à maneira dos epicuristas.

Há pelo menos dois aspectos intrigantes nos verbetes dos dicionários.

O primeiro é a diferença na definição do termo "epicurismo", pois Laudelino Freire e Paul Robert identificam epicurismo e moral dos prazeres, enquanto o *Webster*, Aurélio Buarque e Houaiss oferecem uma explicação mais abrangente da doutrina de Epicuro (incluindo a física ou filosofia da natureza, além da ética) e sublinham o caráter reflexivo ou espiritual do prazer, contraposto à sensualidade e às paixões (Aurélio Buarque chega mesmo a afirmar ser um erro confundir epicurismo e hedonismo).

O segundo aspecto, porém, é a concordância de todos os dicionários na caracterização dos epicúreos, epicureus/epicureias ou epicuristas como aqueles que se dedicam à busca dos prazeres gastronômicos e sexuais, seja "com elegância" ou "com moderação", seja desregradamente, com intemperança e luxúria.

Dessa maneira, os dicionários nos colocam diante de uma imagem curiosa e mesmo contraditória do epicurismo, tanto porque divergem na caracterização da doutrina como porque até mesmo os que afirmam, de acordo com Epicuro, o caráter reflexivo e espiritual do prazer não hesitam em definir o epicurista como voluptuoso e intemperante. Como explicar essa contradição entre uma doutrina do prazer intelectual como virtude e um modo de vida sensual ou vicioso dos seguidores dessa doutrina?

Na verdade, a identificação do epicurismo com a imagem de uma ética do prazer sensual foi elaborada pelos críticos helenísticos de Epicuro, particularmente pelos filósofos estoicos, cuja ética pretendia libertar os seres humanos de todo desejo e de todo prazer, graças ao controle absoluto da razão sobre a vontade e os apetites. Na perspectiva estoica, Epicuro teria sido "mestre do deboche", e os epicuristas, "gente dos prazeres do ventre", dissipadores que passam a vida em banquetes suntuosos, bebedeiras e fruição sexual de rapazes e raparigas.

Diógenes de Laércio oferece um quadro impressionante da construção estoica dessa imagem de Epicuro:

> O estoico Diotimo, que o odiava, o caluniou produzindo como sendo de Epicuro cinquenta cartas escandalosas. Um outro autor fez o mesmo [...]. O estoico Posidônio, Nicolaos, Socião (*Vinte e quatro provas a Diócles, em doze livros*) e Dionísio de Halicarnasso fizeram o mesmo. Acrescentam os seguintes detalhes: Epicuro acompanhava sua mãe nas casas em que ela lia purificações e, como seu pai, recebia dinheiro para ensinar o alfabeto. Seu irmão era debochado e ele próprio vivia com uma prostituta chamada Leôncia. Atribuiu a si mesmo a obra de Demócrito sobre os átomos e a de Aristipo sobre o prazer. [...] Escreveu também para outras prostitutas [...]. Em seu livro sobre o bem supremo escreveu: "Quanto a mim, não sei o que poderia chamar de bem, se tiro os prazeres da mesa, do amor, da conversação e das coisas belas" [...]. Epicteto o chama de imoral e o persegue com injúrias. E Timócrato, irmão de Metrodoro (*As alegrias*), que abandonou sua escola depois de haver sido por um momento seu discípulo, diz que Epicuro vomitava duas vezes por dia, tanto ele comia [...]. Diz ainda que Epicuro, que raciocinava mal, cometia muito mais faltas em sua vida; que era um fraco de corpo, a ponto de, durante anos, não poder levantar-se sozinho de uma cadeira, mas todo dia dispensava uma fortuna com a mesa. [...] e numa passagem escreveu exatamente o seguinte: "Mais do que outros, Epicuro lança pela boca jactância sofística, como fazem muitos ex-escravos" (Diógenes de Laércio, X, t. II, 199-201).

Essa imagem do homem inculto e ignorante reaparece num verso do cético Tímon, que assim escreveu:

> Ei-lo, o mais recente e o mais impudente dos físicos; ei-lo que vem de Samos, filho de um mestre escola, o mais inculto dos viventes (Tímon, fragmento 51, apud Brunschwig, 1997, p. 475).

A referência à física de Epicuro é fundamental na construção de sua imagem porque nela o filósofo retoma o atomismo de Demócrito, ou a concepção da natureza como agregado de corpúsculos indivisíveis, eternos e imutáveis (os átomos), e concebe o cosmo (ou a ordem natural) como efeito do entrechoque de átomos, que se unem ou se separam no vácuo. Em outras palavras, a natureza e a ordem natural não são efeitos da ação de uma inteligência divina (como afirmam os estoicos quando apresentam a ideia de Providência) nem da operação de causas finais (à maneira de Aristóteles). Essa física levou os estoicos a declarar o epicurismo um ateísmo, não porque Epicuro negue a existência dos deuses, mas porque afirma que estes são felizes, portanto, serenos e imperturbáveis, desinteressados do que se passa com os homens e na natureza.

A historiadora da filosofia Geneviève Rodis-Lewis observa que o epicurismo foi a primeira grande construção filosófica que se opôs ao idealismo espiritualista de Platão, à hierarquia ontológica e finalista de Aristóteles e à teologia astral desses dois filósofos, cujo caráter providencialista foi retomado pelo estoicismo com o nome de Destino. Em outras palavras, o epicurismo, ao levar ao abandono dos grandes pilares da filosofia clássica grega, ao manifestar todo apreço pelo conhecimento sensorial e fazer o elogio da felicidade proporcionada pelo prazer, produziu uma ruptura teórica e prática que poucos poderiam suportar e suscitou o empenho em desqualificá-lo por todos os meios.

Ateísmo e materialismo tornaram-se os aspectos centrais da crítica a Epicuro feita pelos primeiros pensadores cristãos. Ateísmo, em primeiro lugar, porque ao afirmar em sua física que "nada vem do nada" e que as coisas se formam pelo encontro contingente dos átomos no vácuo, Epicuro recusa a ideia cristã de criação do mundo por Deus a partir do nada e como ato de uma vontade inteligente que não opera ao acaso. Em segundo, porque a indiferença divina se opõe não só à ideia cristã da criação do mundo por um deus, mas também à concepção cristã de um deus que se relaciona com os homens dando-lhes mandamentos e leis, recompensando-os pela obediência e castigando-os pela transgressão. Materialismo porque concebe a alma como material ou corpórea, portanto, mortal — a vida é composição de átomos e a morte, separação de átomos — e a recusa da imortalidade da alma acarreta o abandono da ideia de punição ou recompensa numa vida puramente espiritual depois da morte.

O helenista Howard Jones enfatiza três aspectos na oposição cristã ao "ateísmo" epicurista. Em primeiro lugar, a configuração contingente dos átomos significa, de um lado, a recusa da ideia de criação do mundo por um criador inteligente e onipotente e, de outro, a negação do governo do mundo pela Providência divina como espírito, razão, lei e destino. Em segundo, a indiferença divina, porque contradiz o ponto mais alto do cristianismo, qual seja, a Encarnação, em que, por amor aos homens, o divino se faz humano e aceita submeter-se à Paixão, condição da redenção e salvação eterna dos homens. Em terceiro, a ideia de que alma é um aglomerado de partículas atômicas e, sendo composta de partes, é divisível, portanto, sujeita à dissolução, contradiz a ideia de imortalidade. Ora, um cristão, ainda que vivendo neste mundo,

> não concebia sua vida temporal como a soma total de sua existência e sim como preparação para uma vida por vir que durará toda a eternidade. As condições dessa existência futura poderiam ser-lhe desconhecidas: os terrores do inferno eram seu pavor, a visão do paraíso, sua esperança. Porém, estava seguro da sobrevivência pessoal. A morte não era o fim, mas o início. A noção de que o além da morte era o nada aparecia-lhe como cavilação filosoficamente inaceitável, negação do desígnio de Deus e do lugar privilegiado do homem entre as criaturas (Jones, 1992, p. 99).

Escreve Epicuro:

> Habitua-te a pensar que a morte nada é para nós, visto que todo o mal e todo o bem se encontram na sensação, e a morte é ausência de sensação.

Não nos surpreende, portanto, que, nas *Confissões*, Agostinho escreva:

> Teria sido a Epicuro que, em meu espírito, eu teria conferido a palma, se eu não acreditasse na continuação da vida da alma depois da morte e nas sanções de nossos atos, crença que Epicuro recusou. Era assim que eu punha a questão: se fôssemos

imortais e nossa vida se escoasse numa volúpia perpétua dos sentidos, sem nenhum temor de perdê-la, por que não seríamos felizes? Ainda ignorava que tal pergunta era fruto de minha grande miséria. Imerso no vício e cego, não podia pensar na luz da virtude e da beleza, que os olhos da carne não veem, e só o íntimo da alma distingue (Agostinho, *Confissões*, VI, § 16).

Tendo como finalidade principal condenar o "ateísmo" de Epicuro, a tática dos primeiros pensadores cristãos consistiu em retomar os procedimentos dos helenísticos, isto é, em desqualificar sua moral, apresentando-a como elogio do vício e da volúpia carnal. Em outras palavras, para condenar as ideias de Epicuro sobre a natureza e os deuses, pois contradiziam os princípios da nova religião, os primeiros pensadores cristãos desqualificaram moralmente a pessoa de Epicuro, afirmando que, por ser ateu, só poderia viver no vício, na intemperança e sensualidade da carne. Com isso, cristalizaram a imagem do "epicurista", que seria mantida nos séculos por vir.

No entanto, quem lê as obras de Epicuro não encontra essa imagem que estoicos e cristãos popularizaram e que foi conservada no correr do tempo, a ponto de muita gente empregar pejorativamente o termo "epicurista" sem nem mesmo saber da existência da filosofia de Epicuro. É, portanto, a distância entre o *epicurismo*, ou o pensamento filosófico de Epicuro, e a figura devassa e imoral do *epicureu* que explica a discrepância que aparece nos dicionários quando definem o primeiro (física atomista e ética do prazer intelectual) e o segundo (dedicar-se aos prazeres sensuais da mesa e do sexo).

Vemos, assim, que essa discrepância (podemos falar em contradição) aparece nos dicionários porque ela já se encontra na história da filosofia, à medida que esta sugere a existência de dois Epicuros: um deles, homem debochado e de fraco raciocínio, objeto de vitupério; o outro, objeto de louvor, homem de costumes sóbrios e exigentes, pensador que concebeu a natureza de maneira a liberar os homens do medo.

De fato, filósofos e historiadores da filosofia, desde o período helenístico até nossos dias, oferecem interpretações opostas de Epicuro e de sua doutrina. Se estoicos e cristãos promoveram a difamação do filósofo, em contrapartida, o filósofo latino Lucrécio se refere a Epicuro como mestre, glória do povo grego, pai da verdade, e não hesita em divinizá-lo. Na abertura do Livro III de seu poema, *Da natureza das coisas* (*De rerum natura*), Lucrécio escreve:

> Do fundo das trevas espessas, tu que foste o primeiro que soubeste fazer brilhar uma luz tão esplêndida e nos iluminar sobre os verdadeiros bens da vida, sigo teus passos, ó glória da gente grega, e hoje ponho o pé sobre a pegada deixada por ti [...]. Tu, pai, descobriste a verdade [...] ó mestre glorioso [...] nós nos alimentamos de tua áurea palavra. Tão logo tua razão começa a vociferar sobre a natureza das coisas, nascida em tua divina mente, de imediato se dissipam os terrores do ânimo.

Tal grandeza de engenho e inteligência não pode ser de alguém "nascido da estirpe dos mortais". Por isso, na abertura do Livro v, Lucrécio conclui:

> De fato, foi um deus aquele que primeiro descobriu a regra de vida que agora se chama sabedoria; aquele que pela arte de pensamento, libertando nossa vida de tão grandes tempestades e de tão profundas trevas, soube assentá-la num lugar tão tranquilo e em luz tão clara. [...] É caminhando nas suas pegadas que vou buscando e expondo por palavras as razões das coisas.

Para Lucrécio, a física e a ética de Epicuro são inseparáveis, pois seu sistema da natureza, ao oferecer "as razões das coisas", ensina "os verdadeiros bens da vida" porque liberta os homens das tempestades e trevas da ignorância, da superstição e do medo. Por isso sua "luz tão clara" dissipa "os terrores do ânimo" e assenta nossa vida "num lugar tranquilo". Ou, no comentário de Emile Bréhier:

> A tranquilidade da alma e a luz do espírito: dois traços inseparáveis, cuja íntima união faz a originalidade do epicurismo. A tranquilidade da alma não pode ser alcançada senão pela teoria geral do universo que é o atomismo e que, como tal, faz desaparecer todas as causas de temor e perturbação (Bréhier, 1978, p. 71).

Também Diógenes de Laércio, depois de apresentar os testemunhos maledicentes, declara que "são coisa de gente louca" e os desmente com outros, elogiosos:

> Temos testemunhos abundantes de sua incrível justiça com relação a todos: sua pátria o honrou com vinte estátuas de bronze, todos os seus amigos, tão numerosos que cidades inteiras não seriam suficientes para abrigá-los, e seus discípulos, que se mantiveram fiéis à sua doutrina (com exceção de Metrodoro de Estratônia, que foi procurar Carnéades, porque sem dúvida não podia suportar a bondade de Epicuro),

e a sucessão contínua dessa escola, única a subsistir enquanto todas outras se destruíam, porque teve inumeráveis discípulos para suceder aos discípulos. Que se pense ainda em seu amor filial, na sua generosidade para com seus irmãos, na sua brandura com os domésticos, evidenciada por seu testamento [...]. Numa palavra, era amigo de todos os homens. [...] Diócles (*Exame dos filósofos*, Livro III) diz que ele vivia de maneira sóbria e muito simples [...]. Em suas cartas, ele próprio nos diz que se contentava com pão e água [...]. Assim era esse homem que declarou que a felicidade era o bem supremo (Diógenes de Laércio, X, 201-2).

Por seu turno, o helenista Jean Brun afirma que seria absurdo considerar Epicuro um ateu para o qual os deuses não existem, pois para ele os deuses não apenas existem como são seres plenamente felizes porque vivem em absoluta serenidade, desinteressados dos homens. Para estes, a serenidade ou felicidade divina deve ser o paradigma da vida ética perfeita e podem realizá-la porque podem ser senhores de seu destino e de seu próprio saber, isto é, são capazes da mesma *autarcia** que os deuses. Para que sejam senhores de si, os homens devem dispor de uma medida humana para o conhecimento e a ação, e essa medida só pode provir do corpo humano. Eis por que Epicuro considera a sensação a medida fundamental do conhecimento e da ação, pois essa medida é humana e nos assegura a possibilidade de conhecer a verdade e encontrar o bem. A sensação é "a chave de um universo à nossa medida". Evidentemente, uma ruptura tão grande com o pensamento clássico só podia despertar suspeitas com relação àquele que pretendia prescindir dos deuses para definir o saber e a virtude, não sendo surpreendente que sua imagem fosse a do ateu.

O que, de fato, pretende Epicuro? Que os homens não mais concebam os deuses à sua semelhança nem, esquecendo-se de que os conceberam segundo eles próprios, os tomem como governantes e juízes dos humanos. Na *Carta a Meneceu*, Epicuro escreve:

> Pois os deuses existem, nós o sabemos com evidência, mas sua natureza não é a que a massa lhes atribui. Não é ímpio quem rejeita os deuses da multidão, ímpio é quem atribui aos deuses as ficções que a multidão lhes atribui. De fato, as afirmações desta última não repousam sobre noções evidentes, mas sobre conjeturas enganosas. Daí vem a opinião de que os deuses causam os maiores males aos maus e dispensam os maiores bens aos bons. Sempre predispostos em favor de seus pró-

prios hábitos, os homens aprovam os que se lhes assemelham e consideram estranho o que deles difere.

O argumento de Epicuro é claro e preciso: sabemos com evidência que os deuses existem e que são seres felizes; ora, a felicidade é ausência de perturbação, ocupação e desejo. É contraditório, portanto, imaginar que os deuses se ocupem em criar e governar o mundo, desejem que os homens lhes prestem cultos, se perturbem com as ações humanas e usem o curso da natureza para puni-los. Em suma, Epicuro não propõe a supressão dos deuses e sim das imagens antropomórficas, que levam a opiniões enganosas e a ficções sobre o ser das divindades. Mais do que isso. Ao distinguir entre o divino e o humano, Epicuro eleva os deuses e os homens: os primeiros porque nada os perturba, pois não estão sujeitos a paixões; os segundos porque podem encontrar sua própria medida para o conhecimento verdadeiro e a ação virtuosa, liberados do pavor dos mistérios e do medo do desconhecido, numa palavra, liberados da superstição. É o que nos diz Lucrécio, no início do Livro I *Da natureza das coisas:*

> Quando, miserável espetáculo, a vida humana jazia por terra, oprimida pelo peso da religião, cuja cabeça, mostrando-se do alto das regiões celestes, ameaçava os mortais com seu horrível aspecto, foi um grego quem primeiro ousou erguer os olhos para fitá-la, resistir-lhe e desafiá-la; um homem que nem a fama dos deuses, nem os raios, nem o céu com seu ruído ameaçador puderam dominar: antes mais lhe excitaram a valorosa força do ânimo e o levaram a desejar ser o primeiro a escancarar as bem fechadas portas da natureza. E assim triunfou a vívida força de seu ânimo para além das muralhas flamejantes do mundo e percorreu com a mente e o ânimo todo o imenso para voltar a nós vitorioso e nos ensinar o que pode e não pode nascer, e enfim, por qual razão cada coisa tem um poder definido e um termo que firme e alto se nos apresenta. Por isso à sua volta a religião é derrubada e calcada sob os pés, e a vitória nos iguala aos céus.

A filosofia, porque "dissipa os terrores do ânimo", é concebida por Epicuro como uma terapêutica ou medicina da alma. Por isso, numa de suas *Máximas*, afirma que assim como a medicina só tem valor se nos liberta das dores do corpo, também só tem valor a filosofia que nos liberta do sofrimento da alma. Eis por que concebe o prazer como "ausência de dor, moderação dos afetos e disposição do ânimo para manter-se nos limites postos pela natureza". Num fragmento recolhido por Porfírio, escreve:

> Vazias são as palavras do filósofo que não cura (*therapeuéta**) algum sofrimento humano.

Compreendemos, assim, o lugar proeminente conferido ao filosofar nas *Máximas fundamentais*:

> Nunca se protele o filosofar quando se é jovem, nem canse fazê-lo quando se é velho, pois ninguém jamais é pouco maduro nem demasiado maduro para conquistar a saúde da alma. E quem diz que a hora de filosofar ainda não chegou ou já passou assemelha-se ao que diz que ainda não chegou ou já passou a hora de ser feliz.
>
> Nas outras ocupações, o fruto só vem depois de laboriosamente concluídas; na filosofia, porém, o prazer anda no mesmo passo que o conhecimento; a fruição não sucede ao aprendizado, o aprendizado e a fruição são simultâneos.

VIDA E OBRA DE EPICURO

A vida

Segundo Diógenes de Laércio, Epicuro, filho de Neoclés e de Queréstrata, teria nascido em Atenas, no *demos* de Gargetos, no ano da 109ª Olimpíada, ou seja, em 342 ou 341 a.C., mudando-se com sua família para a ilha de Samos (próxima das cidades jônicas de Colofão, Éfeso e Mileto), onde passou a infância e a juventude. Todavia, estudos historiográficos mais recentes afirmam que nasceu em Samos, colônia pertencente a Atenas, onde residia sua família, que, em 351 a. C., emigrara de Atenas para a Ásia Menor em busca de melhores condições de vida. De fato, consta que os colonos atenienses recebiam pequenos lotes de terra com a finalidade de assegurar a ocupação da ilha e o domínio de Atenas. Neoclés, mestre-escola, teria se consagrado à pequena agricultura, mas sem sucesso, voltando à condição de professor enquanto Queréstrata prestava serviços aos pobres, realizando ritos de purificação e sacrifícios destinados a tornar os deuses favoráveis.

Quando Epicuro nasceu, Demócrito e Platão já haviam morrido e Aristóteles se encontrava na corte de Filipe da Macedônia como preceptor de Alexandre.

Pouco se sabe da infância de Epicuro. Consta que acompanhava a mãe nas visitas religiosas e supõe-se estar aí a origem de seu esforço para liberar os homens dos mitos e superstições. Consta também que Neoclés não descuidou de sua educação e que, aos doze anos, teria lido o poema cosmogônico de Hesíodo sobre a gênese dos deuses e do mundo, ficando sem entender o verso em que o poeta diz: "o primeiro a nascer foi Caos". Indaga o menino Epicuro: se Caos é o princípio, como poderia nascer? Supõe-se que o enigma desse verso iria conduzi-lo à admiração por Anaxágoras e à física de Demócrito.

Dos catorze aos dezoito anos, foi enviado por seu pai para a cidade de Teos (não longe de Samos) para o aprendizado de matemática e física, tendo recebido ensinamentos do platônico Pamfílio.

Ao completar dezoito anos, em 323 a.C. (ano da morte de Alexandre), dirigiu-se a Atenas, pois, na condição de cidadão ateniense, deveria cumprir os dois anos da *ephebía*, isto é, o serviço militar. A Academia era dirigida por Xenócrates e o Liceu, por Teofrastro, desde a morte de Aristóteles em Cálcis, em 322 a.C. Consta que Epicuro teria seguido as aulas de ambos. Ao final dos dois anos atenienses, o jovem efebo não pôde regressar a Samos: Perdicas, general que assumira a regência do império de Alexandre, expulsou os colonos atenienses e devolveu a ilha aos nativos. Epicuro dirigiu-se a Colofão, para onde partira sua família. Dez anos depois, dirigiu-se a Teos, onde recebeu ensinamentos de Nausífanes, adepto de Demócrito e do cético Pirro.

Aos trinta anos, com seu pensamento já constituído, fixou-se em Mitilene, na ilha de Lesbos (ao norte de Samos), e fundou sua primeira escola de filosofia. Ali permaneceu apenas um ano, deslocando-se, em 310 a.C., para Lâmpsaco (cidade situada diante do estreito que separa o Mediterrâneo do mar Negro), onde fundou uma escola e conseguiu muitos discípulos — não apenas homens, mas também mulheres;[1] e não apenas gente livre, mas também escravos — entre os quais, Polieno, Colotés, Heródoto, Pitócles, Temista, Hedeia, o escravo Mis e Metrodoro, seu mais caro amigo.

Depois de dois períodos bastante distintos — o primeiro, da infância em Samos e juventude em Atenas, o segundo, de itinerância pela costa da Jônia, de aprendizado e amadurecimento —, aos 35 anos conseguiu recursos para comprar uma casa e um jardim em Atenas, onde, em 306 a.C., na companhia de vários discípulos vindos da Ásia Menor, se instalou definitivamente até sua morte, ocorrida no ano da 127ª Olimpíada, isto é, em 270 a.C., quando contava 72 anos de idade.

De coração generoso e saúde frágil, sofria de cálculos renais que lhe causavam dores terríveis, embora aos amigos sempre tivesse mostrado uma fisionomia serena, calma e benevolente. Pouco antes de morrer, escreveu um testamento, repartindo entre os discípulos mais próximos todos os seus bens e sua biblioteca, deixou a casa e o jardim a Hemarco, a direção da escola a seus sucessores, pediu a Idomeneu que cuidasse dos filhos de Metrodoro (que morrera sete anos antes) e libertou seus quatro escravos.

> Sentindo chegar o fim, instalou-se numa banheira de bronze repleta de água quente, bebeu uma taça de vinho puro e exortou os discípulos a lembrarem-se de suas lições. Depois, mergulhou tranquilo no sono eterno (Quartim de Moraes, 1998, p. 23).

O Jardim

Ao instalar-se em Atenas, Epicuro, de início, participou da vida intelectual da cidade, que ainda era o centro cultural do mundo helênico. Aos poucos, entretanto, cansou-se da inutilidade das discussões dialéticas e preferiu recolher-se com os antigos e os novos discípulos em sua escola, instalada no jardim, motivo pelo qual se tornou conhecida como *Escola do Jardim* e a doutrina ali ensinada, *Filosofia do Jardim*. Formando uma comunidade distanciada do bulício da cidade, vivendo de maneira frugal e silenciosa, a Escola do Jardim diferenciou-se imediatamente de outra, criada na mesma ocasião, a Escola do Pórtico, em grego *stoá*, isto é, a escola estoica, fundada por Zenão de Cício, que se dirigia a um auditório numeroso e argumentava dialeticamente com a multidão, expondo-lhe seu sistema.

Jacques Brunschwig considera que, cronologicamente, Epicuro foi o primeiro e verdadeiro fundador de uma escola de filosofia nova, no período helenístico:

> O Jardim é, antes de tudo, verdadeira e institucionalmente, uma "escola nova": já não é um centro aberto de livre investigação e de ensino sem ortodoxia, como foram a Academia de Platão e o Liceu de Aristóteles, mas uma comunidade de vida completa, agrupando nos mesmos lugares homens, mulheres, crianças, adultos, jovens e velhos. [...] A comunidade funda-se no aprendizado da doutrina do mestre, sobre

> sua ascendência sobre a existência de todos, sobre uma organização amigável, mas hierarquizada e um tanto conventual (Brunschwig, 1997, p. 476).[2]

Em conformidade com os novos tempos, quando a *pólis*, sem vitalidade e sem verdadeira autarcia, é mera sombra de um passado perdido, os adeptos do Jardim afastam-se do antigo *éthos* do cidadão, abstêm-se de participar dos negócios públicos e nada pedem à Cidade senão que garanta a paz e a segurança, condições que permitem a existência tranquila da pequena comunidade filosófica, voltada para a busca da felicidade individual. Em outras palavras, o Jardim traz um novo *éthos* no qual se encontra desfeita a identidade entre o cidadão e o indivíduo. A política é vista como "afã inútil" e o sábio "vive escondido", retirado e longe do tumulto.

Ora, se esse homem individual a que se dedica o Jardim distancia-se dos tumultos da política, é porque se sente imerso numa realidade mais ampla do que a *pólis*, a Natureza. Diferentemente dos estoicos, particularmente Zenão e Cleanto, que são cosmopolitas, isto é, concebem uma Cidade Mundial ou o mundo como Cidade, Epicuro opõe a Cidade (particular ou mundial), com suas divisões econômicas e sociais, suas hierarquias e desigualdades, seus privilégios e exclusões, à Natureza, que é igualitária e inclusiva. Donde uma das máximas fundamentais de Epicuro:

> A Natureza, única para todos os seres, não fez os homens nobres ou ignóbeis, mas sim suas ações e disposições do ânimo.

Por isso, como a Natureza, o Jardim acolhe sem distinções homens e mulheres, crianças e velhos, escravos e estrangeiros.

Exatamente porque a Natureza não faz os homens nobres ou ignóbeis, uma das máximas afirma que a justiça e a injustiça não existem em si, mas são estabelecidas pelos homens a partir do "justo segundo a natureza" ou do "direito natural", como traduzem alguns. A máxima 31 declara:

> O justo segundo a Natureza [ou o direito natural] é o signo (*symbolon**) que garante o interesse [ou a utilidade] de não se prejudicar mutuamente.[3]

Dessa maneira, a avaliação da justiça e da injustiça depende do justo segundo a Natureza, mas em si mesmas justiça e injustiça são convenções que dependem dos lugares, dos tempos e das circunstâncias. Em outras palavras, enquanto o justo segundo a Natureza, ou o direito natural, é universal e o mesmo para todos, a justiça e a injustiça são convenções particulares ou historicamente determinadas, podendo variar em cada Cidade. Por isso o sábio epicurista pede que a Cidade seja justa, mas ele não depende dela para ser justo, nem se define como justo a partir dela e sim a partir da Natureza.

Como observa o historiador da filosofia Giovanni Reale, o discurso proveniente do Jardim afirma que a realidade pode ser perfeitamente conhecida pela razão humana, que tal conhecimento é inseparável da felicidade, entendida como paz de espírito ou serenidade (ausência de perturbação e dor) e que para alcançá-la o homem precisa apenas de si mesmo, não precisando da Cidade, das instituições, da nobreza, das riquezas e nem mesmo dos deuses: o homem é perfeitamente autárquico.

> É claro que, diante dessa mensagem, todos os homens tornam-se iguais, porque todos aspiram à paz de espírito, todos têm esse direito e todos podem alcançá-la, se quiserem. Consequentemente, o Jardim quis abrir suas portas a todos (Reale, 1994, p. 152).

A obra

De acordo com Diógenes de Laércio, Epicuro foi um escritor fecundo com uma obra abundante — por volta de trezentos escritos —, ultrapassando todos os outros filósofos. Entre os títulos mencionados por Diógenes estão: *Da natureza* (trinta e sete livros), *Dos átomos e do vácuo*, *Do que se deve escolher e do que se deve fugir*, *Da finalidade da vida*, *Dos deuses*, *Da piedade*, *Dos simulacros*, *Do amor*, *Da música*, *Da realeza*, *Contra os megáricos*, *Contra os físicos*, *Sobre o destino*, *Máximas fundamentais* e *Cartas*.

Dessa obra copiosa, entretanto, pouco restou. Dos textos remanescentes constam quarenta *Máximas fundamentais* (*Kyriai doxai*), três cartas — *Carta a Heródoto*, que trata da física; *Carta a Pitócles*, sobre a meteorologia; e *Carta a Meneceu*, contendo os princípios fundamentais da ética —, e um conjunto de oitenta pensamentos, descobertos em 1888 na Biblioteca do Vaticano, conhecidos como *Sentenças vaticanas*. Em 1753, escavações arqueológicas feitas em Herculano descobriram, soterrada sob a lava do Vesúvio, a biblioteca de um epicurista romano, Filodemo, contendo o *Da natureza*, mas os papiros encontrados estavam em estado muito precário e são quase ilegíveis.

No final do século XIX, em 1884, trabalhos arqueológicos na Ásia Menor descobriram Enoanda, na antiga colônia grega da Lígia, e, nela, fragmentos de um imenso pórtico de pedra (estimado em oitenta metros de comprimento, quatro metros de altura e um metro de espessura) no qual se encontra gravada uma inscrição contendo obras de um epicurista, Diógenes de Enoanda, e citações de obras de Epicuro. Durante mais de cem anos, essa inscrição tem sido objeto de estudos filológicos, históricos, filosóficos e de edições críticas que visam determinar sua data (a data provável é o ano de 122 d.C.), seu conteúdo (há fragmentos de sete tratados e de sete cartas) e a distinção entre as obras de Diógenes e as de Epicuro.

Ao analisarmos o significado do Jardim, mencionamos o igualitarismo. A inscrição de Enoanda introduz uma ideia inconcebível na Grécia clássica (que distinguia os humanos em helenos e bárbaros): a de *humanidade*.

> Visto que, como em tempos de peste, os homens estão doentes em comum das falsas opiniões sobre as coisas e que as vítimas se tornam sempre mais numerosas — com efeito, por causa da emulação recíproca, um se contagia com a doença do outro como os carneiros —, visto que é justo socorrer também os que viverão depois de nós, porque eles também são dos nossos, mesmo se ainda não nasceram, e visto que é próprio de um amigo da humanidade (*philantropós*) vir em auxílio dos estrangeiros que vivem entre nós e, portanto, visto que os socorros trazidos por meu escrito concernem ao maior número de homens, eu quis, usando este pórtico, apresentar em público os remédios da salvação (Diógenes de Enoanda, Fragmento 3).

Além dos textos atribuídos diretamente a Epicuro, há testemunhos indiretos de seu pensamento, isto é, citações, comentários e interpretações encontrados nas doxografias de Aécio e Estobeu, bem como em obras de Cícero, Plutarco, Lucrécio, de neoplatônicos como Porfírio, Proclo e Olimpiodoro, do cético Sexto Empírico e de alguns Padres da Igreja, como Tertuliano, Clemente de Alexandria e Agostinho.

A obra como sistema

Observamos, na introdução, que uma das características da filosofia helenística é a articulação interna entre as partes da filosofia, formando um sistema. No caso do epicurismo, a teoria do conhecimento, a teoria da natureza e a ética são inseparáveis. De fato, a teoria do conhecimento afirma que o fundamento do conhecer é a sensação e que esta é sempre verdadeira; ora, essa afirmação decorre da física atomística e da teoria dos *eídola** ou simulacros como causas da sensação. A teoria do conhecimento é inseparável da ética porque Epicuro considera que, além da sensação, também o prazer e a dor — ou paixões (*páthos**) — são maneiras de conhecer e a ética lida com esses afetos. A finalidade da ética é conduzir os homens à felicidade e tem como condição libertá-los dos sofrimentos acarretados pelo medo originado pelo desconhecimento das verdadeiras causas das coisas naturais, de sorte que curar o medo significa oferecer ao agente ético uma física verdadeira.

No entanto, como também observamos na introdução, a tradição da história da filosofia adota a divisão da filosofia, proposta por Xenócrates, em lógica, física e ética, de maneira que, embora formem um sistema, essas disciplinas ou essas partes do saber filosófico tendem a ser apresentadas separadamente, como já se vê nos textos de Diógenes de Laércio. A lógica oferece princípios e regras para o conhecimento da verdade; a física estuda a realidade; e a ética, articulando lógica e física, propõe os fins virtuosos da ação humana e os meios para realizá-los.

Visto que Epicuro critica a dialética platônica e recusa as lógicas aristotélica e estoica, introduz uma inovação no primeiro elemento do sistema, propondo a *canônica*, conjunto de critérios e regras (cânones) ou de fórmulas técnicas que constituem uma teoria do conhecimento verdadeiro. Embora a canônica tivesse sido exposta num tratado que se perdeu, o *Cânon* (*Khanón**), podemos conhecê-la por trechos da *Carta a Heródoto*, por algumas das *Máximas fundamentais*, por citações de Diógenes de Laércio e por comentários de Sexto Empírico, que explica esse abandono da lógica por uma teoria do conhecimento fundada em preceitos ou fórmulas técnicas (cânones) muito simples, mas capazes de sustentar os juízos.

Da mesma maneira, embora perdidos os trinta e sete livros do tratado *Da natureza*, a física pode ser conhecida pela *Carta a Heródoto* e a *Carta a Pitócles*, por citações de Diógenes de Laércio e pelo poema de Lucrécio.

Assim também, embora perdidos os tratados de ética, podemos ter acesso a ela graças à *Carta a Meneceu*, às *Máximas fundamentais*, às *Sentenças vaticanas* e às citações de Diógenes de Laércio, Lucrécio, Cícero, Sêneca e Plutarco.

Além disso, lacunas podem ser preenchidas recorrendo-se à inscrição de Enoanda e às incontáveis obras dos epicuristas, cuja fidelidade ao mestre é incontestável porque seguiram à risca as palavras finais de Epicuro aos discípulos: "não esqueçam meus ensinamentos".

A CANÔNICA (*TÒ KHANONIKHÓN*)

De acordo com Diógenes de Laércio, Epicuro põe como critérios (ou cânones) da verdade a sensação (*aísthesis**), a pré-noção (*prolépsis**) e a afecção (*páthos**).

A sensação

Contrariamente à tradição da filosofia clássica, que afirmara o caráter subjetivo, relativo e contingente da sensação e, portanto, seus erros e sua fragilidade do ponto de vista da certeza e da verdade, Epicuro afirma sua certeza, evidência e valor objetivo. Nas *Máximas fundamentais*, escreve:

> Se recusares todas as sensações, não terás nenhuma possibilidade de recorrer a qualquer critério para julgar mesmo aquelas que, entre elas, consideras falsas.

Como observa Jean Brun:

> O sensualismo de Epicuro [...] repousa inteiramente sobre a ideia de que a sensação é a grande mensageira do real, aquela que, simultaneamente, nos vincula ao que existe e nos guia tanto em nossa busca do que nos agrada como em nossa fuga diante do que nos desagrada (Brun, 1959, pp. 31-2).

Bastaria que uma única vez um único de nossos sentidos nos enganasse para que não mais pudéssemos confiar em nenhum deles. As sensações, sem exceção, são todas e sempre verdadeiras, pois não são construções mentais e sim o meio pelo qual a realidade se apresenta a nós.

De onde vem a confiança de Epicuro na sensação? De sua estrutura física. Em outras palavras, o fundamento da sensação se encontra na física. Uma sensação é um acontecimento psicológico que depende da constituição física dos corpos exteriores e de nosso corpo, de nossa relação com eles e deles conosco e da relação entre a alma e o corpo. É, portanto, como escreve Cícero nos *Termos extre-*

mos, do conhecimento da natureza das coisas que provém a sensação como critério ou cânone para distinguir o verdadeiro do falso. Poder-se-ia argumentar que Epicuro cai num círculo vicioso: o conhecimento da natureza das coisas depende da sensação e esta depende daquele, ou seja, a física depende da canônica e esta, daquela. Todavia, observa Jacques Brunschwig, o círculo não é vicioso porque, se usarmos uma terminologia aristotélica, vemos que a canônica é anterior à física "para nós" — ou seja, na ordem do conhecimento —, enquanto a física é "em si" anterior à canônica — ou seja, na ordem da realidade objetiva. A canônica oferece as razões epistemológicas da verdade da física e esta contém as causas ontológicas da validade da canônica.

Toda sensação é uma afecção, portanto, passiva, ou seja, depende de alguma outra coisa que afete nosso corpo. Assim, a sensação é um contato entre corpos, ou melhor, um movimento atômico resultante do contato entre corpos e sua forma mais simples é o sentimento de contato que experimentamos em alguma parte de nosso corpo quando um corpo externo afeta o nosso. Como se dá o contato? No caso do tato e do paladar parece não haver necessidade de explicá-lo, bastando constatá-lo. Como, porém, falar em contato no caso da visão e da audição? Na verdade, em qualquer dos cinco sentidos a sensação é produzida da mesma maneira: de todos os corpos emanam complexos de átomos que constituem as imagens (*eidola*, em grego; *simulacra*, em latim) das coisas e as sensações são produzidas pela penetração dessas partículas em nosso corpo por meio dos órgãos dos sentidos, que se alteram (ou se movem[4]) sob a ação do objeto "gerador de imagem" (*phantastón**). Uma sensação é, pois, a recepção de partículas que modificam o estado das partículas do corpo afetado ou da parte afetada de um corpo. Como as partículas emanadas conservam todas as características ou a forma dos corpos de onde provêm, a sensação apreende os corpos exteriores tais como são em si mesmos. Eis por que Epicuro pode afirmar que toda sensação é verdadeira, de sorte que a verdade não é o acordo entre proposições compatíveis, mas a presença da realidade em nós, uma evidência (*enárgeia**) que não exige justificações.

Todavia, surge aqui um grave problema: como explicar as "ilusões dos sentidos"? Como explicar que tenhamos a sensação de uma torre pequena e redonda, quando vista de longe, mas grande e quadrada quando vista de perto? Como explicar que o som de uma voz ou da batida num objeto de bronze seja diverso quando ouvido de perto ou de longe? Dois são os principais argumentos de Epicuro para dirimir a dificuldade, um deles apresentado por Sexto Empírico e o outro, por Diógenes de Laércio.

Escreve Sexto:

> Mas acontece que alguns são levados ao engano pela diferença existente as sensações que aparecem como derivadas do mesmo objeto dos sentidos [...] e são induzidos a afirmar que, dessas sensações tão diferentes ou até mesmo tão contrastantes entre si, algumas devem ser verdadeiras e outras, ao contrário, falsas. Ora, isso é ingênuo e próprio de quem não consegue captar a verdadeira natureza das coisas. Por exemplo, para nos fixarmos apenas nas sensações visuais, não é todo o corpo sólido que é visível, mas apenas sua superfície colorida. E quanto à cor, uma parte pertence ao próprio corpo, como acontece quando a observação é feita de perto ou de pequena distância; parte está fora dele e situada no espaço que o circunda, como acontece quando olhamos o corpo de grande distância, este movendo-se no espaço interposto e assumindo uma configuração própria, é para nós causa de uma sensação que corresponde ao que ele é na sua efetiva realidade (Sexto Empírico, *Adversus mathematicos*, VIII, 203-10).

A primeira parte do argumento consiste, portanto, em distinguir três aspectos num corpo: o que dele pode ser objeto de sensação (no caso da visão, a superfície colorida), o que lhe pertence propriamente, e sua relação com o meio circundante. A visão de um objeto próximo capta sua superfície colorida e aquilo que pertence propriamente ao corpo visto; a visão do corpo distante depende da relação que ele mantém com o espaço que o circunda[5] e da maneira como o ar e a luz interferem na emissão de partículas, isto é, no simulacro que afeta nossos olhos.

A segunda parte do argumento se encarrega de explicar o que acontece quando a sensação é causada por um objeto distante:

> E assim como não é o som de um vaso de bronze golpeado que escutamos, nem o que está na boca daquele que grita, mas aquele que penetra em nosso sentido, e assim como ninguém diz que é falsa a sensação do som enfraquecido pela distância, da mesma maneira não se pode dizer que é falsa a visão de uma torre que, por causa da grande distância, nos parece pequena e redonda, enquanto de perto é grande e quadrada, mas deve-se dizer, ao contrário, que é verdadeira porque quando o objeto da sensação se lhe aparece pequeno ou de uma determinada forma, ele é na realidade

> assim, pelo fato de os contornos dos simulacros terem sofrido uma alteração ao passar através do ar; e quando aparece grande e de outra forma também é assim na realidade. Não que nos dois casos o objeto seja igual; de fato, é próprio da opinião errada considerar que o gerador de imagens é exatamente o mesmo de perto e de longe. O próprio da sensação se limita a captar o que está presente e a afeta, como a cor, por exemplo, e não decidir que o objeto é outro aqui e ali. Por isso as sensações são todas verdadeiras (Sexto Empírico, *Adversus mathematicos*, VIII, 203-10).

Há, pois, três pontos a considerar: em primeiro lugar, a alteração da sensação decorre do que se passa com o corpo que afeta o nosso, ou seja, o meio ambiente atua sobre os simulacros; em segundo, que o corpo que causa a sensação não é o mesmo quando a distância ou quando próximo, pois a distância, trata-se de um corpo acrescido das condições ambientais que determinam a emissão dos simulacros, enquanto um corpo próximo não está modificado pelas condições do ambiente; e, em terceiro, a afirmação de que uma sensação é falsa decorre de uma opinião errada, em outras palavras, é a intromissão indevida da opinião sobre a sensação que leva a juízos equivocados sobre ela.

Os dois primeiros pontos são aparentemente paradoxais, pois parecem desfazer a identidade do objeto percebido ao mesmo tempo que afirmam que a sensação o capta tal como realmente é. Todavia, se nos lembrarmos do fundamento físico da sensação, isto é, do movimento dos átomos, o que Epicuro afirma não é paradoxal nem contraditório: uma vez que a sensação é um movimento das partículas de nosso corpo afetado pelas partículas do corpo externo, o movimento dos átomos do corpo distante é diferente daquele do corpo próximo e é neste sentido que o objeto da sensação não é o mesmo nos dois casos. A sensação esgota-se em ser a apreensão imediata e instantânea de um corpo e, por ser passiva ou receptiva e pontual, ela o apreende tal como ele efetivamente se apresenta aos nossos órgãos dos sentidos. Donde a conclusão do argumento, isto é, a crítica da avaliação da sensação (*aisthêsis*) pela opinião (*doxa*), pois considerar uma sensação falsa equivale a julgar falsas todas as sensações.

O argumento apresentado por Diógenes de Laércio e que, segundo ele, encontra-se no *Cânon*, enfatiza o caráter passivo e pontual da sensação:

> Toda sensação é sem palavra (*álogos*)[6] incapaz de qualquer memória; não é posta em movimento por si mesma e, quando posta em movimento por alguma outra coisa,

> não pode acrescentar-lhe ou retirar-lhe algo. Nada há que possa refutar a sensação: uma sensação homogênea não pode refutar outra porque ambas têm o mesmo valor, nem o pode uma heterogênea porque seu objeto é diferente, nem o pode o raciocínio porque todo raciocínio depende das sensações, nem, enfim, uma sensação pode refutar outra porque estamos ligados a todas. A existência atual das percepções confirma a realidade das sensações. O fato de ver e ouvir é tão real quanto o de sentir dor (Diógenes de Laércio, x, 32).

A parte inicial do texto descreve a sensação. Ela é *álogos*: nada diz sobre as coisas, apenas as percebe ou sente; em resumo, não é opinião ou juízo sobre as coisas. É "sem memória", ou seja, pontual e instantânea. Esses dois primeiros aspectos indicam que a sensação não é uma cadeia contínua de conexões entre experiências sensoriais, ou seja, por ser sem palavra, não é um encadeamento discursivo; e por ser "sem memória", não estabelece vínculos temporais entre suas múltiplas ocorrências. Esses dois aspectos assinalam sua diferença com relação ao raciocínio. O terceiro aspecto evidencia que a sensação não é uma causa e sim um efeito: não se põe em movimento por si mesma e sim é posta em movimento por outra coisa, ou seja, é passiva e receptiva. Por ser efeito de uma causalidade externa que a faz existir, não pode acrescentar ou retirar algo daquilo que a faz acontecer, de maneira que ela necessariamente sente as coisas tais como estas são ao afetá-la.

A segunda parte do texto apresenta a principal consequência da descrição: a sensação é irrefutável. Antes de qualquer coisa, porque, não sendo um discurso (ou sendo "sem palavra"), não pode ser refutada por um outro. Todavia, a posição de Epicuro é radical, pois afirma que *nada* pode refutar uma sensação, nem outra sensação (as homogêneas se equivalem e as heterogêneas possuem objetos distintos) nem o raciocínio (pois o *lógos*, seja este a razão ou o discurso, depende dela).

A pré-noção

O conhecimento, porém, não pode resumir-se ao sem palavra e sem memória, mas é feito de conexões e relações. A própria teoria da sensação seria impossível sem ideias como as de causalidade e de movimento. A física dos átomos seria impossível se a sensação fosse a primeira e a única forma de conhecimento, pois os átomos não são objeto de sensação e o vácuo onde se movem jamais é dado aos nossos sentidos. Além disso, a sensação pode ensinar sobre a evidência e a verdade, mas não sobre o erro e o falso nem nos pode mostrar, por exemplo, qual a causa das opiniões. Por isso Epicuro apresenta um segundo critério do conhecimento, a antecipação ou pré-noção (*prolépsis*).

Conforme Diógenes de Laércio, os epicuristas

> entendem por *prolépsis* uma espécie de capacidade de apreender (*katálepsia**), de opinião correta (*dóxa orthé*), de noção (*eunóia**), de concepção universal (*chatoliché noesis**) que se encontra em nós, isto é, como lembrança do que frequentemente se apresentou do exterior. Por exemplo: "isto é um homem". Tão logo a palavra "homem" é pronunciada, imediatamente se pensa, em decorrência da pré-noção, em sua imagem, que provém de sensações anteriores (Diógenes de Laércio, x, 33).

A *prolépsis* é uma imagem mental que se forma a partir da repetição de sensações semelhantes e de sua retenção na memória, implantando-se em nossa alma naturalmente, sem intervenção do raciocínio. É uma noção geral que pode ser chamada à mente a qualquer momento. O texto de Diógenes prossegue:

> Não buscaríamos o que está em questão se disso não tivéssemos um conhecimento prévio. Quando se pergunta, por exemplo: "aquilo que está lá longe é um cavalo ou um boi?", [para formular a pergunta] é preciso ter um conhecimento prévio da forma do cavalo e do boi. Não poderíamos mesmo sequer nomear uma coisa se não conhecêssemos no modo da antecipação sua imagem esquemática. As pré-noções são, pois, evidentes e nossas opiniões dependem de alguma coisa evidente que as precedeu (Diógenes de Laércio, x, 34).

As pré-noções são evidentes porque sua origem é a sensação. Retidas na memória como imagens das formas e dos caracteres das coisas, elas procedem da experiência e sua função é antecipar novas experiências que seguem à sua aquisição. Em outras palavras, antecipam o reconhecimento das coisas quando se manifestam na sensação. Nelas se realizam as conexões que unificam numa imagem a pluralidade fragmentada e pontual das sensações, formando uma noção geral ou um esquema que sintetiza as sensações e que perdura no tempo, permitindo reconhecer uma coisa percebida cuja forma é conhecida.

As pré-noções são condição da linguagem (pelo menos em seu aspecto denotativo), pois são elas que nos permitem nomear as coisas; e são condição da atividade racional, uma vez que nenhum raciocínio e nenhum pensamento discursivo são possíveis sem os termos gerais e nenhuma investigação é possível se não pudermos determinar seu objeto. Da mesma forma que as pré-noções, também a linguagem se origina da sensação, e, não por acaso, Epicuro considera as palavras invólucros sonoros das imagens mentais (hoje, diríamos que são signos ou significantes que se referem a significados). Originando-se na sensação, a linguagem é natural e, curiosamente, sua naturalidade não conduz o filósofo a supor uma linguagem universal e sim, pelo contrário, a considerar que as circunstâncias naturais particulares de cada agrupamento humano, ao determinar suas afecções e percepções, determinaram também o modo particular de exprimi-las com palavras. Na *Carta a Heródoto*, lemos:

> No início, os nomes não se formularam por convenção, mas pela diferente natureza dos homens, enquanto estava sujeita a afecções particulares segundo a diversidade das estirpes e concebia imagens diferentes, emitia também o ar de maneira própria, seja segundo as afecções e percepções, seja segundo a diferença existente entre os lugares em que viviam os diferentes povos; sucessivamente, no âmbito de cada povo, estabeleceram-se em comum certas expressões peculiares, com a finalidade de se oferecerem reciprocamente indicações menos duvidosas das coisas e se explicarem de modo mais conciso.

Na sequência desse trecho da *Carta a Heródoto*, Epicuro escreve que, além da indicação menos duvidosa das coisas e da comunicação de experiências, as diferentes linguagens foram acrescidas de palavras que serviam "para introduzir a noção de coisas até então nunca vistas" por aqueles que, baseados em conhecimentos, "fixavam determinados nomes", seja por um impulso natural, seja a partir de raciocínios tidos como válidos para exprimir-se de certa maneira. Se isso corresponde à experiência natural e habitual dos homens, entretanto cabe ao filósofo definir regras para o uso das palavras, uma vez que, à medida que vão se distanciando gradativamente da experiência, os nomes começam a dar lugar à formulação de opiniões e juízos falsos. Por isso, nessa mesma *Carta*, Epicuro afirma que é preciso conhecer o sentido subjacente aos vocábulos para que possam ser referidos pelo sábio para que possa tomar decisões em matéria de opinião:

> É necessário que a noção primeira que corresponde a cada vocábulo esteja bem à vista e que, além disso, ela não careça de nenhuma demonstração, se precisamente devemos ter a que referir aquilo que é para nós objeto de investigação ou de embaraço.

O sábio deve, portanto, partir do sentido fundamental dos vocábulos, evitando sentidos derivados e metafóricos (que já são opinião) bem como os sentidos técnicos, ficando com o sentido natural ou primeiro, isto é, anterior aos usos que dele fizeram a sociedade e a cultura. Em suma, o ponto de partida é o sentido originário das palavras enquanto pré-noções nascidas das sensações. Sob essa perspectiva, a pré-noção é a noção primeira, que servirá de cânone ou critério para determinar o caminho da investigação, o que pode e o que não pode ser aceito, o que deve ser incluído ou excluído do objeto investigado. É dessa maneira, por exemplo, que a noção primeira de Deus afirma que este é "um ser vivo, imperecível e feliz" e dela se poderá inferir o que lhe convém e o que não lhe convém, como, por exemplo, criar e governar o mundo, legislar e julgar os homens, pois tais ações o fatigariam e perturbariam e ele deixaria de ser feliz.

> O papel que tem a sensação no tocante à experiência instantânea e pontual, a *prolépsis* tem para a experiência prolongada e acumulada: ela escreve a realidade do mundo na alma do homem (Brunschwig, 1997, p. 492).

Diz Sexto Empírico que, "de acordo com Epicuro, não se pode investigar nem meditar sem as pré-noções". Por isso, Jacques Brunschwig considera a posição da *prolépsis* como critério do conhecimento, como a resposta epicurista ao problema deixado por Platão desde o *Menon*, qual seja, como partir em busca de alguma coisa se já não a conhecermos suficientemente para reconhecê-la quando por acaso deparamos com ela?

A solução de Epicuro se encontra na diferença entre a *prolépsis* enquanto experiência acumulada e uma experiência nova trazida pela sensação. A pré-noção já nos ensinou o que são um cavalo e um boi; uma nova experiência nos leva a indagar se o que vemos ao longe é um cavalo ou um boi; a investigação termina quando constatamos que o animal atualmente presente na sensação possui as características de uma ou de outra pré-noção. Assim, a tarefa da sensação presente é confirmar ou refutar uma conjetura (aquilo é um cavalo ou é um boi?) a que somos levados pelas pré-noções (isso é um cavalo; isso não é um boi).

Todavia, essa solução, que é óbvia para a vida cotidiana, não parece dar conta das questões filosóficas de física, astronomia, cosmologia ou teologia, isto é, do invisível (*ádela**). Não há como chegar perto das estrelas nem ver por dentro uma pedra. Porém, mais importante, se se pretende liberar os homens das falsas opiniões que os atormentam, amedrontam e escravizam, é preciso encontrar um caminho para a passagem do visível ao invisível.

De acordo com Sexto Empírico, essa passagem se realiza porque, além da confirmação e da refutação, Epicuro introduz a ideia de *não refutação*:

> A não refutação é o vínculo que prende ao que aparece com evidência uma opinião sobre uma coisa invisível. Por exemplo, Epicuro diz que o vácuo, coisa invisível, existe, e ele o prova pela evidência do movimento: com efeito, se não houver vazio também não haverá movimento, pois um corpo em movimento não terá espaço para deslocar-se se tudo for pleno. Assim, a evidência que é o movimento não refuta a coisa invisível suposta. [...] A confirmação e a não refutação são critérios de uma coisa verdadeira, enquanto a não confirmação e a refutação são os critérios do falso. A evidência é, pois, o princípio e o fundamento de tudo (Sexto Empírico, *Adversus mathematicus*, VII).

Muitos intérpretes consideram ser este o núcleo da epistemologia de Epicuro, pois o filósofo considera que, graças a inferências realizadas a partir de signos evidentes trazidos pelas sensações e pelos critérios de confirmação e não refutação, pode-se chegar a verdades não evidentes do ponto de vista sensível. No caso dos objetos e fatos de que podemos ter experiência, a confirmação e a refutação realizam um confronto entre uma opinião ou uma hipótese e a experiência; assim, uma opinião é verdadeira quando confirmada e não refutada pela experiência; falsa, no caso contrário, quando não é confirmada e é refutada pela experiência. No caso de objetos e fatos não manifestos, de que não podemos ter experiência direta, o raciocínio propõe, a partir dos dados da experiência, uma hipótese que lhe aparece concordante com as coisas manifestas, mas que não pode ser confirmada nem refutada e sua não refutação a torna uma verdade aceitável para o pensamento. Mas não só isso. Visto que a evidência "é o princípio e o fundamento de tudo", as hipóteses devem ter como ponto de partida evidências sensíveis e será possível, por meio do critério da refutação, mostrar que as hipóteses contrárias são refutadas pela experiência e, portanto, falsas porque desprovidas de evidência. Ou seja, é a falsidade da opinião ou da hipótese contrária que permite considerar aceitáveis e verdadeiras aquelas que são não refutadas pela experiência. Este será um critério, por exemplo, para admitir como verdadeira a existência do vácuo que, embora invisível, pode ser provado a partir de uma evidência sensível, qual seja, a do movimento, uma vez que, como menciona Diógenes de Laércio, "se não houver vazio, também não haverá movimento, pois um corpo em movimento não terá espaço para deslocar-se se tudo for pleno". Também esse critério servirá para provar a existência dos átomos, embora invisíveis.

As afecções de prazer e dor

Escreve Diógenes de Laércio:

> Eles dizem que há duas afecções (*páthe*): o prazer e a dor, experimentados por todos os seres vivos; a primeira é conforme à natureza, a outra, lhe é contrária. Com seu auxílio, pode-se distinguir dentre as coisas aquelas que é preciso escolher e aquelas que é preciso evitar.

Duas perguntas nos vêm imediatamente: por que prazer e dor não foram incluídos simplesmente na sensação, isto é, por que são outro critério? E por que prazer e dor são postos como critério do conhecimento?

De fato, prazer e dor são sensações e por isso são maneiras de conhecer. E porque são sensações, para ambos valem todas as afirmações feitas a respeito da sensação: são causados por objetos que afetam o corpo; são sempre verdadeiros; dependem das condições do corpo que afeta e daquelas de nosso corpo ao ser afetado etc. Sua peculiaridade, entretanto, decorre do fato de que sua passividade é inseparável da atividade. Em outras palavras, efeitos de causas externas, prazer e dor também operam como causas, pois, além de discriminar as coisas que nos afetam, são ainda uma ação de escolha ou de rejeição delas. São critério ou regra de nossa conduta. Com eles, a canônica se articula à ética.

Na *Carta a Meneceu*, Epicuro afirma que alguns de nossos desejos são naturais e outros, vãos. Entre os naturais, alguns são necessários para a felicidade da alma e a tranquilidade do corpo, enquanto outros são necessários para a própria vida. Visto que fazemos tudo para evitar a dor física e a perturbação do ânimo e para buscar o bem-estar do corpo e da alma, precisamos do prazer que, por isso, "é o começo e o fim da vida feliz". Podemos, assim, observar por que prazer e dor são critérios do conhecimento, pois é a partir deles que se poderá conhecer a complexidade do desejo e decidir o que se deve escolher ou rejeitar.

A FÍSICA

Diz Epicuro:

> Não pode afastar o temor, que importa para aquilo a que damos a maior importância, quem não souber qual é a natureza do todo [o universo] e se perturbar com fábulas míticas. Por isso não se podem gozar prazeres puros sem o conhecimento da Natureza.

Vimos, ao iniciar, o elogio de Lucrécio à filosofia de Epicuro, por ter libertado os homens das trevas da superstição, nascida do medo diante da Natureza. É sobretudo à física epicurista que o elogio é endereçado, pois dela dependem a canônica e a ética, isto é, o conhecimento verdadeiro e a ação virtuosa dos homens. Por que essa física é apresentada por Lucrécio como libertadora para os homens, afastando o medo e a superstição? Porque ela recusa conceber a Natureza (a *phýsis*) de maneira mítico-religiosa como as de alguns pré-socráticos (como Heráclito, Parmênides e Empédocles), e mesmo as de Platão, de Aristóteles e dos estoicos, pois em todas essas concepções a existência da Natureza pressupõe a de seres ou princípios transcendentes que lhe deram um começo, uma organização e uma finalidade. Para compreender a Natureza, a física epicurista não precisa recorrer a qualquer transcendência, e mesmo dispensa expressamente esse recurso.

Os princípios físicos

A física de Epicuro, conhecida sobretudo pela *Carta a Heródoto*, funda-se em um conjunto de princípios, que podem ser assim resumidos:

1) "Nada nasce do nada" ou "nada se origina daquilo que não é". Se assim

não fosse, "tudo poderia nascer de tudo sem qualquer semente", pois, se não houvesse sementes ou germes, qualquer coisa viria de qualquer outra, de qualquer maneira, em qualquer lugar e em qualquer tempo. E se alguma coisa pudesse ser aniquilada, desaparecendo no nada, então todas as coisas deveriam já ter desaparecido ou desaparecer num só instante, de maneira imprevisível, indeterminada e indeterminável. "O todo é sempre idêntico ao que é agora e será sempre igual porque não há o nada no qual se transformaria". Não tendo começado a partir do nada e não podendo aniquilar-se ou tornar-se não ser, o todo (*tò pan ésti*), ou universo, é eterno.

2) O todo é formado de corpos (*sómata**) e lugar (*tópos**) ou vazio (*kénon**). A existência dos corpos é atestada e confirmada pela sensação. Vemos por experiência que os corpos estão em algum lugar e se movem. Ora, não poderiam estar em lugar algum nem se mover se não houvesse o vazio, uma realidade intangível (*aphês**) e invisível (*adèla*) aos sentidos. Portanto, afora os corpos e o vazio, nada mais existe no universo.

3) Os corpos que formam o todo ou são agregados (compostos de outros) ou são elementos (que compõem os outros). Os elementos são indivisíveis (*átoma**) e imutáveis ou eternos, resistentes, compactos e não podem de maneira nenhuma ser dissolvidos se não se quiser que todas as coisas sejam reduzidas ao não ser, mas que permaneçam após a dissolução dos compostos. Portanto, os átomos são natural e necessariamente os elementos primários de todos os corpos.

4) "O todo é ilimitado (*apeirón**)" e não tem fim ou extremidade, pois somente o limitado tem extremidade e esta se define por relação com outra coisa que lhe é exterior e o termina. Se, portanto, fosse limitado, não seria o todo da natureza ou o universo. O todo também é ilimitado ou infinito quanto à quantidade de corpos e à grandeza do vazio. Se esta fosse infinita e aquela, finita, os corpos não teriam como permanecer em algum lugar, mas seriam transportados e dispersados através da imensidão do vazio infinito, visto que não teriam pontos de apoio e não seriam imobilizados pelas colisões. Por outro lado, se o vazio fosse infinito e a quantidade dos corpos, infinita, ele não teria como contê-los.

5) Os átomos possuem uma variedade indefinida e inimaginável de formas ou figuras, pois não podem dar origem à imensa variação de corpos compostos se suas formas fossem em número limitado ou se uma mesma forma desse origem a compostos diferentes. Cada forma possui um número infinito de átomos, mas a variedade de formas não é ilimitada ou infinita, mas apenas indefinida.

6) Os átomos se movem continuamente desde a eternidade. Alguns, ao se chocar com outros, se afastam; mas há os que freiam o movimento e vibram quando envolvidos por átomos próprios ao entrelaçamento. É da natureza do vazio separar os átomos, pois não lhes pode fornecer um suporte ou lhes oferecer resistência — graças a seu peso, os átomos caem no vazio e essa queda é seu primeiro movimento; por outro lado, a solidez dos átomos provoca ricochete em caso de colisão com outros, à medida que isso lhes permite retornar ao estado anterior após a colisão.

7) Há inumeráveis mundos (*kosmói**), tanto semelhantes ao nosso como diferentes dele. De fato, os infinitos átomos percorrem os mais remotos lugares e os que dão nascimento a um mundo não se esgotam nele nem são esgotados pela formação de um ou vários mundos e por isso nada se opõe à existência de inumeráveis mundos.

O todo, ou o universo, é constituído de mundos e um mundo é feito de corpos dotados de tamanho, peso e forma (comprimento, largura, altura e profundidade), em perpétuo movimento no vazio; corpos capazes de ocupar um lugar ou de abandoná-lo, capazes de agir uns sobre os outros e de sofrer as ações uns dos outros porque oferecem contato e resistência. O vazio preenche a função física de assegurar o movimento local dos corpos (é sua "função cinética") e o átomo, a de assegurar a divisibilidade dos corpos.

Como observa Jacques Brunschwig, essas duas funções decorrem de uma reflexão sobre os argumentos de Zenão de Eleia. No caso do movimento local, a argumentação de Epicuro consiste em mostrar a impossibilidade de dois corpos ocuparem simultaneamente o mesmo lugar, de maneira que um corpo só pode mover-se para um lugar se este estiver vazio. No caso da divisibilidade, se se admitir com Zenão a divisibilidade infinita, será preciso admitir que: a) ou o corpo é dotado de grandeza e, portanto, é constituído por um número infinito de partes infinitesimais dotadas de grandeza e o corpo teria uma grandeza infinita; b) ou que se tais partes não tivessem nenhuma grandeza, o corpo composto também não teria grandeza alguma. Além das duas hipóteses serem contrárias à evidência da experiência, é necessário que a divisibilidade física dos corpos chegue a um limite indivisível que não pode ser transposto (ainda que os indivisíveis possam ter grandezas variadas entre um máximo e um mínimo). Se não fosse assim, um corpo seria composto por partes divisíveis ao infinito e aniquiláveis. Em outras palavras, a divisibilidade física ao infinito introduz o não ser. Ora, o primeiro princípio da física epicurista afastou essa possibilidade e é dele que decorre o princípio da racionalidade do atomismo.

Além dessas duas funções, o atomismo possui uma terceira, decisiva no plano do conhecimento e da ação humana: a explicação da origem das qualidades sensíveis e de sua imensa variedade. Como para Demócrito, para Epicuro, no nível atômico propriamente dito, não há qualidades — um átomo é uma quantidade (forma, peso e grandeza), um sólido imutável. As qualidades surgem no nível macroscópico ou dos corpos compostos: são efeitos das propriedades dos átomos e das modalidades de suas associações.

A física atomista

O átomo é uma realidade indivisível, sólida, compacta, sem vazio e sem intervalo, imutável ou eterna, de maneira que somente os corpos compostos sofrem mudanças, em decorrência de modificações nas posições de suas partes. Os átomos não são apenas os componentes das coisas, mas também suas sementes (*spérmata**) e por isso as propriedades das coisas decorrem mais da forma ou figura deles do que de sua composição. As formas ou figuras dos átomos não são apenas as geométricas, mas de todo tipo e sua diferença é quantitativa, e não qualitativa — depende da grandeza e do peso.

Há, além dos átomos, outra realidade que Epicuro denomina de intangível (*aphês*) e invisível (*adèla*), e para a qual usa três termos diferentes, conforme a função realizada por ela: denomina-se vazio (*kénon*) quando não ocupada; lugar (*tópos*), quando ocupada por um corpo; e espaço (*chóra**) quando atravessada por corpos em movimento. Graças a essa realidade intangível e invisível, os corpos possuem um lugar e podem mover-se.

Todo átomo é constituído por forma, grandeza e peso. A forma ou figura atômica é específica (ou seja, há espécies distintas de átomos que, embora inumeráveis, são finitas) e dela provém a diversidade dos compostos. A grandeza é uma variação entre um mínimo e um máximo de magnitude invisível. Um mínimo porque, do contrário, se diminuíssem sem cessar, depois de certo limiar se dissolveriam no nada — o que é absurdo; um máximo porque, do contrário, se aumentassem sem cessar, depois de ultrapassar certo limiar, tornar-se-iam visíveis — o que é impossível. O peso (ou a gravidade) é responsável pelo movimento direcional único de queda, ou do alto para baixo, de maneira que a causa do movimento é imanente aos átomos. Esse movimento vertical é velocíssimo — "veloz como o pensamento", diz Epicuro. Embora o peso varie segundo a grandeza e a forma dos átomos, todos eles caem paralelamente com a mesma velocidade e na mesma direção quando se deslocam no vazio sem encontrar obstáculos, ou seja, a alteração da velocidade e da direção vertical depende do choque entre átomos de grandeza e peso diferentes, de maneira que a variação da velocidade e da direção só ocorre nos corpos compostos.

Se todos os átomos se deslocam paralelamente na mesma direção e com a mesma velocidade, isso significa que são independentes e nunca se chocam. Como, então, explicar a origem dos compostos ou o encontro e entrelaçamento de átomos? A resposta é a teoria da *declinação* — *parégklisis**, *clínamen** — segundo a qual o encontro ou a colisão de átomos decorre do desvio de trajetória de alguns deles, em qualquer ponto do espaço e em qualquer momento do tempo. Em outras palavras, esse desvio é espontâneo, indeterminado, desprovido de causa e, portanto, aleatório. A exposição mais clara do *clínamen* encontra-se no poema de Lucrécio, *Da natureza das coisas*:

> Quando os corpos são levados em linha reta através do vazio e de cima para baixo pelo próprio peso, afastam-se um pouco de sua trajetória, em altura incerta e incerto lugar, e tão somente o necessário para que se possa dizer que se mudou o movimento. Se não pudessem desviar-se, todos eles, como gotas de chuva cairiam pelo profundo espaço sempre de cima para baixo e não haveria para os elementos nenhuma possibilidade de colisão ou de choque, se assim fosse, jamais a Natureza teria criado coisa alguma (Lucrécio, *Da natureza das coisas*, Livro II, 216-24).[7]

A teoria da declinação, no entanto, é problemática. Em primeiro lugar, porque não há textos de Epicuro que mencionem explicitamente a declinação; em segundo, porque introduz o acaso na Natureza e contradiz o esforço de Epicuro para eliminar toda e qualquer arbitrariedade no universo. Como, indagam alguns intérpretes, depois de afastar os deuses e os princípios transcendentes, afirmar a regularidade, imutabilidade e necessidade da ordem natural, poderia Epicuro introduzir o *clínamen*, um capricho indeterminado e arbitrário?

Todavia, a maioria dos intérpretes responde a essas duas objeções lembrando, quanto à primeira, que não possuímos a totalidade dos textos de Epicuro e que todos os epicuristas gregos bem como os latinos Cícero e Lucrécio, que dispunham dos textos, atribuem a teoria do *clínamen* diretamente a Epicuro. Quanto à segunda objeção, é preciso evitar anacronismos que levam a identificar o conceito antigo e o moderno de necessidade (vindo do pensamento do século XVII), ou seja, é preciso compreender qual é o sentido da ideia de necessidade no pensamento grego e, particularmente, no pensamento helenístico. Se, por exemplo, tomarmos a necessidade natural em Aristóteles, vemos que é comandada pela ideia de finalidade, isto é, pelo desejo de todos os seres de alcançar a perfeição ou imobilidade do divino ou Primeiro Motor Imóvel. Se nos voltarmos para os contemporâneos de Epicuro, isto é, os estoicos, a necessidade natural é identificada ao destino, uma ordem determinada com que a Natureza testemunha o comando de um pensamento racional divino, a Providência. Ora, Epicuro se opõe a essas duas concepções da necessidade, que considerava fábulas porque fundadas em princípios ou seres transcendentes. Assim, a teoria da declinação dos átomos, menos do que afirmação do acaso e do arbitrário na Natureza, é introduzida para assegurar a autonomia do cosmo, a imanência de suas leis e impedir fundá-lo num princípio transcendente de ordenação do universo. Em outras palavras, Epicuro está menos preocupado em explicar as causas de cada fenômeno natural e mais interessado numa tese negativa, qual seja, a de que tais fenômenos não são causados por seres divinos transcendentes nem pelo destino, pois essas suposições perturbam a alma, uma vez que conduzem os homens a imaginar que estão sujeitos aos caprichos de vontades desconhecidas. A necessidade natural não é afastada, mas limitada à ideia de *regularidade* porque esta assegura a tranquilidade da alma.

Na *Carta a Heródoto*, escreve Epicuro:

> Sobre os corpos celestes, não se deve crer que o seu movimento e as suas revoluções, o surgimento e o ocaso, e outros fenômenos desse tipo, aconteçam por obra de algum ser que assim dispõe ou tenha disposto, gozando, ao mesmo tempo, da mais plena felicidade na imortalidade [...]. E tampouco se deve crer que esses corpos não sejam mais do que a condensação do fogo, capaz de possuir felicidade e realizar os seus movimentos por espontâneo ato de vontade. Mas em todas as expressões que se referem a tais noções é preciso conservar intacto o caráter venerando, e esforçar-se para que nelas nada contradiga tal caráter: essa contradição, de fato, traria para as nossas almas a máxima perturbação. Por isso deve-se pensar que o seu movimen-

to regular é necessário, e realiza-se por causa do modo pelo qual tais aglomerados foram comprimidos inicialmente no todo na origem do mundo.

Eis por que alguns intérpretes julgam que a teoria da declinação oferece a possibilidade de uma explicação cósmica para a liberdade humana, opondo-se ao fatalismo e às superstições e infelicidades advindas da crença no destino. Além disso, com ela surge uma concepção materialista do livre-arbítrio que, fundado na física, não se ergue sobre especulações metafísicas. A esse respeito, escreve Jean Brun:

> O ato voluntário não é senão um efeito da declinação dos átomos que constituem o espírito humano; é, portanto, em função de uma física que se encontra definida a situação do homem no mundo. O sábio não tem senhor, pode declinar fora dos lances da sorte, exatamente como os átomos podem declinar fora de sua linha de queda (Brun, 1959, p. 60).

Vimos que a física epicurista afirma a existência de mundos inumeráveis. Na *Carta a Heródoto*, lemos:

> Mas também os mundos são inumeráveis (*ápeiron*), alguns semelhantes a este nosso, outros diferentes do nosso. Os átomos, com efeito, infinitos como já se demonstrou, percorrem também as maiores distâncias e os que são capazes de formar um mundo não se esgotam na formação de um só, nem de um número limitado de mundos, quer se trate de mundos semelhantes ou dessemelhantes ao nosso. Assim, nada se opõe a que existam inumeráveis mundos.

Esses mundos não são apenas simultâneos, mas também sucessivos, uma vez que é próprio dos corpos compostos desagregar-se e desfazer-se. Sem cessar, mundos nascem enquanto outros perecem, mas o todo, ou o universo, permanece imutável, pois os átomos são imperecíveis e um mundo novo nasce da dissolução de um antigo, assim como em cada mundo um corpo nasce da dissolução de outros.

A pluralidade de mundos e sobretudo a ideia de que muitos deles são diferentes do nosso exprimem a recusa epicurista de todo antropocentrismo, isto é, a suposição de que existe apenas o mundo habitado pelos humanos e que tal mundo é o centro do cosmo.

A psicologia

Visto que só há corpos, a alma (*psyché**) é um corpo e seu estudo pertence à física. A psicologia de Epicuro é, portanto, inseparável da física e encontra-se exposta na *Carta a Heródoto*, onde lemos que "alma é um corpo composto de partículas sutis, disseminadas por todo o agregado que constitui nosso corpo". Uma vez que a única coisa incorpórea que pode ser concebida por nós é a realidade intangível ou o vazio — o qual, justamente por ser incorpóreo, é impassível e imóvel, não age nem padece —, "os que dizem que a alma é incorporal falam para nada dizer", pois, se assim fosse, "ela não poderia agir nem padecer", mas sabemos por experiência que ela age e padece.

Assim, em oposição a Platão e a Aristóteles, Epicuro concebe a alma como material e mortal, dissipando-se quando o agregado que é seu corpo se desagrega. Não há por que temer a morte, pois é um acontecimento físico do qual não podemos ter experiência e, portanto, nenhum conhecimento. Como vimos anteriormente, a morte nada é para os vivos porque ainda não lhes aconteceu; e nada é para os mortos porque eles nada mais são.

A alma é um corpo sutil, composto de quatro elementos: um alento ou sopro ou hálito (*pneúma*), um fogo ou calor, um ar ou frio e um quarto elemento sem nome, responsável pela mistura dos outros três. Nessa mistura, encontram-se todas as potências da alma, as afecções, os movimentos, os pensamentos e seu poder vital. Por que o quarto elemento sem nome? Porque cada um dos três elementos nomeados possui uma função própria, mas nenhum deles pode explicar a propagação das sensações pelo corpo e alguns acontecimentos como o pensamento, o juízo, a memória, o amor e o ódio. Para isso é preciso um quarto tipo de átomo. O quarto elemento sem nome é responsável pela propagação dos movimentos portadores de sensação aos outros elementos da alma e através de todo o corpo, e pelos acontecimentos psíquicos que não podem ser atribuídos aos três elementos. Alguns intérpretes consideram os três elementos como a parte irracional da alma e o quarto, a parte racional.

Para que haja sensação, é preciso que a alma esteja unida ao corpo, pois é este que lhe permite o exercício do sentir. Mas, simultaneamente, é ela que o torna sensível, ou como escreve Epicuro, "a alma é a causa principal da sensibilidade". A sensação é uma espécie de tato, ou seja, é sempre um contato com outros corpos, mesmo no caso da audição e da visão. A causa da audição é uma corrente de corpúsculos que vem do objeto e penetra em nossos ouvidos; a da visão, são os simulacros (*eídola*) ou réplicas, finas películas emitidas sem cessar pela superfície das coisas, cuja forma é assim reproduzida, e que se deslocam numa velocidade insuperável até alcançar nossos olhos (da mesma maneira, com réplicas mais sutis e mais velozes, as coisas atingem diretamente a alma na fantasia e no sonho). Ao se deslocar em grande velocidade, a disposição dos átomos no simulacro ou réplica pode diferir da posição que tinham no corpo emissor e por isso a imagem percebida pode ser confusa, distorcida e causar os erros de percepção, dos quais procedem os erros de opinião (o mesmo deve ser dito para o caso da audição). Na *Carta a Heródoto*, lemos:

> É preciso admitir que vemos as formas e pensamos porque algo das coisas exteriores penetra em nós. Pois as coisas exteriores não conseguiriam, por meio do ar, imprimir em nós as cores e formas que possuem em si mesmas, nem nos deixar apreendê-las pelos raios ou por uma corrente natural qualquer indo de nós a eles [...] é preciso admitir que réplicas destacadas das coisas e reproduzindo suas formas e suas cores entram, sob grandezas proporcionalmente reduzidas, em nossos olhos e em nossa alma.

O pensamento é uma sensação mediata: nasce das sensações, mas é capaz de combiná-las, distingui-las, unificá-las em noções gerais, desligar seus conteúdos das condições de tempo e lugar e contemplar o intemporal. É sobretudo nessa parte racional da alma que opera o quarto elemento ou o elemento sem nome.

O ato voluntário, como vimos, é uma operação da alma em tudo idêntica à operação dos átomos na declinação, é uma força interior que nos permite não sermos completamente passivos ou inteiramente submetidos por nossas sensações.

A ÉTICA

O prazer (hedoné*)

A ética epicurista é um hedonismo. Na *Carta a Meneceu*, onde se encontram as principais ideias éticas de Epicuro, este afirma que o prazer (*hedoné*) é o princípio e a finalidade da vida feliz. Princípio, porque é o primeiro bem conforme à natureza e por isso dele partimos para acolher ou repelir as coisas, segundo a norma da sensação. Fim, porque é desejado por si mesmo, o bem que dá sentido a todos os bens. Por isso mesmo, a regra de vida que prescreve a busca do prazer simultaneamente prescreve fugir de toda dor do corpo e de toda perturbação da alma:

> Dizemos que o prazer é o começo e o fim da vida feliz. Com efeito, por um lado, o prazer é reconhecido por nós como o bem primeiro e conforme à nossa natureza e dele partimos para determinar o que é preciso escolher e o que é preciso rejeitar; de outro, é sempre a ele que chegamos, pois são nossas afecções que servem de regra para medir e apreciar todo e qualquer bem por mais complexo que seja.

Nas *Máximas fundamentais*, lemos:

> O limite da grandeza dos prazeres é a eliminação de tudo o que provoca dor. Com efeito, ali onde se encontra o prazer e pelo tempo que ele aí se encontrar, há ausência de dor ou de sofrimento, ou de ambos simultaneamente.

*Pónos** significa pena, dor, sofrimento. Por isso, a ausência de dor ou pena no corpo, *aponía**, e ausência de perturbação na alma, *ataraxía**, eis o que conduz à vida feliz, *eudaimonía**.

Indo na direção oposta à de Aristóteles, para quem a natureza de um ser se manifesta no momento de sua maturação, quando alcança acabamento, Epicuro se volta para as crianças e animais recém-nascidos para confirmar que o prazer é conforme à nossa natureza. Não devemos olhar o adulto e sim o recém-nascido, porque este é o "verdadeiro espelho da Natureza", pois ainda não foi adulterado pela educação e pela existência social e sua natureza não corrompida é o único juiz: como todo ser vivo, desde o nascimento o ser humano busca o prazer e o desfruta e rechaça ou evita a dor tanto quanto pode. Diógenes de Laércio escreve:

> Epicuro prova que o prazer é o sumo bem pelo fato de que, desde o nascimento, os seres vivos buscam o prazer e fogem da dor por uma inclinação natural e sem raciocinar (Diógenes de Laércio, x, 137).

O prazer não é um estado negativo, isto é, ausência de dor, mas um estado positivo. Epicuro fala em prazer do ventre, prazer da carne, de que dependem todos os valores e bens espirituais. Também não é um estado passageiro ou fugaz, mas um estado permanente de equilíbrio das partes do corpo, isto é, o que experimenta um corpo com saúde. Eis por que o prazer é conforme à Natureza e buscá-lo é conforme à nossa natureza, ou, para usarmos a fórmula helenística, viver segundo o prazer é "viver conforme à natureza". Visto que natureza se diz *phýsis*, todo prazer, porque natural, é rigorosamente físico, de maneira que os prazeres espirituais são físicos tanto no sentido etimológico da palavra como em decorrência da corporeidade da alma.

Embora todo prazer seja corpóreo, nem por isso todo prazer é um verdadeiro bem, sendo necessário distinguir entre o prazer estável ou em repouso e prazer em movimento ou prazeres que acabam em pesares e dores ou que partem de carências sempre insatisfeitas. Sem dúvida, há prazeres em movimento que são bons, como saciar a fome e a sede, aquecer-se quando se tem frio. Todavia, esses prazeres precisam ser continuamente renovados porque as carências que o movem também são incessantes (voltamos a ter fome, sede ou frio). Em contrapartida, o prazer em repouso, porque não parte de necessidades e carências, é sempre isento de dor, sofrimento ou perda. O verdadeiro prazer é serenidade ou tranquilidade do corpo e da alma.

"Ninguém escolhe o mal deliberadamente", escreve Epicuro, entretanto, quem é "seduzido por ele porque se apresenta sob a forma do bem e perdendo de vista o mal maior que dele seguirá, caí numa armadilha". Por isso, cabe à alma realizar três operações, graças às quais ficaremos protegidos da sedução do mal disfarçado em bem: avaliar a qualidade dos prazeres, auxiliando a escolher aqueles que são isentos de dor futura; rememorar prazeres passados para minorar sofrimentos presentes que não pudemos evitar; e antecipar prazeres futuros porque nos livra do medo, da credulidade, da superstição e da ignorância, permitindo-nos alcançar a *ataraxía*, essa ausência de perturbação que é propriamente o prazer supremo.

Na *Carta a Meneceu*, lemos:

> Todo prazer, tomado em si mesmo e em sua natureza própria, é um bem; entretanto, nem todo prazer é para ser buscado; da mesma maneira, toda dor é um mal; entretanto, nem toda dor deve ser evitada. Em todos os casos, cada prazer e cada dor devem ser avaliados pela comparação das vantagens e desvantagens a esperar.

Como a alma avalia os prazeres? Estabelecendo distinções entre os desejos (*epithymía**), pois alguns são naturais e outros, vãs opiniões. Além disso, entre os desejos naturais, alguns são necessários para a felicidade, outros para a própria vida, mas alguns, embora naturais, não são necessários para alcançar essas duas finalidades.

São desejos naturais e necessários uma alimentação sóbria, uma habitação e uma veste que proteja o corpo do frio e do calor, uma riqueza recatada para prover uma vida saudável, uma pobreza que não arraste à miséria, à fome, à sede, ao frio. Em suma, tais desejos preceituam que a *frugalidade* é conforme à Natureza, de maneira que, embora não seja preciso viver de pouco e com pouco, "desfrutam mais e melhor a opulência os que não carecem dela". São desejos naturais não necessários aqueles que buscam variar os prazeres por meio da variedade na alimentação, na bebida, no vestuário, na habitação — desejo de comer uma boa carne ou tomar um fino vinho, por exemplo. Tais desejos podem facilmente tornar-se imoderados e por isso é preciso constante disciplina para moderá-los e acalmá-los. São desejos não naturais e não necessários os que nascem de vãs opiniões, que, insensatas, acreditam que o prazer se encontra no luxo, na glória, na fama, no poder e na conquista, deixando-nos sempre perturbados pelo medo de perdê-los, se os tivermos, ou de não consegui-los, se não os tivermos. Enquanto a frugalidade dos desejos naturais necessários assegura nossa independência, nossa autossuficiência ou a *autarcía**, a violência dos desejos e a intemperança dos prazeres nascidos da vã opinião impedem a autossuficiência e nos deixam prisioneiros da perturbação, pois a busca insaciável dos bens de opinião é fonte de angústia perene.

Por que a independência ou a autossuficiência é tão prezada por Epicuro? A resposta se encontra numa das *Máximas fundamentais*, onde escreve:

> Quando somos autossuficientes e nos bastamos a nós mesmos, conseguimos um bem inestimável: a liberdade.

As virtudes

Conformidade com a Natureza, *autarcía* ou autossuficiência, *ataraxía* ou tranquilidade: eis os critérios para avaliar os prazeres. O hedonismo será ético somente se houver medida e senso do limite dos prazeres — temperança — para que possamos viver conforme à nossa natureza. Numa alusão crítica aos estoicos, escreve Epicuro:

> Quando dizemos que o prazer é o fim, não queremos referir-nos aos prazeres dos intemperantes ou aos produzidos pela sensualidade, como acreditam certos ignorantes, que se encontram em desacordo conosco ou não nos compreendem, mas ao prazer de nos acharmos livres de sofrimento do corpo e de perturbações da alma.

Medida, senso do limite e cálculo dos prazeres são trazidos pelo "raciocínio vigilante", pelo exercício psíquico, que afasta o ímpeto dos impulsos instintivos e encontra em toda circunstância os motivos do que é preciso escolher e do é preciso evitar, rejeitando todas as falsas opiniões, pois "delas provém a maior perturbação da alma", uma vez que "nada é bastante para aquele que considera pouco o que é suficiente".

O helenista José Américo Pessanha observa que a ética epicurista propõe "o uso regrado dos prazeres" ou um "controle racional da afetividade", graças ao qual

> coloca a existência humana em sintonia com a natureza das coisas revelada pela física e impede que se siga na direção apontada pelo desejo que não expressa uma necessidade natural, antes constitui a imposição do meio social em seu aparente progresso (Pessanha, 1992, p. 75).

Essa vigilância tem como princípio aquela que é a fonte de todas as virtudes, a virtude da prudência (*phrónesis**), vontade esclarecida que

> deve ser posta acima da própria filosofia, pois é feita para ser a fonte de todas as virtudes, ensinando-nos que não há meio de vivermos prazerosamente se não se vive com prudência, honestidade e justiça e que é impossível viver com prudência, honestidade e justiça se não se vive prazerosamente. As virtudes, com efeito, são apenas a consequência da vida prazerosa e esta, por sua vez, não poderia realizar-se sem as virtudes.

E nas *Máximas fundamentais* Epicuro escreve:

> Não é possível viver feliz sem ser prudente, honesto e justo, nem ser prudente, honesto e justo sem ser feliz. Aquele que está privado de uma dessas coisas, como, por exemplo, a prudência, não pode viver feliz, mesmo se for honesto e justo.

Vontade racionalmente esclarecida, a prudência não é apenas uma virtude interior, mas determina o modo de relação com os outros. É ela que leva a compreender que a justiça exprime o desejo de não prejudicar o outro, de dar a cada um o que lhe é devido e de realizar pactos para uma vida em comum pacífica. É também a prudência que faz conceber a honestidade como desejo, na vida privada, de conduta leal de quem não usa subterfúgios na relação com o outro e, na vida pública, de respeito pelo bem público ou comum. Numa palavra, a prudência traz segurança interior, confiança na vida em comum e felicidade pública.

O sábio ou a vida feliz

A ética epicurista, explica Pessanha, é uma terapêutica. De fato, duas situações são possíveis: o corpo pode estar em bom estado, mas a alma conturbada, ou o corpo pode estar em mau estado e alma sadia. A cada uma dessas situações, duas terapias ou dois remédios distintos são propostos. Para a primeira, o remédio é a correção de falsas opiniões e a supressão dos temores ocasionados por elas. Para a segunda, o remédio consiste na anulação da dor física por meio de uma reorientação das imagens mentais, com o resgate de imagens passadas prazerosas ou a antecipação de imagens futuras também positivas. Em que consiste, portanto, a sabedoria?

> A sabedoria está, assim, em saber contrapor prazeres corpóreos e fazer com que, no caso de o presente ser doloroso, neutralizá-lo pela memória e pela esperança, no pressuposto de que a imagem — resgatada do passado ou antecipada do futuro — pode ser mais forte do que uma sensação (Pessanha, 1992, p. 77).

Esse remédio pressupõe a ação voluntária livre que, como vimos, é o *clínamen* na e da alma humana, o desvio do curso necessário das sensações e das imagens pelo autocontrole da alma sobre os afetos, isto é, "o desvio em relação à determinação que rege a natureza das coisas". O desvio no tempo, pela memória ou pela antecipação, assegura alegria em meio à adversidade e afasta o sábio de todo fatalismo.

A vida livre e feliz não acontece na agitação da Cidade nem no isolamento total, mas no convívio do grupo de amigos, que também inclui mulheres, estrangeiros e escravos, isto é, aqueles que sempre foram excluídos da cidadania. Amigos entre si são também amigos da sabedoria, todos ocupados na busca e conservação da serenidade, da tranquilidade da alma, ajudando-se reciprocamente a suportar o sofrimento e compartilhando as alegrias.

Nas *Máximas fundamentais*, Epicuro escreve:

> De todas as coisas que a sabedoria nos oferece para a felicidade da vida inteira, a maior é a aquisição da amizade.

3. A Escola do Pórtico

Ó tu, o mais glorioso dos imortais,
Ó suma potência, Deus dos muitos nomes,
Ó Zeus, Princípio e Senhor da Natureza, que tudo governa conforme à lei,
Eu te saúdo [...]
Obra alguma se realiza sem ti na terra, na região etérea da abóboda divina, no mar,
Exceto aquela realizada pelos maus em sua loucura.
Mas tu sabes diminuir o desmedido,
Ordenar a desordem.
Em ti, a discórdia é concórdia.
Ajustastes em um todo harmonioso os bens e os males
Para que haja para sempre uma razão de todas as coisas,
Essa razão de que fogem e negligenciam aqueles dentre os mortais que são os maus,
Infelizes, que desejam sempre a aquisição dos bens
E não discernem a lei comum dos deuses nem a compreendem [...]
Uns disputam pela glória,
Outros, por ganhos vergonhosos,
Outros se lançam no deboche e nas volúpias corporais [...]
Mas tu, Zeus, de quem procedem todos os bens,
Salva os homens da ignorância maléfica [...]

> Deixa-nos participar dessa sabedoria com que governas todas as coisas com justiça
> [...]
> Para os deuses e para os homens,
> Não há honra maior do que cantar para sempre e como se deve, a lei universal.

Este é o "Hino a Zeus", do estoico Cleanto.

Nele estão concentradas algumas das teses fundamentais do estoicismo: a divindade como lei natural imanente ao universo, razão universal ou fogo vivente de que todas as coisas são parcelas; o universo como harmonia dos contrários e medida ou justiça; os males como fruto da loucura humana, isto é, como ignorância e desmedida; a sabedoria como conhecimento da lei universal, que governa as coisas, os homens e os próprios deuses.

Nessas teses é impossível não reconhecer o contraste entre a filosofia estoica e a epicurista, perspectiva cultivada pelos próprios estoicos e epicuristas e que instituiu, na história da filosofia, uma tradição interpretativa de longa duração.

De fato, como observa Jacques Brunschwig, a escola estoica foi fundada cinco ou seis anos depois da epicurista e, pela importância de ambas na cena filosófica helenística, seus contrastes foram desde muito cedo amplamente mencionados, a ponto de serem consideradas opostas sob todos os aspectos.

Assim, do lado de Epicuro, há desprezo pela cultura tradicional, pela dialética, pela tecnicização artificial da linguagem filosófica; do lado estoico, há um interesse incansável pela análise e prática de todas as formas do discurso e da razão. Na física, os epicuristas retomam o materialismo atomista de Demócrito, antiteleológico, descontinuísta e mecânico, enquanto o materialismo estoico se inspira em Heráclito e elabora uma física continuísta, dinâmica e orgânica. Epicuro concebe uma cosmologia na qual coexistem mundos inumeráveis que se sucedem no universo infinito sem qualquer intervenção divina para seu aparecimento e sua desaparição, nem para seu funcionamento; os estoicos concebem um mundo único, totalmente unificado e penetrado pela razão divina e providencial. Do lado epicurista, vigora uma ética do prazer e uma política utilitária, destinada apenas a garantir segurança aos indivíduos e na qual o sábio não deve intervir; do lado estoico, uma ética rigorista em que a virtude é condição necessária e suficiente da felicidade, e uma política da solidariedade, que leva cada um a cumprir os deveres que sua posição social exige.

Dessas oposições, nasceu a imagem popular do estoico.

Assim como há uma tradição popular sobre o epicurismo, o mesmo acontece com o estoicismo. A peculiaridade dessa tradição encontra-se nos sentidos exatamente opostos dados a cada um desses termos. Em contraste com a figura pouco favorável do epicurista ou do epicureu, que vimos no capítulo anterior, a do estoico foi construída positivamente.

O *Grande e novíssimo dicionário da língua portuguesa*, de Laudelino Freire, assim se exprime:

> **Estoicismo:** 1. Sistema filosófico fundado por Zenão no século III a.C., que pretendia tornar o homem insensível a todos os males físicos e morais. 2. Austeridade de caráter; rigidez de princípios; firmeza; resignação contra a dor ou adversidade.
> **Estoico (adj.):** 1. Relativo ao estoicismo. 2. Que tem firmeza característica do estoicismo: que sofre com resignação.
> **Estoico (s.m.):** 1. Partidário do estoicismo. 2. Homem austero, impassível perante a desgraça ou infelicidade.

No *Novo dicionário da língua portuguesa*, de Aurélio Buarque de Holanda Ferreira, encontramos:

> **Estoicismo:** 1. Designação comum às doutrinas dos filósofos gregos Zenão de Cício (340-264) e seus seguidores Cleanto (século III a.C.), Crisipo (280-208) e os romanos Epicteto (c. 55-c. 135) e Marco-Aurélio (121-180), caracterizadas sobretudo pela consideração do problema moral, constituindo a ataraxia o ideal do sábio. 2. Austeridade de caráter, rigidez moral. 3. Impassibilidade em face da dor e do infortúnio.
> **Estoico:** 1. Partidário do estoicismo. 2. Indivíduo estoico. 3. Relativo ao estoicismo. 4. Austero, rígido. 5. Impassível ante a dor e a adversidade.

E, no *Dicionário Houaiss da língua portuguesa*, podemos ler:

> **Estoicismo:** 1. Doutrina fundada por Zenão de Cício (335-264 a.C.) e desenvolvida por várias gerações de filósofos, que se caracteriza por uma ética em que a imperturbabilidade, a extirpação das paixões e a aceitação resignada do destino, são as marcas fundamentais do homem sábio, o único apto a experimentar a verdadei-

ra felicidade [O estoicismo exerceu profunda influência na ética cristã]. 2. Por extensão: rigidez de princípios morais; resignação diante do sofrimento, da adversidade, do infortúnio.

Estoico: 1. Relativo ao estoicismo. 2. Aquele que é adepto do estoicismo. 3. Aquele que é rígido, firme em seus princípios. 3. Aquele que se mostra resignado diante do sofrimento e do infortúnio.

Os dicionários salientam três aspectos que caracterizariam o estoicismo: uma ética que propõe extirpar as paixões e assegurar a imperturbabilidade; a austeridade, rigidez e firmeza dos princípios morais; a resignação perante o destino e, portanto, a aceitação da dor, do sofrimento e do infortúnio. Essa imagem, ao salientar a resignação perante o destino, tende a supor que o estoico é fatalista,[1] o que, porém, não corresponde à doutrina estoica, que combate e refuta o fatalismo em nome de uma verdadeira compreensão do que seja o destino.

Quando o *Dicionário Houaiss* menciona a influência da ética estoica sobre a cristã, implicitamente considera, de um lado, a exigência cristã de uma ética ascética de combate aos prazeres corporais e às glórias mundanas, e, de outro, a identificação da ideia estoica de *destino* com a cristã de *providência divina*, pois muitos estoicos também denominaram o destino com o nome de providência. Todavia, como veremos mais adiante, a providência estoica e a cristã são muito diferentes: a primeira, como transparece no "Hino a Zeus", de Cleanto, é a razão imanente à natureza ou ao universo, da qual somos, como todas as coisas, parcelas vivas; é a lei natural que podemos conhecer sob alguns aspectos; a cristã é a vontade insondável de um deus pessoal, transcendente à natureza ou ao universo, e que jamais pode ser conhecida por nossa razão.

A imagem popular do estoico como homem austero, firme e sereno, indiferente à dor e à morte, tranquilo em qualquer circunstância, indiferente ao prazer, à riqueza, às honras e à glória tornou-se, na verdade, a imagem tradicional do sábio: o homem conduzido pela razão, vivendo em harmonia com a natureza e aceitando os acontecimentos do universo. O fragmento de um poema citado por Diógenes de Laércio resume essa imagem:

Nem o áspero inverno, nem a violenta tempestade,
Nem o ardor do sol o podem domar.
Nem os festins, nem a doença terrível

Sua coragem inflexível podem afrouxar.
Passa os dias e as noites a meditar.

Assim, à imagem do deboche epicurista vêm contrapor-se o ascetismo e a firmeza de princípios estoicos. No entanto, o que vimos do Jardim e o que veremos do Pórtico certamente nos levarão a recusar tais simplificações, sem, contudo, perdermos de vista as diferenças profundas entre ambos, afirmadas desde seu surgimento.

Não é casual, por exemplo, que, em 155 a.C., ao enviar uma embaixada de filósofos a Roma, os atenienses tivessem enviado um estoico, um platônico e um aristotélico e nem pensassem em mandar um epicurista. De fato, apesar de sua importância na cena filosófica helenística, o epicurismo, única filosofia a não respeitar Sócrates, permaneceu marginal, suspeita de ateísmo e de falta de civismo. Ao contrário, o estoicismo soube reorganizar as tradições religiosas e filosóficas, adaptar-se às mudanças políticas e teóricas, formular ideias e um vocabulário capazes de se popularizar e encontrar aceitação praticamente em todas as classes sociais do mundo greco-romano. Sob estes aspectos podemos dizer, com Jacques Brunschwig, que "o estoicismo, muito mais do que o epicurismo, foi a filosofia dominante da época helenística".

O PÓRTICO OU *STOÁ*

O estoicismo recebe seu nome do lugar onde seu fundador, Zenão de Cício, costumava ensinar, em Atenas. Como estrangeiro que jamais solicitou a cidadania ateniense, Zenão estava impedido de adquirir terras ou edifícios na cidade. Por esse motivo, dava lições na ágora, sob um pórtico pintado por um célebre artista, Polignoto. Pórtico se diz *stoá* em grego e os seguidores de Zenão eram chamados de "os da *Stoá*" ou simplesmente *oi stoikói*, os estoicos. Eis a descrição deixada por Diógenes de Laércio:

> Costumava dar suas lições passeando de um lado para outro no Pórtico Pintado (*poikíle stoá*), assim designado por causa das pinturas de Polignoto [...]. Os que vinham ouvi-lo — e eram numerosos — foram por isso chamados de estoicos (Diógenes de Laércio, VII, 5).

Duas são as maiores dificuldades para o conhecimento e a interpretação da filosofia estoica: a pluralidade das doutrinas no correr dos quatro séculos de sua vigência e a perda dos textos originais do estoicismo antigo.

a) A pluralidade de doutrinas

Num fragmento de texto do neoplatônico Numênio (que viveu na segunda metade do século II), lê-se que "os estoicos estão em dissenso uns com os outros" e que "as dissensões começaram desde o início da escola e não cessaram até hoje".

A pluralidade de doutrinas provém da menor importância dada pelos estoicos à ideia de ortodoxia. Assim, por exemplo, embora todos os estoicos concebessem a filosofia como um sistema e a maioria aceitasse sua tripartição em física (ou aquilo que diz respeito ao *kosmós*), lógica (ou o que se refere ao *lógos* como razão e discurso) e ética (ou os assuntos concernentes à vida humana), quase todos divergiam quanto a ordem desses conhecimentos no interior do sistema ou sobre qual dessas partes deveria ser a inicial e fundadora das outras. Essa divergência transparece nas várias maneiras com que apresentavam a imagem da filosofia: para alguns, a filosofia se compara a um ovo cuja casca é a lógica, a clara, a ética, e a gema, a física; para outros, ela é como um campo cujas árvores são a física, os frutos, a ética, e a cerca que as protege, a lógica; para outros, enfim, a filosofia é como um animal de que a lógica são os ossos e os tendões, a física, a carne e o sangue, e a ética, a alma.

Além disso, houve posições efetivamente heterodoxas, como a de Aristo, que aceitava apenas a ética e recusava a física (porque o conhecimento do universo nos ultrapassa) e a lógica (porque não tem utilidade); ou como as daqueles que mesclavam ideias estoicas e com as de outras escolas — Panécio e o platonismo, Posidônio e o aristotelismo. E isso sem mencionarmos as mudanças teóricas ocorridas no período imperial, com as obras de Epicteto, Marco Aurélio e Sêneca.

Por esses motivos, Bréhier declara que nunca houve *o* estoicismo e sim, os estoicos. No entanto, como observam os helenistas Jonathan Barnes e Jean-Baptiste Gourinat, "o nervo do sistema" pode ser identificado sob as diferenças e divergências:

> Em lógica, o estoicismo defendia um empirismo, segundo o qual todos os conceitos e todo nosso conhecimento derivam de nossa experiência perceptiva; bem

> entendido, a razão — e, em particular, a capacidade para fazer inferências — tem um papel central ali onde se trata de construir a estrutura do conhecimento sobre a base dos dados perceptivos. Em física, o Pórtico proclamava um materialismo extremo e um determinismo sem exceção: o universo é contínuo, sem nenhum espaço vazio, e todos os seres nele estão ligados uns aos outros por vínculos causais que constituem o destino. Em moral, a única coisa que conta é a virtude e tudo o que fazemos — mesmo nossas ações mais banais — pode e deve ser feito de maneira virtuosa; quanto à saúde, a riqueza, as honras, tudo isso é sem qualquer valor moral (mas tem-se razão de preferir a saúde à doença, a riqueza à pobreza...) (Barnes e Gourinat, 2009, pp. 8-9).

Finalmente, é preciso mencionar que a longa duração do estoicismo, que perdurou por cinco séculos, também foi responsável pela pluralidade de doutrinas. Tradicionalmente, distinguem-se, no correr dos quinhentos anos da escola, três fases ou épocas: a *antiga*, em Atenas, entre o final do século IV a.C. e durante todo o século III, corresponde à fundação da escola e à atividade de seus três primeiros escolarcas (Zenão, Cleanto e Crisipo); a *média*, entre os séculos I e II a.C., com centro principalmente em Rodes (os nomes principais sendo os de Panécio e Posidônio); e a *imperial*, em Roma, a partir do século I d.C. (quando se destacam os nomes de Epicteto, Marco Aurélio e Sêneca). Em cada uma dessas épocas, as circunstâncias sociais e políticas, assim como o estado dos conhecimentos e a vida religiosa foram muito distintos e tais diferenças exerceram influência sobre a doutrina estoica, ainda que esta tenha mantido o "nervo do sistema".

b) Os textos originais

Tudo quanto sabemos do ensino dos três grandes nomes do estoicismo antigo — Zenão, Crisipo e Cleanto — nos chegou de maneira indireta. Nada restou dos tratados de Zenão e dos setecentos e cinco tratados de Crisipo restaram alguns pequenos fragmentos e os títulos, enumerados por Diógenes de Laércio. De Cleanto, temos apenas o "Hino a Zeus". As únicas obras originais que nos chegaram são as do estoicismo imperial (Epicteto, Marco Aurélio e Sêneca), escritas quatro séculos depois da fundação da escola.

O problema se agrava porque praticamente tudo quanto sabemos do estoicismo antigo, exceção feita à doxografia de Diógenes de Laércio, provém de fontes muito tardias e contrárias ao estoicismo: Cícero, que escreveu em meados do século I a.C.; Filo de Alexandria, no começo do século I; Plutarco, no final do século I; Sexto Empírico, Alexandre de Afrodisia e o médico Galeno, no final do século II; alguns Padres da Igreja, como Orígenes e Eusébio, no século III; e Estobeu, no final do século V e início do século VI.

Sobre esse material, trabalharam, no século XIX, Diels, no início do século XX, von Arnin, Bréhier e Festa, e, a partir dos anos 1940, Pohlenz e Parente, para oferecer o conjunto de fragmentos e obras da escola estoica, assim como os discursos tardios e contrários a ela dos autores mencionados acima — como pode ser visto na bibliografia sobre estoicismo ao final deste volume.

OS FUNDADORES

Como dissemos, três são os principais nomes do estoicismo antigo: Zenão de Cício, Cleanto de Assos e Crisipo de Soles.

Zenão

Nasceu em 334 a.C. na cidade de Cício, na ilha de Chipre, praça forte grega que pertencia a colonos fenícios, e chegou a Atenas provavelmente em 314 a.C.

Diógenes de Laércio o descreve como um homem baixo, magro e de pele negra. Não frequentava festins, gostava de ficar ao sol e comer figos verdes.

Por ocasião de sua morte, recebeu honras de Atenas, cuja assembleia elogiou sua vida exemplar e o ensino das virtudes aos jovens, conferiu-lhe a coroa de ouro e ofereceu-lhe um túmulo no Cerâmico, projetado por arquitetos atenienses e construído com recursos públicos.

Segundo uma tradição, desde muito cedo teria se dedicado à filosofia porque seu pai, mercador, lhe trazia de Atenas obras dos filósofos. Outra tradição conta que Zenão teria consultado o oráculo para saber qual o melhor modo de vida, recebendo como resposta que deveria começar "tornando-se da cor dos mortos", o que ele logo compreendeu e passou a ler os autores antigos. Segundo ainda outra tradição, ele próprio era mercador e teria naufragado perto do Pireu, rumando para Atenas, onde folheou, num livreiro, as *Memoráveis* de Xenofonte. Entusiasmado, teria perguntado onde poderia encontrar homens tão notáveis como aqueles mencionados pela obra. Recebeu do livreiro a indicação de procurar Cratés, o Cínico, cujas lições teria passado a acompanhar.

Seja como for, sabe-se com certeza que Zenão foi discípulo de Cratés, que seguia os ensinamentos de Antístenes, socrático menor fundador da doutrina cínica. De acordo com os cínicos, o sábio despreza as convenções sociais, vive em conformidade com a natureza e em sociedade consigo mesmo, nada tendo a esconder. Depois de certo tempo, insatisfeito com os ensinamentos cínicos, Zenão tornou-se discípulo de dois acadêmicos, Xenócrates e Pólemo; a seguir, passou a ouvir o megárico Estilpão e o dialético Diodoro.[2] Além dessas influências diretas, leu Heráclito — de quem herdou a importância dada ao fogo originário —, os pitagóricos — dos quais herdou a teoria do eterno retorno — e Aristóteles — cujas ideias iria combater. Finalmente, teria dito que havia sofrido dois naufrágios felizes: o primeiro perto do Pireu, o segundo ouvindo vários mestres, mas chegara a hora de deixá-los. Começou, então, a ensinar sob o Pórtico Pintado e a polemizar com Epicuro, o aristotélico Teofrasto, o acadêmico Arcesilau, o dialético Filo e o megárico Alexinos.

Sua primeira obra, escrita na juventude e sob a influência de Cratés, intitula-se *A república*. Nela, defende não apenas as ideias cínicas e algumas suas, tidas como escandalosas (liberdade sexual, crítica da religião, antropofagia), mas também critica Platão, à maneira dos cínicos e megáricos, negando a existência de entidades incorpóreas (as ideias são objetos de pensamento e não realidades em si) e afirmando a corporeidade da alma.

Embora a precariedade de fontes dificulte determinar quais ideias são suas e quais de seus sucessores, os estudiosos tendem a considerá-lo o fundador da escola e a lhe atribuir os dogmas fundamentais do estoicismo. É dele a concepção da filosofia como sistema dividido em três partes (física, lógica e ética). Na ética, são ideias suas: a afirmação de que a virtude é o único bem e o vício o único mal e de que além das coisas boas e más, há coisas indiferentes e, entre estas, as preferíveis, como a saúde; a aquisição da virtude é uma questão puramente racional; a invenção das ideias de *dever* e *dever perfeito*; a rejeição de todas as paixões, definidas como erros de julgamento. Na física, dele vem a afirmação do fogo como elemento primordial e a recusa da eficácia causal de entidades incorporais. Na lógica, introduz a teoria do conhecimento como representação proveniente da impressão sensorial e faz da *representação apreensiva* o critério do verdadeiro.

Cleanto

Nascido em 331 a.C., em Assos, na Ásia Menor, Cleanto foi atleta (muitos o chamavam de Hércules II) e chegou a Atenas por volta de 282, tornando-se discípulo de Zenão por dezenove anos. Muito pobre, trabalhava à noite tirando água de poços e regando jardins, ou como padeiro; não tinha recursos para comprar as taboinhas de escrita e por isso anotava os ensinamentos do mestre em cacos de cerâmica e omoplatas de boi. Alguns o acusaram de ser tímido, ao que ele respondeu: "por isso cometo poucas faltas". A um pai que lhe perguntou o que deveria dizer ao filho, respondeu com os versos da *Eletra*: "Cala-te! Cala-te, fraco vestígio!".

Embora o discípulo preferido de Zenão fosse Persaios de Cício, como este, na ocasião da morte do mestre, se encontrasse na corte da Macedônia, Cleanto foi escolhido como sucessor na direção da escola porque, ainda que tivesse a fama de ser lento de espírito, era aguerrido defensor das ideias de Zenão contra os dissidentes. Permaneceu como escolarca durante trinta e dois anos e morreu centenário. Diz a tradição que teve um tumor na gengiva e o médico o proibiu de comer durante dois dias, porém, depois desse prazo, Cleanto decidiu não se alimentar mais, declarando já ter vivido o bastante e morreu de inanição.

Sua obra mais famosa é o "Hino a Zeus" e sua contribuição mais importante é o desenvolvimento da física de Zenão, à qual consagrou uma obra que se perdeu. Enfatizou os aspectos heracliteanos de sua física, particularmente a ideia da alma como *exalação*. Ao que parece, foi o primeiro a desenvolver a teoria do *tónos*,* segundo a qual a substância do universo está sob uma tensão permanente, produzida pelo fogo primordial. Aplicou essa teoria física na ética, concebendo a virtude como uma força resultante do choque causado pelo fogo primordial. Escreveu uma obra conhecida como *Contra Aristarco* em que defendia o geocentrismo e condenava o heliocentrismo. Segundo alguns, contribuiu para a lógica com a invenção do conceito de *exprimível* e a reinterpretação da definição da representação.

Crisipo

Nasceu por volta de 280 a.C. em Soles, colônia grega da Anatólia, na Ásia Menor. Não se sabe exatamente quando chegou a Atenas. Ao que parece, teria sido aluno do adversário de Zenão, o acadêmico Arcesilau e do próprio Zenão, mas sabe-se, com certeza, que foi discípulo de Cleanto, de quem divergia constantemente e a quem teria dito que bastava que lhe enunciasse os dogmas que, sozinho, ele próprio encontraria as demonstrações. Apesar das divergências, Cleanto o escolheu como sucessor. Tornou-se escolarca em 229-230.

Segundo Diógenes de Laércio, dizia-se que "sem Crisipo não haveria o Pórtico". De fato, graças à sua personalidade forte e orgulhosa e aos seus dons de dialético, Crisipo conseguiu reunificar a escola e reconstruir o sistema. Polemizou contra o ceticismo da Nova Academia e sobretudo contra o hedonismo epicurista, além de atacar os dialéticos de Megara. Polemista dogmático e dialético sutil, suscitou a afirmação de que "se houver uma dialética entre os deuses, é a de Crisipo" (Diógenes de Laércio, VII, 180). De acordo com Diógenes de Laércio, era hábil construtor de paradoxos, como, por exemplo, o seguinte: quem revela os mistérios aos não iniciados é ímpio; ora o hierofante revela mistérios aos não iniciados, logo, o hierofante é ímpio. Ou então este outro, famoso: se falas de alguma coisa, essa coisa sai pela tua boca; se dizes carro, um carro sai pela tua boca.

Era um trabalhador incansável: a crermos em Diógenes de Laércio, escrevia quinhentas linhas por dia e deixou setecentos e cinco tratados, dos quais restam os títulos de cento e dezenove sobre lógica e quarenta e três sobre ética.

Não frequentava festins nem as multidões, alegando que se seguisse a multidão, não seria filósofo. Numa época em que os reis costumavam recorrer aos chefes de escola como conselheiros, Crisipo manifestava desprezo pelos grandes e recusou um convite do rei Ptolomeu.

Morreu em 210 a.C., aos 73 anos. Diz uma tradição que teria morrido após beber vinho doce; segundo outra, após explodir em gargalhada ao ver um asno comer seus figos.

A DOUTRINA

Retomando a definição da filosofia proposta por Pitágoras, os estoicos a concebem como amor à sabedoria. Esta é a "ciência das coisas divinas e humanas" e a filosofia "consiste numa arte que lhe é apropriada", "exercício (*askésis**) da virtude", que não é senão a "busca da reta razão". A razão é constituída pelo conjunto das noções impressas na alma, que, quando é um conjunto de conhecimentos seguros, infalíveis e inabaláveis, se chama ciência (*episteme**), e a perfeição desse conjunto constitui a virtude, ou melhor, a excelência, *areté**.

A *askésis* não é um estudo teórico e sim a aplicação ou o exercício para fazer alguma coisa. Os estoicos propõem uma distinção entre o discurso filosófico, a filosofia como exercício e a sabedoria enquanto efeito do exercício. Assim, a filosofia é uma prática inseparável do discurso filosófico. Discutindo se a filosofia é o exercício que prepara a sabedoria ou que continua após a aquisição desta última, os estoicos, seguindo Crisipo, a concebem como preparação para a sabedoria e o próprio exercício da sabedoria, depois de adquirida a excelência, a *areté*. Eis por que o estoicismo se refere a três virtudes ou excelências — a física, a lógica e a ética —, que constituem as três partes da filosofia. De acordo com Diógenes de Laércio, Crisipo preferia considerar que essas partes se referem ao discurso filosófico e não à filosofia enquanto tal, pois esta é a própria virtude ou "arte do bem viver" e, como arte, é o *exercício conjunto* dos três tipos de conhecimento. Em outras palavras, o discurso filosófico pode ser dividido em três disciplinas, mas a filosofia é a unidade conjunta de três excelências inseparáveis. O discurso se divide, mas a filosofia é uma totalidade indivisa. Por esse motivo, os estoicos evitam empregar a palavra "parte" mesmo para o discurso e preferem termos como "lugares", "espécies", "gêneros".

A originalidade dos estoicos encontra-se na determinação do fundamento que unifica as três partes ou os três lugares do discurso filosófico ou as três excelências: o *lógos*, racionalidade imanente (à maneira de Heráclito) que é princípio da verdade na lógica, princípio produtor e organizador do cosmo na física e princípio normativo na ética. Graças a esse fundamento comum, a filosofia se constitui como *systema**, que, como observa Victor Goldschmidt, significa solidariedade, coesão e consonância das verdades (*dogmata*), e é exatamente por isso que a virtude (no singular) é o exercício conjunto ou simultâneo dessas três partes ou virtudes (no plural). O homem excelente conhece e pratica as três excelências e a falta de qualquer uma delas impede que ele seja dito excelente ou virtuoso.

Jacques Brunschwig observa que essa concepção da filosofia punha um problema teórico e outro no plano pedagógico. O problema teórico, já mencionado brevemente ao nos referirmos às três imagens da filosofia (o ovo, o campo, o animal), ao falarmos das dissensões entre os estoicos, concernia à relação entre as três partes ou os três lugares: a relação é circular, recíproca ou linear? Há ou não subordinação entre os lugares? Se houver, qual deles deve vir primeiro e qual a sequência dos outros dois? Um lugar serve de princípio para as consequências tiradas pelos outros? Ou não há subordinação nem sequência e os lugares ou partes se interpenetram? Via de regra, essa foi a concepção dominante, que se exprime na ideia estoica de *mistura*. Ora, é exatamente esta que coloca um problema no plano pedagógico, pois é impossível ensinar a mistura. Tradicionalmente, a ordem de ensino mais difundida começava pela lógica, passava pela física e chegava à ética. No entanto, Crisipo sempre defendeu começar pela lógica, passar à ética e chegar à física. Ou seja, pedagogicamente, é preciso partir de um dos lugares, mas ao fazê-lo, o mestre insensivelmente leva os discípulos a considerá-lo hierarquicamente superior aos outros. Mas também o contrário, isto é, o que vem por último, porque conclui o percurso e lhe dá sentido, é tomado como o mais importante e subordina os outros. Em suma, os lugares não se distinguem apenas por seus objetos (cosmo, ciência, conduta humana), mas também pela determinação de diferentes sentidos para a excelência e, portanto, de diferentes maneiras de conceber a formação do homem excelente. Assim, podemos dizer que a ideia mais original dos estoicos, o *systema*, foi também a origem de suas dissensões teóricas e pedagógicas.

No entanto, como explica Victor Goldschmidt, seja qual for a opção de cada um dos fundadores, a sabedoria, ainda que pedagogicamente seja adquirida aos poucos e a partir de um dos diferentes lugares, encontra-se inteira em cada um dos lugares e em todos eles, simultaneamente, pois a cada instante o todo está dado e comanda a ordem sucessiva da aprendizagem ou da aquisição da sabedoria.

Seja como for, duas ideias foram comuns a todos os estoicos: a de que a ética é a alma do sistema e a de que a lógica é uma parte ou um lugar da filosofia como a física e a ética, opondo-se, portanto, a Aristóteles, que lhe recusara o estatuto de saber ou de conhecimento de um objeto determinado e lhe dera a função de *órganon**, instrumento para a filosofia e a ciência, exterior a elas — como foi tópico sobre a lógica aristotélica, no volume I. Para os estoicos, ela é a teoria do conhecimento. Para eles,

> As formas, os elementos, as estruturas da linguagem e do raciocínio tornam-se eles próprios objetos, tanto mais consistentes porquanto servem de articulação não somente para a razão humana, mas também para a razão divina, que não difere substancialmente da humana, e que governa o universo (Brunschwig, 1997, p. 521).

Os estoicos não recusam o papel das ciências auxiliares (matemática, astronomia, medicina, filologia) que, no período helenístico tornam-se pouco a pouco independentes da filosofia. Perante elas, a situação estoica é delicada: por um lado, buscam assimilá-las porque pretendem restaurar o ideal pré-socrático do sábio como aquele que "sabe tudo" e sua concepção do sistema os impede de considerá-las independentes da filosofia; por outro, o estado avançado dessas ciências em sua época inviabiliza qualquer pretensão enciclopédica de dominá-las completa e perfeitamente. A solução encontrada consistiu em distinguir o que nelas é propriamente filosófico e deve ser conhecido pelo filósofo e o que concerne às particularidades de seus objetos e deve ser conhecido pelo cientista. Na verdade, com exceção de Posidônio, nenhum estoico dedicou-se a investigações científicas, mas todos se limitavam a manter-se informados sobre elas e nem sempre de maneira muito adequada, bastando lembrar que Cleanto, sem qualquer argumento astronômico válido, queria a condenação de Aristarco por impiedade, porque este se opusera ao geocentrismo dominante e defendera o heliocentrismo, e que Crisipo chegou à beira do ridículo quando, sem qualquer argumento anatômico ou fisiológico, se opôs aos médicos de seu tempo, sustentando que a parte diretriz da alma (a razão) tinha sede no coração e não no cérebro, pois quando dizemos "eu", apontamos para nosso coração!

A lógica

Pelos critérios da lógica contemporânea, os estoicos, tributários dos dialéticos, podem ser considerados os maiores lógicos da história da filosofia, embora por "lógica" entendessem algo muito mais amplo do que se entende em nossos dias. De fato, o que hoje entendemos por lógica corresponde a uma subdivisão da lógica estoica, aquela parte da dialética cujo objeto é o que os estoicos denominam *significados*.

A lógica é a parte ou o lugar da filosofia cujo objeto é o *lógos*, ou seja, a linguagem, o raciocínio e a razão e sua elaboração canônica foi feita por Crisipo.

Como disciplina do *lógos* ou da linguagem racional, a lógica é, em primeiro lugar, ciência do bem falar ou do discurso racionalmente correto. Sua principal tarefa é distinguir entre dois usos da linguagem: o discurso contínuo, no qual prevalecem as regras da retórica, e o discurso descontínuo ou por questões e respostas, cujas regras são as da discussão e argumentação corretas, isto é, da dialética. De acordo com Sexto Empírico, para os estoicos,

> O discurso é de duas maneiras: raciocinativo e oratório. Vale dizer: ou dialética ou retórica. Com o punho fechado, Zenão costumava indicar o caráter conciso e cerrado da dialética; com a palma da mão aberta e os dedos esticados, a amplidão da retórica.

Retórica e dialética não são denominadas artes e sim ciências, pois sua função essencial é dar a aptidão para discernir a verdade sobre todo e qualquer objeto. Visto que a investigação física e a ética se realizam por meio do discurso, a lógica diz respeito a seus objetos.

Além da retórica e da dialética, que são as divisões principais da lógica, esta comporta ainda uma divisão consagrada aos critérios e outra, às definições.

a) Teoria do conhecimento

Os estoicos são empiristas: a origem de nossos pensamentos encontra-se na percepção sensível e não em ideias inatas ou em algum contato inefável com entidades inteligíveis. Como observa Bréhier, a teoria do conhecimento consiste em fazer o sensível retomar o domínio da certeza e do conhecimento. Verdade e certeza são comuns nas percepções de todo e qualquer homem e não exigem qualidades especiais, ainda que o conhecimento certo pertença apenas ao sábio.

Esse empirismo, evidentemente, é inseparável da física ou cosmologia: o mundo é um ser vivo estruturado por relações de tensão, concórdia e discórdia, simpatia e antipatia entre todos os entes, e o homem vive nessas relações, de sorte que o empirismo exprime a coexistência ou interpenetração do homem e do mundo. Sentir e perceber é ter os sentidos e a alma modificados pelo que nos rodeia; essa modificação, quando em harmonia com o que a causa, indica que estamos no verdadeiro e quando em desarmonia, no erro e na paixão. Exatamente por esse peculiar empirismo, a lógica estoica, como veremos mais adiante, não se volta, como a aristotélica, para as proposições atributivas (S é P; S não é P), mas para os enunciados de acontecimentos (amanhece, anoitece, chove, escurece, branqueia, verdeja), isto é, para as ações do mundo e dos homens. Também contrariamente à inferência de tipo aristotélico — "Sócrates é homem. Ora, todos os homens são mortais. Logo, Sócrates é mortal" —, a inferência estoica é concebida como relação temporal — "se do seio desta mulher escorre leite, é porque ela pariu" —, pois o tempo exprime a vida do mundo ou de todos os seres. Por isso, enquanto a lógica aristotélica opera com a inerência dos indivíduos na espécie e das espécies num gênero, a estoica opera com a relação entre o antecedente e o consequente para determinar qual relação é necessária (e, portanto, verdadeira) e qual é acidental (e, portanto, falsa).

Ao nascermos, nossa alma é como uma *tabula rasa*, uma tábua na qual nada está escrito, ou como um pequeno rolo de papiro totalmente em branco pronto para receber a escrita, isto é, as impressões das coisas exteriores que nela gravam a imagem (*phantásia**) ou representação. A *phantásia* é a manifestação das coisas exteriores na alma ou a maneira como elas se dão à alma.[3]

Para Zenão, a *phantásia* é semelhante à impressão que o sinete imprime na cera. Crisipo, porém, prefere o termo "alteração" em vez de "impressão", definindo a imagem como uma alteração na alma, semelhante às alterações que o som e a cor produzem no ar. A escolha de Crisipo decorre do fato de que nem toda imagem é sensorial, como é o caso, por exemplo, das imagens suscitadas pelas palavras. Além disso, ele argumenta que, sendo a alma um corpo, ela não poderia receber simultaneamente muitas e diferentes impressões, nem poderia conservá-las na memória, pois cada impressão apagaria a anterior.

Seja como for, uma coisa é certa para todo estoico, mesmo que nem toda imagem seja sensorial: a *origem primeira* de toda imagem ou representação é uma impressão feita na alma pelas coisas exteriores. A partir dessas primeiras impressões formam-se na alma as primeiras noções e destas, graças a operações da alma, formam-se as noções complexas ou as ideias e os pensamentos. A razão, dizia Crisipo, é o agregado de pré-noções provenientes das impressões sensíveis e formam as *noções comuns* (*koinaí ennoiaí*) ou opiniões naturais, que constituem o senso comum de todos os homens, e de noções provenientes da linguagem, isto é, do ensino e do estudo.

A imagem ou representação é também como um primeiro juízo sobre as coisas — "isto é branco", "isto é duro". A impressão ou alteração não depende de nós e sim da coisa externa e não temos liberdade para tê-la ou evitá-la. No entanto, podemos tomar posição perante uma impressão ou representação: voluntariamente, a alma pode ou não dar sua adesão ou seu assentimento (*sygkatáthesis**) à imagem. Se se engana ao assentir, cai no erro e/ou na mera opinião; se acerta, tem a compreensão (*katalépsis**) ou percepção do objeto correspondente à imagem ou representação. Esse acerto significa que a alma não tem apenas a imagem da coisa, mas a apreende imediatamente e com certeza, ou seja, a representação verdadeira indica que a alma, além de sentir, também é capaz de assentir, capacidade proveniente do *lógos* presente nela.

A correção do assentimento, que permite passar da afecção à percepção propriamente dita, depende da fidelidade da imagem à coisa e por isso a imagem fiel constitui o primeiro critério da verdade. É ela que Zenão denomina com a expressão *representação apreensiva*, *phantásía katakeptiké*. O termo *apreensiva* não se refere à imagem ou representação, pois esta é uma recepção apenas, é passiva e não age para compreender, mas se refere à capacidade da imagem para provocar na alma o assentimento correto e a percepção. Em outras palavras, ela permite a apreensão ou percepção verdadeira e a produz necessariamente, ou seja, a imagem é de uma coisa real.

O que distingue a representação apreensiva de outra que não o seja? A resposta a essa questão precisa levar em conta a distinção entre imagem verdadeira e falsa, assim como entre elas e as que não são verdadeiras nem falsas e, por fim, as que são verdadeiras e falsas. As últimas são os fantasmas ou alucinações produzidos pela própria alma, como no sonho, na embriaguez e na loucura, quando imagens de coisas existentes são deformadas pela alma e produzem figuras ou sons inexistentes. Não são verdadeiras nem falsas as representações genéricas, pois não se referem a coisas particulares existentes, como a representação "homem", que não se refere a nenhum homem particular real. São falsas as imagens provenientes de ilusões dos sentidos, por exemplo, ver de longe uma torre redonda como se fosse quadrada ou ver como se estivesse quebrado um bastão mergulhado na água. São verdadeiras as representações compreensivas.

Diógenes de Laércio escreve:

> Existem dois tipos de representações: uma, compreensiva, que capta imediatamente aquilo que é (*phantasía kataleptiké*), outra, não compreensiva, que capta aquilo que é com pouca ou nenhuma distinção. A primeira, que eles definem como critério da verdade, é determinada pelo existente, conforme o próprio existente e é impressa e estampada na alma. A outra não é determinada pelo existente ou, se procede do existente, não é determinada conforme o próprio existente: não é, pois, nem clara nem distinta.

Por sua vez, Sexto Empírico afirma que, segundo Zenão, a representação apreensiva é

> uma imagem impressa na alma, proveniente daquilo que existe, impressa e marcada conformemente ao que existe, de tal modo que não poderia provir do que não existe.

Essa definição da representação apreensiva mostra que ela: 1. provém daquilo que existe e, portanto, não é uma alucinação; 2. é conforme ao objeto exterior, ou seja, é "impressa e marcada" em conformidade com o objeto, reproduzindo exatamente todas as suas características e, portanto, não é falsa; 3. não pode provir de uma coisa que não existe, pois precisa ter um caráter próprio quando aparece, que faz com que não se confunda com outras imagens nem com as impressões falsas. O assentimento à representação apreensiva é não somente o critério da certeza, mas também o princípio fundador da ciência (*episteme**). Por isso o sábio jamais tem simples ou meras opiniões, pois só dá assentimento às representações apreensivas.

A representação apreensiva é comum ao sábio e ao ignorante. O conhecimento do sábio simplesmente acrescenta à certeza inicial estabilidade e consistência, ou seja, a razão torna a percepção inabalável e indestrutível porque faz com que as percepções se confirmem umas às outras, se apoiem umas nas outras e concordem entre si. A razão agrupa, organiza e reforça as certezas isoladas oferecidas momentaneamente pela sensação, dando-lhes uma conexão sistemática e estável. Cícero assim se refere à teoria estoica da certeza: Zenão

> mostrava a mão aberta, os dedos estendidos e dizia: "Assim é a representação"; depois, dobrando ligeiramente os dedos, dizia: "Eis o assentimento"; a seguir, fechando o punho direito, dizia: "Eis a apreensão"; finalmente, cobrindo com a mão esquerda o punho direito, dizia: "Eis a ciência, que pertence apenas ao sábio".[4]

Essa analogia mostra, em primeiro lugar, que *phantasía* e *katalépsis* não são o mesmo, isto é, a representação enquanto tal nada apreende — a mão aberta —, pois é passiva, uma recepção da alma; em segundo, que o assentimento prepara a compreensão — os dedos ligeiramente dobrados; em terceiro, que a compreensão é uma apreensão — a mão fechada agarra ou apreende o objeto; e, em quarto, que a ciência guarda com segurança e protege a compreensão — o punho direito protegido pela mão esquerda.

A ciência é o ponto de partida da sabedoria, adesão consentida ao que acontece segundo o tempo da Natureza, pois, como já vimos, lógica e física são inseparáveis. O helenista Victor Golsdschmidt assim escreve:

> Há entre a representação e o assentimento uma harmonia necessária, natural, fácil, a mesma que se estabelece, no nível dos *principia naturalia*, entre a tendência a nos conservarmos a nós mesmos e a Natureza que a isso nos convida. Essa harmonia inicial é conservada mais tarde, garantindo precisamente que todo conflito que poderia se erguer, em outros níveis, é puramente aparente e que, partindo do Mesmo, chegamos ao Mesmo. Assim, será ainda conforme à Natureza a sabedoria, saída das primeiras tendências e que somente em aparência as contradirá (Goldschmidt, 1953, p. 114).

A ciência é o que conduz o homem a dar sua adesão à estrutura de um mundo que o contém, colocando-se em acordo com ela. A sabedoria, por isso, é viver, pensar e agir em conformidade com a Natureza. A adesão e a conformidade à Natureza são próprias do sábio ou do exercício consciente da parte dirigente da alma, isto é, a razão. Assim, aderir à Natureza e viver em conformidade com ela nada mais é que viver em conformidade com a razão, tanto a razão universal ou lei natural — o fogo primordial, o deus, o Zeus cantado por Cleanto — como a razão individual de cada ser humano, parcela da razão universal, centelha do fogo universal.

A articulação sistêmica entre lógica e física, que se apresenta na teoria do conhecimento sob a forma do empirismo, afirma a *sympátheia*, a *simpatia* entre o homem e a Natureza e por isso, como lemos em Diógenes de Laércio, os estoicos concebem a sensação como "um sopro que vem da parte dirigente da alma [a razão] e se espalha pelo corpo através dos sentidos". Donde, segundo Plutarco, proporem a analogia entre a alma e o polvo: uma parte dirigente que comanda os tentáculos, isto é, os cinco sentidos, a voz [a linguagem] e a parte reprodutora [sexualidade].

b) A retórica

Definida como arte do bem falar sobre argumentos bem expostos, a retórica estoica, sobretudo quando comparada à dialética, é pouco inovadora quando comparada à aristotélica, da qual conserva a divisão em três gêneros: o deliberativo ou político, o judiciário e o epidítico.

A composição dividia-se em quatro partes: invenção (determinação do argumento), enunciação (exposição do assunto), plano (ordenação do assunto) e ação do orador (para persuadir). A composição se realizava em quatro etapas: o proêmio, a narração dos fatos, a refutação dos argumentos contrários e o epílogo, entendido como resumo e não, à maneira tradicional, como conclusão patética, destinada a comover o ânimo do ouvinte. Não havia um elemento que Aristóteles, Cícero e Quintiliano julgavam essencial: a prova, embora os estoicos, segundo Cícero, tivessem introduzido na retórica o procedimento dialético do silogismo.

De modo geral, os antigos e particularmente os romanos julgaram a retórica estoica muito concisa, dura, áspera. Cícero dizia que os estoicos davam conselhos para calar-se, mais do que para falar.

Na verdade, tanto na retórica como na dialética, os estoicos propunham a excelência ou virtude da expressão, definida por cinco qualidades: helenismo, clareza, concisão, conveniência e elegância, opostas a dois vícios de linguagem, o barbarismo (uma fala contrária ao uso dos gregos renomados) e o solecismo (uma linguagem cuja sintaxe é defeituosa). Na realidade, a primeira excelência concentra as outras quatro: o helenismo é "uma expressão sem faltas, de acordo com o uso técnico da linguagem e não o uso ordinário" e as demais excelências ou virtudes têm por função significar adequadamente o pensamento do locutor expresso conforme ao helenismo. A clareza é a expressão que apresenta de maneira inteligível aquilo que se pensa; a concisão, a que não contém senão o que é necessário para mostrar a coisa; a conveniência, a que está adaptada à coisa; a elegância, a que sabe evitar a vulgaridade.

c) A dialética

O mundo ou a Natureza não é uma coisa inerte, mas um ser vivo, ou melhor, um deus vivo. Por isso, o sábio deve dar assentimento à vida do mundo, isto é, aos acontecimentos. Esse assentimento é alcançado por meio da dialética.

De acordo com Posidônio, a dialética é a ciência do que é verdadeiro e falso e do que não é nem verdadeiro nem falso. Verdadeiro ou falso: a dialética é ciência das proposições. Nem verdadeiro nem falso: a dialética é ciência das questões ou do diálogo. De acordo com Crisipo, no entanto, o campo da dialética é muito mais vasto, refere-se a tudo que concerne à linguagem e ao raciocínio, isto é, diz respeito aos significantes e aos significados, exceto aqueles que são objeto da retórica. Com Crisipo, a dialética estoica tem por objeto o que pode ser expresso pelo discurso, o *exprimível, to lektón**.

Escreve Diógenes de Laércio que a dialética

> é uma virtude (*areté*) que contém em si mesma todas as outras: a circunspecção, que nos ensina quando convém aprovar e quando não convém fazê-lo; a sagacidade, capacidade de opor argumentos ao que é apenas verossímil, a fim de não ceder a ele; o rigor, força do raciocínio que nos impede de sermos arrastados pelo rigor oposto; a gravidade, aptidão a remeter as representações a um juízo justo (Diógenes de Laércio, VII, 47).

A excelência dialética contém quatro excelências indispensáveis à ciência: a circunspecção, que é ausência de precipitação; a sagacidade, que é a ausência de arbitrariedade e leviandade; a irrefutabilidade, que é a firmeza inabalável para não ceder ao argumento contraditório; e a ponderação, que articula as imagens à reta razão. A excelência ou virtude da dialética contém todas essas outras excelências, que, em decorrência do sistema, se interpenetram com a ética e por isso "os sábios não podem ser enganados nem cometer faltas, pois vivem como se deve e fazem bem tudo o que fazem".

1. a proposição

Como já observamos acima, a proposição estoica não é atributiva — S é P; S não é P — como em Aristóteles, mas o enunciado de um acontecimento — "é dia"; "Sócrates morreu"; "a árvore verdeja".

Como explica Émile Bréhier, enquanto a lógica aristotélica é uma lógica do conceito (entendido como uma classe de objetos), fundada nas relações essenciais ou acidentais entre um sujeito e um predicado, a lógica estoica é uma lógica da proposição, que enuncia as relações entre acontecimentos ou entre um sujeito e acontecimentos, referindo-se a uma ação realizada ou sofrida por um sujeito. Poderíamos dizer que a lógica aristotélica está centrada no ser como substância e busca quais predicados ou atributos lhe são inerentes, enquanto a estoica enfatiza o ser como ação ou atividade. Não apenas a proposição enuncia um acontecimento, mas ela própria, enquanto se realiza, é também um acontecimento. Em outras palavras, uma proposição pode ser apenas pensada sem se exprimir na linguagem e se torna um acontecimento ao ser proferida num discurso.

As proposições se distinguem em simples e compostas ou complexas. Simples são as que compreendem apenas um caso (o nominativo) e um predicado — é constituída pelo significado de um nome e pelo significado de um verbo; complexas são as constituídas por duas ou mais proposições simples. A proposição simples pode ser afirmativa ou negativa. Entre as afirmativas, distinguem-se as *categóricas*, compostas de um caso reto (ou o nome) e um predicado — "Sócrates anda" — e as *categorêuticas* ou demonstrativas, compostas de um caso reto dêitico (os pronomes demonstrativos) e um predicado — "isso anda", "aquilo corre" — e, finalmente, as *indefinidas*, compostas de um membro indefinido e um predicado — "alguém anda", "algo corre".

A proposição é um *exprimível completo* e o único que é verdadeiro ou falso porque seu sentido está completamente determinado por estabelecer os laços que unem os acontecimentos e estar em conformidade com a *phantasía* ou a representação. A expressão completa pode estar numa proposição simples ou numa complexa e esta pode ser de seis tipos:

1) *hipotética* ou *condicional*: depende da conjunção condicional "se... então" e anuncia que uma segunda proposição seguirá a primeira — "se é dia, então está claro". Sua verdade depende da relação entre o antecedente (a proposição que se inicia com "se") e o consequente (a proposição que se inicia com "então"), desde que seja impossível afirmar o antecedente e negar o consequente.

2) *consecutiva*: depende da conjunção "pois" — "pois é dia, está claro". Sua verdade depende da verdade das duas componentes.

3) *conjuntiva* ou *coordenada*: depende da conjunção "e" — "é dia e está claro". É verdadeira se as duas componentes também o forem.

4) *disjuntiva*: depende da conjunção "ou" — "ou é dia ou é noite". É verdadeira quando uma delas é verdadeira e a outra, falsa.

5) *comparativa*: emprega expressões como "mais do que", "menos do que", "tanto quanto", "tanto como" — "é mais dia do que noite".

6) *causal*: depende da conjunção "por que" — "por que é dia, está claro". Sua verdade depende não só da verdade das duas componentes, mas também que seja impossível ou improvável que a causa não produza o efeito enunciado.

As proposições hipotéticas e as causais são de grande importância para a formulação da teoria das modalidades, isto é, proposições que se referem ao necessário, ao possível e ao impossível.

Em Aristóteles, as modalidades são claramente explicitadas, isto é, a proposição enuncia sua modalidade enunciando "é necessário que...", "é possível que...", "é impossível que...". Crisipo poderia, ao se opor a Aristóteles, seguir a posição de Filo ou a de Diodoro Cronos (ambos filósofos megáricos que os estoicos conheciam — veja-se no capítulo sobre Aristóteles, no volume I, a discussão da posição de Diodoro ou do "argumento dominador"), para os quais a modalidade não é enunciada pela proposição, de maneira que uma proposição, como por exemplo, "Dion anda", é uma proposição possível. Como se sabe, Diodoro identificou o possível e o real, o presente e o futuro, de modo que o possível é o que é ou será verdadeiro, o impossível o que não é nem nunca será verdadeiro. No entanto, Crisipo seguirá Filo, que define o possível como "aquilo que, por sua natureza própria, é susceptível de uma predicação verdadeira". Por seu turno, Crisipo define o possível como "aquilo que é susceptível de ser verdadeiro se nada exterior impedir que assim seja". Em resumo, uma proposição possível é aquela que não tem contraditório e que pode ser verdadeira se as condições exteriores não impedirem o acontecimento que ela enuncia. Ela é *possível* porque não há certeza de que o acontecimento se realizará. Em contrapartida, a proposição é *necessária* quando o que enuncia não pode deixar de ser ou de acontecer. No caso do possível, há distinção entre possível e real; no caso do necessário, nenhuma distinção entre ambos. Dessa maneira, as proposições possíveis são susceptíveis do verdadeiro ou falso; as necessárias, somente do verdadeiro; as impossíveis, somente do falso.

2. raciocínio

Um raciocínio é um conjunto composto de premissas das quais se tira uma conclusão. Como a lógica é uma dialética, as premissas são proposições admitidas de comum acordo pelos interlocutores. Embora os estoicos frequentemente empreguem o termo "silogismo", seu sentido não é o mesmo que o aristotélico, pois não se trata nem da inclusão de um conceito em outro nem de uma relação entre conceitos, mas de uma implicação entre acontecimentos — "se é dia, está claro; ora, é dia; logo, está claro".

Um raciocínio pode ser não conclusivo quando o contrário da conclusão não se opõe às premissas — "se é dia, está claro; ora, é dia; logo, Dion passeia". Em contrapartida, o raciocínio é conclusivo quando é formalmente válido porque as premissas constituem um antecedente de uma condicional válida, cuja conclusão é o consequente e por isso chega a uma conclusão específica — "é falso que seja dia e noite ao mesmo tempo; ora, é dia; logo, não é noite". Um raciocínio é demonstrativo quando chega a uma conclusão que não seria evidente sem as premissas e estas são evidentes. Há assim, duas condições para que o raciocínio seja demonstrativo e conclusivo: semanticamente, as proposições devem ser verdadeiras; epistemologicamente, a conclusão decorre de premissas evidentes.

Um raciocínio é dito demonstrável quando composto de vários raciocínios; e é dito indemonstrável *anapodítico* quando não necessita demonstração porque constituído por um raciocínio simples.

De acordo com Crisipo, há cinco tipos de raciocínios anapodíticos:

1) o raciocínio é constituído por uma condição e uma conclusão; começa-se pela condição e a conclusão decorre imediatamente dela — "se é dia, está claro; ora é dia; logo, está claro";

2) da condição e do contrário de sua conclusão tira-se uma conclusão oposta à premissa maior — "se é dia, está claro; ora, é noite; logo, não é dia";

3) de premissas negativas e de um dos termos das premissas tira-se o contrário do termo restante — "não é verdade que Platão esteja vivo e morto; ora, Platão está morto; logo Platão não está vivo";

4) de uma disjunção e de um dos termos de uma disjunção tira-se o contrário do termo restante — "ou é dia ou é noite; ora, não é dia; logo, é noite";

5) de uma disjunção e do contrário de um dos termos da disjunção obtém-se o termo restante — "ou é dia ou é noite; ora, não é dia; logo, é noite".

Estes cinco indemonstráveis podem compor-se para formar um raciocínio que exigirá demonstração, pois esta consiste num procedimento de análise para chegar aos indemonstráveis.

3. significação — significante e significado ou exprimível

Suponhamos, dizem os estoicos, que um grego e um estrangeiro se encontrem e que o segundo desconheça a língua grega, não podendo compreender quando o primeiro diz *kyon*, cão. Embora ambos conheçam a coisa que o som designa — no caso, o animal —, não podem entender-se ou conversar. É preciso, portanto, que entre o som e a coisa se intercale um terceiro elemento que explica a incompreensão, mas favorece a compreensão: o significado. O estudo da linguagem distingue, assim, três componentes: o som, a coisa e o significado. Ou, como dizem os estoicos, o sistema da significação articula três elementos: o significante (som, *phoné**), o significado (o sentido, *semeíon**) e o portador exterior (a coisa referida pelos dois primeiros). Significante e significado são objeto da dialética e seu estudo constitui uma teoria linguística e gramatical. Os historiadores da filosofia salientam essa importante descoberta feita pelos estoicos, isto é, que a linguagem não designa diretamente as coisas ou os estados de coisas, mas o faz por intermédio de um conteúdo determinado, o significado.[5]

O significante é uma voz ou um som vocal (*phoné*). É corporal porque é o ar sensível ao ouvido, propagando-se sob a forma de uma onda esférica. Segundo Diógenes de Laércio, os estoicos se interessaram por todos os aspectos do som vocal: definições e formas do som, as partes da frase, as virtudes e os vícios da expressão, a poesia e a música.

Conforme Diógenes de Laércio, os estoicos distinguiram cinco partes ou elementos da frase:

1) a apelação (*prosegoría*), que significa uma qualidade comum — "homem", "pedra", "cão"; são os nomes comuns;

2) o nome, que designa uma qualidade particular — "Sócrates", "Calicles", "Zenão"; são os nomes próprios;

3) o verbo, que significa um predicado incompleto e não composto — "escreve", "fala", "anda". É incompleto porque não diz de quem ou do que algo está sendo predicado (quem escreve? quem fala? quem ou o que anda?);

4) a conjunção, que coordena ou liga as partes da frase;

5) a articulação: a) o artigo, que determina o gênero das palavras — o/a, um/uma, algum/alguma etc. — e o número, isto é, singular ou plural; e b) o pronome.

Os atributos (qualidades, quantidades, propriedades), os juízos, as ligações entre juízos, enfim, todos os elementos da lógica são exprimíveis.

O significante é corporal, mas qual o modo de ser do significado? Este é denominado exprimível, *lékton*. Qual é o modo de ser do exprimível? Essa questão é grave para os estoicos, visto que seu materialismo reconhece apenas a existência de corpos — as causas e os seres são corpos, ou melhor, os corpos são causas que produzem efeitos corporais e todo corpo é individual. Evidentemente, os exprimíveis são reais, são algo, porém não são corpos nem causas, isto é, não afetam corpos nem causam efeitos que modifiquem a natureza das coisas que exprimem e podem ser universais ou gerais. Ou seja, faltam-lhe três características definidoras do ser: corporeidade, atividade causal e individualidade. Os estoicos afirmam que são *incorpóreos*, existindo apenas na linguagem e no pensamento e são verdadeiros, se pertencem à coisa designada, ou falsos, se não lhe pertencem. Incorpóreo não significa, portanto, espiritual e sim, negativamente, não corpóreo.

Assim explica Sexto Empírico:

> Os estoicos afirmam que toda causa é corpo e torna-se causa num corpo de algo incorpóreo; por exemplo, a faca, que é um corpo, é causa na carne, que também é um, do predicado incorpóreo *ser cortado*; ainda, o fogo, que é corpo, na madeira, que também é corpo, é causa do predicado incorpóreo *ser queimado*.

4. categorias

As categorias são *lektà* incompletos ou exprimíveis incompletos, que só se completam nos *lektà* completos, isto é, as proposições. Se em Aristóteles há dez categorias, nos estoicos há apenas quatro e mais uma, denominada *noção suprema*, designada como *tó ti*, o algo indefinido, o alguma coisa, que se subdivide em corpos e incorpóreos.

As categorias são *modos de ser.* São elas: *hypokheímenon*, o substrato; *poión*, a qualidade; *tos hexon*, o hábito; e *pròs tí pos hexon*, a relação.

Articulam-se de maneira que cada uma delas está contida naquela que a sucede e é determinada com maior precisão por ela. Ou seja, cada categoria se torna mais precisa ou determinada à medida que se articula às seguintes. Isso significa que um substrato se determina pela qualidade, pelo hábito e pela relação.

Explica Victor Goldschmidt:

> As maneiras de ser, isto é, os acontecimentos tanto físicos quanto psíquicos, não têm realidade própria, mas são remetidas à realidade do agente como modos da substância. Mas a substância jamais existe sem seus modos, é sempre manifestada por seu comportamento, único que cai sob os sentidos. [...] É a partir da representação sensível das maneiras de ser, que se efetua a apreensão racional do próprio ser. [...] a progressão vai do indeterminado (a matéria sem qualidade, o substrato) à determinação mais completa (o ser concreto em todas as suas relações com os outros seres), mas, de outra parte, ela passa do real (substâncias individualizadas) às suas simples manifestações modais. [...] a ordem das categorias pode ser percorrida nos dois sentidos (Goldschmidt, 1953, pp. 23-5).

5. paradoxos

O fato de os fundadores do estoicismo terem frequentado as lições dos socráticos menores, particularmente cínicos e megáricos, lhes deu argúcia e sutileza para enfrentar a questão dos paradoxos, que precisavam enfrentar porque punham em perigo sua tese lógica fundamental, qual seja, toda proposição ou é verdadeira ou falsa, uma proposição simples é indemonstrável (sua verdade ou falsidade são imediatamente percebidas) e uma proposição complexa é a ligação, segundo regras determinadas, de proposições simples indemonstráveis.

No entanto, toda proposição tem uma contraditória, de maneira que, para um fato da realidade, pode haver pelo menos duas proposições que lhe correspondem, uma verdadeira e sua contraditória, que é falsa. Todavia, os estoicos sustentam que a proposição verdadeira existe, mas a falsa, não. Disso resulta que certas proposições podem ser ora verdadeiras, ora falsas — "é dia" ora é verdadeira, ora falsa. Essa duplicidade se encontra na base dos paradoxos.

Um dos mais célebres paradoxos examinados pelos estoicos é o do mentiroso, que se apresenta da seguinte maneira:

> "Eu minto" é verdadeiro ou falso?
>
> Se for verdadeiro que minto, isso é falso, ou seja, o que digo é falso, pois minto.
>
> Se for falso que minto, isso é verdadeiro, ou seja, o que digo é verdadeiro, pois é verdade que estou mentindo.

Assim, uma proposição não é ou verdadeira ou falsa, mas pode ser verdadeira e falsa ao mesmo tempo, eis o paradoxo.

A historiadora da lógica Claude Imbert considera que vários fragmentos dispersos na doxografia podem indicar a solução encontrada por Crisipo, que pode ser assim formulada:

> Eu minto.
>
> Se tu mentes, tu mentes.
>
> Se tu não mentes, tu mentes (dizendo que mentes)
>
> Ora, tu mentes e tu não mentes (é esta tua pretensão)
>
> Logo, tu mentes.

De fato, diz Imbert, somente proposições determinadas ou completas podem ser classificadas como verdadeiras ou falsas. A arte do lógico dialético está em analisar um enunciado até chegar ao ponto no qual uma proposição se torna determinada ou completa.

O interlocutor diz "eu minto" e Crisipo conclui "tu mentes". Aparentemente, a única diferença entre as duas proposições estaria nas pessoas pronominais (eu e tu). Na realidade, ao transformar a proposição simples "eu minto" numa sequência de duas proposições condicionais, Crisipo se prepara para realizar a inferência "tu mentes". Além disso, a mudança para as condicionais mostra que só em aparência a proposição "eu minto" é determinada e completa. De fato, a ambiguidade de "eu minto", ou seja, seu paradoxo, indica que a proposição é indeterminada em seu *conteúdo*, apesar de sua *forma* parecer determinada. Assim, a sequência proposta por Crisipo consiste em partir em busca da determinação ou completude da proposição e chegar à sua verdade ou falsidade, como exige a doutrina estoica.

Mas não só isso. A genialidade do dialético estoico está em ensinar a verdade ao mentiroso, mostrando-lhe que é efetivamente um mentiroso e roubando-lhe o triunfo do paradoxo.

A física

Desde os pré-socráticos, a física é uma cosmologia, isto é, uma teoria sobre o cosmo como natureza, *phýsis*, aquilo que faz crescer, vida. Os estoicos chamam a *phýsis* de "fogo artista" e "sopro ígneo e artesão".

Sobre a física dos estoicos, escreve Diógenes de Laércio:

> Chamam Natureza tanto o que contém o mundo como o que produz as coisas terrestres. A Natureza é um modo de ser que se move a si mesmo segundo razões seminais que produzem e contêm as coisas que dela nascem em tempos definidos e formando as coisas semelhantes àquelas de que ela foi separada (Diógenes de Laércio, VII, 148).

Ainda segundo Diógenes de Laércio, a física se divide em específica, que trata dos corpos — os princípios, os elementos, os deuses, o limite, o lugar e o vazio; e genérica, que trata do mundo — os elementos e a investigação das causas ou etiologia. A primeira se refere aos fenômenos físicos fundamentais, enquanto a segunda é propriamente uma cosmologia, cujo objeto é a geração e constituição do cosmo.

O mundo

O mundo ou cosmo é tomado em três acepções: o divino, os astros e a ordem de todas as coisas.

> A divindade, a única dentre todas as substâncias que possui a qualidade própria de ser indestrutível e inengendrada, é o arquiteto da ordem do mundo; ao fim de certos períodos de tempo, faz todas as coisas retornarem a ela e as engendra novamente a partir de si mesma. Dizem também que o mundo é o ordenamento dos astros. Em terceiro lugar, chamam mundo o que é composto dos dois (Diógenes de Laércio, VII, 137).

Natureza, mundo, deus, fogo são o mesmo: a natureza é divinizada e a divindade, naturalizada. Em outras palavras, a física afirma a imanência da natureza ao deus ou, como dirá mais tarde Sêneca: *natura sive deus*, natureza, ou seja, Deus. Cosmologia e teologia são inseparáveis. É por isso que o homem pode estar em contato com o deus e encontrar na ordem que o cerca a possibilidade de também ordenar sua vida e lhe dar um sentido.

No interior do mundo não há vazio, porém o próprio mundo está situado num vazio infinito.[6] Compreende o céu, a terra, as coisas, os homens e os deuses, isto é, todos os viventes. O próprio mundo é um vivente, racional, animado, inteligível que o homem alcança por meio do conhecimento, descobrindo a harmonia (*homología**) racional entre ambos e a sabedoria será dar adesão ao mundo, conformar-se à natureza, assentir ao deus, entrar em comunhão racional com o todo e aceitar a ordem natural ou destino.

Dois princípios indestrutíveis organizam o mundo: um princípio passivo (*tó páskon**), a matéria ou substância sem qualidades, e um ativo (*tó poioun**), a razão ou o *lógos*, que age sobre a matéria, que é a essência (*ousía**) ou o substrato eterno, que só aparece quando recebe a ação do agente que a informa. E vice-versa, isto é, o princípio ativo nunca aparece em estado puro, mas somente por meio da matéria informada. Sob a ação causal do agente (o sopro divino ou deus), quatro elementos constituem ou informam a matéria: o quente (fogo), que se encontra no alto, o éter, em cujo interior nasceu a esfera das estrelas fixas e a dos planetas; o frio (ar), que se encontra abaixo do éter; o úmido (água) e o seco (a terra), que se encontram no meio do todo. Desses elementos, dois são ativos — o fogo e o ar — e dois, passivos — a água e a terra. Os princípios são inengendrados, imutáveis e informes, os elementos, engendrados, perecíveis e informados, animados por uma transmutação perpétua: um primeiro movimento, que vai do fogo à terra, passando pelo ar e pela água, produz os ciclos de vida e morte dos seres vivos — "o elemento é aquilo de onde vem tudo o que nasce e ao qual tudo retorna" —; um segundo movimento, que vai da terra ao fogo, repassando em sentido inverso por todos os estados intermediários, acontece quando há conflagração universal (*ekpyrosis**), na qual o mundo se dilata no vazio ilimitado e todas as coisas se transformam em fogo. A doutrina da panlingenesia ou do Eterno Retorno do Mesmo é constituída por quatro aspectos: o Grande Ano, longo período de tempo (dezoito mil anos) ao fim do qual os astros se encontram na posição inicial e recomeçam o mesmo percurso; a conflagração, que incendeia o mundo, o faz retornar ao estado de fogo e o destrói completamente; a reposição da ordem do mundo reformado e renascido, idêntica à anterior; restauração dos indivíduos sob a mesma forma e aos quais advêm os mesmos acontecimentos dos períodos anteriores.

A conflagração não é destruição e sim regeneração do mundo, isto é, sua nova gênese, sua ressurreição ou restauração, que se repetirá eternamente porque o Eterno Retorno é a vida do mundo, que nasce, morre e renasce sem cessar. A vida do mundo são os ritmos da vida do deus, causa de todas as coisas. Por isso, explica Cícero, os estoicos distinguem dois tipos de fogo:

> Um, sem arte, que consome em si mesmo aquilo de que se nutre; outro, artesão, que favorece o crescimento, se encontra nas plantas e nos animais; a natureza e a alma, a substância dos astros são compostas desse fogo [...] procede com método para a geração das coisas (Cícero, *Da natureza dos deuses*, II, 22).

A causalidade

Embora recusem as quatro causas aristotélicas e afirmem apenas a causa eficiente — uma causa é a ação pela qual alguma coisa produz —, os estoicos elaboram uma complexa teoria da causalidade que pretende dar conta da gênese, ordem, estabilidade e coesão do mundo. A causalidade é uma combinação de causas.

De acordo com Clemente de Alexandria, distinguem quatro tipos de causas:

— causa procatártica ou preliminar, que fornece a primeira tendência de um acontecimento, mas não são causas necessárias, pois podem existir sem produzir um efeito determinado;

— causa sinética ou sustentadora, também chamada completa, é a produtora necessária do acontecimento e este não perdura se ela desaparecer;

— causa auxiliar, que intensifica o efeito da causa sustentadora;

— causa cooperante, que por si mesma ou sozinha não produz um efeito, mas coopera com outras para produzir o acontecimento.

Clemente oferece exemplos para ilustrar essas causas. Um pai é a causa procatártica ou preliminar do ensino, pois envia o filho à escola; o professor é a causa sinética ou sustentadora do ensino. A causa auxiliar é como um soldado que vem reforçar um batalhão. Um conjunto de artesãos que trabalham para construir um navio é uma causa cooperante.

Os corpos e os incorpóreos

O mundo é composto de indivíduos totalmente diferentes: nele não encontramos jamais dois seres rigorosamente iguais ou semelhantes, nem mesmo dois irmãos ou dois grãos de areia; cada um possui uma qualidade própria, *ídios* poión*, que o constitui, caracteriza e distingue de todos os outros, permanecendo durante toda sua vida. Numa palavra, cada ser é um *indivíduo*.

Todo indivíduo é um corpo, *sóma**, que possui uma tensão interna, *tónos**, uma maneira de ser. Ele é uma força de coesão ou estrutura, *héxis**, no mineral; uma natureza, *phýsis**, no vegetal; uma alma, *psyché**, no animal; um espírito, *noûs**, no homem. Todo ser é uma *héxis*, uma *phýsis* e uma *psyché*, e no homem há uma quarta maneira de ser, o *noûs*.

Um corpo não se define apenas, como julgava a tradição, pela tridimensionalidade e pela resistência, mas sobretudo por seu poder de ação e paixão. Ação e paixão, princípios do cosmo, são concebidas pelos estoicos como causalidade por contato, portanto são corporais. Assim, no mundo só há corpos: a alma e o espírito são corpos, o dia e a noite são corpos, a palavra e as virtudes são corpos, a aurora e o crepúsculo são corpos, a verdade é um corpo, o deus é um corpo. Os corpos são indivíduos, estão conectados uns aos outros, se interpenetram e se comunicam uns com os outros em relações de simpatia e antipatia. Os estoicos falam em *syntonía** dos seres — o *tónos* de cada corpo operando em conjunto com o *tónos* de cada um dos outros seres — para significar que tudo se relaciona e se conecta com tudo, segundo uma ordem racional que é o próprio deus, corpo fluído que se espalha pelo universo inteiro e do qual a razão humana é uma parcela. Por isso, a compreensão do mundo pelo homem e a sintonia entre os corpos nada mais são do que aspectos diferentes do percurso universal do fluído divino. Donde a física estoica propor a ideia de *mistura* (*krásis*).

Escreve Jonathan Barnes:

> Para pensar tecnicamente a continuidade e a coesão internas de nosso mundo, garantidas pela presença imanente do princípio ativo em toda parte e de suas expressões físicas (o fogo, o sopro ígneo do *pneuma*), os estoicos elaboraram uma fina análise diferencial das formas de mistura, que evoca, sob muitos aspectos, a distinção entre mistura física e combinação química. Sua rejeição do atomismo lhes permite conceber não somente as misturas cujas propriedades são definitivamente irredutíveis às de seus componentes, mas também misturas totalmente homogêneas, que não podemos dividir sem reencontrar, em todas as etapas da divisão, a totalidade dos constituintes com suas propriedades iniciais, mesmo que no início sejam de proporções desiguais: uma única gota de vinho se dissolve no mar, e cada gota do mar contém vinho (Barnes, 1997, p. 545).

Só há corpos. Já vimos, porém, que há pelo menos um incorporal: o exprimível, objeto da lógica. A física introduz três novos incorporais: o vazio, o lugar e o tempo. Os incorporais, explica Bréhier, não são seres ou entes e por isso não existem. Eles subsistem. São pensamento ou têm subsistência apenas no pensamento.

Não há vazio no mundo, mas este se situa no vazio ilimitado, inativo, impassível. O mundo é pleno e contínuo e o vazio é apenas o que permite, no momento de cada conflagração universal, que o mundo se dilate para além de sua dimensão. O lugar, isto é, o espaço, é o intervalo preenchido por corpos que se sucedem ou se interpenetram — é o que lhes permite se afastar e se aproximar uns dos outros. O tempo, segundo Zenão, é "o intervalo do movimento" e, segundo Crisipo, "o intervalo do movimento, no sentido em que às vezes é chamado de medida da rapidez ou da lentidão; ou ainda: intervalo que acompanha o movimento do mundo", medido pelo movimento circular do mundo, da geração à conflagração, movimento que, para Zeus, é um puro presente. É no tempo que todas as coisas existem e se movem; nele se desenrolam os acontecimentos sem que ele os afete ou os modifique, pois um incorpóreo não age sobre os corpos. Na realidade, são os acontecimentos que fazem haver tempo. Como explica Victor Goldschmidt, o tempo não é a sucessão do antes e do depois, e sim o agora de um ato ou de um acontecimento. É puro presente.

A simpatia universal

Só há corpos. Consequentemente, todo agente e todo paciente são corporais e, portanto, toda causa é corporal. O sopro divino ou o fogo artista é inseparável da matéria, fluído que a atravessa em todas as suas partes, como um corpo (o deus) passando por outro (a matéria). Por isso os estoicos concebem a causalidade como ação necessária de uma causa única, a causa eficiente ou "a causa que faz": o *pneuma* divino age no interior de cada ser, pois os entes são parcelas do fogo artista, e no interior do mundo, dando-lhe consistência, coesão, coerência e estabilidade. Como declara Zenão, "é impossível que a causa esteja presente sem que aquilo de que ela é causa se produza" e vice-versa, isto é, é impossível que algo se produza sem que a causa esteja presente.

Assim como há um único agente, uma única luz do sol que se divide e se propaga ilimitada e indefinidamente sobre todos os seres, da mesma forma há um único paciente, uma única matéria comum disseminada numa infinidade de corpos particulares. Por isso há uma única vida, compartilhada por infinitos corpos individuais. Diz Alexandre de Afrodisia que a substância total é uma só, "um fluído que se estende por toda parte através dela e pelo qual ela é contida e permanece uma". Tomando a causa universal como um fluído, ou seja, como um líquido que se espalha pelo universo, penetrando todos os corpos, a física estoica introduz a ideia de mistura (*krásis*), que lhe permite conceber o universo como contínuo e pleno.

Dado que o universo é pleno e contínuo e que todos os corpos estão conectados, enlaçados e interpenetrados, a menor repercussão sobre o conjunto do mundo se estenderá ao universo inteiro. O todo está em simpatia (*sympátheia**) consigo mesmo e há por isso uma simpatia universal dos seres, isto é, correspondência entre os fenômenos e harmonia (*homología**) entre os acontecimentos. A simpatia é a ordenação da matéria por um único agente e a coordenação de séries causais numa única rede causal universal.

Visto que a filosofia estoica é um sistema, a teoria da simpatia universal tem alcance ético, pois a vida do sábio deve estar em harmonia consigo mesma ao pôr-se em harmonia com o todo, mantendo-se em simpatia com o universo do qual é parcela e participante. Essa harmonia se exprime no princípio ético fundamental — "viver em conformidade com a natureza" — e fundamenta o cosmopolitismo do sábio estoico, que não é cidadão de uma *pólis* determinada, mas do cosmo.

O destino (eimarméne*)

A ideia de destino tem uma longa e poderosa tradição na cultura grega, manifestando-se de maneira exemplar na tragédia como força transcendente e desconhecida que dirige o agente e o pune por aquilo que o obrigou a fazer. No *Político* de Platão, um mito narra que o mundo é conduzido pelo deus segundo um movimento de rotação e, deixado a si mesmo, o mundo gira no sentido oposto; quando o deus gira o mundo no bom sentido, tudo caminha da morte para a vida, tudo rejuvenesce; quando deixado a si mesmo, girando em direção contrária, o mundo vai da vida para a morte, tudo sofre e envelhece. Na *República*, o destino aparece no Mito de Er: é a deusa Necessidade (*ananké**), acompanhada das Moiras, suas três filhas, Laquésis, Cloto e Átropos, que tecem e cortam o fio da vida, punem os culpados, recompensam os justos e conferem a todos a liberdade de escolher a vida nova que terão na terra. Essa liberdade, porém, encontra dois limites, que definem propriamente o destino: no momento da escolha, os hábitos da vida anterior determinam a escolha da nova vida; uma vez escolhida, a nova vida torna-se necessária.

Os estoicos afastam a imagem trágica do destino assim como a de uma força transcendente ou extramundana que dirige os homens sem que estes o saibam. O estoicismo concebe o destino como uma realidade natural, inscrita na estrutura do mundo ou da vida que anima o universo inteiro. É neste sentido que a *syntonía*, a *sympátheia* e a *krásis* exprimem uma disposição imutável e inviolável de todos os seres, sua *homología*. O destino é a ordem e conexão naturais de todas as coisas, o nexo causal necessário ou o nó das causas, que "nunca podem ser forçadas nem transgredidas". Isso significa, portanto, que não há acaso, contingência, fortuna (*týkhé**) no universo. Destino quer dizer: tudo é necessário.

Não apenas estrutura, o destino é também uma força cósmica e divina, o *lógos*: força vital, sopro divino, tensão que organiza e contém o todo. É a potência que anima a simpatia universal, entrelaça as coisas em relações de mútua amizade; é a vida do mundo. Porque é cósmico e divino, o destino é a unidade do mundo e do deus, e seu nome é *providência* (*pronoia**). Como escreve Plutarco:

> O destino é a razão do mundo ou a lei de todas as coisas que estão no mundo dirigidas e governadas pela providência, ou a razão pela qual as coisas passadas foram, as presentes são e as futuras serão (Plutarco, *Opiniões dos filósofos*, I, 28).

Jean Brun observa que a palavra *eimarméne* vem do particípio passado passivo do verbo *meíromai*, no qual se encontra a raiz *mer*, que aparece na palavra parte, *méros*, e nas Moiras, as filhas da Necessidade, *Moirai*. Por isso o destino é o que dá a cada um a parte que lhe é devida, o lugar que lhe cabe na harmonia universal.

> Por isso a vida é frequentemente comparada a um banquete no qual o dono da casa atribuiu a cada conviva um lugar, ou a uma peça de teatro na qual o diretor distribui os papéis; não cabe aos atores pedir para mudar de papel, mas cada um deve representar da melhor maneira o papel que lhe foi atribuído (Brun, 1998, p. 66).

A sabedoria humana começa com a tomada de consciência do destino ou da necessidade universal e se desenvolve até realizar-se plenamente na submissão ao destino, isto é, no assentimento voluntário à necessidade, à vida que une todos os seres. É isto viver em conformidade com a natureza.

A teologia natural

A cosmologia estoica, ao propor a identidade entre natureza e deus, conduz a uma teologia natural.

O que leva o homem à ideia de deus? De acordo com Cleanto, quatro são as causas dessa ideia: em primeiro lugar, a possibilidade do conhecimento antecipado do futuro, implicando que existem deuses que não escondem inteiramente seus desígnios; em segundo, todos os bens que nos são dados pela natureza, implicando que existe um ser doador dessas riquezas; em terceiro, o espanto e o terror diante do raio, do trovão, das tempestades, dos eclipses, implicando que existe uma força celeste que ultrapassa os humanos; em quarto, a ordem do mundo, o movimento regular do céu, do sol, da lua, dos astros, a sequência das estações do ano, implicando que nada no mundo acontece ao acaso e que há um plano racional que organiza o universo. Ao lado dessas noções comuns, há ainda argumentos que provam a existência do deus (ou dos deuses), como o fato de a ordem do universo ser uma hierarquia de perfeições na qual o homem ocupa um lugar superior, mas não o mais alto, pois somente o deus (ou os deuses) realiza a perfeição plena ou suprema. Ou, então, o argumento contra os atomistas, seja a ideia epicurista do *clínamen*, seja a tese de Demócrito de que o mundo é movido por um turbilhão: tanto o *clínamen* quanto o turbilhão são acontecimentos desordenados e de curta duração, incapazes de produzir e conservar a ordem do mundo; esta exige um ser inteligente que a faz, dirige e mantém.

Embora os estoicos afirmem deus no singular, em seu discurso aparecem também o plural "deuses" e vários nomes divinos. Em outros termos, a divindade, princípio de geração e coesão, embora seja una ou única, recebe diferentes nomes, de acordo com os diferentes efeitos de sua ação. A este respeito escreve Diógenes de Laércio:

> Deus é um vivente imortal, racional, perfeito, inteligente, feliz, ignorando todo mal, fazendo reinar sua providência sobre o mundo e sobre tudo que aí se encontra. Não tem forma humana. É o arquiteto e pai de todas as coisas. À parte da divindade que penetra toda coisa dão comumente diferentes nomes, segundo seus diferentes efeitos. Eles o chamam *Dia* porque é aquilo pelo que tudo é feito (Diógenes de Laércio, VII, 147).[7]

Por sua vez, Plutarco escreve que deus é

> Como um espírito (*pneuma*) que vai e penetra em toda parte no mundo, mudando de nome e de apelação através de toda a matéria onde penetra pela passagem de um a outro (Plutarco, *As opiniões dos filósofos*, I, 7).

Eis por que, no "Hino a Zeus", Cleanto o saúda como aquele que tem muitos nomes. Se o deus recebe diferentes nomes segundo os efeitos que produz, com que nomes os estoicos se referem a ele?

Em primeiro lugar, mundo, cosmo. Em segundo, fogo artista, gerador do mundo. Também é dito vivente razoável, perfeito e inteligente. É ainda chamado de o mais puro dos corpos, pois é idêntico à matéria e uma de suas formas. É designado fluído ou sopro (*pneuma*) que se espalha pelo universo inteiro. Espírito inteligente, Razão, *Lógos* autor do universo, ordenador das coisas. É o destino, a providência ou a necessidade suprema.

A providência

O que leva o homem à ideia da providência? As noções comuns, formadas desde muito cedo, diante do espetáculo da ordem e beleza do universo. Porque o destino coordena e conecta com perfeição todos os seres, ele é uma sabedoria superior à humana, é a providência, *pronoia*, que se exprime na harmonia ou parentesco de todas as coisas, isto é, na simpatia universal e no desenrolar dos acontecimentos que são a vida do mundo.

Essa sabedoria transparece nos fatos naturais, como, por exemplo, o instinto de conservação dos animais, que, desde o nascimento e sem nenhuma experiência, os leva a buscar o útil e a fugir do nocivo, a ajudar-se mutuamente vivendo em companhia (como as formigas e as abelhas, a alcateia dos lobos, o rebanho das ovelhas, os cardumes de peixes) e pondo o interesse da comunidade acima do individual.

Os céticos, porém, não deixaram de levantar objeções a essa ideia da providência: a existência do mal ou dos males a contesta. Por que há animais e plantas nocivos, tempestades, epidemias, guerras sangrentas? Por que a providência, que visa ao bem, tolera o mal? Crisipo respondia com três argumentos: em primeiro lugar, os contrários sempre estão juntos (a mentira acompanha a verdade, a injustiça vai ao lado da justiça, o mal, ao lado do bem); em segundo, o homem não é onisciente, de maneira que coisas que lhe parecem males são bens aos olhos do deus; em terceiro, há males que são necessários para a aparição de um grande bem. Assim, na perspectiva da providência não há propriamente o mal, ou seja, não há mal na natureza. O verdadeiro mal, portanto, encontra-se no homem insensato, que se insurge contra a lei divina natural e se recusa a viver em conformidade com a natureza: o mal é a desrazão, a desmedida ou loucura humana.

A providência está inscrita na organização do mundo por intermédio da ordem e conexão das causas, que ligam os acontecimentos entre si. Por isso, ao conhecer o encadeamento das causas, é possível encontrar no presente os signos dos acontecimentos futuros. É a tarefa da adivinhação (*divinatio**), leitura dos sinais do que advirá. Não se trata de credulidade ou superstição, mas de apreender as conexões necessárias engendradas pela simpatia universal, que faz com que haja uma harmonia preestabelecida entre o acontecimento por vir e o signo que o anuncia.

Não há incompatibilidade entre ciência e adivinhação. Cada uma delas é uma perspectiva sobre o mundo: a ciência toma os acontecimentos como causas; a adivinhação os apreende como signos. O universo é um imenso significante a ser decifrado. A *divinatio* é interpretação: interpretar é colocar em relação termos distantes no tempo, ou melhor, encontrar a conexão entre o acontecimento-signo e o acontecimento-significado. Ela procede como o médico, que opera com os sintomas para diagnosticar a doença e prognosticar a cura.[8] A interpretação se realiza em escala cósmica, eleva o homem, tanto quanto possível, a uma visão do conjunto dos acontecimentos, imitando, dentro dos limites humanos, aquela reservada ao deus. Procura unir o acontecimento dado num presente parcial à série das causas que explicam sua origem e sua consequência; ou seja, a interpretação amplia a percepção do presente e ensina a cooperar ativamente com o destino.

Como observa o helenista Jean-Joel Duhot, a continuidade do universo se exprime na continuidade dos conhecimentos, pois assim como não há rupturas entre as coisas, também não as há no saber:

> A ausência de ruptura epistêmica se deve à unidade do objeto: um universo *uno* é o objeto de um conhecimento *uno*. Se todos os saberes, apesar de seus caracteres próprios, dizem no fundo o mesmo, sua continuidade é menos de extensão do que de superposição. Todas as ordens exprimem uma mesma realidade e, portanto, a mesma visão do mundo, cada um exprime todos e todos se entre-exprimem. [...] Não há ruptura nem no saber, nem no mundo, nem entre o saber e o mundo, nem entre o homem e o mundo. Donde a ideia de sistema: o saber é uno, à imagem do universo (Duhot, 1989, p. 131).

O entrelaçamento dos seres e dos acontecimentos é sagrado — obra do deus providencial — e pode ser entrevisto nas entranhas dos animais, no voo dos pássaros, nos sonhos proféticos. A adivinhação é uma relação do homem com a benevolência dos deuses.

> Se os deuses existem e não se dão a conhecer aos homens é porque ou não os amam, ou julgam que não há qualquer interesse em que saibam o que deverá acontecer, ou pensam que tal conhecimento não é compatível com sua majestade, ou não podem

dar tal conhecimento. Ora, não é verdade que os deuses não nos amam (são nossos benfeitores e amigos), não ignoram as coisas que eles próprios decidiram, é falso que o conhecimento das coisas que devem acontecer não nos interessa (seremos mais prudentes se as conhecermos), não pensam que sua majestade lhes proíba de nos dar a conhecer o porvir (nada é mais belo do que a beneficência), enfim, eles não podem não conhecer o que deve acontecer. Não pode dar-se que os deuses não existam nem nos comuniquem o porvir. Ora, os deuses existem, logo, nos comunicam o porvir. E se nos comunicam, não podem deixar de nos dar alguns meios para fundar uma ciência para compreendê-lo (caso contrário, a comunicação teria sido inútil), e se nos dão esses meios, não pode deixar de haver uma ciência da adivinhação (*divinatio*). Portanto, há uma ciência da adivinhação (*divinatio*). Eis o argumento de Crisipo, Diógenes e Antipater (Cícero, *De divinatione*, I, 38).

A psicologia

Evidentemente, a psicologia faz parte da física, pois a alma não é um princípio imaterial e sim corpo. É uma tensão (*tónos*) que mantém unidas todas as partes de um corpo e os vários graus dessa tensão explicam a moleza ou a dureza dos corpos. Todos os seres são viventes e, como tais, animados. Vegetais e animais são superiores aos minerais porque possuem, além de uma estrutura e uma natureza, o instinto e a sensibilidade ou capacidade de formar imagens das coisas (*phantasía*). O ser humano supera os demais porque possui também uma alma inteligente, parcela do sopro divino imerso em seu corpo.

O que sabemos da psicologia estoica nos vem de Alexandre de Afrodisia e sobretudo do médico Galeno.

A alma é um calor inato, um fogo, um sopro ígneo, um princípio informador vindo da dupla semente do pai e da mãe. No embrião, é uma força organizadora que modela o corpo nascente, mas é ainda algo vegetativo e não uma alma propriamente dita, pois o feto, ligado à mãe pelo cordão umbilical, se parece com uma planta cujas raízes trazem o alimento. Após o nascimento, a respiração traz à alma o ar, estabelecendo a tensão entre o quente e o frio. Doravante, ela pode receber as impressões, espalhadas pelo corpo por meio dos sentidos, e responder a elas instintivamente ou por impulso. Aos sete anos de idade, torna-se capaz de formar as noções comuns e aos catorze anos torna-se um novo princípio gerador, capaz de engendrar um novo vivente.

Diversamente da tripartição platônica (alma concupiscente, localizada no baixo ventre; irascível, situada no coração; racional, na cabeça) e da aristotélica (alma vegetativa, sensitiva, racional) — psicologias que foram tratadas no volume I —, os estoicos afirmam a unidade da alma e julgam que as distinções em sua natureza são um processo ou diferentes estágios de desenvolvimento. Essa unidade, que é a tensão, dirige e governa as oito partes da alma, realizando no indivíduo o que a simpatia realiza no cosmo. São suas partes: o *hegemonikon**, ou parte dirigente, os cinco sentidos, a parte reprodutiva e a linguagem ou a voz.

A parte diretriz é comparada a um polvo, de que as outras partes seriam tentáculos, e a uma aranha no centro da teia, onde recebe e trabalha as mensagens vindas das demais partes. É ela a responsável pelas representações e pelo assentimento, pelos apetites e sentimentos, e pelo discurso racional. Cada um dos sentidos é um sopro ou espírito, que vai da razão às coisas exteriores e as traz de volta ao centro racional.[9] Também a parte reprodutora é um sopro ou espírito que parte da razão em direção aos órgãos sexuais e destes retorna à parte hegemônica. E o mesmo deve ser dito da linguagem ou da voz. Para Crisipo, a substância do hegemônico se espalha pelos sentidos. De acordo com Plutarco, para os estoicos,

> A alma é um *pneuma* ígneo, continuamente espalhado por todo o corpo enquanto a respiração normal da vida permanece à disposição desse corpo. Encontra-se distribuída em tantas partes quantas são as regiões do organismo. A porção psicológica entendida através da traqueia constitui a voz, a da zona ocular, a vista, a da auricular, a audição, a da nasal, o olfato, a da lingual, o paladar, a que cobre toda a extensão da carne, o tato, a que reside nas partes genitais, a razão seminal. A região da alma onde todas as partes se concentram, nós a colocamos no coração e o *hégémonikon* (Plutarco, *Das opiniões dos filósofos*, IV, 21).

Como vimos anteriormente, o motivo dado por Crisipo para localizar a parte hegemônica no coração e não cérebro é o fato de apontarmos para o coração quando dizemos "eu". Além disso, ele oferece outros motivos, tais como dizermos que a cólera sobe à cabeça, ou que engolimos um insulto. Esses verbos não devem ser tomados metaforicamente, mas literalmente.

Retomando a concepção de Empédocles (que também aparece no *Timeu* de Platão), os estoicos desenvolvem uma teoria da percepção como contato com o percebido. Visão e audição, por exemplo, são contatos ou intercâmbios de tensão entre nosso corpo e os corpos exteriores. A pupila é um sopro de fogo e ar que se propaga no mundo exterior como um farol ou uma lanterna — o olho emite raios luminosos com os quais toca as coisas para que possam ser vistas; o ouvido emite um sopro sonoro que se propaga ao redor de nossa cabeça à maneira da propagação das ondas que se formam na água quando nela se lança uma pedra, e torna audíveis as coisas.

Nossa alma não tem apenas a função vegetativa e a motora, mas também a gnosiológica, que permite ao homem viver com sabedoria, pondo-se de acordo com o mundo. Como conhecimento, a alma realiza duas funções: a *phantasía* ou representação, proveniente da imagem do objeto exterior e a *hormé* ou inclinação, capacidade para experimentar desejo e aversão. Através da razão, a alma é capaz de assentir ou de dar voluntariamente seu assentimento às representações verdadeiras e às inclinações conformes à natureza.

A vida após a morte parece não ter interessado aos estoicos. Zenão afirma que a alma permanece depois da morte e se dissipa aos poucos até desaparecer; Cleanto julga que ela se dissipa durante a conflagração universal; e Crisipo julga que as almas dos maus se dissipam com a morte, porém as dos justos permanecem, tomando a forma esférica como a dos astros e girando como eles em torno da Terra, de cujas emanações elas se alimentam.

Física e ética

O caráter sistemático do estoicismo torna inseparáveis a física e a ética; a ideia do destino introduz o primeiro problema: pode haver liberdade num mundo regido por uma causalidade necessária e no qual a sabedoria consiste em viver de acordo com as leis necessárias da natureza? Se tudo é necessário, como o homem poderia ser livre e responsável por seus atos? O estoicismo não seria um fatalismo? As paixões, os desvarios e a loucura não fazem parte das leis necessárias do universo? Como censurar e condenar o homem passional? Essas questões foram levantadas desde sempre e dois textos as examinaram com detalhe: o *Do destino*, de Cícero, e o *Tratado sobre o destino*, de Alexandre de Afrodisia.

Os epicuristas manifestavam total desprezo pela ideia estoica do destino e pela figura do sábio impassível no sofrimento, graças à aceitação dos acontecimentos, independentes dele. Os megáricos, os céticos e os membros da Nova Academia também não pouparam críticas ao destino estoico.

Uma das críticas mais célebres inspira-se no *argumento dominador*, de Diodoro Cronos, que versa sobre os futuros contingentes, e de quem já falamos ao estudar Aristóteles. O argumento, como sabemos, se apresenta da seguinte maneira: em virtude do princípio lógico do terceiro excluído, uma proposição é ou verdadeira ou falsa, não havendo uma terceira alternativa; isso não se aplica apenas às proposições que se referem ao passado e ao presente, mas também ao futuro, de modo que as proposições "amanhã haverá uma batalha naval" e "amanhã não haverá uma batalha naval" devem ser uma verdadeira e outra falsa. Não há indeterminação. Não há o possível. A necessidade lógica e a necessidade real são idênticas em todos os tempos (passado, presente, futuro). Isso significa que se houver batalha naval, sua negação é falsa e vice-versa, porém, justamente porque há a batalha, a proposição sempre foi verdadeira e sua negação sempre falsa. O possível é verdadeiro e real, portanto, necessário; o impossível é falso e irreal, portanto, sua irrealidade é necessária.

Ora, dizem os críticos, os estoicos pretendem conservar o destino e o possível, o que é absurdo. O texto de Cícero é célebre:

> Se consideras verdadeiras as predições do adivinho, contarás entre as coisas que não podem acontecer toda afirmação falsa concernente ao futuro e afirmarás necessário tudo que se disser de verdadeiro do futuro e que acontecerá. Esta é precisamente a opinião de Diodoro, contrária à tua. Com efeito, se nesta conjuntura é verdadeiro: "se nasceste ao elevar-se a canícula, não morrerás no mar", e o primeiro termo dessa relação, "nasceste no elevar-se da canícula" é necessário (pois tudo o que é verdadeiro no passado é necessário, como pensa Crisipo, pois o passado é imutável e não pode ser mudado de verdadeiro em, falso), se, portanto, o primeiro termo dessa relação é necessário, o mesmo deve ser do segundo termo, ainda que Crisipo não admita ser assim. Mas se há uma causa natural para que Fábio não morra no mar, Fábio não pode morrer no mar (Cícero, *Do destino*, VII, 13).

Para afirmar que até o momento preciso em que um acontecimento se torna passado, portanto necessário, outros acontecimentos eram possíveis, os estoicos possuíam três argumentos dialéticos:

— para que uma proposição seja necessária é preciso que permaneça sempre verdadeira. A proposição "haverá batalha naval amanhã" pode ser enunciada enquanto não for amanhã, e se o acontecimento não ocorrer, ela deixa de ser verdadeira. Visto que ela não foi sempre verdadeira, segue-se que ela não é necessária;

— o possível pode nunca acontecer, sem que por isso seja impossível;

— nas proposições condicionais ou hipotéticas formuladas pelos adivinhos, o futuro aparece como consequência necessária do presente, mas essas proposições podem ser enunciadas apenas como coordenadas, sem que delas siga uma consequência. Basta para isso que a condição seja enunciada de maneira negativa e não como um fato positivo que se torna necessário quando de sua ocorrência. Assim, em lugar de dizer: "se alguém nasceu no elevar-se da canícula, não morrerá no mar", deve-se enunciar: "não há ninguém que, nascido no elevar-se da canícula, deve morrer no mar".

Além do combate ao argumento dominador, os estoicos combateram também o que denominavam *argumento preguiçoso*, que atribuíam a alguns megáricos. Cícero assim o apresenta:

> Se é teu destino sarar desta doença, quer faças ou não vir o médico, sararás. Do mesmo modo, se é de teu destino não te curares dessa doença, mesmo que faças vir o médico, não te curarás. E um dos dois é teu destino. Portanto, de nada serve fazer vir o médico (Cícero, *Do destino*, VIII, 15).

Inúmeros exemplos do mesmo tipo podem ser dados. Crisipo combatia esse argumento com a teoria dos *syneimarména**, que os latinos traduziram como *confatalia**, os confatais. Se uma coisa é fatal, outras também o são junto com ela e lhe são confatais. Se é fatal que Édipo nasça de Laio, é igualmente fatal que Laio tenha relação sexual com uma mulher, de maneira que é absurdo dizer que é fatal que Édipo nasça de Laio quer este tenha tido ou não relação sexual com uma mulher. Se é fatal que determinado atleta vença nos Jogos Olímpicos, é igualmente fatal que ele tenha um adversário e ponha em ação toda sua perícia de lutador, pois seria absurdo afirmar que ele vencerá quer lute, quer não lute. É seu destino ganhar e não uma escolha, porém só ganhará se se puser de acordo com as circunstâncias da luta, lutando de maneira excelente. Ou seja, é porque possui a virtude ou excelência do bom lutador que entrará na luta; e é por sua excelência superior à do adversário que necessária ou fatalmente vencerá.

Os acadêmicos, como Carnéades, retomavam a questão ética que Aristóteles havia formulado ao discutir o necessário, o contingente e o possível, isto é, a resposta à pergunta "o que está e o que não está em nosso poder?".[10] Carnéades questionava a causalidade necessária porque nada deixa em nosso poder. Se os acontecimentos estão conectados por redes causais e se estão estreitamente presos uns aos outros, a necessidade produz todas as coisas e nada resta que esteja em nosso poder. Ora, diz Carnéades, há coisas que estão em nosso poder e, por conseguinte, é preciso admitir que há coisas que não acontecem pela força do destino. O mesmo deve ser dito com respeito ao assentimento. Se este for determinado pelo destino, isto é, se tiver causas antecedentes necessárias, dá-lo não está em nosso poder. Ou seja, não há diferença entre a inclinação (*hormé*) ou impulso natural e o assentimento: se a causa da tendência está fora de nós, ela não está em nosso poder; se a causa do assentimento está na causa antecedente exterior, ele também não está em nosso poder. Mas assim sendo, o elogio, a censura, as honras e os suplícios não são justos. Isto é escandaloso. Por esse motivo, conclui Carnéades, os estoicos foram levados a concluir que nem tudo o que acontece ocorre segundo o destino.

No entanto, Crisipo havia de antemão respondido a essa dificuldade, distinguindo entre inclinação/tendência e assentimento, graças a uma teoria da dupla causalidade, que diferencia as causas perfeitas e principais e as causas auxiliares e antecedentes.

As causas perfeitas ou principais são as causas imanentes que dependem de nós; as causas auxiliares ou antecedentes são exteriores a nós, não dependem de nós e sim do destino, são elas que constituem os confatais. Assim, por exemplo, a chuva que cai hoje depende de uma cadeia de causas antecedentes que não estão em nosso poder; todavia, se não podemos fazer com que algo aconteça ou não no mundo, está em nosso poder decidir que comportamento teremos diante desse acontecimento, pois isso depende de nós ou de nossa causalidade imanente. Crisipo se valia do exemplo do cone e do cilindro para explicar essa teoria da dupla causalidade: um cilindro e um cone entram em movimento pela ação de um mesmo impulso externo, que não depende deles; porém, é em decorrência da estrutura própria de cada um deles que se moverão cada qual de uma maneira particular — o cone gira e o cilindro rola. Da mesma maneira, depende da coisa externa imprimir em nós sua imagem e não somos livres para recebê-la nem recusá-la, porém, o assentimento a ela depende de nós apenas e está em nosso poder.

A dupla causalidade, além de evidenciar a liberdade humana, determina a atitude do sábio, pois este distingue claramente o que está e o que não está em seu poder. O homem passional acredita que a liberdade consiste em desejar que tudo aconteça conforme o seu desejo — é um louco, um temerário. O sábio compreende que a liberdade verdadeira consiste em desejar que as coisas aconteçam não como nos agrada, mas como realmente acontecem e saber como agir quando acontecem, cooperando com o destino.

A ética

De acordo com Diógenes de Laércio, os estoicos distinguiam na ética, enquanto parte da filosofia, "lugares" ou objetos de estudos: o impulso ou tendência, *hormé*; os bens e males; as paixões, *páthé*; a virtude, *areté*; o sumo bem, *télos*; as ações; as condutas convenientes, *kathekonta*; e o que convém aconselhar ou impedir. A ética é elaborada em dois movimentos: um que vai da psicologia da tendência aos valores (bem e mal) que orientam positiva ou negativamente as ações, passa pelas perturbações que podem afetá-las (paixões) e chega à perfeição (virtude, bem) e às especificações concretas das ações morais (convenientes); e outro, que vai do ideal do sábio às especificações concretas de conduta e à pedagogia moral.

Toda ação ética é orientada por um fim único (*télos**), em vista do qual todo o resto é meio ou fim parcial. O fim último é a felicidade (*eudaimonía**) daquele que vive bem porque realiza plenamente sua natureza. Os estoicos consideram que a virtude basta para a felicidade, da qual ela é a causa, mas não é ela o *télos* ou o sumo bem, que é viver em conformidade (*homologia*) com a natureza, isto é, consigo mesmo e com o mundo. A infelicidade, portanto, é o desacordo ou o conflito consigo mesmo e com a natureza.

1. *A tendência ou o impulso* (hormé)

A tendência, encontrada em todos os seres vivos, é o impulso à autoconservação ou o instinto de conservação, que leva o animal a buscar o que lhe é útil e lhe permite viver em conformidade com sua natureza. A *hormé* é a marca da imanência da natureza em todos os seres, expressão da simpatia universal e signo da harmonia entre o todo e as partes.

Em *Dos fins*, Cícero escreve que, segundo os estoicos,

> O animal, tão logo nasce, harmoniza-se consigo mesmo para a conservação do próprio estado e para amar tudo o que favorece à sua conservação, como também para fugir da destruição e de tudo o que pareça capaz de destruí-la. A prova disso está no fato de que, antes mesmo de qualquer percepção de prazer ou de dor, as crias bus-

cam as coisas salutares e fogem das contrárias. Isso não aconteceria se elas não amassem o próprio estado e não temessem a destruição. E, por outro lado, não poderiam desejar coisa alguma se não tivessem alguma consciência de si mesmas e, assim, se amassem a si mesmas. Donde se deve concluir que o amor de si foi o primeiro princípio (Cícero, *Dos fins*, III, 5, 16).

Da mesma maneira, lemos em Diógenes de Laércio:

Sustentam que o animal tem como primeiro impulso a conservação de si mesmo, dado pela natureza desde a origem, como diz Crisipo no primeiro livro *Sobre o fim*, quando diz que para cada animal a primeira coisa própria é a sua natureza e a consciência dela. De fato, não seria verossímil que um animal fosse inimigo de si mesmo, nem que se tornasse inimigo e não se prendesse à natureza que o fez. Resta, pois, que aquela que o fez o concilie consigo mesmo. Com efeito, ele assim evita as coisas que prejudicam e busca as úteis (Diógenes de Laércio, VII, 85).

Os seres vivos nascem, portanto, com a capacidade para distinguir o que é conforme à sua natureza (ou natural) e o que lhe é contrário (ou contranatureza), como vemos na atração que as crias e os bebês sentem, espontaneamente, pelo alimento, e na reação imediata de aversão que manifestam por aquilo que os incomoda ou contraria. Por esse motivo, pode-se dizer que viver conforme à sua natureza é o mesmo que viver conforme à natureza. A autoconservação e não o prazer (como afirmam os epicuristas) é, portanto, a finalidade do impulso ou da tendência; o prazer é resultado da obtenção daquilo que está em conformidade com a constituição do animal e do vegetal.

A autoconservação é apropriação de si. A doutrina da apropriação de si encontra-se na teoria estoica da *oikeósis*,[11] a afinidade que um animal experimenta com relação a si mesmo. Crisipo teria dito que o que é próprio de cada animal é sua própria constituição e o sentimento que ele tem dela; a natureza não separa o animal de si mesmo e sim o faz apropriar-se de si mesmo ou do que lhe é próprio. Assim, em decorrência da *oikeósis*, todas as coisas tendem a apropriar-se de seu próprio ser e a amá-lo, conservá-lo e conciliá-lo com o que o favorece. A apropriação de si começa com a sensação e a percepção do que nos é próprio, do que é útil ou nocivo para nosso corpo; é ela que se encontra em nossa tendência de autoconservação como amor de si e faz com que este se estenda para além de nós mesmos, a tudo que nos é próximo, como nossa família, e se alargue até alcançar o conjunto da humanidade. Por isso, a tendência natural à apropriação de si ou à busca do que nos é apropriado torna-se o princípio natural da justiça, pois nos inclina naturalmente ao altruísmo.

Dado que a natureza em seu todo é o *lógos*, a identidade entre ela e a razão significa que a tendência ou inclinação, por ser natural, é racional. Por isso, diz Cícero, os estoicos afirmam que todas as ações morais têm como ponto de partida a tendência e que a própria sabedoria é uma inclinação natural.

Diógenes de Laércio indica a relação que os estoicos estabelecem entre o impulso e a razão, de tal maneira que, para os homens, viver segundo o impulso ou a inclinação significa viver de acordo com a razão:

> Enquanto alguns dizem que o primeiro impulso dos animais vai em direção ao prazer, eles afirmam que isso é falso. De fato, dizem que o prazer, se existe verdadeiramente, é algo que advém quando a natureza, tendo buscado por si mesma o que se adapta à sua conservação, obteve-o; e é assim que os animais gozam e as plantas florescem. A natureza, dizem eles, não fez nenhuma diferença entre as plantas e os animais, na medida em que ela as governa sem instinto e sensação, e há em nós algo de vegetal. Havendo nos animais também o impulso, pelo qual buscam o que lhes convém, a vida segundo a natureza é regulada pelo impulso. E uma vez que a razão foi dada de modo mais perfeito aos seres racionais, o viver retamente segundo a razão é, para eles, viver segundo a natureza. Com efeito, a razão é o artesão acrescentado à tendência (Diógenes de Laércio, VII, 85).

O que permite a relação entre a tendência e a razão é a continuidade entre elas, a conformidade de ambas com a natureza de um indivíduo. Assim, a unidade do agente encontra-se tanto quando as coisas são buscadas por apetição, como quando são buscadas por escolha, pois, nos dois casos, elas são apenas a ocasião para que ele se aproprie de si mesmo.

A razão modela a tendência como um artesão modela o barro ou o bronze, conferindo-lhe um sentido, isto é, uma certa ordem. Começa explicitando o *conveniente* (*kathekon*) em cada uma de nossas inclinações, ou seja, indicando o que convém fazer em cada situação, as finalidades e normas convenientes de uma ação, de sorte que não agimos sem dar, explicita ou implicitamente, nosso assentimento a um conveniente. Como nossa conduta se torna a aplicação de regras práticas aprovadas por nós em diversas situações, regras provenientes das inclinações, da experiência e da educação, nós nos tornamos capazes de perceber a coerência de nossos comportamentos e atitudes. A racionalização de nossas condutas lhes dá constância, homogeneidade e estabilidade e se o processo de racionalização se completa, ganham harmonia perfeita consigo mesmas e com os acontecimentos. Quando a razão percebe a coesão e a ordem das coisas, interessa-se mais por essa harmonia das ações do que pelas coisas buscadas pela tendência. Em outras palavras, concebe o bem verdadeiro.

2. Os bens e os males

A tendência à autoconservação é o princípio de avaliação dos bens e males: bem ou bom é o que favorece e aumenta nossa conservação; mal ou mau, o que prejudica, impede ou diminui nossa conservação. Bem é o útil (*ophéleia*); mal, o nocivo. As coisas são ditas boas quando intrinsecamente úteis, e más, quando intrinsecamente nocivas. As boas são dignas de estima; as más merecem desestima. No caso dos humanos, cuja *phýsis* é a razão, acrescenta-se uma nova distinção: bem é o que é intrinsecamente conforme à razão; mal, o que lhe é contrário. Essa distinção permite diferenciar os bens e o sumo bem, que é viver tendo a ciência do que é conforme à natureza, ou seja, a virtude.

Lemos em Diógenes de Laércio:

> Das coisas que são, eles dizem que algumas são boas, outras más; outras ainda nem boas nem más, indiferentes (*adiáphora*). Boas são as virtudes, prudência, justiça, fortaleza, moderação etc., más são os vícios, estultice, injustiça etc.; indiferentes são todas as coisas que não trazem nem benefício nem dano [moral], por exemplo: vida, saúde, prazer, beleza, força, riqueza, boa reputação, nobreza de estirpe, e os seus contrários, morte, enfermidade, pena, fealdade, fraqueza, pobreza, ignomínia, humilde estirpe e semelhantes (Diógenes de Laércio, VII, 102).

Em Cícero, lemos:

> Todas as outras coisas que estão no meio, entre o verdadeiro bem e o verdadeiro mal, não são nem bens nem males; todavia, algumas são conformes à natureza, outras não, e também aqui existem graus intermediários. As coisas conformes à natureza devem ser tomadas em consideração, as contrárias à natureza devem ser

rejeitadas e desprezadas; as intermédias são indiferentes (Cícero, *Contra os acadêmicos*, I, 36).

O termo "indiferente", *adiáphora*, é tomado em três sentidos: são indiferentes as coisas pelas quais não temos nem desejo nem aversão (por exemplo, que o número das estrelas seja par ou ímpar); as coisas sobre as quais dizemos que "tanto faz isto ou aquilo" (por exemplo, quando, entre duas moedas de igual valor e de mesma matéria, pegamos esta em vez daquela); finalmente, aquelas coisas exteriores que, por si mesmas e em si mesmas, não são nem úteis nem nocivas, mas das quais um homem pode se servir para ser útil ou nocivo a si mesmo ou aos outros.

Entre as coisas indiferentes e o sumo bem intercala-se ainda um terceiro tipo de coisas que os estoicos designam como *preferíveis* (*proegména*). Trata-se de coisas indiferentes em si mesmas ou indiferentes do ponto de vista moral, coisas que não são intrinsecamente boas, mas que podem ser bem usadas para a autoconservação. Assim, a saúde é preferível à doença, a beleza à feiura, a riqueza à pobreza, a inteligência à estupidez, a nobreza à vulgaridade, e assim por diante.

O sumo bem (*ágathon*), diz Crisipo, é "o único que é belo" (*kalou*), digno de estima e de elogio: é virtude, expressão da harmonia interior que se identifica com a harmonia do mundo.

3. A virtude

A *areté* é a excelência, isto é, a perfeição ou completude de alguma coisa em conformidade com sua natureza e finalidade. É assim que podemos falar na lógica e na física como virtudes ou excelências da razão. E como a filosofia é um sistema, essas duas excelências devem estar conectadas necessariamente com a excelência ética. Nesse sentido, escreve Cícero:

> A primeira [a lógica] porque possui um método para jamais darmos nosso assentimento ao falso nem sermos iludidos por uma verossimilhança capciosa e porque por ela podemos apreender e conservar o que aprendemos sobre os bens e os males. [...] A física recebe, e não sem motivo, a mesma honra porque aquele que quer viver em acordo com a natureza deve buscar seu ponto de partida em todo o universo e na maneira como este é governado. Além disso, ninguém pode emitir um juízo sobre os bens e os males sem conhecer a razão de ser da natureza, a vida dos deuses, sem

> saber se há ou não um acordo entre a natureza do homem e a do universo [...]. E somente a física pode nos dizer o que vale a natureza para a observação da justiça, a conservação das amizades e outros sentimentos (Cícero, *Dos fins*, III, 23-5).

Eticamente, a virtude é uma disposição (*héxis*) para viver em conformidade com a natureza; é desejável por si mesma e não pela esperança de uma recompensa ou o temor de um castigo; é o exercício da reta razão (*orthòs lógos*) e nela reside a felicidade. O objetivo da virtude é a vida feliz e esta é o fim (*télos*) alcançado pela conformidade ou harmonia da natureza humana com a natureza universal. Ela é a presença do sumo bem e, portanto, uma perfeição. Assim sendo, nada lhe falta e por isso o virtuoso não é carente de nada, goza da *autarquia*, vivendo sem depender de coisa alguma. Como relata Diógenes de Laércio, "viver virtuosamente é viver conforme à experiência das coisas que acontecem naturalmente". Ou seja, como a lógica e a física, a ética se refere à interpenetração dos acontecimentos. É virtuoso aquele que "quer o acontecimento".

A virtude é um saber — ciência dos bens e dos males — e por isso pode ser ensinada, isto é, possui teoremas ou um conhecimento inabalável do bem e regras práticas de conduta segundo a reta razão — é, pois, uma ciência e uma arte de viver. Como os epicuristas, os estoicos consideram que todos — homens e mulheres, homens livres e escravos, nobres e plebeus, jovens e velhos, gregos e bárbaros — podem ser sábios e, portanto, virtuosos. Das regras práticas, duas são as mais importantes: a primeira enuncia que uma ação não deve ser julgada reta e virtuosa pelo seu êxito e sim pelo seu ponto de partida, pois o que conta é a reta disposição interior; a segunda, que uma ação não pode ser julgada reta ou virtuosa pelos seus aspectos exteriores, mas apenas intrinsecamente, de maneira que duas pessoas realizando uma mesma ação, uma delas poderá ser virtuosa e a outra, não.

Os estoicos declaram que entre a virtude e o vício não há intermediários — ou se é virtuoso ou se é vicioso. Afirmam também a unidade da virtude, pois ela é a ciência do bem e do mal, e é célebre o aforismo: "quem possui uma virtude, possui todas". Zenão formula a unidade das virtudes tomando todas elas como formas ou expressões da prudência (*prhónesis*), pois esta é saber o que se deve ou não fazer, o que significa saber o que se deve ou não desejar e temer, assim como o que se deve dar a cada um. Crisipo, entretanto, embora julgue a virtude una e única, considera que ela pode exprimir-se sob uma pluralidade de perspectivas, havendo, assim, quatro virtudes principais: prudência (*phrónesis*), ciência do que se deve e não se deve fazer e das coisas indiferentes; temperança (*sophrosyne*), ciência do que é desejável e do que deve ser evitado e dos indiferentes; justiça (*dikaiosyne*), ciência capaz de atribuir a cada um o que lhe é devido; fortaleza (*andreia*), ciência do que é e não é temível e dos indiferentes.

Se a finalidade da vida humana é a virtude, então as ações virtuosas devem ser reguladas por esse fim, que é "aquilo em vista do qual todas as ações são realizadas convenientemente". O conveniente, *kathekon**, é aquilo cuja realização possui uma justificação racional, é o que convém a um ser porque é conforme à sua natureza, é a função própria de alguma coisa e de uma ação — há convenientes para as plantas, assim como para os animais; no caso dos humanos, são *os atos que a reta razão prescreve*. Lemos em Diógenes de Laércio:

> Os estoicos entendem por conveniente (*kathekon*) o ato que se pode justificar racionalmente, enquanto é conforme com a natureza na vida, o que se estende também às plantas e aos animais porque neles também existem convenientes (Diógenes de Laércio, VII, 107).

Cícero traduziu *kathekon* por *officium*, termo que foi traduzido nas línguas modernas por *dever*. Os helenistas contemporâneos, porém, julgam que, a partir de Kant, o conceito de dever ganhou o sentido de lei moral universal imposta *a priori* pela razão, enquanto no estoicismo o *kathekon* provém da racionalidade da própria natureza, e embora haja convenientes universais (por exemplo, honrar os pais, socorrer os amigos), há também convenientes particulares, que dependem do caso ou das circunstâncias, podendo ser inconvenientes ou indiferentes em outras condições, de sorte que pode haver até mesmo um conflito entre eles. Além disso, há convenientes que podemos realizar por instinto ou por interesse, que são racionalmente justificáveis, mas não são atos de virtude; assim como há atos convenientes que se exprimem no cumprimento dos mandamentos das leis, mas que não são, em si mesmos, virtuosos. Em suma, o conceito moderno de dever é inseparável do de virtude, mas não é este o caso do *kathekon* estoico. Cabe, portanto, distinguir entre os convenientes racionalmente justificáveis, mas não virtuosos, praticados pelas plantas, pelos animais e pelo homem comum — esses convenientes são os preferíveis —, e os convenientes virtuosos, que os estoicos denominam *ações perfeitas* ou *ações retas*, *katorthómata*, como os atos de prudência, justiça, temperança e fortaleza, próprios do sábio.

Mas não é só isso. Podemos distinguir a ideia moderna de dever e a conveniência estoica a partir do que nos diz Victor Goldschmidt. Este helenista explica que a conveniência pode ser pensada à luz da teoria da interpretação ou *divinatio*. Assim como esta visa eliminar a distância entre dois tempos, formulando a coesão dos acontecimentos num presente alargado, assim também o conveniente é o que abole a distância entre dois termos, um deles signo do outro. Assim sendo, se desfaz a aparência de que o conveniente é um *imperativo* (um dever ou uma ordem moral), pois o sábio o reconhece como *indicativo* de um acordo.

> Não há, inicialmente, dois termos distantes e distintos dos quais um (a natureza) forneceria a referência à qual o outro (tal coisa, tal ato) deveria ser remetido. No ponto de partida há apenas a natureza do agente, termo único em acordo consigo mesmo. Assim como o universo é um sistema unificado, assim também o indivíduo é um conjunto organizado (*sýstasis*,* *constitutio**). O segundo termo aparece somente como redobro do primeiro: é o ato, contemporâneo ao seu ser, pelo qual o indivíduo se percebe (Goldschmidt, 1953, p. 127).

4. *As paixões*

Assim como transformaram a ideia do destino, os estoicos também transformaram a da paixão. Na tradição trágica, a paixão era uma perturbação que os deuses imprimiam no coração humano, uma espécie de possessão do homem por uma força que o ultrapassa e da qual ele é uma vítima. A paixão manifesta a fragilidade humana perante forças transcendentes às quais ninguém pode se opor. Para os estoicos, é irrazão e loucura nascidas de nosso assentimento a falsas representações. É adesão ao falso, obra do próprio homem e não dos deuses.

A paixão (*páthos*) não é uma passividade e sim um movimento irracional da alma contrário à sua natureza, uma inclinação desmedida ou veemente, que rompe o equilíbrio natural. É a intemperança. Zenão a define como agitação da alma, oposta à razão e contranatureza. Crisipo a define como um movimento irracional da alma, uma *hormé* tirânica.

Na tradição filosófica, vinda de Platão e Aristóteles, a paixão era considerada natural e sua causa, o conflito no interior da alma entre sua parte irracional e a racional. Para os estoicos, a alma não se divide em racional e irracional, mas é inteiramente razão e a paixão se define como um erro do juízo ou uma opinião pervertida — portanto uma representação e um assentimento. A paixão é irracional, diz Crisipo, porque excede as normas da natureza, levando-nos a assentir a uma opinião ou a um juízo falsos.

A irracionalidade da paixão e o fato de ser contrária à natureza criam um problema, visto que ela pertence ao campo da tendência e esta é um movimento natural, conforme ao *lógos* universal. Como pode ser irracional e antinatural, se é uma *hormé*? Como algo que vem da natureza pode opor-se ao natural? Ora, ao que tudo indica, os estoicos não indagaram como a paixão é possível, mas simplesmente constataram sua existência e indagaram o que ela é. Em outras palavras, não começaram pela sabedoria e, em seguida, indagaram como a paixão é possível, mas começaram constatando que os homens são passionais e insensatos e indagaram como a sabedoria é possível. Não perguntaram, portanto, como a natureza racional do homem pode tornar-se passional e sim, ao contrário, como fazer o homem passional pôr-se em acordo consigo mesmo, com os outros e com a natureza inteira.

No relato de Diógenes de Laércio, quatro são as principais paixões: a dor, o temor, o desejo e o prazer.

A dor é uma contração irrazoável da alma ou uma falsa opinião sobre um presumível mal e compreende várias expressões: a piedade (dor semelhante àquela que sofre alguém que não a mereceu); inveja (diante dos bens de outrem); ciúme (quando vemos alguém possuir o que desejamos); o despeito (quando os outros possuem o mesmo que nós); a pena (tormento profundo); a aflição (dor aumentada pela reflexão); o sofrimento (a dor penosa); a confusão (dor irrazoável).

O temor, espera de um mal, é uma falsa opinião sobre um presumível mal futuro e suas principais expressões são: o medo (temor que faz nascer o terror); a hesitação (temor da ação a realizar); a vergonha (temor da ignomínia); o horror (temor de uma representação inabitual); a consternação (temor que emudece); a angústia (temor do desconhecido).

O apetite irrazoável, o desejo, falsa opinião sobre um presumível bem futuro, assume várias formas: a ambição (desejo de honras, glória, riqueza e poder); a indigência (desejo do que não se pode ter); o ódio (desejo que um mal aconteça a outrem); a rivalidade (desejo a propósito de uma escolha); a cólera (desejo de punir quem cometeu uma injustiça); o amor (desejo de conseguir a amizade de alguém cuja beleza nos arrebata); o ressentimento (desejo de vingar-se de alguém de quem temos rancor); o arrebatamento (que é uma cólera iniciante).

Se a dor é uma falsa opinião sobre um mal, o prazer, ardor irrazoável diante do que parece desejável, é uma falsa opinião sobre um presumível bem e se manifesta como sedução (prazer que adula nosso ouvido), crueldade (prazer com o mal alheio), volúpia e deboche.

A paixão é uma *doença da alma*.

Escreve Diógenes de Laércio:

> Assim como se fala de doenças do corpo, fala-se em doenças da alma. [...] Assim como há acidentes aos quais o corpo está exposto, como o resfriado e a diarreia, assim também a alma tem inclinações como a inveja, a compaixão, a querela (Diógenes de Laércio, VII, 115).

E Cícero:

> Assim como, quando o sangue está corrompido, ou há muita bílis, as doenças e enfermidades nascem no corpo, assim também o afluxo de opiniões falsas e os conflitos que as lançam umas contra as outras, privam a alma de saúde e a tornam doente (Cícero, *Tusculanas*, IV, 23).

Visto ser uma doença, não há por que propor moderá-la: há que extirpá-la.

Opinião sem fundamento e doença, a etiologia da paixão pelos estoicos implica numa terapêutica estritamente cognitiva, ou seja, romper com a adesão aos juízos que a causam. A experiência mostra que romper com essa adesão é árduo e difícil, exigindo exercício e ascese a cada instante da vida. A terapia pode realizar-se de duas maneiras: numa delas, própria do sábio, o combate se dirige contra os juízos equivocados para mostrar o engano na avaliação dos bens e dos males; na outra, de que todos são capazes, mostra-se a falta de relação necessária entre o que se passa na alma e aquilo que a afeta (por exemplo, acreditar que é um dever sentir tristeza durante um funeral porque é esta a opinião comum da sociedade).

A terapêutica para destruir a paixão pressupõe, portanto, que as paixões estão em nosso poder: o sábio regula suas afecções por aquilo que depende dele ou que está em seu poder. Por isso o ideal do sábio é, de um lado, a *eupatheia*, o bom *páthos* ou a boa afecção — a alegria, a precaução e a vontade — e, de outro, a *apatheia*, a ausência do mau *páthos*, a impassibilidade.

Para esclarecer o que os estoicos entendem por estar em nosso poder ou depender de nós, escreve Jacques Brunschwig:

> Para dar um sentido mínimo à ideia de responsabilidade moral não é preciso que nossas ações sejam sem causa, nem que tenham causas exteriores independentes de nós: é preciso que sejam verdadeiramente ações nossas, isto é, que sejamos as causas. Sem dúvida, não somos causa completas: nossas decisões, como todas as coisas, não nascem do nada; são suscitadas pelas impressões vindas do exterior e que, com relação às impressões sensíveis de tipo ordinário, têm a particularidade de nos apresentar as coisas não como brancas ou negras, frias ou quentes, mas como "a pegar" ou "a rejeitar"; disso decorre que não suscitam apenas crenças ("isto é bom de pegar"), mas também ações ("eu pego"). Mas não as suscitam imediatamente nem automaticamente: como a gênese das crenças, a da ação supõe um momento de assentimento, que "depende de nós", não no sentido de que poderíamos dá-lo ou recusá-lo de maneira arbitrária e sem nenhuma razão, mas no sentido de que dá-lo ou recusá-lo depende de nossa natureza, de nosso caráter e singularmente de nosso caráter moral, de nosso sistema de valores, da pessoa moral que somos duradouramente (Brunschwig, 1997, p. 549).

É este, explica o helenista, o sentido das metáforas do cone e do cilindro, oferecidas por Crisipo.

5. A ação ética

Victor Goldschmidt examina a diferença entre Platão e Aristóteles, de um lado, e os estoicos, de outro, quanto às metáforas com que ilustram a ação ética.

Platão compara o sábio ao artesão ou ao demiurgo, cuja ação imita a perfeição das ideias, de tal maneira que o valor de seu ato não se encontra no próprio ato e sim naquilo que ele imita, o ser verdadeiro. Aristóteles não aceita a comparação platônica porque distingue entre a ação técnica e a ética, entre a *poiésis* e a *práxis*: a primeira tem seu fim fora de si mesma (a finalidade da ação do pedreiro não é algo no próprio pedreiro e sim a casa, objeto que lhe é exterior), enquanto a segunda é seu próprio fim. Compara o sábio ao arqueiro, que visa e atinge o alvo. Embora na *práxis* o agente não se distinga nem se separe da ação, a metáfora do arqueiro indica que há uma distância entre ele e a finalidade da ação. A metáfora platônica e a aristotélica, diz Goldschmidt, são próprias de filosofias nas quais o ser é anterior à ação, comandando-a como um fim, e nas quais a causa eficiente se subordina à causa final.

Os estoicos comparam o sábio ao dançarino e ao ator, cuja ação é seu próprio ser e cuja finalidade se esgota no próprio ato de dançar ou representar, que exprime em cada instante a totalidade da ação, que tem seu fim em si mesma. Essa metáfora é própria de uma filosofia que identifica ser e agir e na qual a causa eficiente é, em última instância, a única causa real. A metáfora do dançarino e a do ator estão em conformidade e em harmonia com a lógica e a física: a primeira, como vimos, concebe a proposição como acontecimento e não como inerência de predicados num sujeito; a segunda concebe o universo como simpatia e harmonia de causas, isto é, como ordem e conexão de acontecimentos.

Além disso, tais metáforas indicam a relação entre o ato e o tempo. Este, como vimos anteriormente, só em aparência se divide em presente, passado e futuro — é assim que o experimentamos enquanto seres limitados e ignorantes —, pois o cosmo é um presente pleno para o deus, que vê de uma só vez a rede completa dos acontecimentos. Ora, assim como a *divinatio* é o meio humano para cooperar com o destino, alargando o presente, assim também o ato moral se realiza na plenitude do instante. Por isso os estoicos dão especial atenção ao agora ou ao instante como *kairós*, o momento oportuno, a ocasião favorável, o instante preciso em que a iniciativa concorda perfeitamente com o acontecimento. A felicidade é este instante em que um homem está inteiramente de acordo com o acontecimento, isto é, com o destino, isto é, com a natureza.

6. O sábio

A virtude é ciência, a virtude é una, não há intermediário entre virtude e vício, não há meio termo entre ciência e ignorância. Essas declarações estoicas parecem ser de extrema intransigência. Mais do que isso. Como explicar que se possa passar da paixão à virtude, da ignorância à ciência, como fazer um percurso ou uma passagem, se não há meio-termo? A solução consiste em situar a passagem naquilo que não é bom nem mau, mas é *preferível* e distinguir entre a prudência e a sabedoria: a primeira, possível para o homem comum que escolhe corretamente os preferíveis; a segunda, própria do sábio, que conhece absolutamente os preferíveis.

Vivendo segundo a razão, o sábio vive segundo a natureza. Por isso está isento de paixões, sem orgulho e ambição, sincero e piedoso, nobre, grande e invicto. Ei-lo, no retrato traçado por Estobeu:

> Grande, enquanto pode conseguir as coisas que escolhe e se propõe; robusto, enquanto se engrandeceu espiritualmente em tudo; altivo, enquanto participa da altura que compete a um homem egrégio e sábio; forte, enquanto munido da força que lhe compete, sendo invicto e invencível (Estobeu, apud Reale, 1994, p. 361).

O sábio é livre porque quer o necessário, o destino, e porque basta a si mesmo, pois o *lógos* possui tudo de que necessita. Nada pode perturbá-lo e sua paz interior é como a de Zeus. Por isso, o sábio é feliz, o único realmente feliz.

> O sábio é como um promontório que permanece imóvel malgrado o furor das vagas que vem se quebrar contra ele; experimenta uma felicidade real em tudo suportar com coragem; aquele que não aceita os acontecimentos, que se separa do grande todo é como uma mão ou uma cabeça cortadas, jazendo separadas do corpo (Brun, 1959, p. 105).

O sábio não é apenas cidadão de uma cidade, de uma nação ou de um império. A teoria da simpatia universal tem como consequência a afirmação de que o sábio é cidadão do mundo, do cosmo, a cidade de Zeus. Visto que todas as coisas estão entrelaçadas e todos os acontecimentos, conectados, o homem nunca está isolado, mesmo quando está sozinho.

A lei humana é expressão de uma lei universal eterna, nascida do *lógos* que plasma todas as coisas. O *lógos* determina o bem e o mal, impõe obrigações e proibições a tudo o que existe, institui a justiça universal. Isso significa que o direito é, originariamente, direito natural de que o direito positivo ou as leis humanas são expressão derivada. Pelo direito natural, todos os homens são iguais e livres, concidadãos na grande cidade de Zeus.

4. Breves considerações sobre as escolas no período médio

O CETICISMO E A ACADEMIA

O ceticismo não se reduziu ao círculo dos seguidores de Pirro e Tímon, mas floresceu também, no século III a.C., com os filósofos platônicos da Segunda Academia, particularmente Arcesilau de Pitana, sucessor de Crates, e, no século II a.C., com Carnéades de Cirene, a quem se atribui a renovação acadêmica ou a Terceira Academia.

Desde a Antiguidade até nossos dias, há controvérsias sobre a filiação dos acadêmicos ao ceticismo pirrônico. Sexto Empírico, por exemplo, relata que, para alguns contemporâneos, o ceticismo radical dos acadêmicos (radical pois recusavam qualquer possibilidade de conhecimento racional) era instrumental, uma arma de combate contra os estoicos, já que, no interior da Academia, permaneciam fiéis ao racionalismo socrático-platônico. Seria preciso, portanto, distinguir entre o ceticismo pirrônico e o acadêmico e dar crédito à descrição de Arcesilau feita pelo estoico Aristo — "Na frente, Platão, atrás Pirro, no meio Diodoro" — ou ao que diziam alguns, declarando que "lançava diante de si a suspensão do juízo, como faz o polvo com a tinta preta". Um disfarce, portanto.

Essa interpretação, porém, não tem sido aceita pelos intérpretes atuais, que refutam a suposição de um platonismo esotérico sob o ceticismo público. O helenista Roberto Bolzani Filho, percorrendo as fontes e suas polêmicas, considera que o ceticismo acadêmico foi autêntico e que se há diferenças entre ele e o pirrônico, no entanto, as semelhanças são "tão ou mais significativas, às vezes mais fundamentais". Há um ceticismo genuíno na Nova Academia, escreve ele. Assim, tanto pirrônicos quanto acadêmicos,

> extraem de sua crítica ao dogmatismo, especificamente à teoria estoica da representação apreensiva e da apreensão, uma lição positiva, que instaura, respectivamente, o probabilismo e o fenomenalismo como instrumentos de explicação e justificação de suas próprias posições e da ação sem dogma (Bolzani Filho, 2003, p. 163).

Isto não significa, porém, ausência de diferenças na argumentação:

> Enquanto, por um lado, a mais bem desenvolvida crítica pirrônica à representação apreensiva dos estoicos [...] explora dificuldades intersubjetivas de caráter formal, como relatividade, círculo vicioso, regressão ao infinito, resultantes da tentativa de resolver o conflito de representações originadas do mesmo objeto, os acadêmicos, por outro lado, sobretudo Carnéades, perscrutam a doutrina da representação em seu âmago e dirigem o olhar crítico para aquilo que, nessa doutrina mesma, se apresenta para além da própria dimensão subjetiva da representação como componente *stricto sensu* subjetivo do processo de conhecer e apreender: o próprio intelecto em sua função de ativamente dar assentimento (Bolzani Filho, 2003, p. 163).

O que caracteriza a Nova Academia é a reação veemente aos dogmatismos das escolas, sobretudo a estoica, e o uso da dialética contra eles. Herdeiros de Sócrates, os novos acadêmicos reafirmam o princípio do "sei que nada sei", contra as pretensões dogmáticas de certeza e, diferentemente de estoicos e epicuristas, ainda têm na *pólis* a referência política.

Arcesilau

Como Sócrates e Pirro, Arcesilau nada escreveu e as fontes sobre ele são escassas.

Nasceu por volta de 315 a.C., em Pitana, na Eólia. Foi para Atenas talvez no início do século III a.C. e, segundo Diógenes de Laércio, teria frequentado o Perípato, ouvindo Teofrasto, mas, em seguida, teria sido discípulo da Academia, ouvindo Crântor, Crates e Pólemon. Ao que parece, estudou dialética com os megáricos e conheceu Pirro. Sucedeu a Crates na direção da Academia. Morreu por volta de 240 a.C.

Assim o descreve Diógenes de Laércio:

> Era extraordinariamente inventivo, afrontando com sucesso as objeções, reconduzindo o curso da discussão ao tema proposto e adaptando-se a qualquer situação. Tinha incomparável força de persuasão e por isso muitos acorriam às suas lições, embora temessem seu espírito agudo. Suportavam, porém, de bom grado suas provocações porque era muito bom e correspondia à expectativa de seus ouvintes (Diógenes de Laércio, IV, 37).

A crermos nos testemunhos recolhidos por Diógenes de Laércio, Arcesilau tinha o estilo jovial da maiêutica socrático-platônica, o método dialético de Diodoro, a conclusão cética de Pirro e seu alvo era a destruição do critério estoico da verdade. Quanto ao pirronismo, escreve Sexto Empírico que Arcesilau não se pronuncia nem sobre a existência nem sobre a inexistência das coisas, nem julga preferível uma à outra, "mas em tudo suspende o juízo". Quanto à dialética de cunho megárico, também relata Sexto que Arcesilau nunca introduzia uma afirmação própria, mas se servia unicamente das apresentadas pelos adversários para fazê-los cair em contradição e reduzi-los ao silêncio.

No caso da representação apreensiva dos estoicos, Arcesilau argumenta que ela é contraditória. De fato, a distinção estoica entre ciência — compreensão inabalável — e opinião — assentimento fraco — não recusa que o sábio e o ignorante compartilhem muitas opiniões e noções comuns, cuja origem é a impressão sensorial. Isto significa que tanto o sábio quanto o ignorante possuem representações apreensivas e, portanto, ou o sábio pode enganar-se, como o ignorante e sua ciência é impossível, ou o ignorante pode conhecer o verdadeiro e sua opinião não se distingue da ciência. Todavia, o ataque mais profundo é dirigido ao próprio critério da certeza, isto é, à representação apreensiva e ao assentimento:

> Se a apreensão é assentimento à representação apreensiva, então ela é insustentável, em primeiro lugar porque o assentimento não se dá com relação à representação, mas com relação à razão (de fato, os assentimentos são juízos); em segundo lugar

porque não se encontra nenhuma representação verdadeira que seja tal de modo a não poder ser falsa (Sexto Empírico, *Contra os matemáticos*, VII, 154).

Há, portanto, duas contradições: a primeira entre a definição da percepção e a do assentimento, pois os estoicos definem a primeira como assentimento a uma representação, mas definem o segundo como aquilo que só pode ser dado a um discurso ou a um juízo; a segunda, entre sua definição da representação verdadeira e os fatos constatados por eles mesmos, ou seja, a representação verdadeira é tal que jamais pode tornar-se falsa, porém os fatos negam essa definição — os erros dos sentidos, os sonhos, as alucinações engendram representações falsas que não podem ser distinguidas das verdadeiras por aquele que as experimenta. Ora, isto significa que podemos dar assentimento ao falso e, portanto, nunca podemos ter certeza da verdade, mas somente opinião. Conclui-se, portanto, que ou o sábio deverá contentar-se com opiniões, como o ignorante e o mau (o que é inaceitável para um estoico), ou deverá suspender o juízo sobre todas as coisas, isto é, praticar a *epoché**, termo cuja invenção muitos intérpretes atribuem justamente a Arcesilau.

Os estoicos reagiram, afirmando que isso conduziria à abstenção pirrônica e à inatividade completa, deixando sem solução os problemas da vida, únicos que interessam ao verdadeiro sábio.

Arcesilau era socrático demais para aceitar essa consequência e considerava a prudência, ou as ações retas, condição da felicidade. Por outro lado, não podia admitir o dogmatismo estoico, que fazia a vida reta repousar sobre a ciência, mas, ao contrário, considera que o homem pode realizar ações sem lhes dar o assentimento. É o que acontece, por exemplo, com as ações praticadas por hábito. Elabora, então, um critério (*khanón**) para que se possa distinguir as ações praticadas apenas por hábito e aquelas, prudentes ou retas, que, depois de praticadas, podem ser razoavelmente defendidas: o *eulógon*,* ou o bom argumento, o argumento razoável, o plausível. Visto que o estoico aceita que o não sábio é capaz de ações morais segundo o conveniente (*kathekón**), não há motivo para que não aceite o *eulógon*.

Carnéades

Considerado um dos pensadores mais sutis e originais da época helenística, Carnéades, como Sócrates, Pirro e Arcesilau, nada escreveu. Dele sabemos por intermédio de Sexto Empírico e de Cícero, cujos tratados *Primeiros e segundos acadêmicos*, nos chegaram incompletos, tendo-se perdido particularmente os textos referentes a Carnéades.

Uma das poucas coisas que se sabe de sua vida, além da renovação da Academia, foi sua participação, com o estoico Diógenes e o peripatético Critolau, numa embaixada que Atenas enviou a Roma, quando causou estupor nos velhos senadores e entusiasmo nos mais jovens ao proferir um discurso construído com sutilezas dialéticas, defendendo e destruindo as mesmas teses. Exerceu essa argúcia dialética contra os estoicos e, segundo Diógenes de Laércio, teria dito: "Eu nada seria se Crisipo não existisse".

Uma primeira dúvida sobre seu pensamento concerne à *epoché*: de acordo com o testemunho de seu discípulo e sucessor, Clitômaco, Carnéades teria mantido firmemente a suspensão do juízo; no entanto, segundo o testemunho de outro discípulo, Metrodoro, ele teria abandonado a intransigência de Arcesilau, afirmação que também se encontra nos textos de Sexto e do neoplatônico Numênio, os quais, todavia, não a confirmam.

Carnéades criticou o sistema estoico em sua totalidade: da lógica, criticou a representação apreensiva, a demonstração e a dialética; da física, a imanência de deus à natureza, a doutrina da providência e do destino, e a teoria da adivinhação; da ética, o próprio fundamento, assim como as doutrinas do sumo bem e da justiça.

O ponto de partida da crítica à lógica estoica é, evidentemente, o critério da verdade. Radical, Carnéades declara que não há critério da verdade: sensações, impressões, representações, pensamentos e as próprias coisas nos enganam. A apreensão e a representação apreensiva não são garantias da verdade, pois, como já dissera Arcesilau, nenhuma representação pode assegurar sua correspondência ao representado, como atestam os enganos dos sentidos, os sonhos e as alucinações. Em outras palavras, não temos como distinguir as representações verdadeiras das falsas e nenhuma nos oferece condições que permitam o assentimento. Trata-se, portanto, de suspender o juízo.

No entanto, Carnéades é original. Como Arcesilau, propõe um critério de razoabilidade, porém, diferentemente dele, dá a esse critério não só uma dimensão prática, mas também teórica. Propõe o *pithanón**, o verossímil, o persuasivo, aquilo em que se pode acreditar ou ter crença, *pistis**. De acordo com Sexto Empírico, o verossímil se encontra a) na representação provável, b) na provável não contradita e c) na examinada em todas as suas partes.

a) a representação provável ou persuasiva

Uma representação é verdadeira ou falsa em sua relação com o representado, isto é, com a coisa de que é representação. Como vimos, não há critério algum que assegure a correspondência entre ambas. Todavia, uma representação é também a maneira como algo aparece para alguém. Dado que não é possível determinar a verdade da representação por sua relação com o objeto, resta admitir que ela é verdadeira segundo aparece para um sujeito. O critério consiste, portanto, em tomar esse aparecer como verdadeiro e buscar de onde vem sua persuasão. Ora, o que aparece como verdadeiro é o provável e, portanto, nele deve haver o que justifique a persuasão ou crença.

b) a representação provável ou persuasiva não contradita

A representação provável que não sofre a refutação de uma contraditória é aquela cujo grau de probabilidade é o maior. De fato, as representações nunca são isoladas, mas estão conectadas entre si e a representação provável que não é contradita pelas que lhe são conexas é um critério verossímil de verdade. Assim, por exemplo, vejo ao longe uma figura em que penso reconhecer um homem; se minha vista não é fraca, se a distância não é muita, se outras representações, como a roupa, o andar, os gestos, não desmentem ou não contradizem a figura que julgo representar um homem, então essa representação é persuasiva e não contradita. Uma experiência prolongada poderá mostrar que esse tipo de representação raramente é falsa.

c) a representação persuasiva examinada em todas as suas partes

Explica Sexto Empírico:

> Na representação examinada em todas as suas partes, submetemos atentamente ao exame cada uma das representações concorrentes, como se faz nas assembleias populares, quando o povo examina cada um dos que se apresentam à eleição para governar ou para julgar. A fim de ver se é digno de que lhe seja confiado o ofício de governador ou de juiz (Sexto Empírico, *Contra os matemáticos*, VIII, 182).

É interessante observarmos a referência aos procedimentos da *pólis* democrática para ilustrar um procedimento teórico. Sob este aspecto, menos do que em Platão, a atitude de Carnéades nos faz pensar nos sofistas e em Sócrates.

Sexto prossegue:

> Do mesmo modo que na vida, quando indagamos sobre um fato de pouca importância, interrogamos uma só testemunha, quando o fato é de máxima importância, mais de uma testemunha, e se a coisa nos diz respeito, também cada uma das testemunhas com base nos depoimentos de outras, assim também, diz Carnéades, nas coisas de pouca importância usamos como critério a representação apenas provável, nas de alguma importância, a não contradita, nas que concernem a felicidade, a examinada em todas as suas partes (Sexto Empírico, *Contra os matemáticos*, VIII, 184).

O exame pormenorizado de uma representação aumenta, assim, a segurança para conservá-la. Bréhier sugere que essa perspectiva introduz uma espécie de método de análise e síntese, substituindo a evidência, ou a pretensa visão direta das coisas em si mesmas.

A não contradição entre representações conexas e o exame minucioso de todas elas permitem reforçar uma opinião ou mudar de opinião, sem supor que num caso ou no outro uma realidade terá sido alcançada.

Essa teoria do critério levou os intérpretes a falarem no *probabilismo* de Carnéades e considerá-lo um intermediário entre o dogmatismo e o ceticismo. Como observa Bréhier, com o probabilismo, Carnéades se distancia das negações radicais de Arcesilau. No entanto, interpretações mais recentes julgam que o *pithanón* de Carnéades é exatamente como o *eulogón* de Arcesilau: ambos são conceitos estoicos dirigidos contra os próprios estoicos.

De fato, segundo Diógenes de Laércio, os estoicos definem o *eulogón* como um juízo razoável que, em certas circunstâncias, pode ser verdadeiro, e o provável como o juízo que induz ao assentimento, sem ser necessariamente verdadeiro. Assim, Arcesilau e Carnéades mostravam que o sábio estoico, a despeito de suas pretensões, não podia ir além do razoável e do provável.

Quanto à crítica da física, os testemunhos disponíveis se referem sobretudo à teologia natural e à teoria da adivinhação.

Dizem os estoicos que os deuses são seres vivos ou animados, felizes e de virtude perfeita. Se são animados, argumenta Carnéades, têm sensações e, portanto, os sentidos do paladar, do olfato, da visão, da audição e do tato. Ora, uma sensação é uma alteração e cada sensação pode se transformar em outra, contrária. Portanto, os deuses mudam. Ora tudo o que muda é corruptível, logo os deuses não são eternos, mas corruptíveis — ou seja, não são deuses. Dizem os estoicos que quem possui uma virtude possui todas. Se os deuses são perfeitamente virtuosos, devem ser temperantes. Ora, argumenta Carnéades, a temperança é uma forma de resistência ao que é mau; logo, os deuses têm experiência do mal. Se têm experiência do mal, são corruptíveis, logo, não são deuses. E o mesmo pode ser dito de cada uma das virtudes, pois cada uma delas é uma forma de contrapor-se ao que é mau.

Ao que parece, Carnéades também desenvolveu uma argumentação que não visa diretamente aos estoicos, mas à teologia grega em geral. Indaga se deus é finito ou infinito, corpóreo ou incorpóreo, se tem ou não voz; e prova a impossibilidade de cada uma das alternativas. Deus não pode ser infinito, pois seria imóvel e sem alma; mas não pode ser finito, pois então faria parte de um todo maior que o dominaria. Deus não pode ser incorpóreo, pois um incorpóreo não age; mas não pode ser corpóreo porque todo corpo é corruptível. Não pode ter voz, uma vez que não há qualquer razão para atribuir-lhe esta ou aquela linguagem; mas não pode estar privado de voz, pois isto contraria a noção comum que os homens têm dele. Deus é um mistério. Se se quiser falar sobre ele, há de ser com ausência de qualquer traço antropomórfico.

Quanto à adivinhação, indaga Carnéades: se um acontecimento predito é fortuito, então, como prevê-lo? Mas se é necessário, é objeto de conhecimento, então, para que prevê-lo? Além disso, de que serve a predição, se nada podemos fazer para impedir o acontecimento?

No que se refere ao destino, emprega os argumentos clássicos que provam que, apesar dos esforços, os estoicos inviabilizam a liberdade como algo em nosso poder. Segundo Cícero, Carnéades contesta a teoria da causalidade como ordem e conexão necessárias das causas, com que os estoicos pretendem sustentar a racionalidade do destino. Argumenta ele: do reconhecimento de que nada acontece sem causa não se pode concluir que tudo acontece por força do destino. Nada impede que se admita que pode haver causas independentes da trama das causas necessárias: a vontade humana poderia, por exemplo, ser uma dessas causas.

Finalmente, no tocante à ética, Carnéades considera que a teoria estoica dos preferíveis não está distante, no plano das consequências, da moral platônica e da aristotélica, que também consideram esse o princípio para a escolha das ações.

De acordo com Bréhier, os sucessores de Crisipo até Panécio, isto é, entre 204 e 129 a.C., modificaram alguns aspectos do estoicismo. Assim, segundo Sexto Empírico, passaram a admitir como critério da verdade não mais a representação apreensiva isolada, mas aquela que não depara com obstáculos, de maneira que a certeza é menos a própria representação e mais sua relação com o conjunto de que faz parte. Neste caso, podemos acrescentar que, de algum modo, embora combatam Carnéades, teriam incorporado a ideia deste último sobre a representação persuasiva examinada em todas as suas partes.

Ainda segundo Bréhier, os novos estoicos teriam afrouxado alguns traços essenciais da física, como, por exemplo, a doutrina da conflagração universal, que alguns passaram a negar com base nos argumentos de Boécio de Sídon, que retoma ideias clássicas da teologia grega anterior ao estoicismo e para quem o caráter divino do mundo não é compatível com sua corruptibilidade. Em primeiro lugar, diz Boécio, as ideias de criação e desaparição do mundo não provam o poder de deus, mas sua impotência — cria o mundo porque lhe falta algo para a plenitude (ou seja, se lhe falta algo, o deus não é perfeito) e o deixa corromper-se porque não tem potência para sua conservação (ou seja, o mundo caminha por si mesmo, sem deus). Em segundo, a imanência de deus ao mundo, que define a totalidade do existente para o estoico, significa que a corrupção não pode vir do exterior, que é o nada, nem do interior, que é divino. Finalmente, o argumento mais poderoso é o de que, durante a conflagração, deus permanece inativo e um deus inativo é um deus morto.

Também há mudanças na moral. Assim, por exemplo, as formulações de Diógenes da Babilônia — "usar a razão na escolha das coisas concordes com a natureza e na rejeição das contrárias" — e de Antípatro — "viver escolhendo o que é conforme a natureza, rejeitando aquilo que é contrário" — indicam que, agora, os estoicos insistem sobre a necessidade e as razões de uma escolha, pois nem todas as boas escolhas são igualmente boas, nem todas as faltas, igualmente más.

Essas mudanças se acentuarão com aquele que renovou o estoicismo e lhe deu um novo esplendor: Panécio de Rodes.

Panécio

Nasceu em Rodes, em torno de 185 a.C., de família nobre. Teria ouvido Crates em Pérgamo e, a seguir, transferiu-se para Atenas, onde seguiu as lições de Diógenes de Selêucia, então escolarca do Pórtico. Entre 160 e 150 a.C., tornou-se seguidor da *Stoá*, permanecendo ligado a ela por toda a vida, tornando-se seu dirigente em 129 a.C. Ao que parece, também ouviu lições de Pólemon e Carnéades. Amigo do historiador Políbio, visitou Roma algumas vezes e foi recebido no círculo dos poderosos reunidos à volta de Cipião, com quem viajou ao Oriente, em 140-139 a.C. Depois de longa estadia em Roma, retornou a Atenas, tornando-se escolarca até 110 a.C. Morreu por volta do início do século I a.C. Suas lições no Pórtico foram descontínuas, interrompidas por doenças, e delas nada nos chegou porque todos os seus escritos se perderam, restando apenas alguns fragmentos.

Como dissemos, Panécio introduziu modificações importantes na doutrina estoica. Várias razões o levaram a isso. Em primeiro lugar, as críticas dos acadêmicos assinalaram pontos realmente frágeis na doutrina; em segundo, o contato com a cultura romana, que nele provocou, como em Políbio, admiração e respeito, levando-o a retomar as questões relativas à ética e à política; em terceiro, a leitura de obras de Platão e de Aristóteles, que deixou evidente a herança socrática do estoicismo e a possibilidade de acolher teses platônicas e aristotélicas.

Mudanças na física

Panécio abandona a doutrina da conflagração universal (*ekpyrosis**) e aceita a tese aristotélica da eternidade do mundo. Ora, aquela doutrina afirmava que o mundo era um vivente que, ao fim de certos períodos, perecia. A tese da eternidade do mundo traz como consequência não só o abandono da ideia de vivente cósmico, mas também a do deus artífice ou fogo artista: deus se torna dirigente do universo.

Oscilando entre a crítica radical e a dúvida, também abandonou a teoria da adivinhação, o que pressupõe o enfraquecimento do núcleo da física estoica, isto é, a ordem e conexão necessárias de todos os acontecimentos do universo, que repercutem uns sobre os outros e podem ser signos de eventos futuros. Esse abandono implica uma nova conceituação da ideia de destino, como veremos ao tratar das mudanças na ética.

Escreve Bréhier:

> Panécio já é mais teólogo, é humanista. Interessa-o a atividade civilizadora do homem, a razão humana em movimento, criadora das artes e das ciências, muito mais do que a razão divina imanente às coisas (Bréhier, 1978, p. 124).

Mudanças na psicologia

Sob a influência de Platão e Aristóteles, Panécio introduziu uma distinção, no homem, entre a alma, *psykhé*, e a constituição física, *phýsis*. Esta foi reduzida às funções biológicas de nutrição, crescimento, reprodução e os impulsos ou tendências (*hormé*) próprias a elas. Atribuiu à alma os cinco sentidos e o hegemônico, isto é, a razão. Como se observa, distanciando-se dos antigos estoicos, em Panécio a voz ou a fala deixou de ser função psíquica. À maneira de seus predecessores socráticos, concebeu a existência de duas forças antagônicas na alma, a irracional e a razão, por meio das quais explica os conflitos morais que o antigo estoicismo não conseguia explicar coerentemente.

> São duas as forças naturais da alma: a primeira consiste no apetite, que em grego se diz *hormé*, que arrasta o homem de uma parte a outra; a segunda é a razão, que explica e ensina o que se deve fazer e o que evitar (Cícero, *Dos deveres*, I, 36, 132).

Nas *Tusculanas*, Cícero fala em *movimentos da alma* e atribui a Panécio a distinção entre eles: há movimentos próprios à razão, que se movem na busca da verdade, e outros, próprios ao apetite, que levam a agir.

A diferença dos constituintes e de seus movimentos decorre da ideia de que a alma é uma natureza composta por dois elementos: o fogo, identificado à razão, e o ar, responsável pelo irracional. Essa mudança na doutrina, todavia, não leva ao abandono da mortalidade da alma. Com efeito, sendo composta de dois elementos corporais, não é possível afirmar sua imortalidade: é mortal, como tudo que é corpóreo; o *pneúma* ígneo se esfria, apaga-se e ela, aos poucos, desaparece. Sua corporeidade significa, como sempre disseram os estoicos, que está sujeita a afecções, paixões e sofrimentos.

Mudanças na ética e na política

O interesse de Panécio se desloca das ações perfeitas (*katorthómata**) para as intermediárias ou convenientes, realizadas segundo os *kathékonta**. Em outras palavras, certamente sob o impacto da sociedade romana florescente, passa a dar um novo lugar aos indiferentes (*adiáphora**), como a saúde, a abundância, os meios de vida e a potência. Não se trata de abandonar o princípio estoico de que o sumo bem é a virtude, mas de considerar as coisas que a facilitam e as que a dificultam e que, por sua relação com a ação virtuosa, não podem ser consideradas simplesmente indiferentes. Embora mantenha a afirmação estoica de que a virtude é a vida conforme à natureza, Panécio introduziu a fórmula "viver segundo as disposições dadas pela natureza", de maneira que cada um possa realizar a virtude conforme sua própria constituição natural.

Também introduziu uma distinção, inexistente no antigo estoicismo, entre virtude teórica — o saber — e prática — justiça, magnanimidade, temperança. Essas virtudes atuam sobre as tendências para lhes dar racionalidade e retidão, operando sobre quatro apetites fundamentais: o apetite de puro saber, o de autoconservação e conservação da comunidade, o de não depender de ninguém ou autarquia, e o de moderação.

Sem afirmar a superioridade da virtude prática sobre a teórica, Panécio deu grande valor à sociabilidade e, por sua relação com Cipião, aderiu ao forte sentimento cívico romano, deixando esmorecer o cosmopolitismo de seus predecessores estoicos. Segundo Bréhier, Panécio viu em Cipião um homem de conduta moral e política admiráveis, e, por sua vez, Cipião nele encontrou um guia moral necessário no momento da ascensão de Roma, com todas as ambições daí decorrentes. No relato de Cícero, Cipião teria dito a Panécio que aquele era o momento para "conduzir os homens demasiado confiantes na fortuna aos ditames da razão, para se darem conta da fragilidade das coisas humanas e da sorte".

Mas não apenas isso. Diferentemente de céticos, epicuristas e estoicos do período antigo, que prezaram a *aponía**, a *ataraxía** e a *apatheia**, Panécio encontrou em Roma a vivacidade das ideias cívicas e de um Estado em ascensão, e por isso, em lugar dos antigos ideais do sábio, escolheu a *euthymía**, a alegria de viver, nascida de viver em paz consigo mesmo, com os outros e com as coisas.

É interessante observar o desinteresse de Panécio pela lógica, pois, se escreveu sobre ela, nada nos chegou. E as fontes existentes não mencionam qualquer escrito sobre o assunto.

Posidônio

Posidônio nasceu em Apameia, na Síria, entre 140 e 139 a.C. Dirigiu-se para Atenas, onde se tornou discípulo de Panécio e, como este, participou de uma embaixada a Roma, ali frequentando os círculos aristocráticos. Viajou ao Oriente — esteve na Ásia Menor, na Palestina, no Egito — e ao Ocidente — visitou a Itália, a Gália e a Espanha — e foi considerado o maior explorador da Antiguidade, de que resultou uma obra monumental, comparável apenas à de Aristóteles, incluindo, além da filosofia, história, geografia, etnologia, matemática, astronomia e meteorologia. Dela, porém, restaram apenas uns poucos fragmentos e os testemunhos de Cícero, Galeno, Sêneca, Plutarco, Aécio Dídimo e Proclo. Abriu uma escola estoica em Rodes, que teria suplantado a de Atenas, e nela recebeu os jovens patrícios romanos, além de visitas de Pompeu e Cícero. Morreu em 51 a.C.

Como Panécio, admitiu ideias de Platão e Aristóteles, que mesclou às estoicas, modificando a doutrina antiga; e como seu predecessor, recusou a doutrina da conflagração universal.

Mudanças na física

Segundo os testemunhos de Diógenes de Laércio e Estobeu, Posidônio conserva a ideia dos dois princípios do cosmo — o passivo, ou a matéria informe, e o ativo, o *pneúma* ígneo, privado de forma, mas capaz de se transformar "naquilo que quer e tornar-se semelhante a qualquer coisa". No entanto, segundo relato de Aécio Dídimo,

> Posidônio atribuía ao destino o terceiro lugar depois de Zeus. Dizia que, em primeiro lugar vem Zeus, em segundo a Natureza e em terceiro o Destino (Aécio Dídimo, fragmento 20, apud Diels, 1958, p. 458).

Visto que na doutrina antiga esses três termos eram idênticos, observa-se que Posidônio introduz uma mudança ao distingui-los. Zeus, princípio ativo e alma do mundo, é a força una; o destino, causa errante, a força sob múltiplos aspectos; a natureza, princípio passivo ou corpo do mundo, o poder emanado de Zeus para unificar as múltiplas forças do destino. Assim, embora mantenha as ideias do cosmo como ser vivente e da simpatia universal, Posidônio tende a acompanhar Panécio e distinguir deus e o mundo. Essa distinção aparece em sua

Física, que, no dizer de Diógenes de Laércio, afirma que o cosmo é único, finito e de forma esférica, pois a superfície é algo realmente existente, e a esférica é a mais apta ao movimento; e identifica deus e essa superfície esférica que circunda o cosmo, ou seja, o céu.

Como a filosofia é sistema, essa distinção, evidentemente, incide na teoria da adivinhação (que Posidônio, ao contrário de Panécio, mantém), na qual se distinguem três modalidades de predição: a que vem do deus, quando este fala pela boca ou pelos sonhos do profeta inspirado, momento em que a alma entra em relação direta com o divino; a que vem do destino, como nas observações científicas da astrologia; e a proveniente da natureza, como nas observações tecnicamente reguladas ou metódicas da medicina — em outras palavras, destino e natureza são redes causais inteligíveis.

> Que os moribundos sejam dotados de qualidades proféticas, confirma-o Posidônio [...]. Sustenta, ademais, que os sonhos manifestam-se aos homens, por influxo divino, de três modos: em primeiro lugar porque a alma por si é capaz de prever o futuro, enquanto ligada por vínculos de parentesco com a divindade; em segundo lugar porque no ar existe um número infinito de almas imortais nas quais estão, de certo modo, impressas as marcas da verdade; por último, porque os próprios deuses descem para falar com os homens enquanto estes dormem (Cícero, *Da adivinhação*, I, 30, 64).

Mudanças na psicologia e na ética

Colocando-se contra Crisipo, Posidônio afirma, com Panécio, a distinção entre dois princípios ou forças no interior da alma: o irracional — dividido, à maneira platônica, em apetitivo e irascível — e o racional ou hegemônico; e nega que a paixão seja apenas uma opinião ou um juízo da razão, pois isso é contestado pela experiência do tumulto passional em que vivemos.

A psicologia de Posidônio nos é conhecida por intermédio de Galeno. Criticando Crisipo, indaga Posidônio: como haveria a desmedida da paixão, se houvesse apenas o princípio racional na alma? Criticando Zenão, indaga: se a paixão for apenas uma opinião falsa, como explicar que Zenão defina o prazer como opinião sobre um bem e não admita que o sábio, ao ser feliz, sente prazer? Por seu turno, Crisipo nada entende sobre a paixão ao considerá-la uma doença da alma cuja causa não pode determinar, pois, havendo apenas o princípio racional, teria de admitir que a razão é a causa dessa doença. Ademais, considera a paixão uma fraqueza, mas ignora que há graus nesta última. Além disso, visto que a opinião sobre o bom e o mau é sempre a mesma, deveria haver sempre a mesma paixão, o que a experiência mostra não ser o caso, pois o hábito e o vício causam diferentes paixões, ainda que a opinião seja a mesma. A causa da paixão é a existência de dois princípios ou duas forças na alma: um demônio (*daimon*) de natureza divina e uma potência bestial, má, ateia.

> A causa das paixões e, portanto, de uma vida incoerente e infeliz, é não seguir em tudo o demônio (*daimon*) que lhe é congênito e que tem a mesma natureza daquele que rege todo o universo, mas deixar-se levar, consentindo no pior e no apetite animalesco. Mas eles [os seguidores de Crisipo], ignorando isso, não dão sobre isso uma razão melhor das paixões, nem pensam retamente sobre a felicidade e sobre o acordo com a natureza. De fato, não veem que nela, antes de tudo, trata-se de não se deixar arrastar pelo que de irracional, maléfico e ateu existe na alma (Galeno, *Preceitos de Hipócrates e Platão*, v. 6).

Viver segundo a natureza, como ensinou Platão, é seguir a razão, que é de mesma natureza que o princípio regente do universo e, por isso divina — o bom demônio em nós; significa também dominar o irracional, oposto da razão, maléfico e ateu. Há em nós inclinações que são más em si e por si mesmas e a elas somos predispostos por nosso temperamento (*éthos**), que nos determina a esta ou àquela paixão, conforme os quatro elementos (quente, seco, frio e úmido) se combinem com os quatro humores e sejamos melancólicos (predomínio da bílis negra), sanguíneos (predomínio do sangue), coléricos (predomínio da bílis amarela) ou fleumáticos (predomínio da bílis branca). Não basta argumentar contra a paixão para combatê-la e vencê-la. Segundo Galeno, Posidônio teria pensado, por exemplo, no papel da música e dos ritmos como uma terapêutica contra determinadas paixões, como a cólera, por exemplo, pois a simpatia universal enlaça os semelhantes e afasta os contrários. Além disso, como já dissera Panécio, há os convenientes e os preferíveis que auxiliam nesse combate, como a saúde, o vigor e a abundância dos meios de vida.

> Como, de fato, propriedade do quente é aquecer, não esfriar, assim também, propriedade do bem é beneficiar, não prejudicar; a riqueza e a saúde oferecem mais da-

nos do que vantagens, portanto, nem a riqueza é um bem, nem a saúde. Ademais, eles dizem que não é um bem aquilo de que se pode fazer bom e mau uso; dado que tanto da riqueza como da saúde pode-se fazer bom e mau uso, nem a riqueza é um bem, nem a saúde. Posidônio, todavia, enumera também estas últimas entre os bens (Diógenes de Laércio, VII, 103).

No entanto, como seus predecessores, Posidônio mantém firmemente o princípio estoico segundo o qual só o bem moral é bem verdadeiro e a dor física não é verdadeiro mal. A este respeito, eis o testemunho de Cícero:

> Vi pessoalmente Posidônio diversas vezes, mas quero referir dele o que contava Pompeu. Retornava este da Síria, e, chegando a Rodes, quis ouvir a Posidônio. Disseram-lhe que ele estava muito doente — sofria um violento ataque de artrite —, mas ele quis assim mesmo ir ao encontro daquele grande filósofo. Quando chegou diante dele, o saudou e elogiou e disse lamentar não poder ouvi-lo. Então Posidônio disse: "Não, não: não permitirei nunca que, por causa de uma dor física, um homem como tu tenha viajado em vão". E assim Posidônio, deitado sobre o leito, contava Pompeu, discutiu com profundidade e eloquência justamente a tese de que não existe nenhum bem a não ser o bem moral; e nos momentos em que a dor era mais pungente repetia: "A tanto não chegas, ó dor! És opressora, sim, mas nunca admitirei que és um mal" (Cícero, *Tusculanas*, II, 25, 61).

As ciências

A simpatia universal, na física, e os convenientes e preferíveis, na ética, explicam a ampliação dos interesses de Posidônio, que se volta para as ciências e as técnicas. Como geógrafo e astrônomo matemático, procura as ligações entre as coisas celestes e as terrestres, entre os climas e os organismos, entre as marés e as fases da lua, conjuntamente com a ação do sol. Na história, seguindo seu amigo Políbio, considera Roma continuadora das civilizações etrusca e grega, às quais deu acabamento e perfeição.

> O pendor de Posidônio pelas ciências relaciona-se, naturalmente, com as artes que fazem a civilização e que considera fruto da mais alta sabedoria da humanidade. [...] É através da história da humanidade que ele acompanha o papel da sabedoria. Na idade de ouro passada, em que os sábios eram reis, deveriam ter-se feito legisladores

e inventar leis para se oporem aos vícios crescentes dos homens. Depois, inventaram as artes que facilitam a vida cotidiana, como a arte de construir. Descobriram os metais e seus usos, as artes agrícolas, o moinho de trigo. Anacársis inventa a roda do oleiro; Demócrito, o forno de olaria. [...] Para Posidônio, é evidente que nada está isolado, e a razão humana deve ser igualmente artesã e teórica. Essas grandes descobertas se fazem, além disso, por empréstimo à natureza: o fogo de uma floresta foi o primeiro fundidor de metais. Os dentes do homem, os primeiros a moer o trigo. Não há entre a arte e a natureza oposição (Bréhier, 1978, p. 132).

Biblioteca de Alexandria

Apêndice à parte I

O MUSEU E A BIBLIOTECA: AS CIÊNCIAS NA ÉPOCA HELENÍSTICA

A formação do império de Alexandre propicia e consolida o surgimento da cultura helenística, graças à multiplicação de novos centros de investigação científica, como Rodes, Pérgamo e, sobretudo, Alexandria, com a criação do Museu e de sua extraordinária Biblioteca, obra de Ptolomeu I, sob a direção dos peripatéticos Demétrio de Falero e Estratão de Lâmpsaco. No Museu, realizavam-se investigações médicas, biológicas, geográficas, históricas, astronômicas e matemáticas; na Biblioteca, foi reunida toda a produção das letras gregas, chegando a ter uma coleção de setecentos mil livros, a maior da Antiguidade, e do trabalho de alguns de seus diretores nasceu a filologia como ciência.

A Grande Biblioteca

Na Biblioteca, o primeiro bibliotecário, Zenódoto, iniciou a sistematização de todos os volumes e preparou a primeira edição de Homero, dividindo a *Ilíada* e a *Odisseia* em vinte e quatro livros; seu sucessor, Calímaco, organizou o primeiro catálogo das obras, em cento e vinte volumes, distribuindo os autores por ordem alfabética, acompanhados de pequena biografia e de comentários sobre critérios para a distinção entre obras autênticas e apócrifas. Por sua vez, Aristarco de Samotrácia foi responsável pela organização dos poemas homéricos, que veio a se constituir na principal fonte da tradição; seu discípulo, Dionísio de Trácia, elaborou a primeira *Gramática grega*, baseada nos textos lógicos, dialéticos e retóricos dos peripatéticos e dos estoicos.

O trabalho dos bibliotecários, além de conduzir aos estudos de filologia (indispensável para a organização, catalogação e periodização das obras), levou também à popularização de um gênero literário, a biografia dos homens ilustres, que iria fornecer materiais para obras como a de Diógenes de Laércio sobre os filósofos.

Foi também na Biblioteca que Eratóstenes, que a dirigiu a convite de Ptolomeu II, aplicou a geometria e a aritmética à geografia: inventou os meridianos e os paralelos como medidas para o cálculo de distâncias e desenhou o primeiro mapa-múndi de que se tem notícia. Graças a cálculos complexos e engenhosos, calculou a dimensão da Terra (uma circunferência medindo 252 mil estádios de extensão, um estádio equivalendo a 157,5 metros).

Até a fundação da Biblioteca, as bibliotecas do mundo antigo eram ou coleções privadas ou armazéns governamentais para guarda de documentos legais e literários. A biblioteca de Alexandria, também chamada a *Grande Biblioteca*, inaugurou outra concepção: sua finalidade não era apenas coletar e conservar livros, mas também registrar todas as coisas e todos os acontecimentos que pudessem ser registrados, indefinidamente, e sobretudo propiciar comentários e interpretações das obras ali guardadas, suscitando a escrita de novos livros, ou uma memória viva dos livros ali existentes e de outros por vir, indefinidamente.

A Grande Biblioteca, celebrada por sua abrangência, magnificência, pretendia ser a biblioteca universal. Um documento do século II a.C., conhecido como *Carta de Aristeas*, narra a origem da Biblioteca relatando que Ptolomeu I escreveu a todos os governantes do mundo, pedindo-lhes que lhe enviassem todo tipo de livro — poesia, prosa, retórica, filosofia, geografia, medicina, astronomia, matemática — e os diretores julgaram que seriam necessários quinhentos mil rolos de pergaminho para reunir em Alexandria todos os livros de todos os povos do mundo.

Dividida em áreas temáticas segundo categorias concebidas por seus bibliotecários, a Biblioteca de Alexandria tornou-se uma multidão de bibliotecas, cada qual voltada

> para um aspecto da variedade do mundo. Aquele, proclamavam os alexandrinos, era um lugar onde a memória era mantida viva, onde cada pensamento escrito encontrava seu nicho, onde cada leitor podia descobrir o próprio itinerário traçado. Linha após linha, em livro talvez ainda por abrir, onde o próprio universo encontrava seu reflexo em palavras (Manguel, 2006, p. 29).

Essa imagem da Biblioteca como espelho do universo inspirou o célebre dito de Mallarmé de que o mundo existe para tornar-se livro, ou O Livro, assim como inspirou o conto de Borges (que durante muitos anos dirigiu a Biblioteca Nacional de Buenos Aires), "A biblioteca de Babel":

> O universo (que outros chamam Biblioteca) se compõe de um número indefinido, e talvez infinito, de galerias hexagonais, com vastos poços de ventilação no meio, cercados por varandas baixíssimas. De qualquer dos hexágonos, se veem os andares inferiores e superiores: interminavelmente. [...] No saguão há um espelho, que fielmente duplica as aparências. Os homens costumam inferir desse espelho que a Biblioteca não é infinita (se o fosse realmente, para que essa duplicação ilusória?); eu prefiro sonhar que as superfícies lisas figuram e prometem o infinito... [...] A Biblioteca existe *ab aeterno*. Dessa verdade, cujo corolário imediato é a eternidade futura do mundo, nenhuma mente razoável pode duvidar. [...] A Biblioteca é ilimitada e periódica. Se um viajante eterno a atravessasse em qualquer direção comprovaria, ao cabo dos séculos, que os mesmos volumes se repetem na mesma desordem (que, repetida, seria uma ordem: a Ordem) (Borges, "A Biblioteca de Babel").

Não se sabe como se deu o desaparecimento da Grande Biblioteca. Segundo um relato de Plutarco, durante a permanência de Júlio César em Alexandria, em 47 a.C., um incêndio se espalhou do Arsenal à Biblioteca, destruindo-a. Outros, porém, relatam que, naquela ocasião, o fogo queimou quarenta mil volumes, mas não toda a Biblioteca. Uma crônica cristã (de cuja veracidade, evidentemente, se deve desconfiar) afirma que a Biblioteca foi incendiada por ordem do califa Omar I, em 642, com a seguinte argumentação: os livros ali existentes, se concordam com o Livro Sagrado (o Alcorão) são redundantes; se discordam, são indesejáveis. E, nos dois casos, devem ser lançados ao fogo. O imaginário da biblioteca devorada pelas chamas por conter um livro contrário ao Livro Sagrado (agora, a Bíblia) ressurge na obra de Umberto Eco, *O nome da rosa*, inspirado certamente no conto de Jorge Luiz Borges, não só pela descrição da biblioteca como labirinto e espelho, mas também pelo nome escolhido para seu bibliotecário: Jorge de Burgos.

O Mousaion, *a Casa das Musas*

A matemática

No Museu, coube a Euclides coligir todos os trabalhos dos matemáticos gregos, consolidados nos *Elementos*, cuja fundamentação conceitual permaneceu válida até o século XIX.

O procedimento euclidiano é o *discurso axiomático*: estabelecidas certas verdades (definições e axiomas gerais e postulados específicos a cada ciência), delas seguem necessariamente outras (teoremas), encadeadas estruturalmente, permitindo resolver dificuldades ou questões (problemas) particulares. Trata-se, portanto, do procedimento dedutivo, tal como proposto por Aristóteles. As definições determinam os termos que devem entrar no raciocínio e os axiomas, o respeito ao princípio de não contradição; os postulados são pressupostos fundamentais conhecidos por intuição — definições, axiomas e postulados são indemonstráveis e base de toda demonstração.

Na dedução, Euclides determina o emprego de três métodos: a síntese (que parte dos princípios em direção às consequências), a análise (que vai das consequências aos princípios) e a redução ao absurdo. De acordo com o neoplatônico Proclo, Euclides introduziu a prova matemática por meio da reversibilidade entre a síntese e a análise, isto é, a demonstração é verdadeira se os passos descendentes da síntese forem equivalentes aos ascendentes da análise, chegando-se à mesma conclusão nos dois casos. Também atribui a Euclides o chamado "método da exaustão", por meio do qual, dada uma grandeza, será sempre possível, por meio de procedimentos geométricos, encontrar outras cada vez menores, sem que se chegue a uma grandeza mínima — ou seja, a divisibilidade prossegue ao infinito.[1] Além dessa obra monumental, Euclides escreveu *Dados*, *Óptica* e *Cálculos*, que nos chegaram graças às traduções árabes.

A medicina

Graças a Ptolomeu Filadelfo, que autorizou a dissecção de cadáveres humanos e, em certos casos, a vivisseção de animais, importantes investigações de anatomia e fisiologia puderam ser realizadas no Museu, as mais significativas tendo sido as dos médicos Herófilo de Calcedônia (que recolheu e compilou a doutrina dos humores, de origem hipocrática) e Erasístrato de Quios, chamados médicos racionalistas.

Deve-se a Herófilo o abandono definitivo da ideia segundo a qual o órgão central do corpo vivo é o coração, graças à demonstração de que tal órgão é o cérebro, o que também permitiu demonstrar as diferenças entre os nervos sensitivos e os motores. Essas demonstrações possuíam justificação teórica de inspiração aristotélica, pois Herófilo mantinha uma ideia vinda de *Das partes dos animais*, de Aristóteles, segundo o qual a descrição anatômica de uma parte (um órgão) não é suficiente para determinar sua fisiologia, ou seja, suas funções ou faculdades (*dýnameis*), que só podem ser descobertas pelo estudo de outros fenômenos. Em suma, a anatomia oferece a estrutura do corpo, mas esta é inerte e nada ensina sobre a atividade corporal, que decorre da interação causal entre os órgãos; numa palavra, a ciência, como dissera Aristóteles, é conhecimento das causas e somente a fisiologia pode oferecê-lo. Donde, de um lado, a afirmação de que os humores são as causas das doenças, e, de outro, a importância da dissecção e da vivisseção ou da observação dos efeitos de ligar ou cortar as partes. Suas dissecções do olho permitiram-lhe ser o primeiro a distinguir as quatro membranas ópticas e isolar o nervo óptico. Introduziu a ideia de faculdade vital, transmitida pelo curso das artérias e por isso estudou as pulsações para mostrar sua importância nos diagnósticos médicos — inventou um relógio d'água muito acurado para medir o pulso.

Todavia, segundo alguns relatos de Celso e de Galeno, teria existido uma diferença entre o racionalismo aristotélico e a posição de Herófilo, pois este teria considerado as causas hipóteses plausíveis que jamais poderiam ser verificadas porque "a natureza as esconde". Esses relatos deram origem à figura de um Herófilo cético, que argumentara sobre as causas à maneira dos pirrônicos, isto é, propondo o pró e o contra, inferindo a impossibilidade de determinar uma causa verdadeira, como vimos nos capítulos sobre o ceticismo e o pirronismo. Neste caso, haveria um obstáculo metafísico e epistemológico que impediria o estabelecimento de uma etiologia. Ora, Herófilo propôs a teoria dos humores e das faculdades na elaboração da etiologia. Os intérpretes contemporâneos julgam não haver incompatibilidade entre a exigência racionalista de determinação da causa de um fenômeno e a admissão de que esta é, metafisicamente, uma hipótese provável apenas porque a experiência prolongada a confirma.

Deve-se a Erasítrato a fisiologia da *tripoklía*, ou a distinção entre três tipos de vasos: nervos, artérias e veias, considerados por ele os elementos fundamentais de todo tecido corporal. Afirmou que as artérias levavam ar enquanto as veias, sangue — um equívoco que os historiadores da medicina explicarão indicando que, com o termo "artéria", os médicos gregos também designavam a traqueia e os brônquios e que, nos animais mortos, submetidos à dissecção, o sangue passa das artérias para as veias. Recusou a teoria dos humores e elaborou a teoria da *plethora*, com que explicava as febres a partir da congestão vascular causada pelo influxo de alimento não digerido nas veias, comprimindo o sangue e o forçando a penetrar nas artérias, causando a inflamação do ar nelas contido. Como se observa, empregou preferencialmente explicações mecânicas para o metabolismo e a fisiologia, procurando evitar tanto quanto possível explicações finalistas.

Erasítrato celebrizou-se pela recusa da teoria médica tradicional das causas antecedentes ou causas externas (excesso de calor, de frio, de umidade, de trabalho, dos hábitos alimentares e sexuais) que disparam disposições à doença preexistentes no paciente. A recusa dessas causas por Erasítrato fundava-se num argumento racional, ou seja, não serem necessárias e sim aleatórias: nem sempre causam doenças, às vezes, afetam a superfície externa do corpo, mas sem afetar suas disposições internas. Uma causa deve ser *causa sinética* (*aitía synéktika*), no sentido proposto pelos estoicos, isto é, uma causa que deve ser condição necessária e suficiente de um acontecimento — estando presente, o efeito aparece; estando ausente, o efeito desaparece; se fortalecendo, fortalece o efeito e enfraquecendo-o ao se enfraquecer. Donde os dois princípios da medicina de Erasítrato: 1. nada pode ser causa se não estiver produzindo o efeito presentemente; 2. nada pode ser causa se não produzir invariavelmente o mesmo efeito. Visto que as chamadas causas antecedentes ou externas não preenchem os dois critérios, não devem ser consideradas causas.

Ao racionalismo de Herófilo e Erasístrato opunham-se os chamados médicos empíricos, entre os quais se destacaram Filonos de Cós, Serapião de Alexandria e Menódoto. Para esses médicos, que consideravam a anatomia inútil, a arte médica fundava-se exclusivamente na observação e na experiência (*empeiría*), recusando qualquer referência a disposições, funções, faculdades ou causas internas inobserváveis. A diferença entre as duas correntes tinha em seu centro a concepção do signo indicativo ou do sintoma:[2] os racionalistas o tomavam como condição para uma inferência segura; os empíricos o julgavam uma indicação insuficiente para uma inferência, pois nunca se sabe de quê o signo é a indicação, variando caso a caso, de circunstância para circunstância. Assim, enquanto os racionalistas elaboravam teorias a partir das inferências, os empíricos colecionavam experiências ou relatos de casos que pudessem auxiliar num novo diagnóstico, aceitando como instrumentos de organização dos dados dois princípios empiristas tradicionais: a semelhança e a analogia.

Menódoto propunha um método que protegesse a medicina do risco de se tornar mera rotina. Segundo Galeno, os passos metódicos eram: 1. a *autópsia*, isto é, a observação, que, em vez de fortuita ou improvisada, deve ser provocada para estabelecer uma ligação entre uma perturbação e sua cura quando se constata vezes seguidas o fator determinante, que pode, então, ser generalizado; 2. a *istoria*, isto é, a documentação, que permite recapitular as observações feitas pelos predecessores; 3. a *metabasis*, isto é, a indução, ou passagem do semelhante ao semelhante, a ser usada na falta dos dois primeiros recursos — trata-se de realizar uma analogia entre uma afecção e uma outra, semelhante, que já foi observada, a analogia não sendo tomada como um princípio e sim como a observação de uma concomitância, um cálculo refletido sobre os fenômenos.

A astronomia

Foi em Alexandria que Aristarco de Samos propôs, pela primeira vez, a teoria heliocêntrica.

Como se sabe, a astronomia grega sempre foi geocêntrica, afirmando que o Sol (*Hélios*), a Lua (*Selene*), os planetas[3] e as estrelas giravam ao redor da Terra (*Géa*), num movimento circular perfeito, realizado em esferas cristalinas concêntricas com relação à esfera da Terra, havendo uma esfera para as chamadas estrelas fixas — cujo movimento é regular e sempre o mesmo — e várias para cada um dos planetas ou estrelas errantes — cujos movimentos são complexos e irregulares, exigindo por isso, como explicou o astrônomo platônico Eudoxo, mais de uma esfera para cada um deles (formulando uma hipótese exclusivamente geométrica, Eudoxo supôs vinte e seis esferas e seu discípulo, Calipo, trinta e três). Enquanto os platônicos concebiam a astronomia apenas sob a perspectiva geométrica, Aristóteles passou a concebê-la sob a perspectiva física, ao introduzir a diferença de substância entre o mundo sublunar (feito dos quatro elementos mutáveis, água, ar, terra e fogo) e o celeste (constituído pelo quinto elemento imutável ou quinta essência, o éter). Ao passar da geometria à física, Aristóteles precisou levar em consideração os efeitos dos movimentos de cada esfera sobre os das demais, havendo, portanto, um movimento retrógrado de cada planeta com respeito aos outros e, para tanto, foi necessário supor também esferas para esse tipo de movimento.

Sistema ptolomaico

Acompanhemos brevemente a explicação oferecida por Fátima Évora em seu livro *A revolução copernicano-galilena*. O cosmo aristotélico, como o platônico, se contém a si mesmo e é autossuficiente, tendo como estrutura básica duas esferas: uma pequena esfera, a Terra, suspensa no centro geométrico de uma vasta, porém finita, esfera em rotação, que leva consigo as estrelas fixas, ou o Céu. Para além da esfera exterior, diz Aristóteles no *De coelo*, não há nada, nem espaço, nem matéria. Dois princípios fundamentais sustentam a cosmologia aristotélica, a saber: 1. o comportamento das coisas se deve a formas ou naturezas qualitativamente determinadas e 2. em sua totalidade, essas naturezas estão organizadas para formar um todo ou Cosmo hierarquicamente ordenado.

A astronomia aristotélica afirma que fixada no centro do cosmo está a esfera da Terra, girada concentricamente por uma série de esferas ocas. As três primeiras delas correspondem aos três elementos terrestres, a água, o ar e o fogo, respectivamente. Imediatamente após a esfera de fogo existem cinquenta e cinco esferas cristalinas interconectadas, constituídas pelo quinto elemento, o éter. Essas esferas, como as três primeiras, são concêntricas e o centro comum a todas elas é a Terra. Cada um dos sete planetas, Lua, Mercúrio, Vênus, Sol, Marte, Júpiter e Saturno, se encontra no interior de um grupo destas esferas, cada uma das quais completa uma revolução axial em intervalos de tempo diferentes. De um modo geral, os planetas movem-se diariamente de leste para oeste, carregados pela esfera das estrelas fixas e, simultaneamente, deslocam-se lentamente para leste no seu chamado movimento normal. Este, porém, com exceção dos do Sol e da Lua, é substituído, durante breves intervalos de tempo, por um movimento de retrocesso para oeste, conhecido como movimento retrógrado dos planetas. A função das esferas é proporcionar uma engrenagem capaz de manter em rotação o conjunto de esferas concêntricas e o movimento de todo o sistema é transmitido pelo contato de uma esfera com as outras.

Ora, todos os sistemas que postulavam que o universo era formado de uma série de esferas concêntricas, que a distância entre cada corpo celeste e a Terra era invariável e que todos os fenômenos celestes deveriam ser explicados simplesmente por meio das rotações das diversas esferas, não conseguiam dar conta de certo número de fenômenos óbvios, em particular a variação no brilho aparente dos planetas e no diâmetro aparente da Lua, e o fato de que os eclipses solares são algumas vezes totais e outras vezes anulares.

Heráclides de Ponto elaborou uma hipótese engenhosa, que parecia dar conta de muitas das irregularidades dos movimentos planetários: supôs a Terra situada no centro, mas realizando um movimento de rotação enquanto o Céu permanece imóvel; supôs também que Vênus e Mercúrio giravam em torno do Sol e, este, em torno da Terra. Essas ideias serão retomadas e reelaboradas pelo "Copérnico da Antiguidade", Aristarco de Samos.

Mantendo a ideia de movimento circular, Aristarco afirma que a Terra gira circularmente em torno do Sol, que se encontra no centro do cosmo e em torno do qual giram todos os astros. Segundo alguns testemunhos, Aristarco teria chegado à ideia de universo infinito: a esfera das estrelas fixas, que tem no centro o Sol, é tão imensa que o círculo descrito pelo movimento da Terra encontra-se tão distante das estrelas fixas "como o centro da esfera com relação à circunferência", portanto, a distância é infinita.

O sistema de Aristarco pode ser descrito nas palavras de um jovem contemporâneo seu e, talvez, seu principal comentador: Arquimedes. Todos estão cientes, escreve Arquimedes, de que "cosmo" é o nome dado por muitos astrônomos à esfera cujo centro é o centro da Terra, e que seu raio é igual à linha reta entre o centro do Sol e o centro da Terra. No entanto, prossegue ele, Aristarco publicou um livro no qual aparece, como uma consequência de várias hipóteses por ele propostas, que o cosmo é muitas vezes maior do que o "cosmo" admitido. Quais são as hipóteses de Aristarco? Diz Arquimedes:

> Suas hipóteses são que as estrelas fixas e o Sol permanecem imóveis, que a Terra gira em torno do Sol em uma circunferência de um círculo, o Sol repousa no meio da órbita e que a esfera das estrelas fixas, situada ao redor do mesmo centro que o Sol, é tão grande que o círculo, no qual ele supôs a Terra revolver, mantém uma proporção tão grande em relação à distância das estrelas fixas quanto o centro da esfera mantém em relação à sua superfície.

O cálculo da distância entre a esfera da órbita da Terra e o centro desta esfera, ou seja, da distância entre a Terra e o Sol, que repousa no centro do universo, foi desenvolvido por Aristarco através de um método extremamente engenhoso, no qual calcula as distâncias comparativas do Sol e da Lua em relação à Terra. Esse cálculo repousa sobre seis hipóteses, das quais as três primeiras enunciam que: 1. a Lua recebe a luz do Sol; 2. a Terra se comporta como um ponto e centro para a esfera ná qual a Lua se move; 3. quando a Lua nos parece dividida em duas partes iguais (a dicotomia lunar), o grande círculo que divide as porções clara e escura da Lua está na direção do nosso olho. As três hipóteses restantes se referem aos cálculos necessários para estabelecer as distâncias comparativas do Sol e da Lua em relação à Terra. Com essas hipóteses, Aristarco demonstrou dezoito proposições, uma das quais enuncia que a distância do Sol à Terra é mais do que dezoito vezes maior e menos do que vinte vezes a distância da Lua à Terra.

A hipótese heliocêntrica de Aristarco teve pouco sucesso. Primeiro, porque contrariava a doutrina aristotélica, então dominante, de acordo com a qual o lugar natural da Terra era o centro do universo. Segundo, porque ia contra a doutrina pitagórica de um fogo central, que se tornara matéria de crença religiosa e fora retomada pela física estoica do *pneúma* ígneo imanente ao cosmo. Além disso, a hipótese heliocêntrica não conseguia explicar alguns fenômenos como a desigualdade das estações. Mas não só isso. Se a Terra gira em uma órbita ao redor do Sol, a posição das estrelas fixas, tal como observada a partir de várias partes da órbita da Terra, deveria variar, mas essa variação não é observada e por isso Aristarco foi compelido a supor que a esfera das estrelas fixas era incomparavelmente maior do que a esfera que continha a órbita da Terra. Ora, a grandeza desmesurada do universo, sua infinidade (para não dizermos infinitude) contrariava uma tese fundamental da cosmologia e da física gregas, qual seja, a finitude do cosmo, claramente expressa, por exemplo, no *De coelo*, quando Aristóteles declara que tudo termina com a esfera das estrelas fixas e que, depois dela, não há espaço nem matéria.

Os astrônomos puseram-se, pois, a conceber hipóteses que pudessem "salvar os fenômenos", isto é, a maneira como aparecem diante de nossos olhos e na experiência cotidiana. Das novas hipóteses, duas foram as mais duradouras: a dos epiciclos (os planetas giram em redor do Sol e este, em redor da Terra, que permanece imóvel no centro do cosmo) e a dos eferentes ou excêntricos (a existência de órbitas circulares do Sol, da Lua e dos planetas em torno da Terra, mas cujo centro não coincide com o centro dela, sendo excêntricos com relação a este último).

Desse conjunto de elaborações provém o grande legado helenístico para a astronomia, o *sistema astronômico ptolomaico*,[4] base do pensamento astronômico dominante até o começo do século XVII.

Como explica Fátima Évora, nos seus conceitos físicos, o sistema ptolomaico era, basicamente, aristotélico. Quanto aos aspectos matemáticos, Ptolomeu os derivou de princípios atribuídos a Platão, para mostrar que todos os fenômenos celestes são produtos de movimentos regulares e circulares. Um exemplo desta postura de Ptolomeu é o fato de que, embora seu sistema astronômico fosse basicamente aristotélico, as hipóteses dos epiciclos e dos excêntricos não se adaptavam muito bem às esferas cristalinas da cosmologia aristotélica; por isso Ptolomeu acrescenta mais uma hipótese, a do ponto equante e excêntricos móveis. Assim, embora as irregularidades dos movimentos do Sol e da Lua já tivessem sido avaliadas quantitativamente por Hiparco de Quíos (cujo importante tratado astronômico se perdeu), por meio de uma combinação de epiciclos secundários e excêntricos com centro fixo, Ptolomeu, acrescentando os excêntricos móveis e o ponto equante ao sistema de epiciclos e eferentes, explicou, além do movimento dos planetas, os movimentos do Sol e da Lua.

De acordo com o sistema ptolomaico, o movimento diário de todos os planetas é produzido pela rotação da esfera estelar de leste para oeste, e compartilhado por todo o sistema. O artifício dos excêntricos móveis supõe que cada um dos planetas se move em um círculo cujo centro não é a Terra, mas sim um ponto situado entre a Terra e o Sol, e que, por sua vez, se move ao longo de outro círculo ao redor da Terra. O ponto equante foi utilizado por Ptolomeu para conciliar a teoria dos epiciclos com os resultados observacionais. Segundo ele, cada um dos planetas se desloca ao longo de um epiciclo cujo centro se desloca ao longo de outro círculo (excêntrico) com velocidade variável, determinada pela condição de que a linha que vai do ponto equante ao centro do epiciclo em questão percorre ângulos iguais em tempos iguais. O ponto equante é escolhido precisamente para reproduzir a velocidade, aparentemente não uniforme, dos planetas.

Arquimedes

Em Alexandria, porém não no Museu, realizou investigações aquele que muitos consideram o maior cientista da Antiguidade. Arquimedes, originário de Siracusa, célebre pelo brado *Eureka!*, "Descobri!", com que, segundo a lenda, teve início a ciência dos líquidos ou hidrostática, instituída no livro *Corpos flutuantes*.[5] Além dessa obra, celebrizou-se pelas contribuições sobre a quadratura do círculo e a retificação da circunferência, expostas em *Sobre a medida do círculo* (no qual o círculo é definido como um polígono de 384 lados), *Sobre a esfera e o cilindro*, *Sobre os conoides e os esferoides* e *Espirais*. Estabeleceu as bases teóricas da estática, particularmente as leis da alavanca, em *Equilíbrio dos planos*. Além de matemático,[6] Arquimedes também foi engenheiro, idealizando máquinas balísticas, aparelhos para transportar pesos, a balança hidrostática — ou balança de Arquimedes —, uma bomba hidráulica para irrigação; construiu um planetário (que mais tarde foi transportado para Roma) e foi responsável pela construção de artefatos bélicos para proteger Siracusa do ataque romano, ao qual a cidade sucumbiria. Essa articulação entre teoria e prática ou entre ciência e técnica é uma das originalidades de Arquimedes, sobretudo quando nos lembramos da separação entre ambas, proposta e defendida pela Grécia clássica.

Mas não é apenas esta a articulação inovadora trazida por ele: também é nova a maneira como, pela primeira vez na história das ideias ocidentais, reuniu matemática e física. Como observa Luiz Vega,

> Ao recomendar a interpolação de considerações mecânicas como via da investigação geométrica, Arquimedes está propondo um tipo de conceitualização fértil em analogias e rico de sugestões, assim como uma pauta de argumentação dirigida a mostrar a plausibilidade de resultados antes que estes estejam convalidados com respeito ao cânone de demonstração vigente na época (Vega, 1986, p. 20).

De fato, na obra *Sobre o método*, dedicada a Eratóstenes, Arquimedes distingue dois tipos de método: a *theoria*, ou a consideração de um teorema geométrico, e a *apodeixis*, ou o método a ser seguido na demonstração efetiva do teorema. Resumidamente, o método teórico funda-se na teoria euclidiana das razões e proporções entre grandezas geométricas (comprimentos, áreas e volumes), que compõem um sistema ordenado. O critério euclidiano afirma a homogeneidade das grandezas consideradas para que se possa determinar se uma delas é igual ou maior do que a outra. Arquimedes, porém, acrescenta um postulado que descortina uma perspectiva infinitista: "de duas grandezas desiguais, a maior excede a menor em uma quantidade tal que, adicionada a si mesma, pode exceder qualquer grandeza determinada do mesmo gênero das grandezas comparadas". Ou seja, se duas grandezas se relacionam proporcionalmente em conformidade com o critério euclidiano, então suas diferenças (ou as grandezas desiguais) conservam a mesma proporção, de sorte que Arquimedes acrescenta o postulado da densidade à afirmação euclidiana da continuidade da divisão sucessiva de um contínuo (por mais que prossiga a divisão, a grandeza resultante conservará a mesma proporção com a menor das grandezas dadas, isto é, será menor do que ela). O método da *apodéixis* se exerce não só na matemática, mas sobretudo na física. Arquimedes propõe que esse método se realize em três etapas: 1. construção geométrica do objeto e comparação de secções dos corpos cujo volume ou centro de gravidade está sendo investigado com secções de corpos já conhecidos; 2. obtida a correlação, passa-se a considerar os aspectos estáticos ou as situações e condições de equilíbrio; 3. desenvolvimento e generalização da investigação estática para outras figuras e outros corpos.

Em *Equilíbrio dos planos*, Arquimedes formula a lei — ou o teorema de Arquimedes — segundo a qual todos os pesos estão em equilíbrio quando se encontram a distâncias proporcionais aos seus pesos específicos e consta que, ao chegar a ela, teria dito uma frase, também célebre, "Dai-me um ponto de apoio e levantarei a terra".[7]

Na obra que intitulou *Arenário*, inventou um sistema para expressar números muito grandes, o que até então era impossível na numeração grega, que usava letras; para isso, calculou o número de grãos de areia necessários para encher o cosmo (isto é, a esfera das estrelas fixas), demonstrando que por maior que tal número seja, haverá sempre outro maior, mas sempre determinado ou determinável.

Acompanhemos algumas observações do filósofo Michel Serres sobre a importância decisiva das duas obras acima mencionadas. Aparentemente, não há muito sentido na hipótese do *Arenário*. Para que preencher a esfera das estrelas fixas com grãos de areia encaixados em bolas cada vez maiores? Arquimedes, diz Serres, é um geômetra do infinitesimal e defensor do átomo e a obra constrói um modelo do mundo que será retomado incessantemente pelos pensadores do infinitesimal, pois introduz o raciocínio por máximo e mínimo, o pensamento da constituição das idealidades por uma multiplicidade de elementos, e é o fundamento da obra de Lucrécio, o *De rerum natura*. Além disso, o *Arenário* antecipa de muitos séculos a teoria matemática dos Grandes Números.

Para entendermos o *Equilíbrio dos planos*, explica Serres, é preciso levar em conta o modelo proposto pelo *Arenário*, mas também não esquecer que Arquimedes é o teórico da queda e do impulso, do equilíbrio e do desvio do equilíbrio por inclinação, da formação de volumes estáveis e dos turbilhões espiralados, e da imersão desse modelo nos líquidos. O mundo de Arquimedes é um mundo dinâmico de revoluções de esferas, cilindros e quádricas, isto é, essencialmente de espirais cujo desempenho técnico (o parafuso) é vencer o peso para escoamento dos líquidos. A espiral, denominada espiral de Arquimedes, recebeu dele uma definição cinemática — "um ponto que *se move* uniformemente sobre uma reta" —, portanto, uma geometria inseparável de uma mecânica, que permitirá uma demonstração físico-geométrica da queda dos átomos, suas velocidades idênticas e o *clínamen*, o desvio que Epicuro afirmara por ser logicamente consistente. A espiral, que matematicamente coloca todos os pontos em conexão, fisicamente é o turbilhão, o movimento giratório dos átomos, que os reúne em um ponto. Podemos, então, compreender a estrutura do *Equilíbrio dos planos*: parte da balança, mas sob a condição de que ela penda para um dos lados, de sorte que, no início da obra, Arquimedes indica que a igualdade ou o equilíbrio são apenas casos particulares de proporções ou de ângulos. A estática só pode surgir como ciência quando a investigação dá prioridade menor ao equilíbrio e maior para todo fenômeno de inclinação ou de desvio.

Dessa maneira, pode-se perceber a extraordinária unidade do conjunto da obra arquimediana:

> Mundo dos conoides, em geometria (cone, em latim, pode ser traduzido por *turbo*); mundo hidráulico, onde pela primeira vez na história, as matemáticas modelaram os líquidos; mundo em desvio do equilíbrio [...]. Donde a coerência inesperada da obra arquimediana. Para os procedimentos de retificações, quadraturas e curvaturas, tratava-se também de enquadrar um estado no máximo e mínimo, por exemplo, por polígonos inscritos e circunscritos. O gesto é invariante. Avalia-se o que se passa à esquerda e à direita, e se o reduz ao meio. Os modernos se escandalizavam com o fato de que a demonstração da quadratura do segmento parabólico utiliza uma alavanca; mistura geometria e mecânica, diziam os modernos. Ao contrário, é de uma sistematicidade superior e testemunha em favor da unidade do método e da coerência de um mundo (Serres, 2003, pp. 36-7).

PARTE II

AS ESCOLAS NO PERÍODO IMPERIAL

Robert Harding/ LatinStock

Ruínas do fórum romano

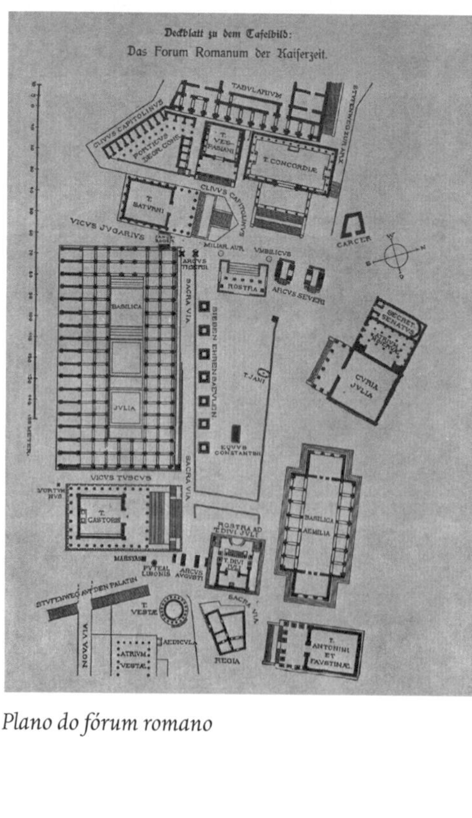

© Album/ akg-images/ LatinStock

Plano do fórum romano

Introdução à parte II
Roma, cidade eterna

Os grandes sistemas helenísticos costumam ser apresentados, na história da filosofia, divididos em dois períodos: o *antigo*, referido ao momento propriamente grego de sua elaboração, e o *romano* ou *imperial*, quando são reformulados sob a ação da cultura de Roma e da língua latina. Essa travessia dos tempos nos leva, portanto, do império helenístico de Alexandre à Roma republicana e imperial, contra a qual se formaram continuamente ligas de cidades gregas fiéis à Macedônia que lutaram sem cessar, desde o início da dominação, em 167 a.C., até a derrota final, entre 90 e 82 a.C.

Segundo os historiadores, a helenização cultural de Roma ocorre entre 167 e 146 a.C., período em que Roma destrói Cartago e domina a Grécia, com a tomada de Corinto. Esse período de vinte e três anos é narrado pelo historiador helenístico Políbio, para quem os romanos são únicos tanto pela extensão de seu império (nenhum dos povos imperiais, afirma Políbio, mencionando os persas, os espartanos e os macedônios, alcançou poderio de igual tamanho) quanto pela velocidade com que o conseguiram (em cinquenta anos dominaram não algumas partes do mundo, mas aproximadamente todo ele — e Políbio está escrevendo antes das conquistas de César, Pompeu e Otávio).

Ao escolher, significativamente, narrar a história de Roma tendo no centro o momento em que a Grécia sucumbe ao poderio romano, Políbio considera que as Guerras Púnicas decidiram o destino do mundo, uma vez que tanto cartagineses quanto romanos aspiravam pela instauração de um império universal. Eis por que, logo nas primeiras páginas da *História da ascensão do Império Romano*, Políbio escreve:

> Nossa História começa na 140ª Olimpíada, e os acontecimentos com os quais se inicia são estes: na Hélade, a chamada Guerra dos Aliados, a primeira delas comandada por Filipe da Macedônia, filho de Demétrio e pai de Perseu, numa aliança dos aqueus contra os etólios; na Ásia, a guerra pela posse da Coile-Síria, entre Antíoco e Ptolomeu Filipátor; na Itália, na África e regiões circunvizinhas, a guerra de Roma contra Cartago, que os historiadores chamam de Guerra Anibálica. [...] Em tempos passados, a história do mundo consistiu em episódios isolados, cujas origens e consequências estavam permaneciam com frequência dispersas em suas localidades, sem serem interligados por uma unidade de iniciativa e propósito. Doravante, porém, a história tornou-se um todo orgânico: os acontecimentos da Itália e da África estão ligados aos da Ásia e da Grécia, todos convergindo para um único fim. [...] Realmente, foi por causa da derrota imposta aos cartagineses, na Guerra Anibálica, que os romanos, sentindo que o primeiro e principal passo de seu plano de dominação mundial havia sido dado, ousaram, pela primeira vez, estender suas mãos com a intenção de apoderar-se do resto do mundo e ir com seus exércitos para a Hélade e os territórios da Ásia (Políbio, 1985, I, pp. 42-3).

DA REPÚBLICA AO IMPÉRIO

Habitada, até o século XII a.C., por migrantes do Sul da Europa e Norte da África, e, entre os séculos XII e VI a.C., por etruscos, ao Norte e Oeste do Tibre, por gregos, no litoral sul e na Sicília, e pelos itálicos, no Lácio, ao Sul do Tibre, a Península Itálica iria conhecer seu apogeu com a fundação de Roma, que estenderia seu domínio a todas as cidades da região. Embora a lenda atribua a fundação ora a Rômulo, ora a Enéas, o herói fugitivo de Troia, Roma foi fundada pelos itálicos depois do ano 1000 a.C., ficando sob o domínio das grandes famílias ou *gens** das quatro tribos fundadoras: suburana, palatina, esquilina e colina.

Como todas as sociedades patriarcais e todos os Estados antigos, nasceu sob a forma da monarquia. No entanto, como os gregos, os romanos também inventaram a política: embora o *paterfamilias** tivesse poder absoluto (*dominium**) sobre a casa (*domus*), havia separação entre o espaço doméstico e o público, este constituído por três assembleias ou comícios (centurial, curial e tribal) e o senado (conselho composto pelos chefes das *gens*), que discutiam e votavam as leis, além de elegerem os magistrados. O rei era eleito por seus pares, com função executiva e judiciária, enquanto a função legislativa pertencia ao senado, que possuía, efetivamente, o poder soberano; cabia à assembleia curial a função consultiva e à assembleia centurial, o poder para ratificar ou vetar as decisões do rei. Disputas e guerras civis entre o senado e o rei levaram ao fim da monarquia e à instalação, em 510 a.C., da república, que durará até 46 a.C., até que Roma passe à condição de império, em 31 a.C.

Socialmente dividida entre patriciado e plebe, ou entre os pais fundadores ou *patres* e seus descendentes (grandes proprietários de terras e chefes de tribos e famílias) e os plebeus (pequenos agricultores, comerciantes e artesãos pertencentes às camadas não proprietárias das tribos), Roma era uma república oligárquica, governada pelos patrícios que detinham a magistratura, constituíam o senado e monopolizavam o poder religioso e militar. Em 510 a.C., o rei foi substituído por dois cônsules com mandato de dois anos, eleitos pela assembleia centurial, empossados pela assembleia curial (da qual recebiam o *imperium**, o poder executivo) e ratificados pelo senado (do qual recebiam a *auctoritas patrum**, a autoridade dos pais fundadores). Foi instituída a figura do *dictator**, ditador, um homem eminente entre os magistrados, designado pelos cônsules em épocas de perigo para a república, com plenos poderes para decidir sem consultar as assembleias nem o senado, mas com o mandato de seis meses apenas. A administração pública era feita por magistrados inferiores, isto é, subordinados aos cônsules, que os designavam, e ratificados pelo senado — litores, edis, censores, pretores e questores —, dando à política romana dois de seus principais traços: a estrutura militarizada da organização do Estado e a gigantesca burocracia estatal. Todavia, uma das marcas da história romana é a reivindicação constante da plebe de participar no poder, uma vez que pagava impostos elevados e prestava serviço militar.

Ao final de uma das guerras civis, em 470 a.C., a plebe conseguiu ter representantes no senado, os tribunos da plebe (patrícios eleitos pelas assembleias tribais, nas quais a plebe era majoritária), com poder para proteger os plebeus vetando atos dos magistrados prejudiciais aos interesses da plebe. Dessa vitória resultou a publicação da célebre Lei das Doze Tábuas, que, embora mantendo o caráter oligárquico da república e a escravização dos plebeus por dívidas, reconhecia os direitos políticos da plebe e definia o governo de Roma como *SPQR*, *Senatus Populusque* Romanus*, o Senado e o Povo Romano.

As lutas plebeias prosseguiram durante um século e, em 362 a.C., a plebe conseguiu mais uma vitória: que um dos cônsules fosse plebeu e que plebeus pudessem ocupar cargos de magistrados inferiores (os cargos da magistratura não eram remunerados e por isso os plebeus mais pobres jamais puderam tornar-se magistrados). Visto que a lei determinava que um cônsul, terminado o mandato, passava a integrar o senado, os plebeus quebraram o monopólio dos patrícios no senado. Sua vitória final ocorreu em 287 a.C. com a publicação da Lei Hortensia, que determinava que as decisões tomadas pelas assembleias plebeias — o *plebiscitum*, plebiscito — tornavam-se obrigatórias para todo o povo, quer aprovadas ou não pelo senado. Evidentemente, não estamos diante de revoluções populares democráticas, mas de uma luta dos plebeus mais ricos contra o monopólio do poder pelo patriciado, sem contestar jamais o caráter oligárquico da república.

Para compensar o patriciado de suas derrotas políticas, dando-lhe mais terras, e para afastar os plebeus de Roma, fixando-os no campo, Roma foi anexando todos os territórios da Itália, completando a conquista em 265 a.C. Inicia-se o imperialismo militar e econômico romano, cujo primeiro grande momento, como salienta Políbio, foram as três guerras púnicas contra Aníbal (na primeira, Roma conquista a Sardenha e a Sicília, na segunda, a Espanha, na terceira, parte do Norte da África) com a destruição de Cartago, e a expansão para o Mediterrâneo oriental, dominando Grécia, Macedônia e Egito.

Com essas primeiras conquistas, que aumentam o número de latifúndios, de escravos e da plebe urbana, vinda das terras desapropriadas pelos conquistadores, surge uma classe social de "homens novos", isto é, aqueles que se enriqueceram com as conquistas, conseguindo a posse de terras e pequenos títulos de nobreza. Tornando-se mais complexa social e economicamente, Roma tornou-se palco do crescimento das lutas sociais e políticas: disputas entre o senado e os cônsules e entre estes últimos (das quais as mais importantes serão aquelas envolvendo, primeiro, o senado, Mário e Sila, e, depois, os triúnviros Crasso, Pompeu e Júlio César), insurreições de escravos (a mais célebre delas tendo sido a revolta de Espártaco), rebeliões nas regiões conquistadas (entre as quais, as revoltas das cidades gregas) e a luta dos sem-terra contra os latifundiários, a célebre *Revolta dos Gracos*.[1]

Roma responde às lutas sociais e políticas com a única resposta que conhece: a conquista militar. Julga que solucionará suas dificuldades com a expansão territorial e inicia a conquista do Mediterrâneo ocidental, do restante do Norte da África, da Síria e da Palestina. Essas empresas militares, porém, redundam em novas e mais ferozes lutas que culminarão com a subida de Júlio César ao poder, na qualidade de ditador perpétuo.[2] Seu assassinato e as disputas entre seus herdeiros conduzirão Otávio ao poder, encerrando a república.[3] Declarado *princeps** — o primeiro dos cidadãos —, *augustus** — consagrado pelos augures —, pontífice magno e Pai da Pátria, sacrossanto e inviolável, e recebendo do senado e do exército o título de *imperator** — detentor do poder executivo, legislativo e militar —, Otávio Augusto inicia o principado, isto é, o Império Romano.

Declarando que Roma é e sempre será uma república da qual ele, como *princeps*, é apenas o primeiro dos cidadãos, Augusto pretende restaurar em grandeza, força e potência as glórias da Roma republicana, mas, verdadeiramente, imperial. O Século de Augusto é o momento do apogeu de Roma. O imperador institui a *Pax Romana* ou *Pax Augusta* em todos os territórios conquistados, dando aos chefes e governantes locais o título de "amigos de Roma"; reforma a tributação e os impostos, satisfazendo aos pequenos proprietários de terra e aos homens livres ricos da plebe urbana; cria incentivos para a agricultura e distribui terras aos generais aposentados para mantê-los longe de Roma e das conspirações políticas; centraliza a coleta de impostos e taxas, controlando todo o dinheiro público; centraliza e uniformiza os tribunais de justiça, sistematiza o Direito Romano, agora dividido em *jus civile* (as leis do Estado) e *jus gentium* (o direito privado), promulga leis sobre a propriedade privada (contratos, usufruto, usucapião, divórcio, casamento perfeito, adultério, prole, sistematizando os problemas envolvidos com as heranças) e se torna, enquanto chefe do Estado, *dominus*, isto é, senhor e proprietário de todas as terras de Roma ou do *dominium romanum*, podendo cedê-las, por contrato, a terceiros, seja como propriedade privada, seja como posse. Como Alexandre, que se propusera a civilizar o mundo helenizando-o, Augusto também se dá a missão civilizadora, romanizando o império com a promoção do desenvolvimento das artes, literatura, ciências e filosofia, num gigantesco esforço para latinizar o helenismo.

Em suas obras *Economia antiga* e *A invenção da política*, o helenista Moses Finley assinala a diferença entre a organização social romana e as da Grécia e do Oriente. Os gregos dividiam-se em homens livres, escravos e estrangeiros, os orientais, em castas e dinastias, enquanto os romanos se organizavam em ordens e estamentos. As ordens vieram da organização militar romana e os estamentos, das condições econômicas e políticas impostas pela história de Roma. O funcionamento de ambos se realizava por intermédio daquilo que é outra das marcas romanas, o instrumento jurídico.

Uma ordem, explica Finley, é um grupo de indivíduos definido em termos jurídicos no interior de uma população, gozando de determinados privilégios, mas também submetido a certas incapacidades em vários domínios de atividades (governamental, militar, legal, religiosa, econômica, matrimonial), situando-se numa relação hierárquica com outras ordens, subordinando as inferiores e subordinada às superiores. Havia, em Roma, duas ordens fundamentais: patrícios e plebeus (proprietários de terra e não proprietários,[4] cidadãos e não cidadãos), mas, desde a república e as lutas plebeias, o sistema se tornara móvel e maleável, os plebeus podendo, sob certas circunstâncias, ascender ao patriciado, embora um patrício jamais perdesse sua ordem. Essa divisão social não significa necessariamente uma divisão entre pobres e ricos, pois havia patrícios pobres e plebeus ricos, de sorte que as lutas sociais podem ocorrer (como de fato ocorreram) entre *optimates** (os aristocratas, ou os "melhores") e *populares* (os plebeus), quando estes últimos, enriquecidos ou tendo obtido, como chefes militares, vitórias em guerras, buscavam alterar sua posição e subir na escala das ordens, forçando a criação de ordens novas, intermediárias entre as duas principais. A ascensão à ordem aristocrática instituiu a figura dos "homens novos", plebeus ricos membros de uma pequena nobreza não hereditária.

A maleabilidade do sistema de ordens era conseguida pelo recurso ao estamento, ou *status civitatis*, o título político decisivo, pois definia a cidadania romana, e Roma o usava tanto para acalmar plebeus ricos e generais plebeus vitoriosos, quanto para conseguir a submissão de outros povos, conferindo aos "amigos de Roma" o título de cidadão romano.[5] Assim, o estamento formado por patrícios, homens novos e amigos de Roma constitui um grupo social com poder econômico e político: a nobreza, *nobilitas*, oposta à plebe pobre, aos escravos e aos estrangeiros sem cidadania romana.

É a partir da organização estamental da sociedade romana que se elabora uma ideologia muito determinada, tipicamente romana: a dos ofícios. Um ofício é uma função ou um cargo que possui atributos ou características que lhes são próprias, independentemente da pessoa que os exerça ou os ocupe. A honra e a dignidade, de que falam os discursos romanos, referem-se aos ofícios, de modo que ganhar ou perder a honra ou a dignidade não tem um significado psicológico e moral, como para nós, e sim um sentido sociopolítico objetivo, isto é, refere-se ao ganho ou à perda de uma função ou de um cargo e, portanto, a uma ascensão ou a uma queda na hierarquia social. A ideologia dos ofícios, elaborada pelos "homens novos" da nobreza estamental, encontra uma de suas exposições mais acabadas numa obra de Cícero, *Dos ofícios*, na qual estabelece uma distinção, que iria perdurar até o Renascimento, entre os ofícios dignos do homem livre e os indignos dele, em outras palavras, o que ficou conhecido, a partir da obra de Varrão, como a distinção das artes (ou técnicas) em liberais e servis ou mecânicas.

São artes liberais, ensinadas aos jovens da nobreza, a gramática, a aritmética, a geometria, a retórica, a astronomia, a música e a filosofia; são artes servis ou mecânicas todas as outras atividades humanas que dependem do trabalho das mãos, aí incluídas, por exemplo, a medicina, a pintura, a escultura, a navegação e o comércio. Na classificação de Cícero, além das sete artes liberais, a agricultura era considerada a principal delas, condição de todas as outras, não como cultivo direto da terra — trabalho de escravos —, mas como propriedade da terra que propicia riqueza e ócio para dedicar-se ao pensamento e à política. O homem livre ou liberal pode admirar e patrocinar a obra e a habilidade de um homem servil ou "mecânico", mas será indigno de seu estado praticar um ofício servil ou "mecânico".

Da organização estamental provém uma distinção que reencontraremos em todo o pensamento político europeu até o século XIX — a distinção entre o homem livre ou independente e o dependente, que o Direito Romano define como "aquele que está sob o direito de outro" (*alienus juris**). São dependentes, além das mulheres e das crianças, os que trabalham por salário, por dívida ou por escravidão. Abaixo dos dependentes encontram-se os que não possuem ofício algum, os mendigos.

Finley observa que, a partir de Augusto e suas reformas, os problemas sociais não se encontram, como foi o caso no passado, nos escravos (cuja posição é juridicamente muito clara), nem nos plebeus ricos (que ascenderam à nobreza estamental, ainda que, no plano das ordens, possam ter permanecido fora do patriciado), mas nos plebeus pobres que se consideram cidadãos romanos, ao mesmo tempo que são "mecânicos" e, portanto, pertencem ao estamento dos homens servis, sem serem escravos. Como consequência, Roma, que quando não consegue dar uma "solução" militar a uma dificuldade social ou política, sempre a resolve pela via jurídica, passa a distinguir juridicamente duas classes sociais, os *honestiores* (honrados) ou *homens bons*, isto é, as classes superiores (a ordem patrícia e o estamento da nobreza), e os *humiliores*, isto é, as classes subalternas (a plebe urbana pobre constituída pelos artesãos e pequenos comerciantes).[6]

No campo, a divisão social é um tanto diferente. Durante a república, existem patrícios latifundiários, pequenos proprietários plebeus e escravos; no início do império, acrescentam-se os locatários, que administram as terras dos patrícios que, agora, vivem em Roma, e camponeses livres, antigos pequenos proprietários que perderam suas terras por dívidas. Com a expansão do império e a tentativa de Augusto de satisfazer aos patrícios, aos plebeus ricos e aos generais plebeus dando-lhes terras, o imperador se torna senhor do fundo público, isto é, as terras romanas tornam-se propriedade do imperador que as cede a quem desejar, mas cobra altos impostos e taxas, com os quais sustenta as campanhas militares e a plebe pobre urbana ("pão e circo", isto é, distribuição de trigo e diversão). Essa situação tributária produz duas consequências principais: pequenos proprietários endividados migram para Roma, indo engrossar as fileiras dos *humiliores*, enquanto outros pequenos proprietários, locatários e camponeses livres buscam a proteção dos grandes latifundiários, pagando-os com trabalho, produtos e cessão de terras, tornando-se *coloni*, colonos. O *colonato*, no campo, corresponde aos *humiliores*, na cidade.

O Império Romano conhece, assim, uma organização social fortemente hierarquizada e centralizada em cujo topo se encontra o imperador, abaixo dele, a burocracia imperial (os que cuidam do Direito e dos tributos e mantêm a organização militar), os exércitos, a nobreza (patrícios, homens novos e amigos de Roma, os *honestiores* ou *homens bons*), a plebe urbana (os *humiliores* ou *homens vis*), a plebe camponesa (os *coloni*) e os escravos.

Como observa o historiador Perry Anderson em sua obra *Passagens da Antiguidade ao Feudalismo*, a história política e social de Roma difere da grega porque nela, diferentemente do que aconteceu na Hélade, a aristocracia hereditária jamais perdeu o poder político e econômico, encontrando meios para conservar-se ampliando-se com os "homens novos" e os "amigos de Roma". Concedeu poderes à plebe, mas jamais perdeu a hegemonia política e o poderio econômico, ainda que nem sempre as mesmas famílias estivessem na direção do Estado e das riquezas. Controlava a plebe por meio de uma instituição que existira na Grécia, mas que, em Roma ganhara novo sentido, o *evergetismo*.

Com efeito, havia na Grécia, como mostram os historiadores Moses Finley e Paul Veyne, uma instituição denominada *liturgia*, por intermédio da qual os muito ricos eram levados a devolver parte de sua riqueza à cidade, construindo templos, teatros, monumentos, estátuas, patrocinando festivais e competições. No caso de Roma, porém, o evergetismo, mesmo que inicialmente tivesse tido o mesmo sentido que a liturgia grega, logo ganhou nova significação, tornando-se o meio para os patrícios conseguirem os favores da plebe em suas assembleias, ou dos exércitos para que estes forçassem a aprovação de leis ou de nomes para o senado, o consulado ou as magistraturas. Mais tarde, com Augusto, converteu-se numa prática necessária aos imperadores seja como distribuição de terras e cargos à nobreza, seja com o "pão e circo" para a plebe. A chamada *liberalidade*, convertida pelos pensadores romanos em virtude política e moral, era a prática do evergetismo tanto com recursos privados quanto com recursos públicos, garantindo a hegemonia aristocrática.

Outra peculiaridade romana, que distingue Roma da Grécia, foi a capacidade para estender a dominação imperialista integrando os conquistados em seu sistema socioeconômico. Assim, ao conquistar a Itália, Roma não exigiu tributos, mas soldados, honrando os conquistados por considerá-los aliados e deixá-los armados; ao conquistar toda a área do Mediterrâneo e do Atlântico, outorgou cidadania romana aos conquistados, na qualidade de "amigos de Roma"; enfim, ao conquistar a Ásia Menor, não destituiu os dirigentes locais, mas os integrou ao sistema político e à burocracia romanos.[7] Essa peculiaridade decorria do sistema de ordens e estamentos que, como vimos, permitia juridicamente alargar um estamento sem tocar na divisão fundamental entre patrícios e plebeus. Mas a *causa* da peculiaridade romana encontrava-se em sua economia, isto é, num sistema econômico fundado no grande latifúndio, obtido pelas guerras de conquista e cultivado pelos pobres das regiões conquistadas, escravizados e dirigidos por uma aristocracia urbana. O grande latifúndio escravista criou, de um lado, intermináveis conflitos entre a cidade e o campo (fenômeno desconhecido na Grécia), e, de outro, a enorme plebe urbana com suas lutas e reivindicações, juntamente com a mobilização militar permanente de pequenos proprietários e camponeses das terras do império que, abandonadas pelos que eram forçados a participar das guerras, geravam pobreza e aumento tanto da escravidão por dívidas quanto da migração que fazia crescer a plebe urbana. No entanto, firmara-se o circuito no qual a guerra trazia terra, tributos e escravos, estes traziam riqueza e esta trazia meios para novas guerras.

Enfim, outra novidade romana encontra-se no modo como Roma unificou todos os povos conquistados: o Mediterrâneo Oriental e a Ásia Menor foram *integrados* a Roma, enquanto o Mediterrâneo Ocidental e o Norte da Europa foram *colonizados* por Roma, que os latinizou. Para que isto pudesse ser feito, Roma inventou o Direito Privado e, com ele, a ideia de propriedade absoluta romana (*dominium ex jure quiritium*), sem qualquer restrição externa, estabelecendo a diferença jurídica entre posse (detenção de fato de um bem) e propriedade (detenção de direito de um bem). A terra (solo de Roma, em Roma e em tudo quanto esteja sob seu poder), *ager publicum romanum*, é propriedade do Estado, que a concede seja como posse, seja como propriedade privada completa.[8]

Foi este estatuto jurídico do solo público que garantiu a *Pax Romana* ou *Pax Augusta*, que consistiu, principalmente, nos atos de Augusto distribuindo trigo dos celeiros egípcios à plebe urbana e terras aos exércitos, aos homens novos e aos amigos de Roma, porém, simultaneamente, aumentando o soldo militar e formando um exército permanente no qual generais e soldados não mais precisariam reivindicar a posse de terras para conseguir honra e dignidade. Apaziguados patrícios, plebeus e "aliados", Augusto pôde, com o novo sistema tributário sobre as terras romanas, antigas e novas, conseguir riqueza estatal para a construção das estradas e o sistema postal que lhe permitia a comunicação rápida com todo o império, que ficava, assim, sob seu controle direto. Finalmente, ao considerar as terras dos proprietários italianos como parte do *ager publicum romanum* e, ao mesmo tempo, como propriedade completa daqueles latifundiários, Augusto os elevou à ordem senatorial e conseguiu sustentação social e política em Roma e fora de Roma. A *Pax Romana* perdurará por dois séculos, entrando em crise apenas no final do século III d.C., no período do Dominato.

Na introdução à parte I, mencionamos a ideologia dos historiadores da filosofia sobre a filosofia helenística e a interpretação de Hegel sobre sua conformidade ao mundo romano. Neste, escreve Hegel, tudo quanto havia de "belo e nobre na individualidade espiritual foi brutalmente varrido" pelo espírito prático romano, que estendeu sua regra abstrata ao mundo inteiro. Diante desse poder universal e abstrato, exterior e sem sentido concreto, o indivíduo não encontrava mais a referência de sua nação, de sua pátria e de seu Estado, forçando-se a se recolher numa individualidade interiorizada e a encontrar nela o refúgio da liberdade. À regra universal e abstrata do césar romano, que governa o universo civilizado, corresponde, filosoficamente, o elogio do sábio como indivíduo cuja vontade domina o mundo exterior e a si mesmo e que por isso considera-se livre mesmo sob grilhões.

> O mundo romano é o mundo da abstração, no qual uma única regra fria estendeu-se por todo o mundo civilizado. As individualidades dos espíritos nacionais vivos foram sufocadas e mortas; um poder estrangeiro, como um universal abstrato, pressionou pesadamente os indivíduos. Sob tais condições era preciso refugiar-se na liberdade interior do sujeito enquanto tal. E como o que era levado em consideração era apenas a vontade abstrata do governante individual do mundo, também o princípio interior do pensamento tinha que ser uma abstração capaz de trazer apenas uma reconciliação formal e subjetiva. Somente um dogmatismo erigido como princípio e efetivado sob a forma do intelecto poderia satisfazer a mentalidade romana. Essas filosofias são, pois, conformes ao espírito do mundo romano, visto que a filosofia em geral sempre se encontra em estreita conexão com o mundo em seu aparecer ordinário (Hegel, 1968, t. II, p. 235).

As filosofias helenísticas, portanto, "estavam conformes ao espírito do mundo romano", que produziu um patriotismo formal e um sistema do Direito, mas foi incapaz de produzir uma filosofia especulativa, oferecendo ao mundo apenas bons moralistas e advogados.

Podemos, porém, indagar se esta é a visão que os romanos têm de si mesmos. E temos que responder negativamente. Para tanto, examinemos brevemente a ideologia romana.[9] Para sua construção, quatro grandes temas se articulam:

o da república, o da fundação e autoridade, o da relação entre virtude e fortuna ou *romanitas*, e o de Roma "cidade eterna".

a) a república

Os historiadores observam que, diferentemente da Grécia, na qual os pensadores sempre escreveram contra a democracia (ou, como vimos, a elogiaram atribuindo-lhe valores aristocráticos), os escritores romanos (historiadores, retóricos, poetas, dramaturgos e comediógrafos, filósofos) sempre elogiaram a república e combateram sua decadência sob a ditadura de César e o império. Otávio, ao ser declarado imperador, insistia em ser chamado *princeps*, primeiro cidadão da república e, sob o domínio posterior dos césares, as decisões romanas sempre traziam o selo *SPQR*, por vontade e decisão do Senado e do Povo Romano — *Senatus Populusque Romanus*.

O motivo para a permanência da imagem da república deve-se, como observa Perry Anderson, ao fato de que o patriciado jamais perdeu o monopólio do poder, mesmo quando este não pertencia ao senado, rendido ao prestígio, ao poderio e à capacidade de corrupção dos imperadores. Sob o principado, a ideologia romana fez o elogio da república como regime misto, que, graças a Políbio e a Plutarco, fora atribuído a Aristóteles quando este definira o regime político perfeito. De fato, diziam os romanos, Roma é um regime misto perfeito porque reúne a monarquia (o *princeps*), a aristocracia (o senado) e a democracia (os tribunos da plebe e o plebiscito), devendo a isto sua estabilidade e potência para dominar o mundo.

De onde vem o privilégio conferido à república? Do outro tema ideológico diretamente relacionado ao republicano: o da autoridade e fundação.

b) a fundação e a autoridade

A palavra *auctoritas*, como nos mostra o linguista Emile Benvéniste, deriva-se do verbo latino *augeo*, que significa fazer vir à existência, dar início a uma atividade, e fazer aumentar ou crescer. Desse verbo provém a palavra *auctor*, autor, como aquele que primeiro realiza uma atividade ou aquele que toma a iniciativa de alguma ação, sendo, por isso, o que garante essa ação e responde por ela, aquele que funda alguma coisa, o fundador. O *auctor*-fundador é aquele investido de *auctoritas*, autoridade. A *auctoritas* é o ato de produzir alguma coisa pela primeira vez, é a qualidade da iniciativa que reveste um alto magistrado para realizar a fundação. Como escreve Benvéniste:

> Toda palavra pronunciada com autoridade determina uma mudança no mundo, cria alguma coisa; essa qualidade misteriosa é o que *augeo* exprime, o poder para fazer nascer uma planta, o poder para dar nascimento a uma lei (Benvéniste, 1978, p. 151).

Nesse sentido, a *antiquitas*, a antiguidade, é a autoridade: o passado fundador responde pelo presente e o garante, vinculando-o ao ato da fundação. Esta, realizada pelos *pais fundadores* ou os antepassados, os *majores* (nossos maiores) ou o *numen* (a vontade e o consentimento dos deuses que orientaram os antepassados cujo espírito vela pelos descendentes), detém a legitimidade do presente porque é capaz de *re-ligare*, ligar o que é ao que foi. O presente só tem valor e sentido enquanto *religio*, religião, isto é, como ligação com o tremendo esforço do passado fundador para criar a lei e a *urbs romana*, a cidade romana. Essa ideia preside todo o funcionamento do Direito Romano no qual nenhuma nova lei pode ser apresentada e aprovada se não encontrar no passado um *fundamentum*, um fundamento.

Ora, como observa Hannah Arendt, a marca peculiar da *auctoritas* é a de fazer com que aquele que detém a autoridade não detenha o poder, *potentia** e *potestas**: enquanto este último se baseia na força para conseguir a coerção, a autoridade é moral, baseando-se no respeito, ou seja, como escreve o historiador Mommsen, aquele que possui autoridade dá algo que é menos do que um mandamento e mais do que um simples conselho. Não é um mandamento porque não usa a coerção, própria do poder ou da *potentia-potestas*; mas não é um simples conselho, porque haverá risco se não for escutado ou obedecido. A ideologia romana afirma, então, que o senado possui a *auctoritas* dos *patres* ou dos *majores*, enquanto o povo (inicialmente representado pelo rei, depois, pelos cônsules e tribunos da plebe, e, finalmente, pelo imperador) possui o poder, a *potestas*.

Podemos, então, compreender que é isso que permite a conservação da imagem republicana de Roma, mesmo quando a república concretamente desapareceu. Em outras palavras, a ideologia consiste em afirmar que o poder dos ditadores e imperadores não afeta a autoridade do senado, devendo, pelo contrário, submeter-se a ela se não quiser ser considerado ilegítimo, usurpador, desligado da fundação.

Ainda outro elemento garante a manutenção da imagem republicana, mesmo quando Otávio é declarado *augustus*.

Do verbo *augeo* deriva-se ainda outra palavra, *augur*, augúrio, significando que os deuses produzem ou fazem existir um acontecimento assombroso cuja existência foi assinalada por presságios. *Augustus* é aquele dotado de *augur*, isto é, da capacidade para realizar um empreendimento divino pressagiado. O que foi pressagiado para Otávio, como narrará o poeta Virgílio, na *Eneida*? Que a ele estava destinada a missão deixada pelo fundador, Eneias: a de conferir a Roma a eternidade de sua fundação. Augusto, portanto, não teria sido o destruidor da república, mas aquele que a levou ao apogeu, cumprindo uma lei divina. Eis por que Augusto insistia em ser chamado *princeps*, o primeiro cidadão da república.

c) virtude e fortuna

Outro tema ideológico, diretamente articulado a este primeiro, é o tratamento dado ao par conceitual *virtus-fortuna*, virtude e sorte.

Quando lemos a *História da ascensão do Império Romano*, um aspecto sempre impressiona o leitor. Políbio indaga como foi possível, num período tão curto, a instauração de um império tão vasto e poderoso. E responde atribuindo o fato à fortuna, sempre favorável aos romanos, sempre governando os astros para o bom destino, o *fatum**,[10] de Roma. A cada episódio narrado, o historiador faz intervir a fortuna, mostrando que, sem seu favor, o desenlace teria sido terrível para Roma.

Embora Roma estivesse sob a proteção de Júpiter e Minerva, os romanos tinham especial predileção pela deusa Fortuna, representada como uma mulher vestida de branco, trazendo um cinto com os signos do zodíaco (controlava os astros ou o destino, o *fatum*, em favor de Roma) e, nas mãos, uma cornucópia repleta de bens doados aos romanos. Era cultuada por eles sob sete formas: protetora das colheitas, das parturientes, das donzelas, dos mancebos, dos guerreiros, do solo de Roma e dos governantes.

Todavia, os escritores romanos, sobretudo depois do contato com o estoicismo,[11] julgavam pouco elogiosa a imagem de Roma como filha da Fortuna e buscaram uma outra resposta para a pergunta de Políbio, encontrando-a na *virtus*, isto é, nas virtudes republicanas ou na *romanitas*.

Essa ideia, amplamente desenvolvida pelo historiador Tácito e pelo filósofo-orador Cícero, enfatiza as peculiaridades do povo romano (isto é, dos pais fundadores e dos patrícios) como um povo de costumes simples e frugais, acostumado à rigidez das intempéries, corajoso, justo e incorruptível. Essas qualidades morais da *romanitas*, por serem atribuídas exclusivamente ao patriciado, jamais à plebe, levaram Cícero e o filósofo estoico Sêneca à imagem da virtude como qualidade moral própria do bom governante e à elaboração da teoria do Bom Governo ou do Príncipe (o primeiro dos cidadãos) Virtuoso, as virtudes principescas sendo a justiça, a coragem, a fortaleza, a clemência, a liberalidade, a honra, a fama e a glória. A república romana criava homens virtuosos e estes perpetuavam a república; era causa e efeito da *romanitas*.

A ideologia do Bom Governante[12] descreve o dirigente perfeito como aquele movido pelo desinteresse pessoal e pela dedicação à coisa pública, homem racional e sereno — nem astuto como a raposa, nem feroz como o leão, escreve Cícero —, capaz de promover o bem maior da república, isto é, a união e a concórdia, vencendo o perigo maior que ronda a cidade, a sedição causada por facções. Em outras palavras, diante da realidade conflituosa das lutas sociais e econômicas romanas — a plebe contra o patriciado, o campo contra a cidade, o senado contra cônsules e imperadores, o exército contra o senado —, a ideologia romana produz a imagem da boa sociedade, "sem tensão e sem facção", como a "Oração fúnebre" de Péricles produzira a imagem da boa cidade, harmoniosa e concorde consigo mesma.

É essa ideologia que encontraremos nos escritores do período imperial, como Plutarco e Tito Lívio. O primeiro, grego de origem, escreve biografias de homens ilustres, insistindo que sua grandeza encontra-se na articulação que sempre souberam estabelecer entre virtude e fortuna. Tito Lívio narra a história de Roma como a feliz conjunção entre a virtude dos governantes e a Fortuna, enfatizando que o perigo maior da república encontrava-se naqueles sem virtude, isto é, na plebe, assim descrita por ele: irracional e arrogante quando domina, animal humilde e serva abjeta quando dominada. A plebe é temível quando não teme, dizem os latinos, depois de Lívio. A grandeza da república teria estado na capacidade contínua dos governantes para reter a fúria da plebe e a ganância da nobreza. Paz, segurança, concórdia e liberdade: eis as marcas da *romanitas* política.

d) a cidade eterna

A síntese dessas ideias encontra-se em três poemas, *Bucólicas*, *Geórgicas* e *Eneida*, do poeta de Augusto, Virgílio. O primeiro é o elogio da aristocracia agrária e dos costumes frugais dos corajosos antepassados de Roma em sua Idade de Ouro. O segundo é um manual de agricultura, redigido por Virgílio no momento em que Augusto está distribuindo terras e encorajando a fixação dos homens livres no campo para impedir, como vimos, o crescimento de uma plebe reivindicadora em Roma e conspirações de generais no senado. O terceiro é uma epopeia para a construção da imagem de Roma como cidade eterna, porque Júpiter prometeu ao fundador uma cidade ilimitada no tempo e no espaço, cuja história começa com Eneias, herói de Troia e filho da deusa Vênus, e termina com Augusto, pertencente à *gens* Júlia, também descendente de Vênus. Roma é eterna porque, sem limites no espaço e no tempo, foi fundada pelo descendente de um ser divino e concluída em seus fundamentos pelo descendente de um ser divino. *Antiquitas*, *auctoritas*, *augustus*, *religio* e *romanitas* são, assim, figuradas pelo imperador que, por seu turno, figura Roma.

O historiador Joël Schmidt resume o enredo da *Eneida*:

> Divinamente protegida pela deusa do amor e da fecundidade [Vênus], o destino de Roma se inicia com o périplo de Eneias que, partindo da Magna Grécia, fará escala em Cartago para, finalmente, chegar à costa da Itália. Os três grandes continentes, Europa, Ásia e África, estão, assim, simbolicamente visitados por Eneias, segundo os desígnios da providência de Júpiter para anunciar o império que Augusto reuniria sob seu cetro. Eneias é o duplo de Augusto, numa contração do tempo que só é permitida pela ideologia e a epopeia, mescla de história e ficção. [...] A *Eneida* faz da terra romana, tanto no Oriente quanto no Ocidente, a morada comum dos homens e dos deuses e de Augusto o sucessor natural de Eneias. [...] Há uma *cidade cósmica* em que o destino de Roma, o célebre *fatum*, e, por consequência, o destino do mundo, são conduzidos pela vontade de uma providência imanente de que Eneias é o instrumento central. [...] As *Bucólicas*, as *Geórgicas* e a *Eneida* formam o tríptico lógico da ideologia augustana: o retorno à Idade de Ouro que restabelece a concórdia, o retorno à terra nutriz através de um império ecumênico, e o retorno à tradição da fundação de Roma através da imagem de um imperador que, pela vontade dos deuses e malgrado ele mesmo, não pode furtar-se à potência simbólica de seu destino. [...] O culto imperial será a consequência lógica da nova ideologia que coloca o imperador no topo da hierarquia e o faz garantidor inconteste da unidade romana, graças ao *numen* que o habita, isto é, à sua marca divina (Schmidt, 1978, pp. 200-1).

Por sua vez, o historiador Norris Cochrane, em *Cristianismo e Antiguidade clássica*, observa que a *Eneida* é a construção de Roma como cidade cósmica porque, simultaneamente terrena e eterna, seu destino se identifica com a história mundial. Virgílio elabora a imagem de uma cidade que superou os impérios que conquistou: o mercantilismo bárbaro de Cartago, o dinasticismo helenístico e a teocracia asiática, simbolizados no poema pelo confronto entre duas deusas — Juno, que cria obstáculos ao caminho dos eneidas, e Vênus, que os faz cumprir seu destino. Esse percurso é também um aprendizado para Roma que deve descobrir que todos os impérios estão destinados ao declínio quando a virtude que os fez nascer e crescer estiola e é substituída por vícios. Aprendendo essa lição, Roma não terá fim: a *romanitas* destina Roma à eternidade, pondo um fim no tempo como *tempus edax*, isto é, o tempo que devora e destrói todas as coisas, fazendo-as envelhecer e morrer. Roma é imortal.

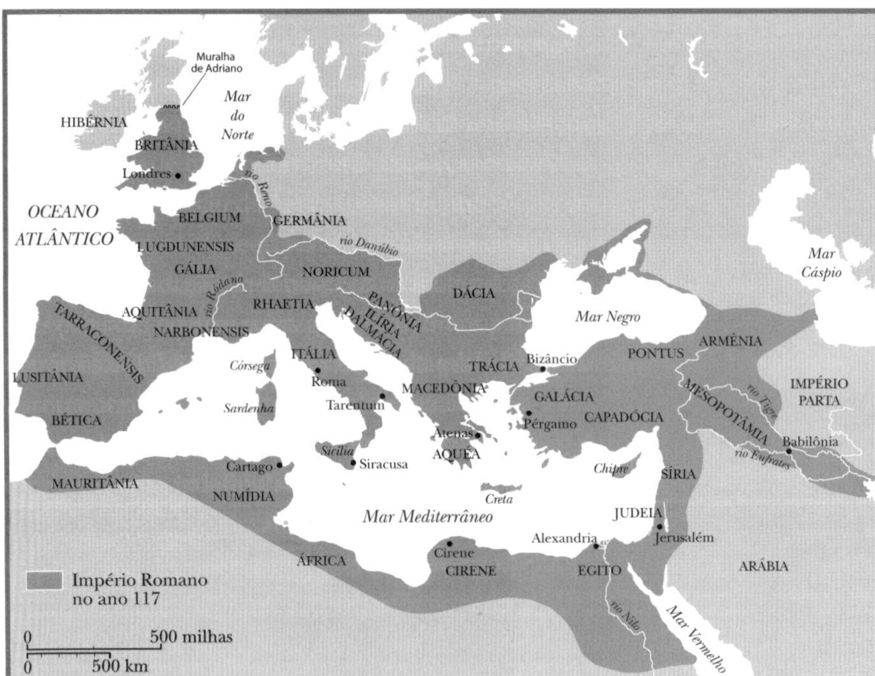
Muralha de Adriano
HIBÉRNIA
BRITÂNIA
Londres
Mar do Norte
OCEANO ATLÂNTICO
rio Reno
BELGIUM
GERMÂNIA
LUGDUNENSIS
GÁLIA
rio Danúbio
NORICUM
rio Ródano
AQUITÂNIA
RHAETIA
PANÔNIA
ILÍRIA
DALMÁCIA
DÁCIA
Mar Negro
Mar Cáspio
TARRACONENSIS
NARBONENSIS
LUSITÂNIA
BÉTICA
Córsega
Sardenha
ITÁLIA
Roma
Tarentum
MACEDÔNIA
TRÁCIA
Bizâncio
PONTUS
ARMÊNIA
GALÁCIA
Pérgamo
CAPADÓCIA
MESOPOTÂMIA
rio Tigre
IMPÉRIO PARTA
Babilônia
rio Eufrates
Atenas
AQUEA
Sicília
Siracusa
Cartago
MAURITÂNIA
NUMÍDIA
Chipre
SÍRIA
Creta
Mar Mediterrâneo
JUDEIA
Jerusalém
Alexandria
Cirene
CIRENE
ÁFRICA
EGITO
ARÁBIA
rio Nilo
Mar Vermelho
Império Romano no ano 117
0 500 milhas
0 500 km

5. Cícero: a filosofia fala latim

Ao se referir ao mundo romano como aquele que em nada contribuiu para a filosofia, oferecendo apenas advogados e oradores, é provável que Hegel tivesse em mente uma figura como a de Cícero, que foi as duas coisas. Talvez seja este o motivo pelo qual seu nome não figure na maioria das histórias da filosofia e, quando ali aparece, o historiador sempre busca uma justificativa para a referência a um pensador eclético e pouco original, cuja contribuição não vai muito além dos tratados de eloquência.

No entanto, Cícero foi um filósofo que deixou marcas profundas no pensamento político ocidental, pois, se comparado, por exemplo, a Sêneca — preceptor, conselheiro, ministro de Nero — e a Marco Aurélio — imperador —, foi o único que refletiu filosoficamente sobre a política republicana, escrevendo *Sobre a república* e *Sobre as leis*. A maneira como, em *Dos deveres*, concebeu a articulação entre a ética e a política por intermédio do conceito e da prática da virtude irá desaguar na construção da figura do Bom Governo quando, destruída a república, os filósofos romanos deixarão de colocar nas leis a origem das qualidades do regime político para fixá-la na pessoa do príncipe virtuoso. Também na ética sua contribuição não foi pequena: o modo como, nas *Tusculanas*, concebeu a paixão como doença da alma configurou um campo de pensamento que será desfeito (e apenas parcialmente) somente na modernidade.

Com Cícero, testemunhamos a síntese de dois momentos finais: o da filosofia grega, que passará a falar latim, e o da cultura republicana romana, que se manterá apenas como discurso de justificação do cesarismo. Essa posição determina a singularidade de seu pensamento, pois a defesa da filosofia que, diz ele, é "desconhecida de nossos romanos" se realiza pela crítica de que dedicar-se a ela imponha ócio, reclusão e abandono da atividade pública. Assim, no início do Livro II de *Sobre os deveres*, ele escreve:

> Não obstante, de tão grandes males [as tribulações de sua vida pública] creio ter vindo um bem: escrever sobre assuntos não muito conhecidos de nossos romanos e muito dignos de conhecer-se. Pois o que é mais digno de ser buscado, mais nobre, mais útil, mais digno do homem do que a sabedoria? Dá-se o nome de filósofos aos que aos que a estudam e a palavra filosofia não quer dizer senão amor à sabedoria (*Sobre os deveres*, II, 2).

Esse elogio da filosofia se completa com as palavras do Livro I de *Sobre a república*:

> Ainda mesmo que fosse lícito colher o maior fruto do ócio pelo doce e variado dos estudos a que me consagro desde a infância, e ainda mesmo que alguma calamidade se abatesse sobre todos minha condição não devesse ser pior, mas a mesma dos outros, não vacilaria em arrostar as maiores tormentas para a salvação de meus concidadãos, julgando sacrificar minha tranquilidade pelo bem comum. A pátria não nos gerou nem educou sem esperança de que nada façamos por ela, mas apenas para nossa comodidade. Não, ela deve reter para seu serviço o melhor de nossas forças e o que há de melhor em nossa alma, nosso espírito e nosso engenho [...]. Os sete varões que os gregos chamaram de sábios ocuparam-se com os negócios da cidade. E nada aproxima tanto a virtude humana da divina do que fundar novas cidades e conservar as já fundadas (*Sobre a república*, I, 4 e 7).

A VIDA

Conhecemos a vida de Marco Túlio Cícero por suas cartas, pela biografia escrita por Plutarco nas *Vidas*, pelas referências feitas por Aulo Gelo nas *Noites áticas* e Tácito nas *Histórias*, e pelos Padres da Igreja.

Cícero nasceu em Arpino, cidade do Lácio, a 3 de janeiro do ano 647 da fundação de Roma e 106 a.C. Pertencia à *gens* plebeia Cláudia, elevada à pequena nobreza como ordem equestre ou ordem dos cavaleiros. Aos dezesseis anos, foi iniciado pelos dois Cévolas (o áugure e o pontífice) ao estudo do Direito e do ritual. Aos vinte anos, cumprindo a obrigação legal do serviço militar, tomou parte da campanha de Sila contra os confederados italianos; de regresso a Roma, iniciou-se na filosofia com o acadêmico Filo de Larissa, o estoico Diodoro (com quem estudou a obra de Panécio) e o retor Molão de Rodes.

Aos 26 anos, começou a carreira pública como advogado, adquirindo fama ao ganhar uma causa na defesa de Róscio, acusado de parricídio por Sila, que era, na realidade, o responsável pelo assassinato. Com a fama veio também o ressentimento de Sila. Temeroso de alguma vingança por parte do ditador, Cícero deixou Roma e viajou à Grécia, onde ouviu Antíoco, que se afastara da Nova Academia e se aproximara do Pórtico; esteve em Rodes, onde ouviu Posidônio (a quem se ligou por laços de amizade), e em Magnésia, onde frequentou as aulas de retórica de Xénocles, Dionísio e Adramita. Com a morte de Sila, retornou a Roma.

Em 75 a.C., foi nomeado questor, na Sicília, recebendo a incumbência de aumentar a quantidade de trigo enviada a Roma pela província. Segundo Plutarco, agiu com justiça e equidade, conseguindo não só o exigido, mas também granjeando a simpatia e o respeito dos sicilianos. Data dessa época a ação que moveu contra Verres, ex-pretor da Sicília, que espoliara a região e era apoiado pelo patriciado. Cícero ganhou a causa ao proferir os discursos conhecidos como *Verrínias*, celebrizando a exclamação *O tempora, o mores*, "que tempos, que costumes!", com que ataca a corrupção reinante na república. Sua fama cresceu, mas também aumentou o número de seus inimigos.

Apoiado pelo patriciado, candidatou-se a cônsul e venceu Catilina, que também se candidatara e sobre quem corriam rumores de fratricídio, incesto e conspiração contra a república. Cícero fez abortar a conspiração e propôs a condenação de Catilina, conseguindo o apoio de todos os senadores, com exceção de Caio Júlio César. Datam dessa ocasião as célebres *Catilinárias*, a primeira das quais imortalizada com o *Quosque tandem abutere, Catilina, patientia nostra* — "Até quando, enfim, ó Catilina, abusarás de nossa paciência?". Por ter desbaratado a conspiração, o Senado e a plebe lhe conferiram o título de *pater patriae*, pai da pátria, "libertador e novo fundador de Roma".

Cícero era vaidoso, irônico e ferino. Esses traços, combinados à sua retidão pública, granjearam-lhe inimigos por toda parte. Os amigos de Catilina passaram a acusá-lo de ter feito executar seus partidários sem o devido processo. Disso se valerá Clódio. Jovem patrício descoberto ao penetrar às escondidas na casa de Júlio César durante a realização dos rituais secretos dos mistérios femininos, Clódio foi denunciado por Cícero, que o acusou de sacrilégio perante o Senado. Clódio, porém, foi absolvido. Fez-se então adotar por uma família plebeia para poder ocupar o cargo de tribuno da plebe e participar do Senado. Com essa posição, conseguiu que fosse aprovada uma lei que considerava culpado todo aquele que houvesse enviado ao suplício um cidadão sem o consentimento expresso da plebe. Cícero compreendeu, em vista das acusações dos amigos de Catilina, que a lei se destinava expressamente a ele: vestiu-se de luto, deixou crescer a barba e pediu aos amigos que o defendessem. O Senado e dois mil cavaleiros se enlutaram e montaram guarda à sua casa. Uns o incentivavam a bater-se; César o convidou a partir com ele para a Gália; Pompeu o abandonou. Cícero decidiu exilar-se, dirigindo-se para a Ásia Menor. Clódio conseguiu que se promulgasse um decreto de desterro, que lhe derrubassem a casa e confiscassem todos os bens. Evidentemente, depois de certo tempo, César e Pompeu se deram conta de que Clódio era um perigo para seus próprios planos e conseguiram que fosse levado aos tribunais, julgado e condenado. Pompeu reuniu o povo em assembleia e pediu o sufrágio para a volta de Cícero, que foi aprovada por aclamação unânime. Em setembro de 57 a.C. foi recebido com honras pelo Senado. Julgou, então, que a república precisava reencontrar os princípios de sua fundação e para isso escreveu *Sobre a república* e *Sobre as leis*. No primeiro, declara que "conservamos a república só de nome, na realidade, porém há muito a perdemos"; e no segundo, cunha a expressão famosa "seja lei suprema a salvação do povo".

Durante a guerra civil entre César e Pompeu, Cícero tomou o partido do último, cuja derrota o levou a refugiar-se em sua propriedade de campo, em Túsculo. Logo depois, acompanhou Pompeu, que conduziu o Senado para fora da Itália, para a Farsália, onde teve lugar um pseudogoverno republicano. Atacado e derrotado pelos exércitos de César, teve fim o governo de Pompeu e Cícero regressou a Roma. Ali governava Marco Antônio, investido no poder por César. Cícero retirou-se outra vez em Túsculo. Nessa época, sofreu talvez sua maior perda: a morte de sua filha Túlia, que o levou a escrever a *Consolação*.

Com a morte dos grandes inimigos de César (Pompeu, Catão e Cipião), Cícero declarou-se a favor do governo do ditador. Consta que, em 45 a.C., ao assassinar César, Brutus teria exclamado "Eis vingada a república, ó Cícero", mas este não participou da conspiração, embora tenha aprovado a morte do tirano. Logo, porém, se desgostou com as ambições dos tiranicidas, que aspiravam a ocupar o lugar de César, sem ter os méritos deste. Ainda uma vez, retirou-se em Túsculo, até que Otávio lhe pedisse para retornar ao Senado. Cícero acedeu ao pedido, imaginando que Otávio poderia contrarrestar a ambição de Marco Antônio, sem se dar conta de que auxiliava na destruição daquilo que mais prezara em toda sua vida, a república. Profere, então, os célebres discursos das *Filípicas*, em que, qual novo Demóstenes, retrata Antônio na figura tirânica de Filipe da Macedônia. No entanto, Otávio, Antônio e Lépido se uniram e formaram um triunvirato sem consultar o consulado. À frente do exército, Otávio entrou em Roma e se fez proclamar cônsul. Antônio pediu a cabeça de Cícero e Otávio a entregou a ele.

Em companhia de seu irmão Quinto, Cícero fugiu, mas foi alcançado pelos soldados de Antônio, às margens do mar Tirreno, a 7 de dezembro de 43 a.C., e assassinado aos 63 anos de idade. Por ordem de Antônio, foi degolado e teve as mãos cortadas. Levadas para Roma, sua cabeça e sua mão direita (com que escrevera as *Filípicas*), foram colocadas à frente da tribuna dos oradores no fórum, exibidas por Antônio como troféus. Depois, a cabeça foi enviada a Fúlvia, mulher de Antônio, que fora antes mulher de Clódio: ela trespassou com um alfinete de ouro a língua de Cícero.

Num de seus primeiros discursos, o *Pro Murena*, Cícero cunhou uma expressão que será repetida na fieira dos tempos e que podemos aplicar aos eventos que o levaram da sua aclamação como pai da pátria ao seu assassinato: *Nihil est incertius vulgo*, "nada é mais instável do que o vulgo".

A OBRA

Escrita entre as labutas do fórum, as disputas no Senado, os cargos governamentais e as intrigas da sociedade romana, a obra de Cícero é copiosa e, como vimos em outros capítulos, serviu como fonte importante para o conhecimento das escolas helenísticas cujos textos não chegaram até nós. Além de obras perdidas (traduções de Platão e Xenofonte, um tratado juvenil sobre Direito, *Hortêncio* — exortação à filosofia —, *Sobre os augúrios* — a respeito da função dos áugures romanos), de trinta e três discursos de eloquência política e jurídica, oito tratados de retórica e oitocentas e sessenta e quatro cartas, contam-se quinze tratados de filosofia,[1] integralmente conservados, com exceção de *Sobre a república*, de que possuímos fragmentos, e *Sobre as leis*, de que restaram apenas três dos seis livros que o compunham.

Um dos primeiros a escrever filosofia em latim, Cícero criou o vocabulário filosófico latino, não só traduzindo os termos gregos, mas também inventando neologismos, particularmente para o vocabulário estoico e para a medicina hipocrática. Sua familiaridade com a eloquência lhe deu particular sensibilidade e agudeza no tratamento da linguagem e, em várias de suas obras, chegou a discutir a pertinência dos próprios vocábulos gregos, procurando mostrar a superioridade do latim como língua mais rigorosa e precisa. Assim, por exemplo, no início do Livro III das *Tusculanas*, quando introduz a classificação terminológica e conceitual das diferentes formas de doença do ânimo — *insania, dementia, amentia* —, explica que não está simplesmente traduzindo o vocabulário grego, mas trazendo ordem e precisão aos termos porque, embora "seja certo que os gregos também o fizessem, as palavras lhes faltaram". Plutarco lhe atribui a invenção dos vocábulos *conceptio, conceptus, assentio, comprehensio, individuus, indivisiblilis, vacuum*. Introduz a palavra *repraesentatio* — que, na obra jurídica, ele definira como "estar no lugar de" e "fazer-se apresentar por um outro" — para traduzir *phantasía*. Cunhou os vocábulos *officium* para traduzir o conceito estoico de *kathekon*, *perturbatio* para traduzir *páthos*, *furor* para *mania*. Na abertura do Livro II das *Tusculanas*, depois de afirmar os melhoramentos que a eloquência latina imprimiu à retórica grega, declara que o mesmo poderá acontecer com a filosofia, se esta passar de Atenas para Roma:

> Exorto a todos que arrebatem da Grécia já enlanguescida e transfiram para nossa urbe também a glória deste gênero, como nossos maiores, com dedicação e indústria, transferiram todos os demais, ou pelo menos os que eram desejáveis. [...] *Que nasça de nossos tempos a filosofia com letras latinas* [...]. E se esses estudos forem transladados aos nossos, nem sequer necessitaremos das bibliotecas gregas, nas quais há incontáveis livros porque foram incontáveis os escritores, pois isso acontecerá também com os nossos, se muitos estudarem e forem instruídos a filosofar com ordem e método, empregando a precisão do dissertar (*Tusculanas*, II, 5 e 6; grifos meus).

Na verdade, Cícero vai mais longe, pois não só afirma a superioridade do latim sobre o grego, como ainda sugere a antiguidade da própria filosofia entre os latinos quando, na abertura do Livro IV das *Tusculanas*, menciona o fato de Pitágoras ser um homem da Magna Grécia, isto é, da Sicília, sendo muito provável que tenha inspirado Numa Pompílio ("que foi considerado um pitagórico pela posteridade") e a lei fundadora de Roma, a Lei das Doze Tábuas. Além disso, outra prova de que a filosofia era de algum modo cultivada entre os latinos está no fato de Atenas, ao contestar as ações romanas, ter enviado como embaixadores três filósofos, sabendo que assim seria compreendida pelo Senado. Todavia, Cícero com frequência dirá que os romanos, empenhados na vida prática, pouco cuidado tiveram com o filosofar, de maneira que sua obra vem preencher essa lacuna ao explicitar a articulação entre a teoria e a prática, o ócio e os negócios públicos.

O ecletismo como método

Os tratados filosóficos de Cícero estão escritos em forma de diálogo. Essa escolha, como explica o latinista Milton Valente, exprime seu *ecletismo acadêmico*.

Estamos habituados a tomar o ecletismo como a mistura um tanto desordenada de opiniões e formas de conduta vindas de diferentes origens e nem sempre concordantes. Não é o caso. O termo grego *eklegein* significa selecionar e reunir as partes selecionadas. O ecletismo é um *método* que seleciona e escolhe teses oriundas de sistemas diversos reunindo-as num todo novo e original. Cícero é um eclético, mas, como explica Milton Valente, um eclético *acadêmico*, ou seja, inspirado no probabilismo razoável de Carnéades — isto é, o método do pró e contra — e na dialética socrática. Examina teses de diferentes procedências, busca o ponto em que se contradizem e em que concordam, determina qual delas é superior à outra e a adota, modificando seu sentido inicial graças à sua articulação com outra, de origem diferente, também escolhida como a melhor. O confronto das opiniões não leva à suspensão do juízo, mas à descoberta do provável e do verossímil, que podem ser aceitos sem risco de dogmatismo. Cícero trabalha sobre o dissenso para chegar ao consenso. É esse procedimento metódico que vem se exprimir sob a forma do diálogo.

Nas *Tusculanas*, Cícero recorda que no *Hortêncio* (obra que se perdeu) defendera a filosofia contra seus vituperadores, que a acusavam de não chegar a parte alguma porque perdida em controvérsias. Ora, diz ele, a polêmica e a dissensão revigoram a filosofia e as escolas puderam avançar no conhecimento justamente porque recolheram das outras os pontos de concordância e examinaram suas discordâncias. Há, portanto, um legado filosófico que se enriquece com as disputas. Por isso,

> Defenda cada qual o que pensa, pois os juízos são livres. Nós manteremos nossa posição e, não constrangidos pelas leis de nenhuma escola particular a que forçosamente obedeceríamos, sempre buscaremos, em filosofia, o que, em cada coisa, é o mais provável (*Tusculanas*, IV, 4).

Podemos ver em ação esse modo de pensar quando Cícero trata, por exemplo, do conhecimento. De fato, nos *Acadêmicos I*, ele reafirma o princípio de todas as escolas helenísticas — conhecer a natureza do sumo bem para viver virtuosamente, isto é, na felicidade. Esse conhecimento, como também professam todas as escolas, exige o estabelecimento do critério da verdade, pois

> Não pode ser sábio quem ignore ou o princípio do conhecimento ou o termo do apetite, de modo a ignorar de onde se deve partir e aonde se deve chegar (*Acadêmicos I*, II, 9).

O ponto de partida é, portanto, a determinação do princípio do conhecimento, pois deste depende a determinação do ponto de chegada ou "o termo do apetite". O primeiro critério é trazido pelo testemunho dos sentidos e pela experiência, que, embora não ofereçam certeza absoluta, mas apenas o provável, são indispensáveis para o uso da vida. Cícero adota, portanto, a perspectiva da Nova Academia.

> A singular diferença entre nós e os outros filósofos é que, quando eles dizem que existem coisas certas e coisas incertas, nós dizemos que há coisas prováveis e coisas improváveis. Que me impede de acompanhar o que me parece provável e rejeitar o que tal não me parece, assim como evitar o tom arrogante e afirmativo e a temeridade, tão afastados da sabedoria? Se nossos acadêmicos punham tudo em discussão, possivelmente era porque nada se pode descobrir senão pulsando os prós e os contra (*Sobre os deveres*, II, 2).

Não é casual o apreço de Cícero pelos acadêmicos. A experiência republicana dos debates — o pró e o contra — neles encontra um bom fundamento. Mas não só isso. Em suas obras retóricas, Cícero dá especial destaque a uma qualidade que deve estar presente no caráter do orador e no conteúdo do discurso, o *decorum*. Ora, este se define como o que está conforme aos bons costumes e pela conveniência entre o preceito e a representação verossímil do que deve ser. Assim, nada mais próximo da perspectiva ciceroniana do que o verossímil acadêmico.

Ora, no *De officiis*, o decoro é definido como "o que convém à excelência do homem naquilo em que sua natureza difere da dos outros animais". Em outras palavras, o decoro se refere à racionalidade do homem. Torna-se claro, portanto, o segundo critério do conhecimento proposto por Cícero, qual seja, o senso comum, entendido como consenso universal de todos os homens. Agora, porém, deixamos as terras acadêmicas e entramos em águas estoicas, pois o senso comum é entendido à maneira da *prolépsis* estoica, tal como Panécio a concebe, isto é, como pré-noções inatas universais ou, na linguagem ciceroniana, *semina*, sementes de virtude, que, "sem doutrina", todos os humanos possuem porque a natureza lhes dá a luz natural (*naturae lumen*). A perda dessas primeiras verdades inatas é decorrência da corrupção dos costumes e das falsas opiniões a que ela nos conduz, desviando-nos do bom caminho ao qual, felizmente, a filosofia poderá nos devolver.

> Com efeito, trazemos ao nascer as sementes inatas (*semina innata*) da virtude, que, se pudéssemos amadurecer, a própria natureza nos conduziria à vida feliz. Mas tão logo somos dados à luz, somos admitidos na família, nos encontramos imediatamente em meio inteiramente falseado e no qual a perversão das opiniões é completa, de tal modo que parecemos ter sugado o erro com o leite das nutrizes (*Tusculanas*, III, I, 2).

A POLÍTICA

Políbio, Panécio e os três filósofos embaixadores que, ao se insurgir contra as injustiças do império, Atenas enviou a Roma (o acadêmico Carnéades, o peripatético Clitômaco e o estoico Diógenes) evidenciaram para Cícero a ausência de reflexão política entre os romanos e a urgência de realizá-la. Ele o faz em *Sobre a república* e em *Sobre as leis*.

Sobre a república se inicia com o elogio dos homens públicos, tanto os fundadores de cidades quanto os que as salvam dos perigos das guerras e do desrespeito aos costumes e às leis. Esse elogio tem duas finalidades principais: a primeira, ressaltar que a virtude é condição do amor pátrio; a segunda, combater os que julgam que a sabedoria é incompatível com a vida pública. Afinal, os sete varões a que os gregos deram o nome de sábios foram homens públicos e "nada aproxima mais a virtude humana da divindade do que fundar cidades novas e conservar as existentes".

Cícero apresenta, então, o objetivo da obra: expor os fundamentos da vida civil, tarefa que ele se julga capaz de realizar porque reúne a experiência da atividade política, o estudo da história e o da filosofia. À maneira platônica, Cícero o fará narrando um diálogo que, tempos antes, se travara entre Cipião, o Africano, filho de Paulo Emílio, e um grupo seleto de jovens patrícios, desejosos de com ele aprender a arte política. Assim, a personagem central de *Sobre a república* é Cipião Emiliano, chefe do partido aristocrático, defensor dos antigos costumes, leitor de Platão, amigo de Panécio e Políbio.

Para discorrer sobre o assunto, explica Cipião, é preciso começar definindo o sentido da palavra que será empregada, pois "sem essa precaução, não se saberá sobre qual assunto se discute". Trata-se, portanto, de começar definindo o que seja a *res publica*, a coisa pública.

> A coisa pública (*res publica*) é a coisa do povo (*res populi*). Povo não é qualquer aglomeração de homens reunidos de qualquer modo, mas o conjunto de uma multidão de homens associados pelo consenso do direito (*iuris consensu*) e da utilidade comum (*utilitatis communione*). Quanto à causa primeira dessa associação, não é tanto a fraqueza, mas uma certa propensão natural dos homens a se congregar, pois os homens não são feitos para a solidão nem para uma vida errante (*Sobre a república*, I, 39).

Essa definição opera a identidade entre público e povo e entre este e a associação segundo o direito e a utilidade comum. A coisa pública é a associação de homens pelo reconhecimento de um direito e de uma utilidade comuns, portanto, pelo consenso quanto ao justo (*ius*) e ao interesse (*utilitas*) de todos. Sua causa não é a fraqueza — o medo diante da natureza e da morte, como julgam os epicuristas —, mas o instinto gregário. Em outras palavras, os homens precisam uns dos outros e o instinto põe como natural a origem da república. Cícero reformula o que dissera Aristóteles. Para este, o homem é por natureza um animal *político*;

para Cícero, o homem é por natureza um animal *social*. Passa-se da sociabilidade natural à *civitas*, isto é, à associação política ou sociedade civil quando

> os grupos se fixam num lugar determinado para aí permanecer e depois, por seu trabalho acrescentado à força natural do local escolhido, erguem casas, templos e praças e lhe dão o nome de vila ou fortaleza. Todo povo, isto é, uma multidão agrupada nas condições que expus, toda cidade (*civitas*), que é a constituição de um povo, toda coisa pública (*res publica*), que eu disse ser coisa do povo, para ser duradoura necessita ser governada por algum órgão deliberativo (*consilium*). E este órgão deve primeiramente estar sempre unido à causa que engendrou a cidade (*civitas*) (*Sobre a república*, I, 41).

A instituição do Estado se dá, portanto, com a instituição de um órgão de deliberação, ou seja, um governo; e sua estabilidade e longa duração dependem de uma única condição, a que se mantenha unido à sua causa instituinte o povo formado pelo consenso do direito e da utilidade comum. Quando isto acontece, diz Cipião, *a cidade é eterna*.

Ao governo cabe o *imperium*, o poder de ordenar e comandar o povo sob a autoridade do direito natural (o senso natural de justiça) e do direito civil (as leis positivas). Certamente há vários tipos de governo, conforme o *imperium* esteja nas mãos de um só (realeza), de vários cidadãos escolhidos dentre o povo como os melhores, os *optimates* (aristocracia), ou de todo povo (governo popular). Ora,

> Na realeza, a generalidade dos cidadãos não toma parte nem na feitura das leis nem nas decisões a tomar; sob a autoridade dos melhores, a massa não pode ter muita liberdade, pois está privada de participar nas deliberações e no poder; quando todo o povo tem o governo, mesmo que dê provas de sabedoria e moderação, a igualdade reinante é iníqua porque suprime a gradação dos méritos. [...] Falo das três formas de governo sem considerar suas perturbações. Além dos defeitos que apontei, possuem outros muito graves: não há um só que não possa, por degradação, deslizar e transformar-se num regime muito próximo e detestável (*Sobre a república*, I, 37-8).

Estamos, assim, diante da descrição clássica das diferentes formas de regimes políticos, seus defeitos e sua corrupção, isto é, o risco de se degradarem em suas contrafações: a concentração do poder faz a realeza deslizar para a tirania; as ambições dos *optimates* levam a aristocracia para a oligarquia; o desprezo pela ordem e pela obediência conduz o governo popular à demagogia.

A originalidade de Cícero, porém, está em propor uma mudança de foco para avaliar os regimes políticos. Em lugar do número de governantes e do risco da corrupção, o critério de avaliação é a liberdade: a condição de um Estado, declara Cipião, depende da vontade de quem o governa e em nenhuma cidade pode reinar a liberdade se o povo não for soberano. De qual dos regimes políticos isso pode ser dito? Bem examinados cada um deles, deve-se dizer: de nenhum. A ausência de liberdade é evidente na realeza e na aristocracia: em ambas, perde-se o vínculo entre o *imperium*, o *consensus iuri* e a *communis utilitas*, ou seja, entre o governo e o que lhe deu origem, isto é, o reconhecimento recíproco do justo e a utilidade comum. Essa ausência é menos perceptível na democracia porque nesta vigora a ilusão do povo livre, como se este, ao escolher os governantes, não se deixasse levar pela opinião, pelo fausto e pelo brilho, nem se deixasse arrastar pela confusão entre liberdade e licenciosidade, que o leva à recusa da obediência e a dar rédea solta aos apetites. Afinal, *nihil incertius vulgo*, "nada mais instável do que o vulgo".

Por que a liberdade dos cidadãos é o critério? Porque sua ausência dá origem às facções e, estas, às sedições, que destroem o Estado. Ausência da liberdade significa ameaça contínua de guerra civil e fim da *civitas*. Presença da liberdade significa concórdia, paz, ordem e estabilidade, ou, nas palavras de Cipião, a eternidade da *civitas*.

A conclusão de Cícero é que o único regime político próprio à liberdade, porque conserva o laço que prende governo, senso de justiça e interesse coletivo, é o *regime misto*, que colhe o que há de melhor em cada um dos regimes simples e afasta seus problemas e perigos.

> Assim como nos sons despertados nas liras, nas flautas e nas trombetas, ou no canto coral sem instrumentos, há uma harmonia bem regrada de tons e timbres diferentes, que os ouvidos assim acostumados não suportam a monotonia nem os desacordes, e assim como essa harmonia é efeito da combinação bem regulada dos sons, cuja dessemelhança não os impede de concordar, assim também um Estado (*civitas*), prudentemente composto da mistura e equilíbrio de todas as ordens de cidadãos, das mais baixas às mais altas, passando pelas médias, chega à harmonia pelo acordo dos elementos mais diversos. O que, no canto, é chamado pelos músicos de harmo-

nia chama-se, no Estado, a concórdia na cidade, vínculo sem o qual a República não permanece incólume, do mesmo modo que sem a justiça ela não pode existir de jeito nenhum (*Sobre a república*, II, 52).

O regime misto é, portanto, obra da prudência dos fundadores, virtude que Cícero define como aptidão para a boa escolha. Da realeza deve-se tomar o princípio da unidade do poder e recusar a perpetuidade (que despoja os cidadãos de qualquer controle sobre o poder) e a sucessão hereditária (que não garante que o poder vá para o melhor); da aristocracia deve-se ficar com o princípio do conselho deliberativo, que promulga e abole as leis e cuida dos negócios públicos, e impedir que a ambição e o desejo de mando deem ensejo a facções; do governo popular deve-se manter o princípio da liberdade dos cidadãos que, sob o controle dos princípios da unidade e do conselho deliberativo, afasta o risco da licenciosidade, causa da instabilidade política.

Como escreve Milton Valente:

> No governo misto encontraremos de um lado a *aequabilitas*, a equidade que decorre do *ius* e mantem a *res populi*; de outro lado o *gradus*, a ordem de hierarquia e de equilíbrio do *imperium*, e de ambos os lados resulta a *firmitude*, a estabilidade, que dá à *res publica* existência eterna, segundo a participação que tem na sociedade dos deuses (Valente, 1984, p. 355).

Na narrativa da história de Roma, seguindo Políbio, Cícero faz Cipião relatar como, desde Numa Pompílio, a vida comum sob o direito engendrou os bons costumes, a severa austeridade e virtude dos *majores*, os antepassados, que, na qualidade de pais fundadores, estabeleceram instituições justas com que consolidaram a república e deram origem às primeiras leis. Estas a conduziram à força da juventude e a dispuseram para, na maturidade, alcançar a perfeição da forma política, o regime misto. A ênfase de Cícero recai, portanto, sobre os costumes e as leis como fonte das virtudes dos cidadãos e sobre a qualidade das instituições em que se exprime a virtude da cidade.

Se a cidade deve durar em paz e na concórdia, se o perigo maior que a espreita é a facção e a sedição, qual a condição para que um regime político se institua de maneira segura e duradoura e se mantenha na concórdia? Por meio da lei (*lex*), que deve "semear os bons costumes" para consolidar "as forças do Estado e o bem-estar dos povos", pois "o bem-estar do povo deve ser a lei suprema". Por esse motivo, Cícero redigiu o *Sobre as leis*, concebido por ele como um complemento ao *Sobre a república*.

> Consta, de fato, que as leis foram inventadas para a proteção dos cidadãos, para a conservação dos Estados, a fim de que os homens vivam tranquilamente e com felicidade. Os que, no princípio, sancionaram semelhantes disposições quiseram mostrar aos povos que, se aprovassem e obedecessem ao que escreviam e promulgavam, teriam vida honesta e feliz, e a esses textos assim redigidos deram o nome de leis (*Sobre as leis*, II, 11).

Assim como no *De republica* o ponto de partida foi a definição de *res publica*, também no *Sobre as leis* trata-se de começar definindo a lei. Ora, aqui uma surpresa nos aguarda, pois esperaríamos ver a lei emanar do direito, uma vez que este é o fundamento da vida social e política, mas Cícero diz exatamente o contrário, isto é, afirma que o direito decorre da lei ou que "é da lei que se deve partir para considerar o direito". Contudo, não há paradoxo porque ele distingue, de um lado, as leis positivas (ou o direito civil), que garantem a igualdade de direitos aos cidadãos e decorrem do direito natural ou do sentimento natural de justiça — as leis (no plural) exprimem o direito —, e, de outro, a lei natural, fonte do próprio direito natural fundador da sociabilidade e da cidade — a lei (no singular) institui o direito.

Em sua acepção ampla — seja como lei natural, seja como lei civil —, a lei é a "regra do justo e do injusto" e "o ato de mandar e proibir". Para compreendermos por que Cícero propõe essa definição da *lex* como regra e ato, precisamos recordar brevemente o significado primeiro do *ius*. Na origem, o *ius* é uma ação, o ato pelo qual é posto fim a um litígio. Para isto, é preciso que seja definida a medida com que se avaliam os argumentos apresentados pelos litigantes e esta é trazida pelo *iudex*, o juiz, que introduz uma regra que, doravante, permitirá julgar e dirimir conflitos. A lei é o direito regrado ou regulado segundo a medida. Esta não é mensuração, mas moderação, a deliberação de ordenar uma situação em si desordenada — eis por que, no texto acima citado, Cipião se refere à prudência dos fundadores. De fato, a medida, entendida como moderação, implica a ideia de uma autoridade sábia, de maneira que medir significa aconselhar, cuidar, controlar e governar para reconduzir à norma uma perturbação definida. O poder para conhecer e aplicar a medida indica o agente que tem o direito de fazê-lo: a *auctoritas*, que profere a norma, e o magistrado, que a impõe. Por isso, em *Sobre as leis*, Cícero escreve:

> Vês, pois, qual é o poder do magistrado; está no primeiro posto, prescreve o que é justo, útil, conforme às leis. Com efeito, as leis estão acima dos magistrados, assim como os magistrados estão acima do povo e pode-se, na verdade, dizer que o magistrado é a lei falante e a lei, o magistrado mudo (*Sobre as leis*, III, 1).

Ora, que significa afirmar que a lei está acima do magistrado? Qual é a *auctoritas* que profere a norma? Aqui, passamos à segunda acepção da lei, que, em sua posição fundadora, é "a reta razão, mandando e proibindo" e, visto que "a razão foi dada a todos pela natureza", igualmente "a todos foi dado o direito". A *auctoritas* é a reta razão. A lei, fundada na natureza ou na reta razão, funda o direito. Ambos, portanto, fundam-se na racionalidade da natureza humana. Por isso

> Nada mais insensato do que crer que tudo que é regrado pelas instituições ou pelas leis dos povos é justo. [...] O único direito é aquele que serve de vínculo à sociedade e somente uma lei o institui: a lei que estabelece segundo a reta razão as obrigações e as proibições. Seja ela escrita ou não, aquele que a ignora é injusto (*Sobre as leis*, I, 15).

> A lei é o discernimento do justo e do injusto, expresso conforme a imagem do mais antigo e primeiro princípio de todas as coisas, a natureza; por ela se regulam as leis humanas, que ferem com suplício os maus, e defendem e protegem os bons [...] e penso que uma lei que fosse outra, já não poderia ser tida por lei e nem mesmo receber esse nome (*Sobre as leis*, II, 13).

As leis do Estado nascem da lei primeira ou lei natural: esta ensina ao íntimo de cada homem o caminho da virtude, aquelas ensinam publicamente a vida virtuosa em comum. Mas de onde a própria lei natural tira sua força, que se propaga às leis civis? Essa força é anterior aos homens e aos povos, mas "contemporânea desse deus que governa o céu e a terra". É por sua origem divina que a lei natural tem o poder de obrigar e é por sua racionalidade que a lei natural tem, em cada homem, o poder de mandar e proibir. A lei divina é a lei suprema do universo e a razão, lei suprema do homem. Por isso as melhores leis do Estado são aquelas feitas pelos sábios e somente estes têm autoridade para reformá-las.

> Nada é tão conforme ao direito e à ordem da natureza (pelo que entendo a lei e nada mais) do que um poder de comando (*imperium*) sem o qual nenhuma família, nenhuma cidade, nenhuma nação, nem todo o gênero humano, nem a natureza nem o mundo poderiam subsistir. O mundo obedece a Deus. Ao mundo, obedecem terras e mares. E a vida humana está submetida aos mandamentos de uma lei suprema (*Sobre as leis*, III, 1).[2]

A ÉTICA

Se, na questão do conhecimento, Cícero acompanha os acadêmicos e na discussão da política segue os passos de Políbio, na ética a referência são os estoicos e, entre eles, Panécio, que Cícero afirma explicitamente seguir, "mas sem submissão, como é nosso estilo", diz ele na abertura de *Sobre os deveres*.

A passagem da política à ética e desta àquela se efetua no *De officiis*, que Cícero escreve para orientar seu filho na vida privada e na pública porque "nada em nossa vida se esquiva ao dever: observá-lo é virtuoso, negligenciá-lo, desonra".

Acompanhando Panécio, Cícero circunscreve o campo em que a decisão moral deve ser tomada. Esse campo é balizado por três exigências: a distinção entre o honesto e o desonesto, a utilidade para si e para os outros, a concordância entre o honesto e o útil.

O fundamento sobre o qual a decisão se move é, como disseram os estoicos, a tendência inata ou natural à autoconservação, a *oikeiósis*, e a atração dos dois sexos para a propagação da espécie e o cuidado com a prole. A essa tendência acrescenta-se no homem aquilo que o distingue dos animais, a razão, que lhe dá o sentido do tempo, a visão do fluxo da vida e oferece o necessário para iniciar uma profissão. Como amor de si, a *oikeiósis*, só se realiza pela *humanitas*, isto é, no amor pelo outro. A natureza aproxima os homens, leva-os à comunicação pela palavra e à vida em comum. É também a natureza que, por meio da razão, os faz encontrar o que lhes é mais próprio: a procura da verdade, imprescindível para a felicidade, pois é ela que mostra o que é conveniente ao homem, fazendo-o amar a liberdade, visto que "o homem bem-nascido não deseja obedecer a ninguém, senão àquele que o educa e o dirige na utilidade comum, de acordo com a justiça e as leis". Só ao homem a natureza concedeu a percepção da beleza — a graça e a proporção das coisas —, que o ensina a buscá-la também em seus desejos e ações. O belo é equilíbrio, proporção, que, em latim, se diz *ratio*, razão. Da percepção do belo nasce a honestidade, "que nada perde de sua beleza, mesmo quando não é notada, e que é louvável por si própria, mesmo quando por ninguém é louvada".

Temos, assim, o traçado estoico da ética, mas com uma novidade romana: a ideia da virtude como honestidade, ou a figura do homem honesto, o homem de bem ou, mais precisamente, o que a sociedade romana chama de *homem bom*. Quatro são os elementos constituintes da honestidade: busca da verdade, senso de justiça, força de caráter e moderação das paixões:

> A honestidade consiste em descobrir a verdade pela argúcia do espírito ou em manter a sociedade humana dando a cada um o que é seu e observando fielmente os costumes; encontra-se ainda ou na nobreza e força de uma alma indômita e inquebrantável ou nessa ordem e medida perfeita das palavras e ações, resultando daí a moderação e o comedimento (*Dos deveres*, I, 5).

O primeiro elemento, exercício criterioso da razão, define o sábio; os outros três definem a utilidade, necessária à autoconservação e à harmonia da vida em sociedade. Da honestidade procedem as demais virtudes, que, guardando a ordem e a medida, lhe são fiéis. O primeiro dever, portanto, é o conhecimento. A busca da verdade nasce do desejo natural de conhecer. Para que seja honesta, deve evitar, em primeiro lugar, tomar como conhecidas as coisas desconhecidas, fazendo afirmações precipitadas; em segundo, lançar-se com ardor no estudo de coisas obscuras, difíceis e desnecessárias. É preciso medida nos estudos para que não nos façam negligenciar os negócios privados e públicos, pois "o valor da virtude está na ação". Dessa maneira, a finalidade do estudo é propiciar resoluções honestas sobre as coisas que dizem respeito à felicidade de cada um e de todos.

O segundo elemento — o senso de justiça —, "mais fértil e amplo" que os outros três, leva a manter a sociedade por meio de duas virtudes: a justiça, "a mais admirável das virtudes, primeira qualidade do homem de bem", e a beneficência, que também pode ser chamada de bondade ou generosidade. O dever de justiça é não causar dano a outrem, a menos que para defender-se de uma injúria; o da beneficência, empregar em comum os bens públicos e como próprios apenas os privados. Os bens públicos, porque comuns, asseguram a cada um sua parcela, mas é dever de todos impedir que alguém ou alguns os usurpem, transformando-os em bens privados, "quebrando as leis da sociedade humana". A *res publica* como *res populi* só é conservada, portanto, pela virtude dos cidadãos que cumprem os deveres da justiça e da beneficência — a política é inseparável da moral. Além disso, não nascemos sozinhos e o que possuímos devemos aos nossos antepassados, à nossa pátria e aos nossos amigos. Por isso a natureza nos ensina a ajudarmos uns aos outros, empenhando-nos em dar e receber e estreitar os laços da sociedade unida à natureza. Mencionando explicitamente o ensinamento dos estoicos, Cícero apresenta, assim, a *oikeiósis* e sua propagação pelas relações sociais e afirma que ela determina o sentido verdadeiro do útil.

O terceiro elemento da honestidade, isto é, a força do caráter, aparece no fundamento da justiça: a fidelidade — *fides* — à boa-fé. Cícero a examina sob duas perspectivas: pela definição e pela etimologia. A fidelidade é a firmeza e veracidade de palavras e atos. Imitando os estoicos, diz Cícero, que buscam escrupulosamente a origem das palavras, deve-se dizer que *fides* vem de *fiat* — faça-se —, porque fidelidade é fazer o que se promete. Por sua vez, a injustiça é de dois gêneros: a ação dos que fazem a injúria e a omissão dos que, podendo defender o injustiçado, não o fazem. A justiça nasce da reta razão; a injustiça, da paixão, e, dentre as paixões, duas são as mais responsáveis por ela: o medo, que leva a prejudicar um outro por receio de ser por ele prejudicado, e a ambição, que faz buscar riqueza, honra, fama, glória e poder às custas do mal alheio e com prejuízo para o bem comum.

A seguir, Cícero enumera as condutas contrárias ao honesto e os deveres que melhor o realizam, hierarquizando-os em deveres para com os deuses imortais, a pátria, a família e os demais:

> Damos por concluído este assunto dizendo que, na escolha das obrigações, a primeira é a que afirma a relação com a sociedade, porque do conhecimento e da sabedoria segue a ação correta, e por isso cabe dizer que agir com retidão é mais importante do que pensar com prudência (*Sobre os deveres*, I, 45).

Ora, a ação reta não é apenas honesta, mas também útil. Embora o honesto e o útil sejam inseparáveis, sua identidade precisa ser demonstrada. Ora, a demonstração filosófica é dialética e, como explica Cícero nas *Tusculanas*, exige que cada um dos termos investigados seja tratado com argumentos específicos para que, no final, se possa provar sua discordância, concordância ou mesmo identidade. Assim, enquanto o Livro I ocupou-se com o honesto, o Livro II dedica-se ao útil. Entramos, aqui, no difícil problema deixado pelos estoicos acerca dos indiferentes e dos preferíveis ou convenientes — como foi tratado no capítulo 3 — e, portanto, acerca da possibilidade de falar de bens, no plural, apesar de o verdadeiro bem só poder ser concebido, proferido e praticado no singular. Cícero mantém a ideia da unidade do bem supremo, isto é, a unidade da virtude e do bem ou a sabedoria, excelência máxima, firmeza inquebrantável da alma e sua felicidade. Mas, como Panécio (que distinguira entre a ética média dos bens e a ética perfeita do bem), Cícero também admite a pluralidade dos preferíveis ou convenientes como bens que não contradizem o bem e podem auxiliar em sua busca.

Por isso, a questão a ser discutida no Livro II do *De officiis* é a da conveniência ou concordância entre o honesto e o útil, uma vez que a experiência mostra que os homens nem sempre os identificam e, pelo contrário, agem de tal maneira que seríamos levados a supor que ambos são incompatíveis, fazendo muitos filósofos afirmar que a utilidade se opõe à moralidade. Por conseguinte, para que se estabeleça a conveniência ou concordância entre o útil e o honesto é preciso, por um lado, determinar o que é efetivamente útil à conservação de si e dos outros, e, por outro, demonstrar que o desonesto não pode ser útil.

Útil é o que auxilia a autoconservação e a conservação dos laços com os outros homens. Por isso, o útil é conforme à natureza, aos deuses e ao homem. À natureza, porque esta oferece os bens necessários à conservação de si; aos deuses, porque não descuram de proteger a natureza e particularmente os humanos; ao homem, porque a reta razão lhe ensina tanto as artes, com que se apropria dos bens da natureza, necessários à autoconservação, quanto a vida em comum e o socorro que cada um presta aos outros ou a *humanitas*. A natureza e os deuses, que se manifestam em nós por meio da reta razão, indicam que é esta última a medida e a regra para a definição do útil material e moral.

> Uma única regra deve impor-se a todos: que a utilidade de cada um seja idêntica à de todos, caso contrário, se desfaz a sociedade humana. [...] Estamos todos sob a mesma lei da natureza e, assim sendo, estamos proibidos pela mesma lei da natureza de

> praticar violência a outrem. [...] Os que pretendem que se deva prestar auxílio aos concidadãos, mas negá-lo aos estrangeiros, destroem a sociedade comum do gênero humano, sem a qual são suprimidas radicalmente a beneficência, a liberalidade, a generosidade, a justiça. São ímpios os que assim pensam, pois os deuses imortais instituíram entre os homens a sociedade que eles destroem. [...] Não estão isentos de crimes contra a justiça, pois esta é, por si mesma, a rainha de todas as virtudes (*Sobre os deveres*, III, 26-8).

Definidos o honesto e o útil com suas respectivas obrigações (ou deveres), Cícero pode definir a virtude:

> A virtude consiste principalmente em três coisas: a primeira, em conhecer a natureza das coisas, suas relações e propriedades, suas causas e seus efeitos; a segunda, em refrear os movimentos desordenados do ânimo, que os gregos chamam *páthe*, submetendo à razão as paixões, que eles chamam de *hormas*; a terceira, o uso moderado e sábio daqueles com quem estamos associados, de maneira que por sua indústria tenhamos cumprido e preenchido tudo quanto necessita nossa natureza, rechaçando por meio deles qualquer dano que nos traga e também tomando satisfação e castigando a quem o intente, mas com a pena que permitem as leis da justiça e da *humanitas* (*Sobre os deveres*, II, 5).

A virtude é, assim, conhecer a natureza das coisas e a urdidura causal da natureza, dominar as paixões e instituir a convivência com os outros segundo a justiça e a *humanitas*. As duas primeiras componentes da virtude são estoicas, mas a terceira inclui a política, tal como Cícero a concebe e formula no *Sobre a república* e no *Sobre as leis*. Ora, vimos que as definições do honesto e do útil deságuam na ideia de *humanitas*, cujo pressuposto é a presença em todos os homens das sementes inatas de virtude. Dessa maneira, podemos perceber por que, além da moral perfeita do sábio, que preenche plenamente os três constituintes da virtude, é possível a moral média do homem de bem ou do homem bom, que depende de apenas dois constituintes: o domínio racional sobre as paixões e a prática da justiça e da *humanitas*. Isso explica o lugar privilegiado ocupado pela amizade na moral ciceroniana. De fato, a tradição estoica, que enfatizara a autarquia e impassibilidade do sábio perfeito, colocara a amizade apenas entre as coisas úteis preferíveis, mas Cícero a eleva à condição de virtude.

No *Sobre a amizade*, o primeiro cuidado é assegurar que a amizade é uma virtude de que é capaz o homem comum, se for um homem honesto, isto é, bom:

> A amizade só pode existir entre os bons e não levo às últimas consequências os que discutem com sutileza, mas sem utilidade para o bem comum, dizendo que nenhum varão pode ser bom se não for sábio. Que assim seja, mas a sabedoria de que falam nenhum mortal pode alcançar; nós, porém, devemos esperar aquelas coisas que existem no costume e na vida comum (*Sobre a amizade*, 5).

Que é, pois, a amizade?

> A amizade é o acordo perfeito de todas as coisas divinas e humanas com a benevolência e a afeição. Por isso, excetuada a sabedoria, não sei de coisa melhor dada aos homens pelos deuses imortais. [...] Os que põem na virtude o sumo bem, o fazem com ótima razão, mas justamente essa virtude gera a amizade e a conserva e de maneira nenhuma pode haver amizade sem virtude. Quando falo de virtude, aludo à que existe nas relações de nossa vida comum e não como certos doutos, que criaram uma virtude que não passa de magnífica palavra (*Da amizade*, 20).

Cícero é mais radical do que Panécio. Nos dois textos que mencionamos, uma mesma recusa aparece: o ideal do sábio perfeito proposto pelos estoicos é inalcançável pelos homens (afirmação que ele retomará nas *Tusculanas* e que será reiterada por Sêneca). Em seu lugar, surge outra ideia da virtude, aquela que existe em nossa vida comum. Donde três consequências: somos todos capazes de virtude; as virtudes do homem bom coincidem com as virtudes da vida social e política — justiça, concórdia, amizade; e é preciso conhecer o que impede a virtude, isto é, a causa das paixões e os meios para dominá-las.

Antes de nos ocuparmos com este último ponto, mencionemos um aspecto significativo da moral ciceroniana: o capítulo do *De officiis* que define a virtude é imediatamente seguido por outro, que trata da fortuna. A sequência dos capítulos institui, à maneira de Políbio, um *tópos* filosófico propriamente romano, o par virtude-fortuna.

"Quem ignora o quanto pode a fortuna tanto na prosperidade como na adversidade?", indaga Cícero. Quando nos sopra ventos favoráveis, tudo quanto desejamos nos cai nas mãos; quando muda, nos atormenta com borrascas, tempestades, naufrágios, incêndios, ruínas, derrotas dos exércitos, ódio da plebe, desterro de cidadãos beneméritos, pobreza. Tomando a fortuna como bons e maus ventos, Cícero nos deixa entrever que, dentre as imagens clássicas da fortuna, escolhe a da mulher com manto esvoaçante, signo de brisa favorável e ventania destrutiva.

A fortuna, ocasião inesperada e caprichosa, é vencida, sem dúvida, pelo primeiro constituinte da virtude — a sabedoria como conhecimento da natureza das coisas, suas causas e efeitos; numa palavra, pelo conhecimento da necessidade natural, que rege as coisas e os homens. Todavia, não é ela que Cícero menciona, pois é preciso indicar o que está ao alcance do homem bom e não apenas do sábio. O homem bom talvez não chegue ao conhecimento da urdidura causal que rege a natureza, mas é capaz de compreender que, no que toca à vida dos homens, nada acontece sem a contribuição ou o concurso dos próprios homens. Isto basta para que valorize a virtude e não se engrandeça nem se humilhe sob os ventos da fortuna, mas os obrigue a soprar em seu favor. Os acontecimentos, "prósperos ou adversos, não podem acontecer sem o concurso dos homens", cuja virtude tem o poder de "atrair e conduzir em seu proveito as inclinações da fortuna". Assim foi, diz ele acompanhando Políbio, com a república romana e seu império. Fazendo da justiça, da concórdia, da amizade e da fidelidade os alicerces de seu poder, o império romano assegurou honra, glória e prosperidade para Roma e para os povos conquistados.

No entanto, desde a época de Sila e, a seguir, a de César (Otávio ainda não fez sua aparição na altura do *De officiis*), "a república se perdeu inteiramente e caímos neste abismo de miséria" porque, em lugar da justiça, os romanos quiseram a espoliação interna e externa; em lugar da concórdia, puseram a ambição das facções; em lugar da amizade, desejaram ser temidos; e em lugar da fidelidade, aceitaram a hipocrisia, a mentira e a adulação. Não é, pois, aos ventos desfavoráveis da fortuna que a república deve sua ruína, mas à ausência da virtude e à presença das paixões.

Depois de passarmos pelo primeiro constituinte da virtude — o conhecimento da natureza das coisas e de sua causalidade — e pelo terceiro — as relações humanas determinadas pelos fundamentos da vida em comum segundo o honesto e o útil —, chegamos, agora, ao segundo elemento: o domínio sobre as paixões. Para examiná-lo, recorramos ao principal texto em que este tema é tratado por Cícero: os Livros III e IV das *Tusculanas*.

As Tusculanas

As *Tusculanas* são um diálogo entre Cícero e um jovem aspirante à filosofia, que indaga se a morte, a dor e a paixão são males. Desdobra-se em cinco livros nos quais as respostas às questões constroem a figura do sábio como aquele que não teme a morte (Livro I), nem a dor (Livro II), nem a aflição (Livro III), e por isso está isento de toda perturbação (Livro IV) e sabe que a virtude basta a si mesma para a vida feliz (Livro V). Como podemos observar, Cícero apresentará a figura do sábio perfeito, descrito pelos estoicos. Porém, tal como ocorre em *Sobre a amizade*, duvida que a sabedoria perfeita possa ser alcançada:

> Certamente, aquele que possui a sabedoria perfeita, ou melhor, aquela razão que nele será perfeita e absoluta, imperará sobre a parte inferior [da alma] — embora até hoje não o tenhamos visto; entretanto nas sentenças dos filósofos expõe-se qual será ele, se é que algum dia há de existir (*Tusculanas*, II, 51).

Indaga o aspirante: é a morte o mal supremo? Dizem que sim tanto os que acreditam na vida após a morte, porque temem os castigos eternos, quanto os que nela não acreditam, porque perder a vida é tudo perder. Em suma, os mortos são desditosos. Enganam-se todos, responde Cícero: se após a morte nada há, não pode haver desdita para os mortos, pois eles simplesmente não são; se, ao contrário, há vida após a morte, isso é um bem, pois viver é um bem. Na verdade, a indagação não pode ser afastada tão rapidamente porque, seja qual for a resposta, há um pressuposto que a determina e precisa ser examinado, qual seja, a natureza da alma. Em outras palavras, o ignorante imagina que se houver vida depois da morte, nela se manterá a alma ligada ao corpo, imaginação que os poetas costumam alimentar, como Homero ao falar de Aquiles destruindo o corpo de Heitor para lhe negar imortalidade. Ora, a mortalidade do corpo é indiscutível, portanto, o que é preciso discutir é se a alma é mortal ou imortal.

Quais os argumentos em favor da imortalidade da alma (posição que Cícero, seguindo Platão, aceitará contra os estoicos)? Em primeiro lugar, ser uma crença *natural*, como atestam, em todas as nações, os ritos fúnebres e a divinização dos mais excelentes (é por ser uma crença e não um conhecimento que ela dá ensejo à suposição da imortalidade do corpo e dos castigos eternos). Em segundo, a existência da memória, isto é, a faculdade de relacionar-se com o tempo e guardar as coisas passadas; a memória é um indício duplo da imortalidade porque indica, de um lado, a incorporeidade da alma, pois se ela fosse corpórea, lhe faltaria espaço para tudo conservar, e, de outro, a identidade de um homem após sua morte. Um terceiro argumento é dado pela própria maneira como os filósofos concebem a natureza da alma, pois quer a concebam corpórea ou incorpórea, todos concordam em concebê-la como uma natureza sutil, cuja leveza a faz tender em direção ao alto, quer para ali se dissolver e se dissipar, quer para iniciar uma vida nova separada do corpo; ora, o alto é o divino imortal e, portanto, por natureza a alma tende ao que é imortal. Em quarto lugar, a origem divina da alma, atestada por sua indivisibilidade e simplicidade, que a distinguem de todas as coisas corpóreas que são geradas no tempo e por composição. Em quinto, sua analogia com a existência dos deuses imortais: assim como o conhecimento do universo nos leva a afirmar que ele é necessariamente governado por uma inteligência suprema, que, embora invisível, se manifesta por seus efeitos, assim também a alma, incorpórea e invisível, se manifesta pelo pensamento e pelo *ingenium*. Os que defendem a imortalidade da alma afirmam que, enquanto no corpo, ela vê através de janelas (os órgãos dos sentidos), mas após a morte, ao separar-se dele, verá com toda clareza a si mesma e conhecerá a natureza de todas as coisas. Por isso, a vida do sábio é preparação para a morte, pois esta não é um mal.

E ela também não o é para os que afirmam a mortalidade da alma. Estes argumentam que, sendo corpórea, a alma não é simples nem indivisível, mas se decompõe e desaparece. Panécio argumenta que "se nasce, morre", pois tudo que tem começo não é eterno nem imortal; argumenta também que se a alma fosse imortal e existisse desde sempre, a semelhança entre pais e filhos seria apenas física e não psíquica. Ora, é exatamente porque a alma é mortal que a morte não é um mal, pois os mortos não existem e, não existindo, não têm carências. Supor que os mortos sofrem seria o mesmo que dizer que o homem sofre porque lhe faltam penas e chifres, isto é, aquilo que, não pertencendo à sua natureza, não lhes pode faltar. Além disso, o amor à pátria imortaliza os feitos e as obras dos homens, imortalizando seus nomes. O sábio não teme a morte porque ela foi dada aos homens pelos deuses.

Indaga o aspirante: se a morte não é o sumo mal, devemos dizer que a dor é o mal supremo e estar livre da dor, o sumo bem? Não, responde o filósofo. Antes de qualquer coisa, se a dor fosse o sumo mal, seria incompreensível que os homens aceitassem penas e sacrifícios na realização de grandes obras e feitos. No entanto, dizer que ela não é o mal supremo não significa seguir os poetas, que a transformam num bem, nem acompanhar os estoicos e dizer que ela não é um mal. A prova disso são os gemidos e gritos de homens viris, que chegam mesmo a implorar a morte para findar o sofrimento. É preciso dizer que a dor é um mal tolerável, semelhante às penas do trabalho. Disso dão prova os espartanos, os soldados experientes, os caçadores que passam a noite na neve, os hindus, que suportam caminhar sobre brasas, os atletas, que levam o corpo à máxima tensão. Sumo mal é o vício. Sumo bem, a virtude. Abandonar o primeiro e alcançar a segunda exige a tensão do ânimo, uma dor que a fortalece — "somente a tensão é a guardiã do dever". Por que *tensão*? Porque, como ensinam Panécio e Posidônio, a alma é constituída de duas partes, uma irracional e outra, racional, e a virtude tenciona a relação entre ambas. De fato, a parte irracional, voltada para a busca do prazer, cede aos instintos e apetites, precisando ser dominada e governada pela parte viril, a razão, que deve impor-se como o senhor ao servo, o general ao soldado, o pai ao filho.

Chegamos ao núcleo das *Tusculanas*, a teoria das paixões como doença da alma e da filosofia como medicina. Cícero abre o Livro III com a passagem famosa:

> Como explicar que, compostos de alma (*animo*)[3] e corpo, possuamos, para tratar das doenças do corpo, uma arte cuja utilidade reconhecemos e cuja invenção atribuímos aos deuses imortais, enquanto a medicina da alma (*medicina animi*), antes de ser inventada, não foi sentida como uma carência e, depois de inventada, não foi cultivada, não obtendo estima e aprovação de muita gente, sendo, antes, suspeita e odiosa a maioria? Seria porque julgamos com a alma (*animo*) sobre a doença e a dor do corpo, mas o corpo não nos faz sentir as da alma? Disso resulta que a alma é chamada a julgar seu estado justamente quando aquilo com que julga [a mente] está doente (*Tusculanas*, III, 1).

Seriam as doenças do corpo piores do que as da alma? Pode-se curar o corpo e não acreditar que para a alma haja remédio algum? Ora, as doenças da alma são muito mais graves do que as do corpo e as deste são odiosas porque estendem seus efeitos sobre aquela para atormentá-la. Qual é a medicina da alma? A filosofia, que nos ensina a curar-nos a nós mesmos. A doença do corpo exige o concurso de muitos outros para que a saúde seja recuperada, mas a alma precisa apenas de si mesma para curar-se, bastando que o queira.

Por que a alma adoece? Se a natureza nos gerasse de tal modo que pudéssemos intuí-la e percebê-la diretamente e ser por ela guiados, não ficaríamos doentes nem precisaríamos de medicina. Entretanto, ela nos deu apenas sementes de virtude, frágeis centelhas que os maus costumes e as opiniões logo apagam, impedindo que brilhe a luz natural (*naturae lumen*): das amas de leite aos pais e irmãos, destes aos preceptores e aos poetas, nossa alma vai sendo marcada por opiniões pervertidas, até que o populacho nos faça confundir a glória com a vanglória, a fama com a popularidade, a simulação da honestidade com a virtude. Numa palavra, a luz natural é ofuscada pela paixão. Eis o portal dos vícios pelos quais a alma é perturbada e que levam não poucos à loucura.

Os gregos denominam *pathe* todos os movimentos desordenados da alma, isto é, não submetidos à razão, e os chamam de doença. Corretamente, diz Cícero, nós os chamaremos de *perturbationes*, agitação violenta, *turbatio*, e, como doenças da alma, nós as chamaremos de *insania*, ausência de *sanitas*, saúde. Aquele que não é perturbado por nenhum movimento desordenado ou doentio é sábio; ao contrário, chamaremos insanos os que são arrastados pelo movimento desenfreado das perturbações. A essa definição médica da doença da alma Cícero acrescenta outra, jurídica, fundada na definição romana do sujeito de direitos ou daquele que é senhor de seu próprio direito — *sui juris*. Com agudeza, prossegue ele, nossos antepassados consideraram enferma a alma carente da luz natural que chamamos de *mens*, a mente, julgaram a *insania* perda do poder sobre si mesmo e a ela deram os nomes de *dementia* — perda momentânea da razão — e *amentia* — perda total da razão. Por isso, distinguiram entre a *stultitia* e o *furor*: a primeira é a inconstância mental; o segundo, a desintegração da faculdade racional. Juridicamente, a estultice é uma incapacidade parcial para alguns direitos e deveres; o furor, a completa incapacidade. Psicologicamente, estulto é o que sofre um desequilíbrio em suas faculdades mentais, é o tolo; furioso, o mentalmente cego, o louco propriamente dito.

Duas são as mais graves doenças da alma porque causam *dementia* e *stultitia*, *amentia* e *furor*: a *aegritudo*, a aflição ou angústia crônica, e a *cupiditas*, o desejo. A primeira é a dor ou o sofrimento que devora e dilacera a alma; a segunda, o apetite imoderado, a tendência natural à autoconservação que perdeu a medida. O que as causa? A perturbação da alma é ou um movimento estranho à razão, ou afastado da razão ou insubmisso à razão. Por isso sua causa é a opinião equivocada sobre o bom e o mau. Dessa maneira, estão indicados o remédio e a cura: conhecer a verdadeira natureza do bem e do mal e praticar a virtude.

A aflição e a angústia são inseparáveis do sentimento do tempo que tudo devora e das perdas que ele traz. Nada dura, tudo muda e se dissolve. Velhice e luto são inexoráveis. O tempo é a contingência nua, o campo onde a fortuna sopra a ventania inesperada — desterro e exílio, calamidades que se abatem sobre os homens públicos; derrotas militares que destroem a pátria e escravizam homens livres; pobreza. Essas dores não podem ser ignoradas pela filosofia, cuja tarefa é compreendê-las para impedir que nos abandonemos ao sofrimento, dobrados pelos caprichos da fortuna. A medicina da alma possui um remédio para tão terrível doença: a *consolação*.

A consolação, diz Cícero, é um método, um caminho seguro para a cura. Realiza-se como mudança gradativa da opinião sobre o bom e o mau, o pressuposto da gradação sendo o de que cada grau fortalece a alma para suportar o remédio seguinte. O primeiro remédio é ensinar que o acontecimento não é um mal em si mesmo ou que é um mal menor; vem a seguir o ensinamento de que o que se passa com cada um se passa com todos porque é esta a condição humana; finalmente, o remédio mais forte: a adesão ao sofrimento é uma decisão voluntária contrária à natureza (que nos deu o instinto de autoconservação), portanto, é preciso mudar a vontade, pois é suma estultice consumir-se na tristeza porque desta nada de bom se pode esperar.[4]

> Assim como os médicos, com um tratamento geral para o corpo, não deixam de curar os menores órgãos, assim também a filosofia, suprimindo a causa universal da *aegritudo*, também suprime os erros cuja aparição depende de alguma causa particular — a mordida da pobreza, a picada da ignorância, a treva do exílio e, de modo geral, todos os acidentes. Para cada um deles há um método de consolação, mas é sempre preciso chegar ao princípio segundo o qual a *aegritudo*, em todas as suas formas, não atinge o sábio porque ela é sem fundamento, porque abandonar-se a ela é pura perda de tempo, porque não procede da natureza, mas do juízo e da opinião, uma espécie de convite à dor, quando decidimos que seria conveniente fazê-lo. Esse elemento voluntário eliminado, a terrível *aegritudo* é suprimida, subsistindo apenas uma mordida ou uma leve contração do ânimo (*Tusculanas*, II, 82-3).

Neste texto, é de grande relevância a afirmação de que a aflição e a angústia são voluntárias — "um convite à dor quando decidimos que seria conveniente fazê-lo". Isto significa que a doença nasce de um querer que, suprimido, "a terrível *aegritudo* é suprimida". A tarefa da consolação consiste, portanto, em produzir uma mudança na vontade e por isso é o homem comum quem dela precisa, porém não o sábio, cuja vontade jamais quer a aflição e angústia, "fonte e princípio de todas as misérias humanas".

Indaga o aspirante à filosofia: o sábio está isento de todas as paixões? Para explicar a paixão, Cícero se vale da tradição pitagórica e platônica, retomada por Panécio, da divisão da alma em uma parte racional e outra, irracional, ou, como escreve ele, uma parte que participa da razão e outra que a exclui. A paixão é uma afecção da alma. Cícero emprega com sutileza a palavra afecção, *affectio*. Do verbo *facio*, fazer uma ação, deriva-se o verbo *afficio*, receber uma ação, de maneira que o primeiro traço da *affectio* é a passividade, o sofrer uma ação originada em outra coisa. Além disso, do verbo *facio* deriva-se também *factio*, facção, sedição, cisão. As paixões, afecções do ânimo, escreve Cícero, são sediciosas, suscitam a guerra entre a parte racional e a irracional da alma, tornando-a inimiga de si mesma. Cícero se vale também da definição estoica da paixão como uma opinião sobre bens e males presentes ou futuros, que produz uma comoção do ânimo contrária à reta razão e por isso contrária à natureza. Por conseguinte, a ela se opõe a vontade, que é "querer em conformidade com a razão". Sendo opinião, na paixão o assentimento às representações é fraco, oscilante, inconstante, ensejando juízos contrários à reta razão e a luta entre as partes da alma.

Afirmar que o sábio não é perturbado pelas paixões não significa dizer que ele não tem sentimentos e sim que seus sentimentos são conformes à reta razão, ou seja, a razão governa e determina o que se passa na parte irracional da alma. Esse governo é a virtude. É assim, por exemplo, que o não sábio experimenta a *laetitia*, a alegria, mas o sábio tem a experiência do *gaudium*, o júbilo — a primeira é uma exaltação imotivada e inconstante; o segundo, o contentamento constante com o bem. Da mesma maneira, o não sábio sente *metus*, o medo, mas o sábio experimenta a *cautio*, a cautela — o primeiro é um movimento inconstante de consternação; a segunda, o conhecimento daquilo que a natureza e a razão ensinam a evitar. O sábio é aquele que acrescenta ao apetite, "arte inata", uma "arte refletida", a vontade, que exclui o desejo, pois este faz do agente um paciente que tem fora de si a causa do que se passa dentro de si.

Dessa maneira, o Livro IV examina a *cupiditas* com o objetivo fornecer resposta a duas perguntas clássicas do estoicismo. É o desejo natural? É favorável a virtude? Ambas são respondidas negativamente. Para tanto, Cícero distingue no apetite natural dois movimentos: a *proclivitas*, movimento de queda, em que o apetite se torna *cupiditas*, desejo, dispondo-se para o vício; e a *aptitudo*, em que o apetite se torna vontade guiada pela razão e disposição para a virtude. O desejo, por ser cisão e perturbação da alma, é desmedido — é a intemperança, "movimento de revolta da mente contra a reta razão" — e "aquilo que é excessivo não pode ser natural", pois a Natureza, sempre sábia, é medida e proporção, concórdia consigo mesma. Não sendo natural, o desejo é mera opinião, juízo fantasioso sobre o bem e o mal e por isso mesmo não pode ser favorável à virtude, pois, sendo falsa opinião e desmedida, é contrário à razão. A virtude, constância e firmeza, império da reta razão sobre o desejo e as paixões, é vontade de bem viver. O desejo é vício, combate entre a reta razão e a fantasia.

Entre a paixão e o vício a diferença é de grau: a primeira, *perturbatio*, é uma afecção passageira ou mutável, na qual é possível a razão intervir; o segundo é uma afecção permanente, uma corrupção ou doença que cinde a alma e impossibilita a intervenção da razão. Nada pode impedir a *proclivitas*, a queda: "Buscar uma medida para o vício seria o mesmo que admitir que alguém, precipitando-se do alto de um monte, pudesse sustentar-se no ar enquanto quisesse". A moral, portanto, opera sobre as paixões e sobre as doenças da alma que ainda não se tornaram vícios. Essa operação, contudo, não pode ser a proposta por Aristóteles, isto é, a moderação das paixões — a paixão é contrária à natureza e à razão e tentar moderá-la seria o mesmo que propor uma injustiça moderada. A medicina da alma é uma cirurgia: sua operação é extirpar a paixão e sua intervenção se realiza em duas direções: a primeira, que poderíamos chamar intelectual, consiste em mostrar que a opinião jamais alcança o conhecimento do bom e do mau — "assim como a constância vem da ciência, a perturbação vem do erro" — e que a paixão, sendo contrária à natureza, não é necessária nem útil; a segunda, que poderíamos chamar prática, consiste em intervir sobre o apetite por meio da vontade boa ou guiada pela razão. Para que essa dupla operação se realize, três condições devem ser preenchidas. Em primeiro lugar, determinar quais são as principais paixões e que tipo de perturbação causa cada uma delas; em segundo, mostrar que a paixão depende de nós e que somos miseráveis por nossa culpa; em terceiro, mostrar a nulidade dos objetos das principais paixões, isto é, objetos de bem e mal, dor e prazer, amor e ódio, medo e temeridade, que o desejo apresenta como desejáveis ou indesejáveis.

A filosofia, que já nos libertara do medo da morte, da dor e do sofrimento, pode também libertar-nos da perversão do desejo. Resta examinar a saúde da alma, isto é, a virtude. Indaga, agora, o aspirante à filosofia: a virtude basta a si mesma para nos dar a vida feliz?

Tudo parece indicar que não. De fato, quantos há que vivem virtuosamente em meio aos mais terríveis tormentos? Que força temos nós contra o poder da fortuna? Se a virtude estiver sujeita ao acaso dos acontecimentos, será serva da fortuna e a felicidade será sempre incerta. Não menos desditosos pode fazer-nos a natureza ao nos dar tanto um corpo frágil e enfermiço como a alma fraca e enferma. Se a virtude depender da natureza, a felicidade também será incerta. Diante dessas dificuldades, Cícero invoca o único recurso que poderá desfazê-las, a filosofia, "descurada pela maioria e vituperada por muitos":

> Ó filosofia, guia da vida, buscadora da virtude e exterminadora dos vícios! Sem ti, que seria de nós e toda a vida humana? Gerastes cidades, convocastes para a vida em sociedade os homens dispersos, tu os juntastes para a vida em comum, primeiro pela morada, depois pela relação conjugal, depois pelas letras e a palavra, tu, inventora das leis, mestra dos costumes e da disciplina! Junto a ti nos refugiamos, a ti pedimos ajuda, se, outrora, em larga medida, hoje, inteiramente e sem reservas a ti nos entregamos. Um só dia vivido em conformidade com teus preceitos antepor-se a uma imortalidade pecaminosa. A quem, portanto, recorrer senão a ti, que nos dás uma vida de tranquilidade e suprimes o medo da morte? (*Tusculanas*, V, II, 5).

O interlocutor de Cícero aceitará esse recurso, mas sob uma condição: não se pode partir da afirmação de que a virtude basta a si mesma para a vida feliz, pois isto é proceder como os matemáticos e não como os filósofos. Com efeito, na geometria, quando algum ponto demonstrado anteriormente é pertinente para outra demonstração, é considerado concedido e provado e são desenvolvidos apenas os pontos que ainda não haviam sido demonstrados. Não pode proceder assim a filosofia. Se o fizesse, por que os estoicos não disseram que tudo quanto já haviam demonstrado era suficiente para provar que a virtude basta a si mesma para a felicidade? Não lhes teria bastado a identidade entre o honesto, o bom e o útil para a conclusão da prova? *A prova filosófica não é geométrica, e sim dialética.* Esta exige que cada termo seja objeto de argumentos que lhe são próprios, portanto, na presente discussão é necessário saber o que são a fortuna, a natureza e a virtude para que a prova seja estabelecida. Em suma, o percurso de *Sobre os deveres* não pode servir de fundamento para a prova derradeira das *Tusculanas*.

A fortuna é senhora (*domina*) das coisas exteriores e das que concernem ao corpo. Por conseguinte, somente se a virtude estiver na dependência dessas coisas, estará submetida à fortuna e não será o bastante para a felicidade, seja porque essas coisas são males, seja porque são bens incertos. Ora, a fortuna é a opinião da multidão sobre o bom e o mau, dela estando ausente, portanto, o conhecimento da natureza das coisas, de sua urdidura causal e de suas concordâncias e discordâncias, conhecimento que é o primeiro elemento constituinte da virtude e do qual segue a aptidão para julgar e avaliar os acontecimentos na vida privada e na pública. A virtude não é, portanto, serva da fortuna.

A natureza está sempre conforme a si mesma e é a mesma em todos. A variedade nasce dos costumes e este, da opinião. O que a um povo aparece como um mal intolerável pode ser consagrado como coisa divina por outro. O costume pode corromper a natureza, mas não pode mudá-la. Vimos que ela nos gera com sementes de virtudes e nos dá a luz natural, a razão. Podemos esquecê-la na *dementia* e na *stultitia* e mesmo perdê-la na *amentia* e no *furor*, mas não podemos transformá-la em irrazão. Podemos cair no abismo da *aegrotatio* ou na perversão da *cupiditas*, mas não podemos fazer com que sejam *sanitas*, pois são *insania*. A razão permanece intacta e inviolável, embora os costumes possam dela nos afastar. Ora, a virtude é agir conforme a natureza, portanto, conforme a reta razão, e isto depende exclusivamente de nós. Mas não só isso. A natureza quis que cada coisa fosse perfeita em seu gênero, e *perfectus*,[5] como a própria palavra diz, é o que está completo e terminado, aquilo a que nada falta. Feliz é aquele a quem nada falta e sua perfeição decorre daquilo que nele é perfeito, completo, ótimo, e, no homem, a parte ótima e perfeita é a razão. A virtude, vida conforme à razão, é plenitude à qual nada falta. Ela é a própria felicidade, pois "a vida feliz é a fruição perpétua e plena do que é honesto, belo e preclaro" como a própria razão.

6. Lucrécio: o epicurismo liberador

Enquanto o epicurismo se difundia no mundo helenístico — Alexandria, Antioquia, Apameia — e, no século II, Diógenes de Enoanda fazia gravar nas pedras do pórtico de sua casa as *Máximas* de Epicuro, sua difusão em Roma parece ter tomado duas direções: uma delas, descrita por Cícero como popular e medíocre, teria tido à frente Amafínio, Cácio e Rabírio, cujos discursos, feitos num latim precário e desordenado, teriam "impressionado a plebe ignorante" porque proclamavam que para ser filósofo não era preciso ser letrado e que a felicidade estava no prazer; a outra, aristocrática, teve à frente Filodemo de Gadara, acolhido em Herculano por Calpúrnio Pisão (sogro de Júlio César), em cuja *villa* dirigiu uma escola que manteve a língua grega. Das obras de Filodemo restaram fragmentos de *Sobre os signos* — que relata as diferenças e oposições entre a teoria epicurista e a estoica — e *Sobre a retórica* — que a apresenta como uma arte inútil para a política. Consta que escreveu tratados contra os epicuristas heterodoxos, que designava como sofistas, lembrando-lhes com firmeza o *tetrapharmakon* de Epicuro: "Deus não é de recear; a morte não é de temer; o bem é fácil de adquirir; o perigo, fácil de suportar".

LUCRÉCIO: A VIDA E A OBRA

Tito Lucrécio Caro nasceu em Roma por volta de 98 a.C. e morreu nos anos 50 do século I a.C. Pertencia a uma família de antigos patrícios, da ordem equestre, mas não ocupou cargos políticos nem honoríficos. Sabe-se muito pouco de sua vida e, como disse um intérprete, ele teria levado rigorosamente a sério a máxima de Epicuro: "esconde tua vida". Em torno dele reina o mistério: viveu em Roma? Teria ido à Grécia e escutado Zenão? Teve contato com Filodemo? Foi um joguete das paixões e teria se suicidado na flor da idade? Quando compôs seu poema? Deixou-o incompleto? Foi editado e publicado por seu amigo Cícero? Quem é exatamente Mênio, a quem a obra é dedicada?

Vimos, ao estudar o epicurismo, o combate dos cristãos a Epicuro e sua escola. Assim como Tertuliano, um dos primeiros Padres da Igreja, inventou a história de que o materialista Demócrito teria furado os próprios olhos por não suportar o desejo sexual despertado pela visão de jovens mulheres, assim também são Jerônimo inventou que Lucrécio teria bebido um filtro de amor, enlouquecido e escrito seu poema nos intervalos de lucidez, terminando por se suicidar. O mínimo que um leitor atento do *Sobre a natureza das coisas* pode afirmar é que essa obra jamais poderia ter sido escrita em "intervalos de lucidez"!

Com efeito, sobre esse poema filosófico, Cícero escreveu a seu irmão Quinto que "brilha com as mil luzes do gênio e de muitas artes", e Ovídio exclamou: "os versos do sublime Lucrécio perecerão no dia em que o universo acabar!".

Lucrécio viveu num dos períodos mais conturbados da história de Roma. Durante sua juventude testemunhou os massacres que se seguiram às lutas de Mário e Sila e o desencadeamento de tumultos provocados pelas ambições políticas das famílias patrícias. Por isso, nas linhas iniciais do Canto I, o poeta invoca Vênus contra Marte, a plácida paz contra a violência da guerra, para o bem dos romanos e do próprio poeta, "pois", exclama ele, "eu não poderia, numa época de tempos iníquos para a pátria, dedicar-me à minha obra com ânimo sereno nem buscar o bem comum". Também não podemos esquecer que as facções patrícias eram auxiliadas pelos dirigentes dos templos romanos e seus adivinhos (*vates*), que, sob a alegação de vaticínios inspirados pelas divindades, converteram os deuses em instrumento de manipulação dos cidadãos, disseminando ignorância e medo. Essas circunstâncias iluminam o sentido do *De rerum natura*, escrito com a intenção explícita de libertar os homens das paixões nascidas da ignorância e do medo com relação à natureza, à morte e aos deuses. Como lemos no prólogo do Canto I, "a superstição pariu impiedades criminosas" e "a religião aconselhou crimes hediondos", como o de Agamenon, que, açulado pelos sacerdotes, sacrificou a própria filha, Ifigênia. Por isso "se os homens vissem um término seguro para suas misérias, teriam um meio para resistir à superstição e às ameaças dos adivinhos". É para dar ao gênero humano esse término seguro que Lucrécio escreve sua obra.

Para muitos intérpretes, não se pode considerar o poema como inacabado, pois, ao chegar aos versos 90-5 do último Canto, Lucrécio afirma que chegou ao fim de sua obra:

> Eis tudo o que os homens, que ignoram as causas, atribuem à vontade dos deuses. Mas tu, Calíope, engenhosa musa, repouso dos homens e prazer dos deuses, guia-me, a mim que corro rumo à última meta do caminho, a fim de que, conduzido por ti, possa conseguir uma coroa de nobre glória (*Da natureza*, VI, 90-5).

Da natureza das coisas (mais conhecido como *Da natureza*) é composto de seis livros ou seis cantos e sete mil e quatrocentos versos. Os Livros I e II (ou Cantos I e II) são dedicados à exposição da física atomística; o III à da alma e da morte; o IV, à teoria do conhecimento; o V, à gênese e transformação do mundo; e o VI, às catástrofes meteorológicas e terrestres. Os dois primeiros e os dois últimos dedicam-se a afastar o medo da natureza; o terceiro, o da morte; e o quarto explica como e por que surgem as ilusões sobre a natureza e sobre os deuses, propícias a provocar medo. Cosmologia, física, astronomia, geografia, geologia, meteorologia, psicologia, gnosiologia, história, filologia, ética, teologia: eis um gigantesco saber posto a serviço da liberdade humana, numa obra considerada literariamente excepcional e cuja elaboração foi, sem dúvida, difícil, pois, como escreve Lucrécio no início do Canto I:

> Meu ânimo não dissimula quão árduo é explicar as obscuras descobertas dos gregos com versos latinos, sobretudo porque muitas devem ser tratadas com palavras novas pela pobreza da língua [latina] e a novidade das ideias (*Da natureza*, I, 135).

Por que escrever o poema? Porque

> Se o terror acorrenta todos os mortais, é porque sobre a terra e no céu aparecem muitas coisas de cujos efeitos não conseguem ver as causas e as atribuem à vontade

> divina. Por isso, quando tivermos visto que nada pode ser criado do nada, saberemos do que cada coisa pode receber o ser e como todas as coisas se cumprem sem a intervenção dos deuses (*Da natureza*, I, 150-5).

Por que um poema? A resposta se encontra na abertura do Canto IV: assim como para ministrar às crianças um remédio amargo, os médicos adoçam com mel as bordas da taça, assim também o filósofo, desejoso de que sua difícil e amarga doutrina possa ser absorvida pelo leitor, decidiu fazer-se poeta e expô-la na doce linguagem das Musas:

> Grandes são as coisas que ensino para expurgar do ânimo as vãs superstições; obscuras são as matérias de que falo e para elas componho versos de luminosa clareza. [...] Quando querem ministrar às crianças o amargo absinto, os médicos começam por dourar as bordas da taça com um mel louro e açucarado; assim, a juventude imprevidente, os lábios enganados pela doçura, engole a bebida amarga e, iludida para seu próprio bem, recobra a força e a saúde. Também eu, porque a doutrina é muito amarga para quem não a conhece a fundo e o vulgar dela se afasta com horror, quis expô-la para ti na doce linguagem das Musas como se a impregnasse de mel (*Da natureza*, IV, 15-20).

A física

Seguindo a forma tradicional dos hinos gregos, Lucrécio, como outrora Cleanto no "Hino a Zeus", abre o Livro I com uma invocação ao divino: Vênus, mãe dos Eneias, ancestral dos romanos, *hominum divumque voluptas*, prazer dos homens e dos deuses, benfeitora que, tão logo desponta a primavera, faz nascer todas as coisas na terra industriosa, no mar espumante e no céu luminoso. Prazer imutável dos deuses bem-aventurados — beatitude —, prazer em movimento dos viventes — sexualidade fecunda —, Vênus exprime a unidade do universo, escandido pela cadência diferenciada dos ritmos do prazer de viver.

Ora, se o primeiro passo para livrar os homens da ignorância e do medo é mostrar-lhes que todas as coisas se cumprem sem a intervenção dos deuses, a invocação de Vênus pareceria descabida. No entanto, ao invocá-la como *voluptas*, o prazer em todas as suas formas, cadências e ritmos e, particularmente, o prazer sexual primaveril, Lucrécio poeticamente afirma que a fecundidade supõe o sêmen e, portanto, que algo sempre vem de algo; por conseguinte, as coisas não foram criadas pelos deuses a partir do nada.

Cinco são os principais argumentos de Lucrécio em favor do princípio "nada vem do nada". O primeiro opera por redução ao absurdo: se tudo pudesse vir do nada, tudo poderia nascer de tudo, qualquer coisa poderia ser gerada por qualquer outra e a natureza seria caos e puro acaso, *incerto partu*, e coisa alguma seria determinada (*certum*) por uma semente (*sêmen*) própria — do mar poderiam sair homens, da terra, os escamados e os voadores, do céu, grandes rebanhos. Não veríamos os mesmos frutos nas mesmas árvores e veríamos os animais domésticos viverem indiferentemente nos desertos ou nos lugares cultivados. "Se não houvesse o germe fecundo (*genitalia corpore*), como cada ser poderia ter uma mãe determinada (*certa*)?"

O segundo argumento se baseia na experiência comum: vemos as rosas florir na primavera, o trigo amadurecer no verão, os frutos da vinha, no outono. O que vemos? Que há um tempo certo, um ritmo necessário para a geração e o florescimento de todas as coisas, de acordo com seus germes ou sementes, nas quais os caracteres da espécie se conservam. Ora, se tudo viesse do nada, então, num único dia tudo surgiria num só lance e chegaria imediatamente à maturidade: o homem nasceria adulto, as árvores, já grandes, os frutos, maduros.

Enquanto o primeiro e o segundo argumentos insistem na constância e regularidade da natureza, o terceiro invoca a normalidade. Por que, indaga Lucrécio, a natureza não produziu homens gigantescos que pudessem atravessar o mar numa passada, afastar as altas montanhas com as mãos e viver mais do que muitas gerações? A resposta é imediata: porque a cada porção da matéria que compõe o todo cabe uma parte determinada que fixa o que é necessário para cada ser gerado por essa porção.

O quarto argumento introduz o trabalho: vemos que, pelo esforço de nossas mãos, os lugares cultivados superam os incultos e dão os melhores frutos, o que evidencia que a terra possui germes que, revolvendo a gleba fecunda com a charrua, fazemos nascer. Se assim não fosse, veríamos todos os frutos se produzirem por si mesmos e sem nosso labor.

Enfim, o quinto argumento afirma que as coisas também não voltam ao nada. A natureza reduz cada corpo às suas partes elementares, mas estas não perecem, pois, se fossem perecíveis, as coisas desapareceriam de uma só vez diante de nós. Os elementos são eternos. As coisas perecem quando uma força externa as penetra em seus poros e desfaz a composição de elementos que as constituía, mas "nunca a natureza nos deixa ver o fim desses elementos". Além disso, se tudo o que o tempo oculta de nossos olhos fosse destruído por completo e toda a matéria fosse consumida, como explicar que tudo não cessa de renascer e de se renovar, que a duração infinita do tempo não consumiu o mar, os rios, a terra industriosa? Se na vastidão do tempo passado sempre há elementos para reparar incessantemente todas as coisas, é preciso que esses elementos sejam de natureza imortal. Todos os seres sucumbiriam sob a ação de uma mesma força e causa, se uma matéria eterna não os mantivesse amarrados por nós mais ou menos cerrados. De fato, o simples contato os destruiria porque, se não fossem formados por elementos eternos, o encontro romperia o tecido de cada um deles. Assim, "nenhum corpo retorna ao nada, mas todos retornam, após sua dissolução, aos elementos da matéria". As chuvas parecem desaparecer, mas delas nascem as belas colheitas, as árvores verdejam e se curvam ao peso dos frutos, a terra alimenta os animais e os homens. Nada se perde. Do que perece, a natureza faz surgir um novo ser e "é pela morte de uns que ela dá vida a outros".

Um objetor poderia recusar esses argumentos declarando que os elementos seminais eternos são invisíveis e não se pode provar sua existência. Como refutação, Lucrécio menciona elementos invisíveis dos quais temos experiência direta e que, embora invisíveis, são corpos, uma vez que somente corpos podem afetar outros corpos e, portanto, nossos sentidos: sentimos frio e calor, mas não os vemos; as emanações dos corpos odoríferos, cujos odores sentimos sem vê-las; a roupa que umedece à beira do rio e seca ao sol, comprovando que a água se divide em partículas minúsculas que não podemos ver; as coisas que se gastam, como o lajeado das ruas e das casas, as mãos das estátuas de bronze beijadas pelos passantes, a erosão dos rochedos à beira-mar sob os golpes da água salgada; a força desacorrentada dos ventos com seus efeitos devastadores. Assim, mesmo a maior agudeza do olhar não faz ver tudo o que a natureza, dia a dia, acrescenta lentamente aos corpos para fazê-los crescer, nem tudo o que tempo, dia a dia, lhes tira e os faz diminuir e envelhecer. Em suma, todos os exemplos comprovam um movimento invisível das partículas da matéria e, por conseguinte, invisibilidade não é sinônimo de irrealidade.

Tendo afirmado a existência da matéria ou a eternidade dos elementos seminais, Lucrécio adverte o leitor:

> Não creias que em toda parte há apenas matéria, pois há o vazio (*inanis*) na natureza [...]. Existe, portanto, um lugar (*locus*) intangível e imaterial, o vazio, sem o qual coisa alguma poderia mover-se (*Da natureza*, I, 350).

Retomando a argumentação de Leucipo, Demócrito e Epicuro, e acrescentando novos argumentos, Lucrécio apresenta quatro razões para a admissão da existência do vácuo: em primeiro lugar, o movimento, pois sem o vazio nenhum corpo poderia mover-se — Lucrécio, refutando o argumento do peripatético Estratão de Lâmpsaco, que provava a possibilidade de um corpo movimentar-se no pleno dando o exemplo do peixe n'água, afirma que o peixe só pode nadar graças ao vazio oferecido pela água; em segundo, os fenômenos de infiltração (como a da água nas pedras), penetração (como a dos alimentos no organismo, da seiva nos vegetais, do frio que penetra os ossos) e repercussão dos corpos (como a voz que atravessa as paredes de uma casa), fenômenos que são possíveis porque há nas coisas canais vazios, isto é, poros; em terceiro, as diferenças de densidade entre dois corpos de volumes comparáveis (uma bola de chumbo e uma de lã, ambas de mesmo volume, a primeira pesa mais do que a segunda porque esta comporta mais vazio que a outra); e, em quarto, a progressão da chegada do ar em um novo espaço, pois se dois corpos se chocam e depois se separam bruscamente, o ar que se interpõe entre eles não chega subitamente e sim aos poucos, de maneira que, antes que o intervalo seja plenamente ocupado, há um vazio no qual vem depositar-se o ar.

> A natureza toda consiste em duas coisas: os corpos e o vazio no qual aqueles estão situados e se movem em direções diversas. [...] Não há nada outro que se possa dizer existir fora de toda espécie de corpo, exceto o vazio, nada que se possa imaginar descobrir como uma terceira maneira de ser (*Da natureza*, I, 430).

Se não houvesse o vazio, o universo seria um imenso sólido imóvel; se não houvesse corpos, um imenso vácuo. E a recusa da *tertia natura* ou "terceira maneira de ser" é, evidentemente, a crítica lucreciana aos incorporais platônicos, aristotélicos e estoicos.

Do princípio "nada vem do nada, nada retorna ao nada" segue como consequência necessária a existência de corpos primordiais, seminais, eternos, plenos, isentos de vazio, simples e sólidos, princípios de todas as coisas e ponto no qual termina a divisibilidade dos seres. Dois argumentos provam a existência dos *parvissima*, os pequeníssimos: 1. se a divisibilidade não tivesse um termo, tudo seria frágil, efêmero, inconsistente, indeterminado, os caracteres de cada espécie não se conservariam nem seriam transmitidos e a natureza estaria privada de *fundamentum*; 2. se a divisibilidade prosseguisse sem fim, não seria possível estabelecer a diferença entre máximo e mínimo, "qual poderia ser a diferença entre a menor das coisas e a soma de todas as coisas", se tanto uma como outra se comporiam de infinitas partes e se dividiriam ao infinito? "A razão se revolta contra isso", conclui Lucrécio. É, portanto, uma lei inviolável da natureza que há o indivisível, a *mínima natura*, o *átomo*, invisível para nosso olhar e inteligível para a razão.

Tendo chegado ao mínimo, Lucrécio passa, então, ao máximo, ou seja, ao exame do vazio, que conduz à ideia da ausência de um ponto extremo ou de um limite na "soma de todas as coisas", isto é, no universo. Primeiro argumento: se o universo não fosse ilimitado, teria um extremo, isto é, algo diverso dele; mas só há átomos e o vazio, portanto, nada há que limite o universo imenso e infinito. Segundo argumento: se alguém se colocasse num lugar que imaginasse ser o limite extremo do universo e dali lançasse uma flecha alada, de duas, uma, ou a flecha encontraria um obstáculo e interromperia seu percurso, ou prosseguiria sem fim, ou seja, no primeiro caso, não encontra o outro extremo e, no segundo, menos ainda. Terceiro argumento: se o espaço no qual o universo se move estivesse encerrado de todos os lados e com limite fixado, a massa da matéria, arrastada pelo peso dos corpos sólidos, ficaria inteiramente acumulada nas partes mais baixas e nada poderia acontecer na abóbada celeste, aliás, não haveria nem mesmo o céu e a luz do sol, a matéria permaneceria inerte e todos os viventes morreriam de inanição.

Da infinitude, Lucrécio retira duas conclusões extraordinárias para o pensamento antigo: a infinidade de mundos possíveis e a ausência de centro do universo.

Nenhum plano concertado entre os átomos e entre eles e o vazio, nenhuma providência divina determinaram o movimento dos *parvissima*, nem que ocupassem o lugar que ocupam. Depois de inumeráveis movimentos e mudanças através do vazio, de incontáveis encontros e choques no decorrer do tempo, de formar e desfazer mundos, chegaram a uma ordem da qual nasceu nosso mundo e na qual ele se mantém. É evidente, portanto, que nosso mundo não é o centro do universo. Aliás, é erro grosseiro e loucura imaginar tal centro, pois dessa ilusão vem a fantasia sobre os antípodas, isto é, de seres vivos, acima de nós, que andam de cabeça para baixo e que, como nós, não despencam da terra no primeiro céu porque "há tendência do universo para o centro".

Resta saber como os átomos se movem e quais são suas formas, a fim de conhecermos como e por que as coisas são geradas, constituindo um mundo ordenado. É este o objeto do Livro II.

O *Suave, mari magno* do prólogo do Canto II é famoso:

> É doce, quando o vasto mar (*suave, mari magno*) é agitado pelos ventos, ver da terra a grande aflição dos outros, não porque o tormento de outrem traga jocundo deleite, mas porque é doce ver de que males se foi poupado [...]. Porém, doçura maior é habitar os altos lugares nos templos serenos alicerçados sobre a doutrina dos sábios (*Da natureza*, II, 5-6).

Esse prelúdio é logo seguido por uma imprecação contra a imprudência dos que, por ignorância, se expõem aos maiores perigos, procurando aqui e ali, no meio das trevas, "o caminho da vida", disputando honras, opulência e glória, esfalfando-se noite e dia para tomar o poder: "ó miserável mente dos homens, ó ânimos cegos!". Por que não escutar o grito imperioso da natureza de que bastam um corpo isento de dor e uma alma feliz, livre de inquietação e medo? À imprecação segue-se o remédio:

> Para dissipar os terrores, as trevas do ânimo, não é preciso o dia nem os raios luminosos do sol, mas o estudo racional da natureza (*Da natureza*, II, 60).

A menção, feita duas vezes, à *turbatio*, a turbulência do mar e a do ânimo, prepara poeticamente o tema do Canto II: a *turbatio* dos *parvissima*, o movimento dos átomos, os turbilhões que formam agregados e mundos.

As mudanças dos e nos corpos indicam que a matéria não está em repouso, mas sempre em movimento. Este é essencial aos átomos porque não há um centro onde possam parar. Tendo o vazio profundo como condição, o movimento é velocíssimo — "mais rápido do que a luz do sol" —, pois não encontra obstáculos, e, como uma chuva, se realiza verticalmente do alto para baixo, em decorrência do peso dos átomos. Todavia, o movimento vertical de queda não é sempre rigorosamente paralelo, pois neste caso: a) em virtude do vácuo, os átomos mais leves nunca alcançariam os mais pesados e b) nenhum átomo se encontraria com os outros nem se chocaria com eles e jamais se uniriam para formar os agregados, os turbilhões e os mundos; é necessário, portanto, que a direção de seus movimentos sofra um desvio, *declinatio*, ínfimo, quase imperceptível. A esses argumentos Lucrécio acrescenta outro que vimos ser oferecido por Epicuro quando introduziu o *clínamen*: se todos os movimentos dos átomos estivessem encadeados e conectados numa sequência imutável, se não houvesse o ínfimo desvio, então a liberdade da alma (tanto a dos animais quanto a humana) seria impossível, uma vez que ela é, como todos os seres do universo, um corpo composto de átomos — a vontade, que muda o curso das coisas e dos acontecimentos, só é possível porque os átomos são capazes de desvio.

Michel Serres considera a descrição lucreciana da *declinatio* a aurora da física moderna. De fato, escreve o filósofo das ciências, toda a tradição filosófica e científica sempre leu os versos do Canto II em que o desvio do movimento atômico é introduzido como um artifício retórico: o que está sendo dito é tão absurdo e tão distante da experiência que Lucrécio disfarça o que afirma, como que para esconder-se. Aliás, o tradutor da edição francesa do *De natura*, H. Clouard, comenta, numa nota, que essa ideia foi refutada por Cícero e que essa é uma das passagens de maior fraqueza filosófica do sistema, pois Lucrécio não oferece prova alguma do que diz.

Que diz o verso 220 do Livro II? Depois de afirmar que em sua queda livre no vazio os átomos se desviam um pouco da trajetória, Lucrécio escreve: *Paulum tantum quod momen mutatum dicere possit*, "tão pouco que mal se pode dizer que o caminho mudou". Afirmação que mais adiante é repetida com *nec plus quam minimo*, "não mais do que o mínimo". Ora, explica Serres, qualquer um que tenha lido textos latinos de matemática reconhece imediatamente a linguagem usada por Lucrécio: são as duas definições canônicas que o cálculo diferencial oferece do infinitamente pequeno potencial e do infinitamente pequeno atual[1] e todos sabem que os atomistas, desde Demócrito, trabalham com a hipótese física dos indivisíveis e que o método de exaustão, sistematizado por Euclides, vai em direção ao infinitesimal. A *declinatio* ou o *clínamen* é uma diferencial físico-matemática e não um artifício retórico.

Serres prossegue: a crítica sempre teve como referência uma física dos sólidos e considerou a chuva originária dos átomos no quadro de uma mecânica dos sólidos. É compreensível que assim fosse, pois os átomos lucrecianos são sólidos e a crítica toma como referência o nascimento da física moderna com a mecânica de Galileu. Ora, desde a Renascença, existe uma outra corrente na física, na qual os autores latinos são de grande importância, a mecânica dos fluídos, presente nas obras de Torricelli, Leonardo e na Academia do Cimento e todos os que, desde Arquimedes, se interessaram pela hidráulica. Assim, se é um absurdo que um pequeno peso sólido sofra um desvio mínimo na trajetória de queda, esse absurdo desaparece se tomarmos a chuva atômica como uma corrente, um fluxo, um escoamento fluído. Os átomos são sólidos, mas o movimento da chuva atômica é um fluxo.

Ora, inicialmente, o fluxo é um movimento de rotação e translação dos átomos. Para que os átomos se encontrem é preciso uma *infima turbatio*, uma turbulência mínima. Como se forma um turbilhão? Ao exemplificar pela primeira vez a *declinatio*, Lucrécio se refere ao raio que atravessa a chuva, "seja aqui, seja ali". Ora, explica Michel Serres, o raio atravessa obliquamente as raias paralelas da chuva e, da mesma maneira, a *declinatio* aparece no escoamento "como ângulo mínimo no incoativo da turbulência". Incoativo, isto é, sempre recomeçando, ou no dizer de Lucrécio, "em tempo indeterminado (*incertum*), em lugar indeterminado (*incertum*)". Ora, foi justamente a questão do ângulo de inclinação que interessou a Arquimedes, quando formulou a primeira lei da hidrostática a partir da inclinação da balança (a saída do estado de equilíbrio) e fez da espiral (o turbilhão) o caso paradigmático de uma física dos líquidos.

> Quem não vê que um escoamento nunca permanece paralelo por muito tempo? Quem não vê que um fluxo laminar é apenas ideal e teórico? As turbulências logo aparecem. Em relação à teoria, a aparição da experiência concreta é contemporânea à dos turbilhões. A declinação é seu começo. Nada aí é absurdo, tudo é exato, preciso e mesmo necessário. É preciso, pois, desenhar um feixe de paralelas. Em um ponto qualquer do fluxo ou da catarata, marcar um pequeno ângulo e, a partir dele, uma espiral. No seio desse movimento, os átomos, até então separados, encontram-se: *atomorum turbulenta concursio*. Mas o texto é mais preciso ainda: remete a uma matemática, a um cálculo diferencial, à ideia de grande número, a todo um *corpus* implícito no modelo (Serres, 2003, p. 18).

Depois de explicar o movimento, Lucrécio, retomando Epicuro, expõe a variedade das formas (figura, volume e peso) dos átomos,[2] causas da variedade dos corpos, de seus comportamentos e relações, e dos efeitos produzidos por eles sobre nossos sentidos — cor, odor, gosto, textura, umidade, calor, frio etc., não são propriedades dos átomos e sim efeitos produzidos em nós por suas formas, pesos e volumes e pelos arranjos dos conglomerados atômicos. Em suma, os átomos são incolores, inodoros, invisíveis, insensíveis; suas únicas qualidades são indivisibilidade, impermeabilidade, eternidade, figura e movimento. Um corpo resulta de um pacto (*pactus*, *foedus*) entre os átomos que se encontram e se aglutinam; é um aglomerado ou uma mistura de formas elementares ou atômicas e suas propriedades aumentam conforme aumenta o número de átomos componentes. Por que pacto ou convenção? Por um lado, porque nenhuma força externa obriga os átomos a se reunirem desta ou daquela maneira, e, de outro, porque, depois de se reunirem, constituem uma estrutura permanente ou duradoura, uma matriz transmitida às coisas de mesma espécie. Embora os átomos sejam em número infinito, suas figuras (formas, volumes e pesos) não o são, a prova estando no número limitado de seus efeitos sensoriais, pois, se as figuras fossem infinitas, afetariam nossos corpos de infinitas maneiras e não nas cinco que constituem os órgãos de nossa sensibilidade. A variedade dos corpos provém não apenas da figura dos átomos, mas também da quantidade, da ordem e da posição em que entram na formação de um aglomerado corporal, e do movimento recíproco que ali realizam, pois um átomo jamais se imobiliza, mas volteia ou esvoaça sem cessar, afetando outros e sendo por eles afetado. Nos corpos, lemos no verso 1021, "apenas variam os encontros (*concursus*), os movimentos (*motus*), a ordem (*ordo*), a posição (*positura*) e a figura (*figura*)". Para fazer-se entender, Lucrécio propõe uma analogia com a escrita: as letras são em número finito, porém, sua combinação, ordem, posição podem variar indefinidamente na formação da multiplicidade imensa das palavras e dos discursos.

A chuva de átomos em queda livre leva Lucrécio a dizer que "todos nós viemos de um sêmen celeste" e "o céu é o pai de todas as coisas", e a terra, que recebe "as límpidas gotas de chuva", é a matriz fecunda e pródiga, "a mãe de todas as coisas".

Finalmente, o Canto II reafirma o que fora dito no Canto I: há infinitos mundos.

> Em parte alguma, em direção alguma, nem à direita nem à esquerda, nem no alto nem no baixo, o universo tem limite, como convém à natureza do vazio. [...] Se, pois, em toda parte se estende o espaço ilimitado e se os germes de número inumerável e de soma abissal volteiam de mil modos e desde toda eternidade, é possível

crer que nossa terra e o orbe de nosso firmamento foram os únicos criados e que para além dele haja apenas a inatividade dos átomos? Este mundo é obra da natureza, por si mesmos, espontaneamente, pelo simples acaso dos encontros, os átomos, após mil movimentos desordenados e tantas conjunções inúteis, conseguiram, enfim, formar uniões que, tão logo realizadas, engendram maravilhas — a terra, o mar, o céu e as espécies vivas. É preciso, portanto, convir, repito, que alhures se formaram outros agregados de matéria semelhantes aos do nosso mundo (*Da natureza*, II, 1055).

E um pouco mais adiante:

Se as sementes são tão copiosas que a vida inteira de um vivente não bastaria para contá-las e se persiste em toda parte a mesma força e natureza que podem conjugar as sementes das coisas da mesma maneira que as conjugam aqui, é necessário reconhecer que existem alhures no vazio outras terras e outros céus, outras raças de homens e outras espécies animais (*Da natureza*, II, 1075).

O Canto se conclui com uma peroração que prepara o preâmbulo do Canto III, quando será feito o elogio daquele que libertou os homens da ignorância e do medo, Epicuro.

Que estas verdades se gravem profundamente em ti e de imediato a natureza te aparecerá livre, libertada de senhores soberbos, operando espontaneamente todas as coisas, sem os deuses (*Da natureza*, II, 1090).

Está, pois, cumprido o primeiro objetivo do *Da natureza*: desenraizar e dissolver o medo dos deuses afirmando a autonomia espontânea da natureza, a simplicidade de seus princípios e seu modo de operação. Compreende-se, então, por que, diferentemente do Canto I, que invoca Vênus, desde o Canto II até o VI, nenhuma invocação será dirigida aos deuses; e, a partir do Canto III, Lucrécio invocará Epicuro.

Tendo cumprido a primeira parte da tarefa filosófica, resta, agora, enfrentar o segundo pavor, isto é, o medo da morte. Será este o objeto dos Cantos III e IV. Quanto ao último terror, o medo à natureza, Lucrécio o tratará nos dois últimos cantos do poema.

Animus / anima

O preâmbulo do Canto III se inicia com o elogio de Epicuro, cujas pegadas (*vestigia pedis*) o poeta seguirá. Se, no preâmbulo do Canto I, Lucrécio contrapunha a guerra nascida da ignorância e da superstição à plácida paz do verdadeiro conhecimento e, no do Canto II, a turbulência do mar tempestuoso das ambições à tranquilidade dos altos lugares onde habita a sabedoria, agora, contrapõe às trevas da ignorância a luminosidade da razão.

> Tu, que do fundo das trevas espessas, foste o primeiro que soubeste fazer brilhar uma luz tão esplêndida e nos iluminar sobre os verdadeiros bens da vida, sigo teus passos, ó glória da gente grega, e hoje ponho o pé sobre a pegada deixada por ti, não para rivalizar contigo, mas, cheio de amor, para imitar-te [...]. Tu, pai, descobriste a verdade e nos prodigalizaste preceitos paternais [...] ó mestre glorioso [...] nós nos alimentamos de tua áurea palavra, a mais digna de duração perpétua. Tão logo tua razão começa a vociferar sobre a natureza das coisas, nascida em tua divina mente, de imediato se dissipam os terrores do ânimo, abrem-se as muralhas do mundo e vejo as coisas serem geradas no vazio infinito.

a) Da natureza do ânimo e da alma

Antes de determinar a verdadeira natureza da alma, Lucrécio critica as concepções espiritualistas ou imateriais — como a platônica e a dos que afirmam que a alma é a harmonia dos opostos que constituem o corpo —, bem como as grosseira e ingenuamente materialistas — como a que concebe a alma formada de sangue ou de vento. Os imaterialistas afirmam que a alma é uma entidade simples e justamente por isso não pode perecer, pois a morte é dissolução dos compostos. Em vista da afirmação da imortalidade da alma, os adeptos dessa ideia passam a vida presente se preparando para a vida futura, e como a imortalidade atesta a superioridade da alma com relação ao corpo mortal, julgam que este, sede de instintos e apetites baixos, é nocivo à perfeição dela e à felicidade na vida após a morte, vivendo aterrorizados com a possibilidade de merecer sofrimento eterno. Os ingenuamente materialistas admitem que a alma é mortal, porém, diz Lucrécio, essa admissão só se mantém em tempos de prosperidade e boa fortuna, pois basta que o infortúnio os atinja para que busquem consolo na religião, dirijam preces aos mortos e façam sacrifícios aos deuses. Em outras palavras, não temem a morte quando a fortuna lhes é favorável, mas se apavoram e se desdizem quando na adversidade. Em suma, espiritualistas e materialistas ingênuos se atormentam com o medo da morte porque ignoram a verdadeira natureza da alma e sacrificam suas vidas por algo que eles não são.

Como a maioria dos autores latinos, Lucrécio emprega dois termos para se referir ao que costumamos chamar de "alma": ânimo (*animus*), princípio pensante e emocional, que Lucrécio também designa com a palavra mente (*mens*), e alma (*anima*), princípio vital que move cada uma das partes do corpo; ambos constituem uma única *natura*, isto é, um único ser, dotado de operações próprias: "Digo que o ânimo e a alma se mantêm estreitamente unidos e juntos formam uma única natureza" (III, 135). Visto que no universo há somente átomos e o vazio, a alma[3] é, como todas as coisas, uma *natura* feita de átomos. É, portanto, corpórea, composta de elementos atômicos e mortal.[4]

O historiador da filosofia, Pierre-François Moreau, explicita as três perspectivas sob as quais Lucrécio trata da natureza da alma: a da composição atômica, a da conjunção entre ela e um outro corpo que é *seu* corpo, e a da integração entre ela e seu corpo como parte de um todo orgânico. A primeira estabelece que a alma é um corpo e busca determinar que tipo de corpo ela é, examinando a forma e os movimentos dos componentes atômicos que a constituem e as propriedades que deles decorrem. Nessa primeira perspectiva, a alma e o corpo que ela habita são tomados como se fossem independentes ou exteriores um ao outro, ainda que sejam consideradas operações anímicas, como a sensação, que seriam impossíveis sem a relação entre ambos, mas Lucrécio ainda não explica por que tais operações são possíveis. Cabe à segunda perspectiva examinar a conjunção da alma com seu corpo. Este deixa de ser tomado como um mero recipiente do corpo anímico para ser considerado uma estrutura simultânea à da alma e em conexão íntima com ela. O conhecimento adquirido nessas duas perspectivas permite desenvolver a terceira, na qual a alma é concebida como parte do todo orgânico que é seu corpo e integrada a ele segundo leis universais da natureza, que lhe atribuem localização e funções determinadas — a alma é tomada como órgão no sistema total do corpo.

Na perspectiva da composição, Lucrécio sublinha as distinções entre o *animus* e a *anima*, que se distinguem: 1. pela localização: o *animus* se situa no centro do peito — onde "sobressaltam o pavor e o medo, onde palpitam docemente as alegrias; aqui estão o pensamento e a mente" —, enquanto a *anima* se difunde pelo corpo inteiro; 2. pela ordenação: o *animus* comanda, a *anima* obedece, transmitindo ao corpo as ordens; 3. pela função: o *animus* pensa e sente, a *anima* é o princípio vital do corpo. Essas distinções indicam que cada um deles pode operar sem o outro (por exemplo, na doença, a vitalidade está diminuída, mas o pensamento pode se realizar plenamente; inversamente, na infelicidade, o pensamento está quase ausente, mas o corpo continua operando plenamente; no sonho, o *animus* atua enquanto a *anima* está inerte). Todavia, a ligação entre ambos e deles com o corpo é atestada pela experiência:

> Mas quando o *animus* é abalado por um medo violento, vemos que toda a *anima* sente o mesmo pelos membros e que por todo o corpo aparecem suores e palidez, a língua se entramela, a voz se prende, os olhos se obscurecem, os ouvidos ressoam, os membros desfalecem [...] a *anima* está ligada ao *animus* e ao ser percutida pela força dele por seu turno abala e fere o corpo (*Da natureza*, III, 155).

Evidencia-se com isso a materialidade de ambos. Com efeito, tanto um como outro são responsáveis pela atividade corporal; ora, não há ação sem contato e não há contato sem corpos; inversamente, um ferimento profundo e violento que atinge o corpo, causa perda de conhecimento e de vontade, o que não seria possível se ele não agisse sobre o *animus* e a *anima* e estes só podem receber tal ação se forem corpos, visto que somente um corpo pode ser afetado por outro.

> As mesmas razões nos advertem que a natureza do ânimo e da alma é corpórea, pois os vemos comunicar movimento aos membros, arrancar o corpo do sono, mudar a expressão do rosto, dirigir e reger todo o corpo de um homem, e como nada disso se pode fazer sem contacto assim como não há contacto sem corpo, não temos que aceitar que o ânimo e a alma são de natureza corpórea? (*Da natureza*, III, 160-1).

Que corpos são o ânimo e a alma? Aqueles formados por um tipo peculiar de átomos sutis ou tênues minúsculos, lisos e redondos, extremamente velozes, dos quais temos a prova na rapidez do pensamento (nada é mais veloz do que este), no fato de que a sensação é pura e simplesmente um movimento, e que, ao morrer, o corpo de um homem não perde peso, evidenciando que a alma é formada de elementos tão sutis que não podem ser quantitativamente medidos — como um vinho cujo buquê evaporou ou um perfume cujo aroma espalhou-se pelo ar.

Podemos perceber que a materialidade da alma supõe a mesma física que vimos em operação na *declinatio*, ou seja, é a materialidade de um fluxo. Isto se confirma, aliás, 1. pelo tipo de átomos que a compõem — sopro, calor, ar e "elemento sem nome"; 2. pelo papel do "elemento sem nome", força móvel e veloz responsável pela mistura dos outros três, que, sem ele, volteariam sem se unir, e que dá "força ao *animus* e potência à *anima*", causando os movimentos da sensação e do pensamento — Lucrécio o chama de *anima animae*, alma da alma, princípio de vida do princípio vital; 3. pelo fato de que a *anima*, como um fluído, se difunde pelo corpo inteiro do qual ela é guardiã; e 4. como atesta a perspectiva da integração, alma e corpo não são estruturas paralelas, pois se assim fosse, jamais estariam em conjunção, mas são partes integradas numa única totalidade corporal.

Como consequência, é preciso, agora, adotar a perspectiva da conjunção. Lucrécio é enfático: desde o ventre materno até a morte, corpo e alma estão estreitamente unidos, intimamente ligados, juntos aprendem a realizar os movimentos vitais e não podem separar-se sem perecer, e "visto que é conjunta (*conjuncta*) a causa de sua conservação, também conjunta (*conjuncta*) é a natureza deles" (III, 349). Dessa afirmação, Lucrécio retira uma consequência de grande envergadura, qual seja, que o corpo é sensível ou senciente, possui a faculdade de sentir, isto é, as sensações atestam a unidade de natureza entre os órgãos dos sentidos e o *animus*. Corpo e *anima* asseguram a vida; corpo e *animus*, o sentimento e o conhecimento.

Assim, será preciso tomá-los na perspectiva de sua integração. Desde o início do Canto III, Lucrécio faz uma afirmação que percorrerá todo o terceiro livro:

> Antes de tudo, digo que o ânimo, que frequentemente chamamos de mente (*mens*), onde se situam a deliberação (*consilium*) e o governo (*regimen*) da vida, é uma parte do homem (*hominis partem*) tanto quanto as mãos, os pés e os olhos; constituem partes de um todo (*totius*) animado (*Da natureza*, II, 95).

Dois argumentos são empregados para provar a integração, ambos referidos a perdas: o primeiro examina o que acontece com o corpo quando ele perde partes do *animus* ou da *anima*; o segundo, inversamente, o que acontece a estes quando o corpo perde partes. Lucrécio explora vários exemplos, mas nos dois argumentos a conclusão é a mesma: é possível uma vida diminuída tanto quando o corpo perde partes, com as quais se vão também as partes da *anima* a elas unidas e, inversamente, quando partes da *anima* se perdem e com elas se vão as faculdades do corpo que lhe estavam unidas; porém, a situação é diversa no caso do *animus* porque, quando o corpo é ferido profundamente no peito, o *animus* todo se perde, e, inversamente, quando o *animus* se perde, arrasta nessa perda a *anima* e o corpo todo. Em outras palavras, como não poderia deixar de ser num filósofo epicurista, o *animus*, a mente, é mais decisivo do que a *anima*: não se pode viver sem pensamento e sentimento.

Chegamos, portanto, ao tema fundamental do Canto III: a morte, ou melhor, o medo da morte.

b) O medo da morte

A alma é mortal. É possível prová-lo de três maneiras: por sua constituição atômica (princípio da composição); por suas relações com o corpo (princípio da conjunção); pela impossibilidade de uma parte operar sem o todo (princípio da integração).

A primeira prova da mortalidade é uma consequência lógica da física: por ser um composto atômico, a alma, como qualquer corpo, se dissolve em seus componentes elementares e, por conseguinte, é de sua natureza ser mortal. A alma, lembra Lucrécio, é constituída por átomos não só os mais minúsculos, mas também os mais sutis e velocíssimos — ela é mais fluída do que a água e mais veloz do que a névoa e a fumaça — e por isso é movida pelos mais leves choques com outros corpos. Consideremos seu corpo como um vaso no qual está contida. Que sucederá se esse vaso se quebrar? Seus átomos produzirão violentos choques em todos os órgãos e, mais ainda, na alma, que se espalhará e se dissolverá como a névoa e a fumaça. Essa imagem traduz um princípio da física lucreciana: a tendência a se dispersar é função do grau de sutileza e mobilidade dos átomos e a de reter, função de sua densidade e porosidade (isto é, da quantidade de vazio). Assim, quando o corpo (continente) se desagrega, sua densidade tende a desaparecer e sua porosidade a aumentar, deixando de ter força para reter a alma (conteúdo); esta, por sua vez, em razão de sua extrema sutileza e mobilidade, escapa por todos os poros e se dissipa. Ademais, a física também já explicou que uma coisa é uma configuração determinada de átomos, portanto, delimitada por uma disposição e uma ordenação dos elementos atômicos; quando essa configuração sofre mudanças no interior de sua delimitação, a coisa se transforma, mas se conserva (vemos um mesmo corpo crescer ou diminuir sem perder a identidade); ao contrário, quando o limite é ultrapassado, sua ordem interna se desfaz e ela é destruída. A morte é a ruptura do limite.

Esse primeiro argumento, porém, não basta, pois não leva em consideração a relação intrínseca entre a alma e o corpo, ou sua conjunção. Assim, um segundo argumento, fundado na conjunção, refuta a suposição da imortalidade, isto é, de um lado, de que a alma possa sobreviver depois da morte do corpo, e, de outro, que ela possa preexistir a ele (como imaginam as doutrinas da metempsicose ou da reencarnação). Antes de qualquer coisa, a conjunção entre a alma e o corpo, ou sua conexão e unidade estrutural, significa que a alma é uma parte do corpo e que sem ele ela não pode sentir, pensar, mover-se. Não a vemos soçobrar quando das convulsões da epilepsia e das síncopes, ou quando do desmaio? Como, então, sobreviveria à morte dele? Há doenças do corpo que provocam doenças na alma, como a letargia, que afeta o *animus*; há doenças da alma que causam doenças no corpo, como a epilepsia, com que a *anima* afeta o corpo. Em suma, as perturbações do corpo são também perturbações da alma e a morte é a perturbação última, que os afeta em simultâneo. Além disso, a experiência mostra de maneira abundante que a alma acompanha todas as etapas da vida do corpo, nasce com ele, cresce e amadurece em conjunto com ele, sofre os efeitos de suas doenças e perdas, assim como de suas curas, envelhece juntamente com ele e com ele agoniza, se desagrega e morre. Lucrécio toma a doença e a cura como signos de mortalidade (*mortalia signa*), pois ambas são mudanças na quantidade e disposição das partes constituintes de um corpo. Ora, vimos pelo primeiro argumento, que tudo o que muda pode fazê-lo no interior de um limite ou o excedendo, portanto, as doenças e curas da alma são signos de que sofre mudanças e que, como seu corpo e juntamente com ele, poderá sofrer a mudança última, a perda do limite, isto é, a morte. Podemos observar que o primeiro argumento é de tipo físico, mas o segundo, de tipo biológico, isto é, refere-se à simultaneidade da vida corporal e psíquica, à *con-vivência* do corpo e da alma. Convivem no sentido pleno deste verbo e por isso a perda da vida de um é também a do outro.

Quanto à preexistência, as doutrinas da metempsicose pretendem que a alma renasça para purificar-se dos males cometidos numa vida anterior e aperfeiçoar-se até o momento em que não mais precisará renascer. Isto significa que se trata da *mesma* alma, caso contrário a reencarnação não teria sentido. Os argumentos de Lucrécio atacarão exatamente esse ponto.

Como explicar que a alma não tenha a menor lembrança de alguma existência anterior? Visto que é a *mesma* alma que renasce, é evidente que ela só será a mesma se conservar a memória da(s) existência(s) anterior(es). Ora, ela é completamente desmemoriada! Ademais, dada a estrutura da relação entre ela e seu corpo, é impossível que ela deslize para dentro dele depois de constituído, pois, neste caso, eles jamais seriam uma *natura*, mas duas. E se, para unir-se a ele como uma *natura* única, ela se reordenar, deixará de ser alma anterior à conjunção. Por que, então, não supor que a alma fabrica um corpo de maneira a fazê-lo adaptar-se ao que ela é? Ora, os corpos se formam por *declinatio* e seria preciso que a alma tivesse o poder de intervir na declinação cósmica para produzir seu próprio corpo, o que é absurdo. Além disso, visto que a mortalidade é mudança ou alteração, se a alma é imortal, vive inalterada e sem carências. Neste caso, por que ela desejaria unir-se a um corpo mortal e sofrer com ele? Mas não só isso. A doutrina da metempsicose torna impossível compreender a hereditariedade e a constância dos caracteres da espécie: se a alma passa de um corpo qualquer a outro também qualquer, um animal poderia nascer dotado de razão e um homem, sem ela; uma ave de rapina poderia temer uma pomba e um leão fugir de um cervo. Suponhamos, porém, que a metempsicose respeite as diferenças entre as espécies. Nem por isso ela se torna inteligível. Retomando o argumento que usara para o caso da memória, Lucrécio observa que uma alma, ao ter vivido, desenvolveu suas faculdades e amadureceu; assim sendo, ao entrar num corpo recém-nascido, ela deveria conservar tudo o que já adquiriu e veríamos crianças nascerem cheias de sabedoria e experiência. Se, para evitar tamanho absurdo, se disser que ela se enfraquece para poder renascer, perdendo tudo quanto tivera, então não é a *mesma* alma. Lucrécio ironiza: pode alguém imaginar as almas espiando encontros sexuais e as feras no parto para correr antes das outras e se encarnar num corpo mortal?

> Parece ridículo que as almas estejam vigilantes a espiar os conúbios de Vênus e os partos das feras, imortais em multidão inumerável procurando corpos mortais, lutando entre si para entrar primeiro e com mais força (*Da natureza*, III, 776-80).

Enfim, o argumento da totalidade ou da integração afirma que ser parte de um todo significa realizar ações e operações determinadas por esse todo, segundo as leis invioláveis da natureza, que fixa para cada parte seu lugar e sua função no todo. A imortalidade da alma fere a lei da natureza porque supõe uma parte autônoma, capaz de realizar sua natureza sem o conjunto das demais.

Há três maneiras de ser imortal, lemos no final do Canto III: a solidez absoluta (o átomo), a intangibilidade absoluta (o vazio) e a absoluta ausência de exterioridade (o universo). Nenhuma delas pertence à natureza da alma.

O medo da morte inventou a imortalidade. No entanto, diz Lucrécio, a imortalidade é consolação ilusória: ela é muito mais aterradora do que a morte porque engendra o medo da vida futura como risco de tormento eterno. Esse terror faz com que os homens ponham todo seu desejo e todo seu pensamento na conjuração da morte e esqueçam o prazer de viver, fujam da vida pelo medo de perdê-la. Ou, ao contrário, imaginam gozá-la quando, esquecidos de si, entregam-se desmedidamente a prazeres efêmeros que os deixam mais carentes e mais tristes. Inquietação perpétua, ausência de sabedoria.

"A morte não nos toca", conclui Lucrécio: não existíamos antes de nascer e não existiremos depois de morrer porque somos a conjunção *deste* corpo e *desta* alma, somos *esta* vida. A morte não nos toca em sentido ainda mais profundo: se nossa alma persistisse sem o corpo, não seria *nossa* alma e sua suposta imortalidade não nos diria respeito.

Os simulacros

Tendo determinado a natureza da alma e sua relação intrínseca com seu corpo, Lucrécio, no Canto IV, passa à relação dela com os outros corpos por intermédio dos órgãos dos sentidos. Iremos agora compreender por que, desde o início do *Da natureza*, Lucrécio insiste na relação entre ignorância e medo.

Retomando a teoria da percepção elaborada por Epicuro, Lucrécio traduz *eidolon* (no plural, *eidola*) por *simulacrum* (no plural, *simulacra*). Essa palavra latina deriva-se de *similis*, semelhante, símile, da qual provêm dois substantivos, *simultas*, estar junto, simultâneo, rivalidade e combate, e *similitudo*, semelhança, analogia, e um verbo, *simulare*, representar exatamente, copiar, imitar, dar a aparência de, fingir, simular. *Simulacrum* é a imagem ou a representação de alguma coisa pela pintura, pela escultura, pelo espelho. A imagem é um símile ou uma semelhança com aquilo de que é imagem, uma cópia ou uma imitação que reproduz a aparência da coisa reproduzida.

Antes mesmo de articular simulacro e conhecimento, Lucrécio introduz a relação entre simulacro e medo:

> São eles [os simulacros] como película arrancada da superfície dos objetos e que voejam de um lado e outro pelos ares; indo ao nosso encontro quando estamos acordados, aterram-nos o ânimo, exatamente como nos sonhos, quando muitas vezes contemplamos figuras espantosas e imagens daqueles que já não têm luz; são elas que muitas vezes nos arrancam cheios de horror do sono em que repousávamos (*Da natureza*, IV, 35-40).

Imediatamente, porém, o filósofo acrescenta que não temos por que *acreditar* em monstros, fantasmas e espectros e sim *entender* por que suas imagens se formam e nos apavoram. É preciso, pois, compreender o modo de operação da sensação e do pensamento.

a) Percepção e pensamento

Qual a origem dos simulacros?

> Digo, pois, que a superfície das coisas emite imagens (*effigias*) e figuras sutis dos corpos exteriores [...] isto é, existem o que chamamos simulacros das coisas (*rerum simulacra*) aos quais podemos dar o nome de películas ou cascas, pois a imagem (*imago*) tem a forma semelhante (*forma similem*) e o aspecto dos corpos, dos quais, sejam eles quais forem, elas emanam para vagar no ar. [...] Existem, portanto, para todos os corpos, imagens sutis de suas formas, semelhantes (*similes*) a eles (*Da natureza*, IV, 40 e 104).

Os simulacros são películas sutis, de fineza extrema, que se destacam da superfície dos corpos, voejam velozmente no ar em todas as direções e agem sobre a alma passando pelos poros dos órgãos dos sentidos. São capazes de percorrer num só instante distâncias incalculáveis — "coloca à noite um espelho d'água sob o céu estrelado", escreve Lucrécio, "e no mesmo instante verás os astros que iluminam o céu nele se refletirem". É por sua leveza e rapidez que o simulacro pode, com um só choque, afetar a *anima* e o *animus*, pois estes, como eles, são extremamente sutis e de mobilidade extraordinária.

Os simulacros reproduzem com exatidão a figura do corpo emissor porque conservam a mesma ordem e disposição do agregado de que são emanações. Os corpúsculos que os constituem são invisíveis, inaudíveis, inodoros e insulsos e por isso percebemos apenas as imagens (visuais, sonoras, olfativas, gustativas) formadas por eles, ou seja, percebemos um todo ou um conjunto e não seus elementos.[5] Os simulacros se distinguem não somente pelo seu tipo de imagem, mas também por sua origem: alguns são emanações diretas da superfície dos corpos ou de seu interior; outros se formam no ar pelo encontro de imagens emitidas por diferentes objetos — é assim, por exemplo, que vemos aparecerem rostos e animais nas nuvens; e outros, enfim, são a mistura acidental ou fortuita dos dois primeiros — são estes que nos fazem crer que vemos monstros, espectros e prodígios, como quando parte do simulacro de um homem se une à parte de um simulacro de cavalo e se produz um novo simulacro, um centauro, que não foi emitido por corpo algum.

Como Epicuro, Lucrécio afirma que os sentidos nunca erram, nunca nos enganam.

> Quando vemos ao longe as torres quadradas duma cidade, acontece que muitas vezes as percebemos redondas, visto que todo ângulo percebido de longe parece obtuso ou até mesmo não se vê e perde seu efeito, sem que aos nossos olhos chegue qualquer impressão; efetivamente, os simulacros, ao serem levados pelo ar, ficam muito fracos, em virtude de choques frequentes com o mesmo ar. Assim, todo ângulo escapa aos nossos sentidos e todas as estruturas de pedra aparecem como se tivessem sido passadas no torno, não porque efetivamente e verdadeiramente sejam redondas, mas porque as formas surgem como que diluídas numa penumbra (*Da natureza*, IV, 355-60).

Na física lucreciana, como vimos, tudo é uma questão de ângulo. Por isso,

> De nenhum modo concedemos que os olhos se enganem. De fato, é ofício deles distinguir onde está a luz e a sombra, mas se luz e sombra são as mesmas que anteriormente havia num ponto e passaram para outro, ou tudo sucede como dissemos, isto é, o que o raciocínio deve discernir, pois os olhos não podem conhecer a natureza das coisas; não se deve portanto atribuir aos olhos o erro da mente (*Da natureza*, IV, 385).

O erro, portanto, encontra-se na operação do *animus*, no pensamento ou no ato do juízo. *Vemos* a torre redonda porque é assim que, por uma lei da natureza, seu simulacro chega aos nossos olhos; *erramos* quando a mente afirma que a torre *é* redonda. "É pelos sentidos que primeiro se revela a nós o sinal da verdade."

O que se diz da visão deve-se dizer dos demais sentidos. Tomemos, por exemplo, na audição, o fenômeno do eco ou a maneira como "nos lugares desertos as pedras nos reenviam a forma das palavras com exatidão", quando "as próprias colinas transmitem umas às outras os sons" emitidos por um homem ou por um animal. Embora tenhamos efetivamente a sensação auditiva dos sons repetidos por pedras e colinas — os ouvidos não nos enganam —, os que habitam nas redondezas desses lugares acreditam que neles vivem sátiros, ninfas e faunos e que o som escutado é "seu estrépito notívago" e que "seus jogos joviais vêm quebrar o taciturno silêncio". Contam muitos portentos desse gênero "para que não se julgue que foram abandonados pelos deuses", ficando solitários nesses ermos lugares. O engano ou a ilusão ocorrem, portanto, na passagem dos sons realmente escutados à afirmação de que *são* cantos e danças divinos.

Poderia parecer que Lucrécio estaria propondo uma ruptura entre sensação e pensamento. Não é o caso, pois isto implicaria separar *animus* e *anima*. Pelo contrário, as ideias se formam exatamente como as sensações.

> Como aquilo que vemos com a mente e com os olhos é igual, é preciso aceitar que surge do mesmo modo. Ora, demonstrei que me é possível ver um leão pelos simulacros que afetam meus olhos; deve ser pelo mesmo motivo que a mente é afetada: é pelos simulacros que ela vê o leão e todas as outras coisas, exatamente como os olhos; e até imagens muito mais sutis (*Da natureza*, IV, 750).

Provocando os "movimentos sensíferos" da *anima* (a sensação), os simulacros são por ela levados ao *animus* que tem, assim, uma visão direta das coisas. Uma ideia é uma visão mental. Mas Lucrécio acrescenta: a mente vê também simulacros mais sutis. E nisto está a possibilidade do erro e da ilusão.

b) Erro e ilusão

Numa atitude decididamente antiplatônica, Lucrécio considera que quanto mais distante da sensação, maior a possibilidade de enganar-se e iludir-se porque os simulacros se tornam mais velozes, menos nítidos, mais mesclados, exigindo intensa atenção da mente para percebê-los e não confundi-los. Numa palavra, a mente *imagina*, isto é, forma por si mesma novos simulacros, a partir dos vestígios da vigília. Três são os principais exemplos oferecidos por Lucrécio: o sonho, a crença em causas finais e a paixão do amor.

No sono, o corpo e a *anima* repousam, mas o *animus* permanece vigilante e passa a ver em sonho os simulacros que viu na vigília. Ora, como os sentidos e a memória estão adormecidos, não podem controlar a verdade ou falsidade das imagens oníricas, cuja mobilidade, abundância e velocidade são extremas num curtíssimo lapso de tempo e impedem que o *animus* exerça com firmeza a atenção. Por que se formam os simulacros oníricos? Porque os simulacros da vigília deixaram rastros e vestígios nos poros do *animus* e este realiza internamente o mesmo que os simulacros voejantes realizam externamente, isto é, mescla as imagens, fazendo surgir imagens que não correspondem a nenhum corpo. Diríamos: o sonho é oficina de fantasmas. A análise do sonho é inovadora porque Lucrécio é o primeiro a propor uma articulação entre a imaginação e o desejo (*libido*). Por que motivo, indaga ele, tão logo nos vem o desejo (*libido venerit*) de alguma coisa, do céu, do mar ou da terra, de pronto a mente a imagina? Será que os simulacros obedecem à nossa vontade? Não é exatamente assim que acontece nos sonhos? E não é por isso que se pode falar de homens que sonham acordados quando, agitados pelo desejo de grandiosas ações, aspiram "fazer o mesmo que realizam nos sonhos"?

Dessa articulação entre desejo e imaginação também parte a análise da crença em causas finais. A atenção é uma faca de dois gumes. De fato, diz Lucrécio, ela pode levar a mente a se concentrar num único ponto e perder o todo, exatamente como o olho, quando fixa a atenção em corpos muito sutis e velozes, acaba por fixar-se em apenas um deles. Ora, é próprio da mente passar de uma ideia a outra esperando entender o que segue de cada coisa. Assim, ao fixar-se num ponto, perde de vista as outras, mas não deixa de esperar o que dela segue e "de pequenos indícios (*signis parvis*) imaginamos as coisas mais vastas e nos defraudamos a nós mesmos e a nós mesmos induzimos em engano". Não é outra a origem da crença nas causas finais, que começa assim que imaginamos que os olhos foram feitos para que possamos ver, as pernas, para que possamos caminhar, as mãos, para fazermos coisas úteis à vida — numa palavra, para realizar nossos desejos. Não existe a visão antes de aparecerem os olhos, nem audição antes dos ouvidos ou fala antes da língua, "não há nada no nosso corpo que tenha aparecido para que possamos usá-lo, mas é o ter nascido que traz consigo o uso" (IV, 835). É o órgão que cria o uso e não o contrário. Ora, como a atenção transforma pequenos indícios em explicação das coisas mais vastas, ao supor que nossos órgãos existem para realizar um fim, transpõe essa suposição para a vastidão da natureza e a imaginação põe os deuses a trabalhar para os homens e este a orar e sacrificar oferendas para que lhes sejam propícios. A superstição está a caminho e com ela todos os medos. A natureza não age em vista de fins; os deuses são felizes e não se ocupam conosco. Nem mesmo a técnica (*ars*) poderia ser transposta para a ação da natureza, pois também ela não opera em vista de fins: um objeto técnico é, primeiro, um simulacro que nos representa de antemão a possibilidade de seu uso e sua utilidade, ou seja, como os demais corpos, ele preexiste ao uso. Se o homem não tivesse visto um raio incendiar uma árvore ou uma faísca surgir no embate de duas pedras que rolam, jamais teria concebido a possibilidade de fazer o fogo e foi somente depois de fazê-lo que percebeu seus múltiplos usos.

Finalmente, a articulação entre imaginação e desejo explica a transformação do desejo erótico, que é a natural, em paixão amorosa, que é contranatureza. Se nos lembrarmos que a palavra *simulacrum* é da mesma família que *simultas*, cujo sentido, como vimos, não é apenas o de simultâneo ou simultaneidade, mas também de rivalidade e combate, não nos surpreenderemos com o tom agonístico desse momento do poema, quando, na paixão amorosa, *simulacrum* se avizinha de *simultas*. Se também nos lembrarmos que *simulacrum* é, na sensação, a imagem perfeita de um corpo, mas, na imaginação, um fantasma, não sendo casual e sim necessário que Lucrécio tenha dedicado boa parte do Canto IV ao sonho, não nos surpreenderemos com a aparição do amor como loucura. É no sonho que se manifesta pela primeira vez a fantasmagoria do amor até converter-se em sonho de olhos abertos, isto é, delírio.

> Também àqueles em que na flor da idade começa a correr pelos canais o líquido seminal, no mesmo dia em que se torna maduro dentro do corpo, aparecem imagens de vários corpos, com o aspecto de belas feições e de lindas cores, os quais incitam, irritando-os, os lugares túrgidos de abundante sêmen, de tal modo que eles, como se tudo se passasse na realidade, derramam em ondas a abundante corrente e mancham o vestuário (*Da natureza*, IV, 1030).

Acompanhemos os passos do texto lucreciano. Fiel à física dos fluídos, a fisiologia da sexualidade masculina é descrita exatamente como *turbatio* e *declinatio*, isto é, como encontro ou choque atômico (os simulacros) — é preciso, diz Lucrécio, que alguma coisa se choque, abale e agite as outras, que imagens incitem os lugares túrgidos — e como fluxo (o sêmen, que corre abundante pelos poros do corpo, chega às partes genitais e escorre para o exterior):

> Esta semente de que falamos agita-se em nós, logo que a idade adulta começa a fortificar os nervos. Efetivamente, tem de haver alguma coisa que perturbe e agite as outras. Só a força de um ser humano é capaz de fazer sair do homem a semente humana. Logo que ela sai dos seus lugares de residência, corre através dos membros e dos órgãos por todo o corpo, juntando-se em lugares determinados dos nervos e logo excita as próprias partes genitais do corpo. Esses lugares, excitados, ficam cheios de sêmen, e aparece a vontade de o lançar para dentro do que excitou o terrível desejo; o corpo vai procurar aquilo que de amor feriu o ânimo. [...] tende a ir ao lugar donde foi ferido e procura juntar-se e lançar o líquido, saído do corpo, a esse corpo: pois o desejo sem voz pressagia a volúpia (*Da natureza*, IV, 1040-5).

Finda a descrição da naturalidade do desejo sexual pela agitação natural dos simulacros, Lucrécio passa ao simulacro como fantasma: chegamos ao amor.

> Eis o que é para nós Vênus; daqui vem o próprio nome de amor, daqui destila Vênus ao nosso coração as primeiras gotas do prazer, daqui vem depois a interminável pena. Deveras, se está ausente aquilo que se ama, logo vêm perto de nós as suas imagens, logo o seu doce nome ressoa de contínuo aos nossos ouvidos (*Da natureza*, IV, 1060).

Inicia-se, então, o *tópos* do amor-ferida:

> Mas convém fugir a essas imagens, afastar de si os alimentos do amor, pensar em outras coisas e lançar num corpo qualquer o líquido coligido: não devemos retê-lo, convertê-lo a um único amor e preparar para si próprio um cuidado e uma dor certa. Porque a ferida se fortalece e se torna inveterada se a alimentarmos. De dia para dia, cresce o furor e se toma mais pesada a pena, se não se apagam com feridas novas os golpes antigos, se, variando, não se confiam ainda recentes à Vênus errante ou se não se podem transferir a outra coisa os movimentos do ânimo (*Da natureza*, IV, 1065).

E do amor-ferida passamos ao *tópos* do amor-loucura, já anunciado quando há pouco Lucrécio empregou a palavra-chave *furor*:

> No próprio momento da posse, o ardor dos amantes flutua ao sabor de incertos impulsos e não sabem ao certo se primeiro hão de gozar com os olhos ou com as mãos. Apertam estreitamente o que desejaram, provocam dores no corpo, muitas vezes ferem os lábios com os dentes e os magoam de beijos: tudo isto porque não é puro o seu prazer e há ocultos estímulos que os instigam a ferir aquilo mesmo, seja o que for, donde surgiram aqueles germes de furor (*Da natureza*, IV, 1075).[6]

Onde a loucura? Em primeiro lugar, na transformação do prazer sexual em campo de batalha: a carícia machuca, o beijo fere, o abraço sufoca. Em segundo, naquilo que o provérbio popular exprime ao ditar que "quem ama o feio, bonito lhe parece", isto é, na invenção da amada por uma imagem que não lhe corresponde de maneira alguma, "pois os homens cegos de desejo atribuem às amantes qualidades que elas realmente não têm". Em terceiro, e é este o ponto que interessa a Lucrécio, na impossibilidade de saciar o desejo:

> Há sempre uma esperança de que o corpo, origem do furor, possa ele próprio extinguir a chama. No entanto, a natureza é inteiramente contra isto; é o amor a única coisa que, quanto mais possuímos, tanto mais incendeia o nosso peito com terríveis desejos (*Da natureza*, IV, 1090).

Por ser insaciável, o amor consome as forças e os bens do amante, que se torna lânguido, indolente e dissipador, perde a reputação, gasta os dias com unguentos, perfumes, sedas, joias e banquetes, tudo para conseguir uma palavra ou um sorriso da amada. E, se desprezado, cobre de flores e grinaldas as portas da casa da amada, unge de perfumes seu portão e o cobre de beijos. Porém, se correspondido, logo veremos ambos torturados pelos laços comuns, que não desatam porque enganados pelo prazer que não podem saciar.

Por que é este o aspecto do amor que interessa a Lucrécio? Porque nele reencontramos a doutrina do limite, desenvolvida nos três primeiros cantos, isto é, a vida é disposição e ordenação dos elementos primordiais em limites determinados e a morte, perda do limite. O furor amoroso é um desejo que não se pode circunscrever e delimitar, é a recusa da medida e do equilíbrio, próprios do verdadeiro prazer. É uma figura da morte.

Dessa maneira, podemos entender o sentido de algo que parece desconcertante no texto de Lucrécio. Com efeito, o *Da natureza* se inicia com a invocação a Vênus *voluptas*, prazer primaveril, símbolo da força geratriz da natureza. Como entender que no final do Canto IV Vênus *libido* reapareça como uma potência contranatureza? A contradição é aparente, pois a distinção entre prazer e desejo se funda na distinção entre limite (lei natural inviolável) e ausência / perda do limite, e permite estabelecer a diferença entre o sábio e o furioso.

Cosmologia e história

Por que são impossíveis as quimeras — centauros, faunos, sílfides, hidras, esfinges? Porque a natureza determina para cada espécie de corpo uma forma de geração, um tempo de gestação e de nascimento. A forma de geração e o tempo de formação e nascimento de um homem e de um cavalo, de um bode, de um inseto, de um réptil e de um leão não são idênticos e por isso seus átomos jamais poderiam unir-se num corpo misto. Nada "pode aparecer em confusão, mas cada coisa surge segundo sua lei e todas elas, por determinação da espécie, conservam suas diferenças". Eis como a filosofia liberta os homens do peso da superstição, pois somente "a penúria da ciência traz tentação à mente". Os Cantos V e VI realizam essa libertação, narrando, descrevendo e explicando as causas da formação do mundo, da vida em geral e da humana em particular, dos fenômenos atmosféricos e das catástrofes naturais.

Quem poderia ter trazido aos homens essa libertação?

> De fato, foi um deus aquele que primeiro descobriu a regra de vida que agora se chama sabedoria; aquele que pela arte do pensamento, libertando nossa vida de tão grandes tempestades e de tão profundas trevas, soube assentá-la num lugar tão tranquilo e em luz tão clara (*Da natureza*, V, 5).

A abertura do Canto V é a *apotheosis* de Epicuro, isto é, sua divinização, pois somente um deus dispõe da majestade para falar da natureza com sabedoria e libertar nossa vida de terríveis tempestades e profundas trevas. Reúnem-se, pois, os temas da turbulência (Cantos I e II) e da luz (Cantos III e IV).

A divinização de Epicuro, o primeiro que ousou colocar-se contra a religião e abrir as portas da natureza, tem como efeito três desdivinizações: a dos corpos celestes como divindades e por isso eternos, a da Terra como morada dos deuses e por isso indestrutível, e a do mundo como obra da divindade e por isso subsistente por toda eternidade. Epicuro é divino porque nos ensinou que o mundo não o é, e não foi feito pelos deuses para o bem do homem.

> Mesmo que ignorasse quais são os elementos das coisas, ousaria, no entanto, só pelo estudo das leis do céu, afirmar e mostrar, até por outras razões ainda, que de nenhum modo a natureza foi preparada para nós por vontade dos deuses, tão grandes são seus defeitos (*Da natureza*, v, 193).

Sabemos, pelos Cantos I e II, que o mundo teve um começo: a livre declinação dos átomos, que, depois de muitos encontros frustrados e efêmeros, conseguiram uma ordem e disposição consistentes e duradouras. Sabemos também que, sendo um composto, o mundo perecerá, como sem cessar perecem todos os corpos que o habitam. Os Cantos V e VI constituem não apenas uma cosmologia — física, astronomia, geografia, biologia, meteorologia, geologia — que, por meio da explicação atomística, expõe a gênese, disposição, ordem, função e relação de todos os corpos do universo, mas também uma história. Lucrécio narra como se formaram as primeiras comunidades humanas, nascidas da amizade ou da decisão dos humanos de não prejudicarem uns aos outros, assegurando a conservação de suas progenituras. Mas a amizade se tornou inimizade porque a vida em comum despertou terríveis paixões — inveja, ambição, soberba, cólera, desejo de poder e riqueza —, devastando a terra com guerras sanguinolentas. Exangue e quase desfalecido, o gênero humano descobriu, então, as leis e o direito, passando à vida política e aos tratados de paz. Porém, ao se tornarem capazes de distinguir entre a justiça e a injustiça e de confiar nas leis para a punição dos crimes, os homens se deram conta de crimes que permanecem ocultos e sem punição e se puseram a ouvir aqueles que, falando durante o sono, os denunciavam. A invisibilidade dos crimes e sua visibilidade pela voz do sonhador os levaram a acreditar que poderes invisíveis e sobrenaturais falavam pela boca do sonhador; passaram a temê-los e a tentar aplacá-los com homenagens, preces e sacrifícios. Nascia a religião. Depois, vendo a regularidade dos movimentos do céu e a das estações do ano na terra, acreditaram que também aqueles poderes os haviam feito segundo desígnios invisíveis para os homens, podendo tudo mudar para puni-los.

> Ó raça dos homens tão infeliz por ter tudo atribuído aos deuses e por lhes ter juntado as cóleras acerbas. Quantos lamentos para si próprios, quantas feridas para nós, quantas lágrimas para nossos descendentes não originaram eles! [...] A quem não aperta o pavor dos deuses? A quem não arrepiam os membros quando a terra abrasada treme com o choque terrível dos raios, quando os rugidos percorrem o céu? Não tremem povos e nações, não encolhem o corpo soberbos reis, tomados todos pelo pavor dos deuses, com receio de que tenha chegado o terrível tempo de sofrer castigo por algum crime vergonhoso ou alguma palavra insolente? (*Da natureza*, v, 1195 e 1220-5).

Todavia, simultânea a essa história, que poderíamos, anacronicamente, chamar de história política e ideológica, Lucrécio narra outra, simultânea à primeira, e que poderíamos chamar de história materialista do trabalho e das artes — caça e pesca, culinária, agricultura, medicina, arquitetura, música, canto, dança. Nessa história, o olhar humano vê a natureza com outros olhos: não a vê como dádiva ou castigo dos deuses, mas como geratriz ou atividade produtiva. Os homens olharam o trabalho da natureza. Viram que, ao cair, os frutos que vergavam as árvores davam origem, no devido tempo, a uma nova árvore — aprenderam a semear e a plantar; viram que as feras não sofrem com o frio e a chuva porque seus corpos estão protegidos — aprenderam a se vestir e se agasalhar; ouviram o rumor do vento passando pelo oco dos caniços, o marulho das águas na correnteza dos rios e sobre as pedras, o chilreio dos pássaros — inventaram a flauta, o tambor e a lira e aprenderam a dançar. Esse aprendizado os levou a conhecer os segredos da natureza — aprenderam a pensar.

> Assim, lentamente, o tempo apresenta cada uma das coisas e a razão as traz às regiões da luz. E viam os homens em sua mente que uma ideia esclarecia outra ideia, até que, valendo-se de tais artes, chegaram ao cimo dos cimos (*Da natureza*, v, 1455).

Compreendemos, agora, o lugar dado por Lucrécio a Epicuro. De fato, a narrativa lucreciana nos mostra que duas histórias se cruzam, a primeira é a história das trevas, a segunda, a da luz. Essas histórias, como simulacros errantes, estavam mescladas e coube a Epicuro distingui-las e, "libertando nossa vida de tão grandes tempestades e de tão profundas trevas, soube assentá-la num lugar tão tranquilo e em luz tão clara".

Eis por que o Canto VI poderá oferecer explicações naturais para os fenômenos celestes (atmosféricos) e terrestres (cataclismos e catástrofes), recusando terminantemente que os homens se humilhem e se aterrorizem supondo que suas causas sejam a vontade insondável dos deuses, manifestação de seu poder e de sua cólera.

Entretanto, o final do Canto VI tem desconcertado os leitores e levantado a hipótese do inacabamento do poema. Reproduzindo a narrativa de Tucídides em *A Guerra do Peloponeso*, Lucrécio narra a peste que assolou Atenas, como se, em lugar da tranquila felicidade trazida pela razão, os homens se vissem novamente lançados no pavor e na superstição, acreditando na epidemia como infecção divina. A coerência racionalista de Lucrécio nos leva a aceitar a hipótese do inacabamento.

Essa hipótese, porém, é equivocada, como logo veremos.

O antiprovidencialismo

Dois autores nos ajudam a compreender por que o *Da natureza* está concluído e porque termina com a peste de Atenas: o historiador da filosofia A. Michel e o da psiquiatria, J. Pigeaud. Ambos recusam tanto as explicações sobre o inacabamento da obra quanto a suposição de que o texto final do Canto VI seja patético (retórico), uma alegoria ou símbolo das doenças políticas de Roma. Michel o considera expressão do "otimismo heroico de Lucrécio", que, seguindo a lição de Epicuro, construiu "uma filosofia da felicidade sobre o alicerce do conhecimento da infelicidade". Por sua vez, Pigeaud considera que este final do poema tem um papel epistemológico e ético muito preciso, qual seja, libertar o homem do medo da morte, graças ao antiprovidencialismo: o Canto VI é uma antiteodiceia.

> Se quisermos tomar Lucrécio ao pé da letra, é preciso pensar que a descrição da peste faz parte da tentativa de curar a alma pela destruição do medo da morte e que não é o patético o mais interessante e sim a conclusão da explicação racional. [...] Cremos que essa peste está perfeitamente em seu lugar no final do poema: é a antí-

> tese do Mito de Er [platônico], é um contramito; e uma antiteodiceia, um contra *Da providência* [de Filo de Alexandria] (Pigeaud, 1989, p. 212).

Contra o mito: a peste de Atenas é um acontecimento histórico. Contra a teodiceia: a peste se inscreve numa explicação natural do mundo, sem vontade divina e sem que seja preciso inocentar a divindade porque nela são igualmente atingidos os justos e os maus.

Antes de examinarmos o relato da peste ateniense, recordemos brevemente que a descrição do medo da morte, no Canto III, e a do amor louco, no Canto IV, são descrições de patologias que atingem igualmente o corpo e a alma (*animus/anima*). No Canto III, o medo da morte é descrito como flutuação incessante do ânimo entre a agitação febril e a letargia, entre a fuga por meio de todos os derivativos imagináveis (honras, glórias, riqueza, poder) e a tristeza profunda, literalmente o *desânimo*, o desgosto de viver, o peso da vida, a melancolia (*taedium vitae*). No Canto IV, o amor louco também é descrito como flutuação da alma (*animus/anima*) entre o furor libidinal insaciável e a tristeza profunda dos que vivem juntos porque não conseguem separar-se, entre a ansiedade e a inércia, a agitação febril e a letargia. Nos dois casos, como vimos, Lucrécio oferece a etiologia física, fisiológica e mental da doença, qual seja, a perda do equilíbrio e do limite. E em ambos, o termo empregado é *furor*, termo técnico da medicina, que traduz o termo grego *mania* e da qual uma das expressões mais terríveis é a melancolia, flutuação entre a euforia e a tristeza profunda. E as duas descrições são escandidas pela afirmação de que as duas doenças são incuráveis enquanto o doente não conhecer suas causas. Em outras palavras, somente o conhecimento racional cura.

Ora, nas descrições dos dois furores — o medo da morte e o amor louco —, Lucrécio estabelece analogias entre o que se passa no corpo e na alma (*animus/anima*) de um ser humano e o que ocorre na natureza: raios e trovões, calmarias que preparam tempestades, ventanias, tremores de terra, calor escaldante, frio enregelador. Essa analogia com os fenômenos naturais aparece também quando Lucrécio descreve outras doenças; assim, por exemplo, a epilepsia é descrita como um terremoto, a febre, como a erupção vulcânica. Inversamente, no Canto VI, o terremoto é descrito como a epilepsia e a erupção do Etna, como uma febre. O raio e a doença operam da mesma maneira: o primeiro, através dos poros das nuvens, a segunda, dos poros de um corpo. As descrições das patologias do corpo e da alma humanos reencontram, assim, as do corpo da natureza, no Canto VI. E da mesma maneira que a cura de uma doença exige o conhecimento de sua causa, assim também se livrar do medo da natureza, da morte e dos deuses exige o conhecimento das causas das catástrofes naturais. Visto que Lucrécio é epicurista e não estoico, as analogias não significam de maneira nenhuma a suposição de uma simpatia universal, mas a determinação de uma causa universal: a figura e o movimento dos átomos, a composição dos corpos como mescla de átomos e vazio, a ação e reação recíprocas dos átomos que constituem todos os corpos da natureza e, por conseguinte, a conjunção e integração entre eles.

Resta saber por que Lucrécio escolhe a peste de Atenas para concluir o percurso liberador. Para isso, acompanhemos as linhas gerais da exposição de J. Pigeaud.

Na história da medicina grega sempre houve grande dificuldade para explicar a origem e propagação da peste. De maneira geral, ela é considerada uma "qualidade inabitual" dos lugares onde acontece e que atinge todos os seus habitantes (humanos e animais) como uma "causa comum" porque eles têm "uma disposição" a contraí-la. Há, portanto, uma causa principal — a disposição — e outra antecedente, que pode ser o calor excessivo ou uma dieta equivocada, mas, via de regra, é identificada à qualidade do ar, ar viciado por alguma substância estranha à sua (em geral, sujo pela putrefação de corpos ou pela presença de pântanos). Essa explicação indica o ponto da dificuldade epistemológica: a medicina grega concebe a doença como um contato direto e pode pensar a peste como uma contaminação provocada por algum fator que se encontra no local da doença e com o qual os indivíduos têm contato direto. A medicina emprega um termo também usado por Platão e Aristóteles para explicar a transmissão de um movimento por meio do ar (por exemplo, na visão e na audição) ou a circulação de elementos no interior de um corpo (por exemplo, a digestão): *diadóseis*, do verbo *diadídomi*, que significa a circulação, transmissão e assimilação através de um conjunto homogêneo ou de um organismo. A peste é um caso de *diadósis*. Todavia, a medicina hipocrática não tem como pensar a noção de *contágio como propagação sem contato direto*, ou seja, como ação à distância, e é exatamente este o problema posto pela narrativa de Tucídides, que atribui a peste ateniense ao ar vindo do Egito. Não só isso. A narrativa de Tucídides desacredita a teoria médica da disposição natural e do regime de vida (ou a dieta) como causas, pois a peste não poupou ninguém; e desacredita a teoria moral, pois a virtude e um regime de vida sadio não protegeram quem quer fosse e o desânimo não foi causa e sim efeito da peste. São estes os desafios que o Canto VI enfrenta.

Os médicos concebem o espaço geográfico feito de lugares monádicos, cada qual com suas condições próprias — cada espaço se define pela configuração dos lugares, águas e ar —, de maneira que não há como pensar a propagação espacial da doença, cuja origem precisa ser local. Ora, a física lucreciana dispõe de um recurso conceitual para pensar a propagação espacial: o movimento dos átomos no vazio. Não é acidental que o relato da peste, no Canto VI, seja precedido por uma exposição sobre o ímã, cuja ação não se explica por simpatia e sim mecanicamente pela configuração de seus átomos e sua ação invisível no vazio. Eis por que Lucrécio pode oferecer uma explicação da peste de Atenas pelo ar vindo de Alexandria, oferecendo uma mais ampla para a origem da peste enquanto tal:

> Explicarei agora a causa das doenças e de onde pode nascer essa força mórbida capaz de repentinamente provocar um desastre mortífero na raça dos homens e nos rebanhos dos animais. Há, primeiro, como já ensinei, os elementos de muitas coisas que são vitais para nós, mas é necessário também que voejem aqueles que trazem consigo a doença e a morte. Quando eles, ao acaso, se levantam e perturbam o céu, torna-se mórbido o ar. Toda esta força de doença, toda esta pestilência, ou vem de fora, como as nuvens e as névoas lá por cima dos céus, ou nascem na própria terra, quando o solo úmido se decompõe, batido ao mesmo tempo pelas chuvas intempestivas e pelo ardor do sol. [...] Por conseguinte, quando se move um céu que nos é estranho e começa um ar inimigo a deslizar como serpente, então se arrasta a pouco e pouco, tal uma névoa ou nuvem, e começa a perturbar e obriga a mudar tudo aquilo por onde passa; acontece. Então, que finalmente chega ao nosso céu e o corrompe e o torna inimigo e semelhante a si próprio (*Da natureza*, VI, 1090-1120).

Descrita como uma guerra — um céu e um ar perturbados, inimigos de nosso céu e de nosso ar —, a peste acontece por acaso, isto é, pelo encontro dos átomos em movimento, sua chegada é sorrateira, reptilínea, sua ação, um fluxo e uma infiltração, como a chuva torrencial sob um calor abrasador. Tucídides opera com a analogia entre a peste e a guerra,[7] analogia que Lucrécio mantém quando a descreve como ar inimigo e serpente.

No correr de todo o poema, Lucrécio se ocupa, como vimos, com a perturbação, a turbulência. Por isso, à explicação de Pigeaud, podemos acrescentar a física dos fluxos, núcleo da cosmologia lucreciana que, como vimos, dá conta do movimento de propagação por meio da ideia de desvio mínimo da direção dos átomos e sobretudo dá conta da invasão de um corpo por aquilo que pode destruir seu equilíbrio e fazê-lo morrer, como a terra, sob o desequilíbrio da chuva (torrencial) e do calor (abrasador) e entre ambos. É dessa maneira que um ar contaminado, serpenteando como um fluxo, causa a peste. Poros e movimento dos átomos, fluxos, são causas necessárias e suficientes para explicar a ordem natural e a saúde, bem como as patologias — meteoros, erupções vulcânicas e peste.

Na peste concentram-se todos os terrores que Lucrécio desvendou no correr do poema: sua *realidade* é física e moral; sua *ação*, sobre o corpo e a alma, morte implacável; sua *imagem*, qual simulacro errante, invenção da cólera dos deuses; seu *mistério*, oficina onde se forja a teodiceia. Por isso mesmo, nas mãos de Lucrécio, é instrumento privilegiado para que o conhecimento racional possa destruir o mito providencialista e seu cortejo de superstições. É assim que o final do Canto VI não nos deixa esquecer seu início:

> Assim como os meninos ficam sobressaltados e tudo temem nas trevas, assim nós, à luz do dia, receamos aquilo que não é mais temível do que as coisas de que os meninos, no escuro, têm pavor, julgando que vão acontecer. É necessário que a este terror, a estas trevas da mente, dissipem, não os raios do sol nem os dardos luminosos do dia, mas a contemplação da natureza e suas leis (*Da natureza*, VI, 35).

7. O que depende de nós: o estoicismo romano

> Há o que depende de nós; há o que não depende de nós. Dependem de nós a opinião, o impulso, o desejo, a aversão, numa palavra, tudo aquilo de que somos os próprios agentes. Não dependem de nós o corpo, a riqueza, a reputação, os altos postos, numa palavra, tudo aquilo de que não somos os próprios agentes. As coisas que dependem de nós são naturalmente livres, sem impedimento, sem entrave; as que não dependem de nós são frágeis, servas, facilmente impedidas, próprias a outrem. Lembra-te, pois, disto: se tomas por livres coisas naturalmente servas, como próprias de ti as que são próprias de outrem, conhecerás contrariedade, aflição, perturbação, acusarás deuses e homens; mas se tomas por teu somente o que é teu, por próprio a outrem o que, de fato, lhe é próprio, ninguém jamais te constrangerá nem te impedirá, a ninguém dirigirás acusação ou censura, nada farás contra teu agrado, ninguém te prejudicará, não terás inimigo, pois nenhum dano sofrerás (Epicteto, *Manual*, I).

Estas palavras, com que Epicteto inicia o *Enchiridion*, podem ser tomadas como o manifesto do estoicismo imperial e o ponto de onde partiram todas as reflexões sobre a ética, durante quase vinte séculos.

A oposição entre o que depende e o que não depende de nós define, doravante, a diferença de essência entre liberdade e servidão. Deixemos a palavra a Hegel, que na *Fenomenologia do espírito* escreve:

> A liberdade da consciência de si, ao surgir na história do espírito como sua manifestação consciente, recebeu o nome de *estoicismo*. Seu princípio é que a consciência é essência pensante e de que algo só tem essencialidade para ela, só é verdadeiro e bom para ela quando a consciência se comporta como essência pensante. [...] sua ação consiste em ser livre tanto no trono como sob grilhões (Hegel, *Fenomenologia do espírito*, B, IV, B).

Com o estoicismo, a liberdade é liberdade da consciência de si e esta é a liberdade de pensamento, de maneira que pensamento e vontade se identificam. Porque a liberdade é o que depende de nós e o que depende de nós é o pensamento e a vontade, ser livre é comportar-se como pensante sejam quais forem as circunstâncias, indiferente a elas, como aquele que sabe que é livre sobre um trono ou sob grilhões. O sábio é aquele cuja vontade é universal, ou seja, não é determinada por esta ou aquela coisa, por este ou aquele acontecimento, mas apenas por si mesma, dando a si mesma o conteúdo do seu querer.

ASPECTOS GERAIS

A difusão e dispersão do ensinamento estoico no conjunto do mundo mediterrâneo começaram nos meados do século II a.C. As frequentes viagens de Panécio a Roma, entre 140 e 130 a.C., e sua amizade com Cipião Emiliano aí introduziram o estoicismo. No século I a.C., seu ensino é dominado por Catão de Útica, político de grande importância e prestígio, que se suicidou após a vitória de Júlio César e a derrota dos republicanos.

O conhecimento dos princípios estoicos deveu-se principalmente a duas obras de erudição, a do historiógrafo Arrio, a quem se deve também a compilação da obra de Epicteto, e a de Estobeu, a quem se devem também extratos de textos do estoico Hiérocles sobre os instintos sociais humanos e respostas a indagações sobre como comportar-se com relação aos deuses, à pátria, à família e aos amigos, que serão reencontradas no aristocrata romano Musônio Rufo, mestre de Epicteto.

Como observa Gourinat, o encontro da austera virtude romana com o rigor moral estoico propiciou o sucesso do estoicismo em Roma, disseminando-se por todas as classes sociais, desde o escravo Epicteto até o imperador Marco Aurélio, dos defensores do republicanismo aos partidários do cesarismo. Em Roma, misturavam-se filósofos estoicos e estoicos aristocratas de alta posição. Dos primeiros, alguns ensinavam nos domicílios, na qualidade de preceptores; outros possuíam escolas abertas ao público, remunerados pela cidade ou pelos alunos. Mesmo com o advento do Cristianismo, que lhe fez forte oposição e o combateu sem descanso, o estoicismo se manteve presente em todo o império até sua queda.

Os historiadores da filosofia e intérpretes do estoicismo são unânimes ao considerar que a longa duração da escola estoica trouxe algumas consequências que se manifestam no período imperial.

A primeira delas foi a tendência gradual dos membros da escola de não se dedicarem a investigações próprias e novas, mas fixar-se na doutrina existente com o estudo das obras dos mestres e substituir a erudição pelo ensino, os jovens estudantes repetindo de cor as aulas dos professores, como um catecismo.

A segunda, a manutenção da escola nas condições da sociedade e cultura romanas, voltadas eminentemente para a prática, na qual o direito e a retórica são privilegiados. Assim, sob essas novas condições, os filósofos estoicos latinos tiveram pouco interesse pelas duas partes especulativas do sistema — a física e a lógica —, interessando-se mais (alguns exclusivamente) pela ética. Marco Aurélio dizia que "o bem viver não depende de silogismos".

A terceira, o que sucedeu à doutrina num contexto cultural em que, de um lado, prolifera o retorno de antigas crenças religiosas e o aparecimento de novas, todas preocupadas com a vida da alma após a morte do corpo, impondo aos filósofos uma questão que jamais preocupara o estoicismo; e de outro, o prestígio do ceticismo. Escreve Bréhier:

> Não houve época em que a consciência moral e intelectual esteve mais desamparada e mais inquieta do que nos séculos I e II. Basta, para caracterizá-la de maneira breve, lembrar que a obra filosófica mais importante que nos restou desse período é a de Sexto Empírico, que reuniu todos os argumentos que podem abalar as crenças humanas, crenças científicas, morais e religiosas. O problema urgente que se impunha aos homens desse tempo era, portanto, o problema essencialmente prático de fixar as consciências e dar um centro à vida moral. Interessando-se pouco pelos problemas teóricos da constituição do universo, frequentemente tão céticos quanto seus adversários sobre a solução que o antigo estoicismo dera a esse problema, tomando, dos dogmas, apenas as afirmações mais grosseiras sobre a existência de Deus e da

Providência, por causa de seu valor prático, procuravam com suas predicações e conselhos propagar o hábito da reflexão moral e do exame de consciência (Bréhier, 1962, I, p. LXV).

Dessa maneira, o estoicismo se oferecerá como uma visão de mundo exaustiva e um sistema de pensamento que auxiliarão os indivíduos a encontrar seu lugar no universo para nele viver virtuosamente. Bréhier denomina os estoicos do período imperial "diretores de consciência".

Finalmente, é preciso considerar que o desamparo dos indivíduos é fortemente determinado pela política imperial, à medida que o Senado romano foi perdendo poder e o cesarismo dos imperadores foi impondo a todos insegurança e instabilidade: aos políticos, exílio e morte, aos ricos, os impostos para custear as guerras e o clientelismo cortesão, à plebe, a adoração ou execração do governante da hora. À crueldade dos imperadores contrapunham-se a violência intempestiva dos tiranicidas, as conspirações no Senado e nos exércitos. Como escreve Hegel, "o estoicismo só podia surgir numa época de temor e insegurança universais". Ou seja, somente numa época imersa no medo e na insegurança, uma filosofia poderia propor a ideia da liberdade como liberdade da consciência, indiferente às circunstâncias, ao trono e aos grilhões.

Dessa maneira, as condições sociais, políticas e culturais tornam compreensível por que a contribuição fundamental dos estoicos do período imperial foi a ética.

De fato, no que tange à lógica, o ensino tradicional nas escolas estoicas era a transmissão comentada das obras dos mestres antigos. Nelas também prevalecia a ideia (em decorrência das posições de Panécio e Posidônio) de que o aprendizado começava pela lógica (gramática, retórica e dialética), o que será criticado por Epicteto, para quem somente aquele que aprendeu a se exercitar no domínio das paixões e no cumprimento das obrigações estará apto a passar à lógica e esta não pode se contentar com raciocínios instáveis e hipotéticos. Todavia, por considerarem que o essencial havia sido estabelecido pelos antigos, nenhuma nova contribuição à lógica foi dada pelos estoicos do período imperial. Deram-lhe duas funções instrumentais: a primeira, oferecer teoremas e demonstrações para os princípios éticos; a segunda, ser uma arma eficaz no combate ao ceticismo, evidenciando suas contradições e incoerências. Essa atitude se evidencia, por exemplo, numa passagem de Epicteto em que sublinha a importância dos princípios e das demonstrações e a ilustra não com a discussão epistêmica do erro, e sim com uma questão moral: a mentira.

> A primeira parte da filosofia e o mais indispensável é pôr em prática os princípios, como, por exemplo, a interdição de mentir. A segunda diz respeito às demonstrações: por exemplo, por que não se deve mentir. A terceira, ao estabelecimento e à articulação das demonstrações: o que explica que estamos em presença de uma demonstração, uma dedução, o verdadeiro, o falso. Consequentemente, se a terceira é necessária para aceder à segunda e esta para aceder à primeira, o mais indispensável, termo de toda investigação, é a primeira. Ora, fazemos tudo às avessas: nós nos consagramos à terceira, dando-lhe todo nosso esforço e nos esquecemos da primeira. Eis por que mentimos sem cessar, mas sempre prontos a oferecer o raciocínio que prova que não devemos mentir (Epicteto, *Manual*, LII, 1-2).

Essa atitude instrumental se aplica também à teoria do conhecimento, embora alguns intérpretes considerem que Epicteto propôs duas ideias novas: 1. nossas atitudes mentais são determinadas pela natureza de nossa alma, que nos obriga a aceitar o verdadeiro, rejeitar o falso e suspender o juízo naquilo que é obscuro; 2. nascemos com pré-noções, isto é, algumas verdades universais (por exemplo, do bem, da saúde) que são como que definições de que nos servimos como um cânone ou critério para julgar proposições; enquanto verdades inatas, as pré-noções são comuns a todo o gênero humano, enquanto verdadeiras, não estão em conflito com outras, e enquanto universais, devem esclarecer os casos particulares. Em lugar de nascermos como uma tábula rasa ou um papiro em branco, como diziam Zenão e Crisipo, temos algumas ideias inatas. Evidentemente, diz Epicteto, não temos ideia inata de um triângulo, mas temos do bem e do mal, do justo e do injusto, do nobre e do ignóbil. Em suma, das ideias morais.

Como a lógica, também a física tem função apenas instrumental, ou seja, está a serviço da ética e sua razão de ser é sua pertinência para vida boa. Numa obra que nos chegou incompleta, *Questões naturais*, Sêneca investiga os fenômenos atmosféricos para determinar suas causas e para provar que formam um todo, manifestam uma estrutura providencial e bela, a admirável arte da natureza dirigida por uma razão universal. O estudo da natureza produz efeitos espirituais: o primeiro é a certeza sobre a existência de uma providência divina; o segundo, o conhecimento da posição do homem no cosmo e de sua insignificância diante da majestade do universo; o terceiro, derivado do anterior, a adesão ao destino; o quarto, a comprovação de que a natureza implanta em nós valores verdadeiros aos quais, sob o poder as paixões, os homens opõem falsos valores.

Uma passagem da *Consolação a minha mãe Hélvia* pode ilustrar a função ética da filosofia natural. Exilado, Sêneca deseja aplacar a dor de sua mãe — "decidi vencer tua dor, não iludi-la" — explicando-lhe o que é o exílio e por que este não o aflige:

> A natureza nos gerou em bom estado e nele estaríamos se dela não nos afastássemos. Ela fez com que não precisássemos de muitas coisas para viver prosperamente: cada um pode por si tornar-se feliz. [...] O que é o exílio? É uma mudança de lugar. [...] Há filósofos que afirmem a existência na alma humana de uma certa inclinação natural a mudar de sede e de casa. Com efeito, por natureza a alma humana é móvel e inquieta, nunca permanece no mesmo lugar, mas se dissemina, levando seus pensamentos para qualquer coisa, ansiosa de sossego e ávida de novidade. Isso não pode admirar quem reflita sobre sua origem, pois ela não é feita da pesada matéria dos corpos terrestres, mas emana do sopro celeste, e as coisas celestes estão perpetuamente em movimento, fogem e voam pelo espaço em corrida vertiginosa. Olha os astros que iluminam o mundo, nenhum fica parado. O sol anda continuamente e, embora participe da revolução do universo, gira em sentido contrário ao céu, atravessa todos os signos do zodíaco sem parar em parte alguma, seu andar e translação são ininterruptos. Todos os astros giram sem repouso e estão em contínua migração: seguindo a inexorável lei que a natureza instituiu, caminham incessantemente. [...] Podes ainda pensar que a alma humana, formada pelas mesmas partículas de que são formados os astros, sofre em viajar e em migrar, quando o próprio deus deve a essa prodigiosa mobilidade seu prazer e mesmo sua vida? (Sêneca, *Consolação a minha mãe Hélvia*, I, 1 e VII, 6-8).

O exílio de Sêneca: resta-nos, pois, mencionar a relação dos estoicos com a política romana.

Como vimos ao estudar o estoicismo antigo, uma das principais contribuições da ética estoica se encontra na doutrina da apropriação, *oikeiósis*, segundo a qual o bem e a prosperidade de cada um exigem que os outros sejam tratados como parentes ou aparentados, afastando o egoísmo pela prática do altruísmo. Essa doutrina tem como fundamento a existência do instinto inato de autoconservação e, portanto, da percepção de si como comum a todos os seres humanos, da qual se infere a *oikeiósis*, ou seja, que, por natureza, os seres humanos devem cuidar do bem de outrem como se fosse o seu próprio. Os extratos da obra de Hiérocles contidos em Estobeu indicam a presença de um modelo das relações sociais como círculos concêntricos que se iniciam com o círculo do corpo, do qual a alma é o centro, propagam-se para o círculo dos corpos mais próximos (a família) até círculos cada vez mais amplos que alcançam todo o gênero humano, cabendo ao indivíduo aproximar de si os mais distantes, reduzindo a distância que o separa dos demais. Esse modelo supõe a ideia de que a felicidade de cada um deve estender-se a todos os outros. A virtude é, assim, pensada como extensão do bem individual ao bem geral. Como dirá Epicteto, nunca se deve deliberar como se se estivesse isolado. E Marco Aurélio, imperador, estabelecerá uma ligação intrínseca entre racionalidade, comunidade universal e lei:

> Se a inteligência é algo que temos em comum, o mesmo acontece com a razão, que faz de nós seres racionais. Se assim é, a razão que nos prescreve o que é preciso fazer ou não fazer, também nos é igualmente comum. Se assim é, a lei também nos é comum. Se assim é, somos cidadãos. Se assim é, participamos de uma ordem política. Se assim é, o mundo é como uma cidade (*civitas*), pois a que outra ordem política se poderia dizer que participa todo o gênero humano? (Marco Aurélio, IV, 4).

Ora, observa Christelle Veillard, os antigos estoicos haviam colocado a política entre as coisas indiferentes (*adiaphora*) e se apresentado como educadores do gênero humano. Todavia, a doutrina da autoconservação ou da apropriação de si (*oikeiósis*) ensina que a defesa do que é justo e reto é um dever. A primeira consequência dessa obrigação é opor-se ao que é injusto e incorreto e por isso, mesmo sem defender qualquer regime político, os estoicos do período imperial sempre tiveram um papel como opositores políticos — Catão se opõe a César; Traseia, Sêneca e Musônio, a Nero; Domiciano os baniu da península italiana declarando-os inimigos do Estado; Helvídio Prisco, Aruleno Rústico e Herênio Senécio opuseram-se a Vespasiano — e alguns chegaram mesmo a tentar realizar, numa cidade concreta, os princípios igualitários propostos por Zenão.

Na verdade, as relações de Roma com o Pórtico iniciaram-se em 155 a.C., quando Atenas enviou seus três embaixadores (Carnéades, Critolau e Diógenes) perante o Senado romano para exigir satisfações pelo tratamento dado à cidade pelos conquistadores: segundo Cícero, o discurso de Carnéades causou profunda impressão ao mostrar a contradição entre o fundamento da justiça e o imperialismo romano; e não menos impressionado ficou o Senado com o do estoico Diógenes, que sublinhou a insuficiência da justiça natural e a necessidade do direito positivo para normatizar as expressões justas do interesse particular e punir as injustas.

Não foi pequena a presença dos estoicos, por ocasião da reforma agrária, em 134 a.C., particularmente porque os dois partidos em luta alegavam os princípios do estoicismo, o partido igualitário e democrático dos Graco e o partido conservador de Cipião Emiliano, defensor da desigualdade individual.

> Quando Tibério Graco quer "dar aos pobres as terras do domínio público", pretende devolver ao povo o papel que lhe cabe, contra o sistema oligárquico estabelecido. Articula a igualdade racional entre todos os homens (postulada por todos os estoicos, Zenão à frente) e a preocupação de garanti-la pelo Direito, o que já corresponde à posição defendida por Diógenes, que havia inspirado os reformadores espartanos. O modelo é Esparta, que encarna a cidade cósmica estoica: o povo, fonte e finalidade do Estado, é o conjunto dos cidadãos-soldados iguais por natureza e perseguindo o mesmo ideal moral. [...] Para os aristocratas cujo modelo é Roma, a lei tem por objetivo conservar a ordem estabelecida e não visar o bem para a maioria, estando entendido, entretanto, que é exatamente isto que essa ordem permite. Seguem o estoico Antipater, que rejeita a definição do justo como igualdade das partes. [...] Nos dois casos, a razão enuncia os preceitos que convém seguir, toda a questão estando em saber se se deve duplicar a força do conselho moral com a força do direito (Veillard, 2009, p. 124).

O que se observa é o aparecimento de um tema tipicamente romano nas discussões estoicas sobre a justiça, ou seja, o direito civil como instituição do Estado. E, inversamente, a presença do estoicismo na formulação do direito, quando o imperador Augusto promove a reforma legislativa, a *Lex Augusta*. Isso pode ser ilustrado com um exemplo, entre outros. O estoico Antipater dizia que se um jovem das ordens superiores não se casa e não tem filhos, o Estado e o culto aos deuses não podem sobreviver. Ao modelo da amizade de Zenão Antipater contrapõe o modelo marital, cuja finalidade não é apenas a procriação, mas a vida em comum dos cônjuges, que unem seus destinos ao unir seus corpos e almas. O casamento passa a ter o papel de paradigma da harmonia de si consigo e com outrem. Disso resultam duas obrigações: a castidade pré-matrimonial e a fidelidade conjugal, proteção contra a violência patológica das paixões. A *Lex Augusta* institui, pela primeira vez na história romana, o casamento e a procriação como deveres cívicos; pune severamente o adultério (sobretudo o feminino); torna muito difícil o divórcio, particularmente instituindo a não comunidade dos bens dos cônjuges, contrariamente ao que era, até então, a regra em Roma; define as uniões autorizadas e as proibidas entre as ordens sociais. Dar a Roma soldados e administradores, reforçar o poder das classes dominantes e tirar os costumes da decadência então reinante: esses objetivos têm como fundamento a célula marital como núcleo de estabilidade e virtude.

Sêneca, por sua vez, no tratado *Dos benefícios*, propõe outro caminho para a estabilidade política e a virtude da cidade: as benfeitorias, opostas ao clientelismo e ao favoritismo. A ética deve dirigir a política, pois as boas ações se propagam (pelos círculos concêntricos da *oikeiósis*) e chamam umas às outras, construindo uma cidade fundada na confiança e na amizade. Além disso, Sêneca se dispõe a educar o príncipe: escreve o *Da clemência*, na expectativa de fazer de Nero um homem virtuoso. Com esse tratado, Sêneca inaugura um gênero político-literário que só desaparecerá com a obra de Maquiavel: o *espelho dos príncipes* ou a formação do governante virtuoso do qual dependerá a virtude da cidade e dos cidadãos. Esse gênero de discurso tornar-se-á, a partir da Idade Média, o fundamento da teoria política do Bom Governo, definido pelo conjunto das chamadas virtudes principescas (clemência, constância, magnanimidade, justiça, liberalidade, fortaleza, coragem).

> Empreendi este tratado sobre a clemência, Nero César, para que ele tenha, de algum modo, a função de um espelho e te encaminhar, oferecendo-te tua imagem, ao maior prazer que existe no mundo. Com efeito, o proveito maior de nossas boas ações é tê-las feito [...] e não é menor a fruição de olhar para a alma e vê-la sem reprovação. [...] Se é verdade que tu és a alma da república e que ela é teu corpo, compreendes, espero, a que ponto a clemência é necessária [...]. A clemência é conforme à natureza de todos os homens, mas ela convém particularmente aos imperadores. [...] Embora as virtudes formem um coro harmonioso e nenhuma é melhor ou mais bela do que as outras, entretanto algumas vão melhor para cada tipo de homem. [...] A clemência, em qualquer parte em que apareça, aí fará reinar a felicidade e a paz,

> porém, numa casa régia, quanto mais é rara, mais é admirada. Para o rei, não existe nenhuma glória vinda de uma condenação brutal; ao contrário, sua glória será imensa se contiver a cólera sua e alheia, se não aplicou a sua a ninguém (Sêneca, *Da clemência*, I, I, 1; I, III, 1; I, XVII, 1).

Ora, sabemos que os estoicos avaliam a necessidade de agir segundo a eficácia da ação; quando esta for ineficaz, não se deve agir. Sêneca, de início, julga que sua ação sobre Nero será eficaz: ensina-lhe que a clemência — conduta racional severa que doma e afasta a crueldade — é a principal virtude do príncipe e que a concórdia e a benevolência são virtudes dela decorrentes. Mais tarde, percebe a ineficácia de sua ação, pois a alma de Nero está de tal modo corrompida que a terapêutica das paixões é inútil. Recolhe-se à inação, até o momento em que cumpre a ordem imperial de se suicidar.

Marco Aurélio pretende seguir Sêneca, dando à clemência o papel de virtude-guia do governante, pois a política é uma expressão da ética. De um lado, sua ação se volta para o constante exame de si e para a ideia da realeza como governo fundado na igualdade e na liberdade; limita o cesarismo por meio da divisão dos poderes e tem como exemplos os tiranicidas Brutus e Cássio e o republicano Catão de Útica. De outro, se volta para a reforma dos costumes e a educação do povo: institui leis para a educação das donzelas e dos mancebos, a proteção dos órfãos, a ampliação dos direitos dos escravos, os dispositivos para transformar a luta mortal dos gladiadores em combate de atletas. O resultado também não foi dos mais exitosos: Marco Aurélio foi ridicularizado por seus opositores romanos como fraco e indeciso e condenado pelos Padres Apologetas por ter permitido que a religião cristã fosse decretada crime contra o Estado e seus adeptos, perseguidos e martirizados por todo o império. E seu filho Cômodo, que o sucedeu e a quem se atribui o início da decadência do império, foi talvez o maior de seus fracassos.

O TRIUNVIRATO ESTOICO: SÊNECA, EPICTETO E MARCO AURÉLIO

Sêneca

Lúcio Aneu Sêneca nasceu na província romana de Córdoba, na Espanha, no ano 4 do século I a.C., filho de um abastado membro da pequena nobreza dos cavaleiros romanos, que aspirou ocupar cargos públicos e dedicou-se com afinco à arte oratória. Recebeu uma educação esmerada, a chamada educação liberal da aristocracia romana, aprendendo não só gramática e retórica, mas também grego e a filosofia estoica, com Atalo, e a pitagórica, com Socião. Tornou-se filósofo, mas não se contentou com isso e buscou uma carreira na vida pública, com a intenção de fazer política enquanto filósofo.

Pouco antes dos quarenta anos, entrou para o Senado, onde chamava a atenção por seus dons oratórios, e frequentava os círculos das irmãs de Calígula. Este cairia com o golpe de Estado chefiado por Claúdio, que exilou Sêneca sob a acusação de adultério com a irmã de Agripina, mãe de Nero. Foi nessa ocasião que escreveu a *Consolação* à sua mãe. Alguns anos depois, ao se tornar esposa de Claúdio, Agripina conseguiu o perdão de Sêneca e o fez retornar a Roma com a função de preceptor de Nero. Data dessa época a composição do tratado *Da clemência*, com que Sêneca esperava educar Nero para a grande e primeira virtude principesca.

Em Roma, Sêneca tornou-se a figura pública mais célebre de seu tempo como filósofo, orador e poeta: Roma, finalmente, possuía um pensador capaz de rivalizar com os gregos. Tornou-se riquíssimo, o que pode parecer estranho para um estoico, mas de modo algum para um romano: na cultura política romana, qualquer um que fosse rico deveria ocupar um cargo público e todo aquele que ocupasse um cargo público tinha o dever de enriquecer, pois disso dependia sua capacidade para realizar o que mais se esperava dele, o evergetismo, isto é, os gastos públicos com jogos, espetáculos, templos e distribuição de trigo à plebe. Como escreve um intérprete, Sêneca "achava muito agradável ser filósofo estoico e rico", gastou "bastante dialética para demonstrar que se pode ser rico e filósofo" e, como vimos, tentou ensinar a Nero a virtude da benfeitoria como corretivo ao clientelismo e ao favoritismo.

Depois de mandar assassinar o primogênito de Cláudio, Britânico, filho da esposa anterior do imperador, Nero se preparou para elevar-se ao poder, com a morte de Cláudio. Fez de Sêneca seu conselheiro, dando-lhe o título de "amigo de César". Ao que parece, de início, Sêneca conseguiu controlar as paixões de Nero. Todavia, em 59, foi chamado ao palácio por um Nero enlouquecido, que mandara assassinar a mãe, alegando que esta pretendera matá-lo. A partir de então, nada e ninguém poderia controlá-lo.

Como relata Tácito, embora tivesse deixado o Senado ao fazer sessenta anos, Sêneca não podia se desfazer do título de "amigo de César" sem o consentimento de Nero, o que ele pediu em 62, ao mesmo tempo que solicitava ao imperador que retomasse todas as riquezas com que o cumulara e lhe permitisse ir viver em suas terras, no campo. Nero recusou. Embora sem função alguma, Nero o forçava a acompanhá-lo em suas viagens e, em 64, Sêneca encontrava-se em Nápoles em sua companhia quando chegou a notícia do incêndio de Roma, obra secreta do imperador.

De 62 ao fim de 65, Sêneca viveu retirado, dedicando-se exclusivamente à filosofia. É o período em que escreve as célebres cento e vinte quatro *Cartas a Lucílio*, cujo verdadeiro destinatário é Nero: não provocar o tirano não significa esconder-se dele. As *Cartas* são um texto de oposição à tirania, da qual Nero é apenas um caso particular.

Em 65, um complô pretendia assassinar Nero, mas fracassou. Sêneca não participou da conspiração, mas seu nome foi mencionado por um dos implicados, que chegou a dizer que ele seria o novo imperador. Nero, como magistrado supremo, ordenou que ele se defendesse, conforme dita o direito penal romano. Sêneca não o fez, dizendo ao oficial que viera indagar sua resposta que não tinha motivos para submeter-se aos caprichos de outrem. A provocação foi deliberada, pois Sêneca sabia que somente a morte o livraria de ser "amigo de César". Como previra, Nero ordenou-lhe que se suicidasse.

Sêneca escreveu sua obra entre 41 e 64, compreendendo tratados morais ou diálogos — *Da clemência, Dos benefícios, Do ócio, Da cólera, Da constância do sábio, Da tranquilidade da alma, Da brevidade da vida, Da vida feliz, Da Providência* —, consolações — *Consolação à minha mãe Hélvia, Consolação a Márcia, Consolação a Políbio* —, tragédias — *Medeia*, a principal —, uma sátira — *Apocoloquintose do divino Cláudio*[1] — um tratado de filosofia natural — *Questões Naturais* —, cento e vinte quatro *Cartas a Lucílio* e duas obras que se perderam, *Situação da Índia* e *Situação e religião dos egípcios*. Há fragmentos sobre os peixes, fazendo supor que teria escrito uma história natural.

Da tranquilidade da alma

Acompanhemos brevemente o *Da tranquilidade*, considerado pelos intérpretes a obra-prima de Sêneca pela desenvoltura do estilo e da composição, e sobretudo pela liberdade de pensamento perante a tradição estoica, pois a sabedoria é uma medicina interminável, terapia sem fim, e o sábio imperturbável e impassível, um ideal inalcançável.

O objeto do livro o situa no interior de um problema para o estoicismo, que examinamos no capítulo 3, qual seja, o do caminho que leva à virtude e à sabedoria. De fato, dada a oposição irredutível entre ignorância e sabedoria e entre vício e virtude, o estoicismo antigo enfrentava a dificuldade de explicar como se pode passar de um estado a outro. Vimos também, no capítulo 4, as soluções de Posidônio e Panécio, que introduzem a noção de *protokopton*, isto é, de um percurso progressivo em direção à perfeição do sábio. Sêneca se coloca sob essa perspectiva, adotando a ideia da filosofia como terapêutica do ânimo. Sua originalidade, porém, está na ideia da filosofia como terapia interminável, *protokopton* que jamais chegará ao fim.

Sob essa perspectiva, vale a pena situar o *Da tranquilidade* entre dois outros momentos da obra de Sêneca, um anterior, correspondendo ao *Da constância do sábio*, e outro, posterior, correspondendo à sexta carta das *Cartas a Lucílio*. O primeiro traça a figura do sábio estoico em sua grandeza singular: invulnerável à ofensa, ao insulto e à injustiça, o sábio é livre, pois

> A liberdade consiste em colocar nossa alma acima das injúrias, fazer-se tal que as razões para alegrar-se venham apenas de si mesmo, afastar de si as coisas exteriores para ter que levar a vida inquieta de um homem que teme os risos e as línguas de toda gente [...]. Não ser vencido, ser alguém contra quem a fortuna nada pode, é isto pertencer à república do gênero humano (*Da constância do sábio*).

O sábio chega a essa constância do ânimo porque, diferentemente do médico de família, que costuma ministrar remédios doces e agradáveis, que não são rápidos nem os melhores, mas os únicos permitidos, o estoico "toma o caminho viril", "caminho áspero, pedregoso e escarpado", sem se preocupar em ser agradável aos iniciantes, ocupando-se com "libertá-los o mais breve possível para elevá-los acima de todos os golpes da adversidade e torná-los superiores à fortuna".

Enquanto o *Da constância* julga possível alcançar a plena sabedoria, a sexta carta a Lucílio enfatiza o processo cotidiano de aperfeiçoamento, sem que se possa afirmar que o percurso tenha chegado ao fim:

> Observo, Lucílio, que não sou apenas corrigido, mas transformado. Não jurarei que nada resta em mim que não precise mudar, e nem o espero. [...] A prova desse melhoramento é precisamente que vejo os defeitos de que antes não tinha cons-

> ciência. [...] Não imaginas os progressos que vejo cada dia me trazer (*Cartas a Lucílio*, VI, 1-3).

No *Da tranquilidade*, reaparece a figura invulnerável do sábio perfeito, mas também, como na carta a Lucílio, a impossibilidade de sua realização plena:

> Onde encontrarias tu este mortal sem igual, que já procuramos por tantos séculos? O melhor é o menos mau (*Da tranquilidade da alma*, VII, 2).

O texto se apresenta como resposta de Sêneca a um jovem amigo, Sereno,[2] que lhe escrevera atormentado com os vícios que reconhecia em si e que considerava enfermidades da alma (*animus*).

"Confesso-me a ti como a um médico", escreve ele. Porém, sente-se perplexo porque seu estado é lamentável: "não estou doente nem são". Não está doente porque é capaz de perceber os próprios vícios; não está são exatamente porque os tem. Na verdade, prossegue Sereno, "meu ânimo é irresoluto, não se inclina deliberadamente nem à virtude nem ao vício. Não é uma tempestade interior que me aflige, é a vontade de vomitar, a náusea. Temo, diz ele, que o hábito, que fortalece todas as coisas, aprofunde meu vício". Que nome dar a essa doença? Ora, como se comporta o paciente perante o médico? Indica-lhe o que sente e o médico lhe diz que mal o acomete; oferece os sintomas e deixa o diagnóstico ao médico: "Indicar-te-ei o que sinto: tu acharás o nome da doença". A carta termina com um pedido: "suplico-te, se conheces um remédio capaz de deter as indecisões que me agitam, não me julgues indigno de te dever a serenidade".

Vencer a *turbatio* e alcançar a *tranquillitas*, eis a que aspira Sereno. Sua carta é, portanto, a de um aspirante ao estoicismo: a paixão é vício, o vício, doença, o filósofo, médico da alma, a filosofia, *medicina animi*.

A resposta de Sêneca se inicia explicando a Sereno que este já está no caminho da cura, da qual a irresolução é sintoma, pois quem se cura de uma doença ainda não se habituou à saúde e oscila "como o estremecimento da superfície do mar após a tempestade". Mais do que isso. As palavras de Sereno indicam que sua aspiração é nobre e "próxima do divino, pois é a ausência de inquietação", aquilo que os gregos chamam de *euthymia*[3] e "eu, diz Sêneca, de *tranquillitas*". O que é a tranquilidade? Sêneca a apresenta tal como os médicos hipocráticos e os filósofos estoicos a descrevem: a alma igual e firme, benévola consigo mesma, cheia de alegria ininterrupta, calma, sem exaltação nem depressão.

Como alcançá-la? Começando por compreender que o mal que afeta Sereno afeta todos os homens e que, sendo universal, será preciso encontrar um remédio de igual universalidade, do qual cada um tomará a dose que lhe for necessária.

O quadro oferecido por Sêneca é terrível:

> Para todos os doentes, o caso é o mesmo [...]. Há inúmeras variedades do mal, mas todas conduzem ao mesmo resultado: o descontentamento de si mesmo. Mal-estar que tem por origem uma falta de equilíbrio do ânimo e as aspirações tímidas ou infelizes, que não se atrevem a tanto quanto desejam, ou que se tenta em vão realizar e pelas quais nos cansamos de esperar. É uma inconstância, uma agitação perpétua, inevitável, que nasce dos temperamentos irresolutos [...]. O ânimo não é capaz de mandar nem de obedecer às suas paixões: entrega-se à aflição de uma vida que não se expande, e à indiferença de um ânimo paralisado no meio da ruína de seus desejos (Sêneca, *Da tranquilidade da alma*, II, 7-8).

Esse quadro é o diagnóstico da *dysthimia*. Se a *euthymia* é o contentamento consigo mesmo, a *dysthimia* é o desgosto de si mesmo. Alma triste e impaciente, aflita e abatida, ansiosa e inerte: o diagnóstico chega, como previsível, à mais terrível das doenças do ânimo, a doença que afeta o temperamento melancólico, o *taedium*,[4] que aumenta a ansiedade das esperanças e a desolação com seu malogro, leva ao lamento de si e à inveja furiosa dos outros, aparentemente bem-sucedidos. Por que essa doença é o mais terrível dos males? Porque, por natureza, o ânimo é movimento e ativo por instinto, seguindo a lei natural da autoconservação da qual o *taedium* se afasta, sendo por isso contranatureza. Os doentes melancólicos são como os sarnentos, que desejam que raspem sua pele: neles, as paixões brotam como úlceras malignas[5] e consideram prazeroso atormentar-se e sofrer. Saem a correr o mundo, como se mudando de lugar pudessem repousar, sem perceber, escreve Sêneca, a verdade do que disse Lucrécio: "Assim cada um foge de si mesmo". O mal de que sofrem não vem dos lugares, mas de si mesmos, que não conseguem suportar.

É preciso, agora, oferecer o remédio. Sêneca apresenta primeiro o remédio pregado pelo estoico Atenodoro, cuja insuficiência o levará a propor outro. Atenodoro indica, de início, que a inação melancólica seja contrariada pela atividade na vida pública — ser útil aos concidadãos e ao gênero humano, aperfeiçoando-se a si mesmo. Entretanto, sabe-se o que acontece na vida pública: um louco combate de ambições, calúnias, desonra. Nela, ninguém está seguro. Donde o segundo remédio: recolher-se à vida privada e realizar em segredo grandes ações para o bem da república. Não há por que negar que o filósofo realize obra da maior importância, pois ensina o que é a justiça, o dever, a paciência, a coragem diante da morte, o conhecimento dos deuses. Não basta, portanto, regressar à vida privada, mas é preciso tornar-se filósofo para livrar-se de todos os desgostos e ter verdadeiros amigos, pois a virtude jamais é ignorada pelos que dela são dignos.

Exposto o receituário estoico tradicional, Sêneca o critica. Isolar-se é afastar-se do gênero humano, concentrar-se em si mesmo, indiferente aos outros; é mergulhar na desocupação, construir de um lado e demolir de outro. Atenodoro recua rápido demais diante das circunstâncias. Certamente, há casos em que é preciso recuar, mas deve-se fazê-lo como na guerra, aos poucos, salvando a bandeira e a honra, pois o inimigo nos respeita quando nos rendemos portando as armas. Segundo Sêneca, eis o que deve fazer o aspirante à virtude:

> Se a fortuna triunfa e lhe tira os meios de agir, que ele não se apresse em dar as costas e fugir, largando as armas e buscando um abrigo, como se houvesse algum lugar no mundo onde pudesse escapar da fortuna, mas que ele imponha somente maior reserva à sua atividade e procure alguma ocupação que lhe permita voltar a ser útil à cidade (*Da tranquilidade da alma*, IV, 1).

A carreira militar lhe está proibida? Que ele resista com seus brados: vá às magistraturas e advogue. O silêncio lhe é imposto? Apertam-lhe a garganta? Resista e auxilie seus concidadãos por meio do seu silêncio e do apoio de sua presença: assim como há remédios salutares que não é preciso ingerir porque operam pelo aroma, assim também a virtude, cuja influência benfazeja pode agir a distância, bastando que seja visível — a virtude, diz todo estoicismo, é corporal, mesmo que sutil como um aroma. Ir à praça pública é perigoso? Que em casa, nos banquetes e espetáculos mostre ser companheiro honesto, amigo fiel, conviva moderado. Em suma, se não pode cumprir os deveres de cidadão, restam-lhe os deveres de homem. Jamais estão fechados todos os caminhos de maneira que não nos seja possível praticar a virtude. Assim, o primeiro remédio é a *humanitas*, o aprender a amar-se nos outros, a *oikeiósis*.

> Daí o princípio do qual nós, estoicos, nos orgulhamos: o de não nos encerrarmos nas muralhas de uma cidade, mas entrar em contato com o mundo inteiro e professar que nossa pátria é o universo, a fim de oferecer à virtude um vasto campo de ação (*Da tranquilidade da alma*, IV, 4).

O remédio, como a sequência de restrições indica (interdição da carreira militar, da magistratura, da praça pública), é resistir à fortuna, mesmo quando é impossível dobrá-la. Que cidade foi mais miserável do que Atenas sob os trinta tiranos? Numa cidade que possuía o Areópago e a Assembleia, viam-se reunir homens sombrios que fizeram perecer mil e trezentos cidadãos. Que tranquilidade ali havia? E, no entanto, lá estava Sócrates, encorajando os cidadãos, atemorizando os opulentos. Não obstante, Atenas o fez morrer: ele, que antes desafiara impunemente os tiranos, foi condenado, agora, por uma cidade livre, pois numa cidade oprimida o honesto ainda encontra ocasião para agir, enquanto numa cidade próspera e feliz reinam crueldade, inveja e mil vícios dissimulados. Por conseguinte, conforme a situação da república e o que a fortuna permite, ora agiremos abertamente, ora nos recolheremos, mas nunca esconderemos nossa virtude.

Para que essa atitude prudente e valorosa seja possível, algumas condições precisam ser respeitadas: primeiro, cada um precisa examinar a si próprio, conhecer seu temperamento e suas disposições naturais, a fim de determinar sua aptidão para determinadas ações e evitar propor aquelas que não estará apto a realizar;[6] em seguida, avaliar as próprias empresas, pois é preciso que sempre nos sintamos superiores a elas e elas não sejam um fardo impossível de carregar; finalmente, é preciso avaliar os homens para saber se são capazes de reconhecer os benefícios que lhes trazemos e os sacrifícios que por eles fazemos, pois é preciso saber escolher os amigos, já que "nada agrada tanto ao ânimo como uma amizade fiel e doce", corações em que se pode confiar sem temor, companheiros cuja palavra nos acalma e cujo conselho nos guia, cuja alegria dissipa nossa tristeza — em suma, a *humanitas*. Isso significa escolhê-los isentos de paixão, pois esta é um vício contagioso. Assim como durante uma epidemia evitamos contato prolongado com os flagelados, pois "é propagar o mal colocar homens sãos em contato com os enfermos", do mesmo modo é preciso evitar longa convivência com os já corrompidos. O vício é, pois, uma doença contagiosa que se propaga por contato e o único remédio, neste caso, é evitar a contaminação. Mas Sêneca logo acrescenta, tomando distância da tradição do antigo estoicismo, não exigir que somente o prudente seja amigo, afinal,

> Onde encontrarias tu este mortal sem igual, que já procuramos por tantos séculos? O melhor é o menos mau (*Da tranquilidade da alma*, VII, 2).

Se, pondo em dúvida a existência efetiva do sábio absoluto, Sêneca se mostra tolerante quanto à escolha dos amigos, entretanto, há um tipo de homem que precisa ser evitado: o melancólico.

> Evitemos, porém, o mais possível as naturezas tristes e queixosas, que não deixam escapar nenhuma ocasião para se lamentar. Por mais fiel e dedicado que possa ser, um companheiro de humor inconstante e que se queixa a todo momento é inimigo de nossa tranquilidade (*Da tranquilidade da alma*, VII, 4).

Até aqui, Sêneca se refere àquelas condições que, diria Epicteto, dependem de nós. Trata-se, agora, de examinar as que não dependem de nós, mas da fortuna caprichosa. Duas máximas orientam a primeira abordagem do tema da contingência: é pior perder do que não adquirir, e por isso são mais alegres "aqueles a quem fortuna nunca visitou do que aqueles que ela traiu"; é impossível preservar-se de todos os caprichos e injustiças da fortuna e por isso é preciso uma vida recatada "para que as setas da fortuna caiam no vazio".

Que fazer, porém, se o infortúnio nos atinge?

Inicia-se, agora, um dos textos mais célebres do estoicismo, no qual Sêneca constrói a oposição entre virtude e fortuna que se tornará paradigmática para os séculos vindouros.

Duas afirmações norteiam o percurso da argumentação: *todos* os homens estão acorrentados à fortuna e por isso *toda* vida é uma escravidão. Sêneca enfatiza a universalidade da fortuna e da vida que ela impõe:

> *Estamos todos presos à fortuna*: para uns, a cadeia é de ouro e frouxa, para outros, apertada e grosseira. Que importa? Todos os homens compartilham o mesmo cativeiro, e aqueles que encadeiam os outros não estão menos algemados, pois não afirmarás, suponho, que os ferros são menos pesados quando levados no braço esquerdo. As honras prendem este, a riqueza, aquele outro; este leva o peso de sua

nobreza, aquele o de sua obscuridade; um curva a cabeça sob a tirania de outro, outro sob a própria tirania; a este, a permanência num lugar é imposta pelo exílio, àquele outro, pelo sacerdócio. *Toda vida é uma escravidão.*

A universalidade da fortuna é a universalidade da escravidão, pois escravo é aquele que age para realizar a vontade de um outro e não a sua própria. Se ninguém escapa da fortuna, visto que a contingência perpassa o mundo humano, como conviver com ela para que seu fardo não nos destrua? Aumentando a potência de dois dons que recebemos da natureza e que dependem de nós: o hábito, que ela nos deu para que nos familiarizemos sem revolta com os mais rudes tormentos; e a razão, parcela do divino em nós, que nos dá poder para vencer obstáculos. Veremos, então, "abrandar-se o que resistia, alargar-se o que era apertado e os fardos tornarem-se mais leves sobre ombros que saberão suportá-los". Ao capricho da fortuna se opõe a benevolência da natureza.

Esses dons naturais são o instrumento de que dispomos para concretizar as duas máximas que mencionamos acima, e que serão tanto mais efetivas quanto mais soubermos limitar nossos desejos, uma vez que não podemos extirpá-los. Encontramos, aqui, a origem da recusa de Sêneca da crença da posse da sabedoria perfeita. De fato, a tradição estoica afirma, como condição da virtude, a necessidade de extirpar o desejo, opondo-se à tradição aristotélica da moderação. É esta que Sêneca propõe, de maneira que nunca alcançaremos a plena impassibilidade, a total *apatheia* ou ausência de paixão. Renunciar ao impossível, apegar-se ao que estando mais próximo de nós "anima nossa esperança", e jamais esquecer que todas as coisas são vãs e fúteis — eis o que a razão nos ensina. Sobretudo, não aspiremos ao cimo, não invejemos os que estão no alto, pois é ali mesmo que a fortuna se esmera na perfídia: os que ela eleva hoje serão por ela rebaixados amanhã. É verdade que alguns não podem fugir do cimo onde foram colocados e de onde não podem descer senão pela queda; a estes é preciso ensinar a força da virtude para que aprendam a suportar os perigos da fortuna inconstante.

> Onde a riqueza, que a miséria, a fome e a mendicidade não podem alcançar? Onde a magistratura, cuja pretexta, o bastão augural e o calçado patrício não são acompanhados de acusações humilhantes, da crítica do censor, de mil infâmias e do supremo desprezo da multidão? Onde a onipotência que não é ameaçada de destruição e pelo esmagamento da violência de um senhor ou de um carrasco? E um longo inter-

valo de modo algum é necessário: no espaço de uma hora passa-se do trono aos pés do vencedor (*Da tranquilidade da alma*, XI, 9).

Estamos diante da figura clássica da fortuna: a cornucópia de bens inesperados que se transformam em inesperadas desgraças; a roda que gira sem cessar, abaixando os que estão no alto e elevando os que estão embaixo para logo rebaixá-los também. A ela Sêneca contrapõe a virtude, o sábio, cuja "fé em sim mesmo é tão grande que ele não hesita em se dirigir ao encontro da fortuna, diante da qual jamais cederá". Pode enfrentá-la porque nada teme perder, pois nada possui; é apenas o depositário dos bens que a natureza lhe confiou e que devolverá, quando ela lhe pedir de volta seu corpo e sua alma. Não teme a vida, porque a fortuna nada pode contra ele; não teme a morte, porque viveu bem. "Quem não souber morrer bem terá vivido mal."

De onde vêm o desprendimento e a força de ânimo do sábio? De saber *distinguir entre fortuna e destino*, entre acaso e necessidade, não se deixando surpreender pela contingência dos acontecimentos porque conhece a necessidade que os determina e antecipa o que realmente virá, preparando-se para enfrentar a violência das desgraças.

Sem mencionar explicitamente a ideia estoica da *divinatio*, Sêneca a pressupõe, visto que o sábio não é pego de surpresa pelos acontecimentos porque a pratica, isto é, interpreta os acontecimentos presentes como signos cuja conexão necessária indica os acontecimentos futuros. Eis por que Sêneca oferece inúmeros exemplos de acontecimentos passados e presentes como indícios que não podem ser negligenciados porque neles se lê o futuro. Sob este aspecto, Sêneca se mantém fiel à ideia estoica de que somente o presente existe porque o tempo é *tota simul*, uma simultaneidade em que se concentram, aqui e agora, o passado e o futuro. Em outras palavras, a vitória contra a fortuna não é apenas uma atitude psicológica, mas uma possibilidade inscrita na própria necessidade natural. Se o sábio é aquele que vive de acordo com a natureza, é porque vive dirigido pela razão e esta conhece a necessidade que liga os instantes na simultaneidade temporal do presente. É por isso que o sábio desarma a fortuna, tirando-lhe a arma principal: a surpresa que atordoa e paralisa o desafortunado.

Diante desse perpétuo vaivém de elevações e quedas, se não considerares tudo o que pode te acontecer como devendo realmente acontecer, darás à fortuna forças contra ti: ao contrário, tu as desarmarás quando fores tu a esperá-la chegar (*Da tranquilidade da alma*, XI, 12).

Nada acontece ao sábio contra sua expectativa: não o subtraímos das desgraças humanas, mas sim dos vícios humanos; e todas as coisas lhe sucedem não conforme seus desejos, mas conforme suas previsões (*Da tranquilidade da alma*, XIII, 3).

A argúcia de Sêneca consiste em fazer com que, ao nos lançar na exterioridade, naquilo que não depende de nós, ele o faz de tal maneira que nos traz de volta ao que depende de nós. "Estamos todos presos à fortuna", líamos no início do texto. Somos capazes de liberdade sob seus grilhões, lemos agora.

Os remédios seguintes concernem, portanto, ao que depende de nós, ou seja, à conduta capaz de alcançar a *tranquillitas*. Dois deles se referem à relação de si consigo; três, às relações com o outro; e dois, ao modo de viver.

Na relação de si consigo, é preciso, em primeiro lugar, evitar a agitação estéril, a multiplicidade desordenada de atividades sem finalidade clara e sem objetivo determinado, pois "não são atividades verdadeiras, mas quimeras que animam os inquietos e loucos". Em segundo, evitar dois excessos funestos: a obstinação e seu oposto, a inconstância, porque a primeira nos imobiliza numa resolução, mesmo quando as circunstâncias pedem que a mudemos, enquanto a segunda não se fixa em nada e logo cai nas redes da fortuna. Esses dois remédios conduzem a uma mesma prescrição: recolher-se interiormente para que a alma se alegre consigo mesma e com os bens que dependem dela somente.

Na relação com o outro, é preciso afastar o desgosto pelo gênero humano, que se apossa de nós quando consideramos a abundância dos vícios de que os homens são capazes e a raridade da retidão. Alguns, como Heráclito, julgam que devemos lamentar a condição humana; outros, como Demócrito, que é preciso rir da tolice dos homens porque o riso é mais conforme à natureza humana, nos deixa alguma esperança de melhora e, sendo uma emoção superficial, não perturba a alma como as lágrimas. Nenhuma dessas atitudes é a de Sêneca. Aquele que examina as alegrias e as tristezas humanas compreende que

Vale mais aceitar tranquilamente os costumes comuns e os vícios do gênero humano sem se deixar levar nem ao riso nem às lágrimas: pois atormentar-se com os males dos outros é tornar-se perpetuamente infeliz e alegrar-se com eles, um prazer desumano (*Da tranquilidade da alma*, xv, 3).

Mas não seria desumano manter essa atitude diante dos males injustamente acontecidos com pessoas de bem? Ora, é preciso observar que os grandes homens injustamente tratados, vários deles corajosos para suportar uma morte heroica, não riram nem choraram do que lhes aconteceu e para todos eles a morte foi o caminho da imortalidade. Não rir nem chorar, mas tudo contemplar com ânimo sereno.

O segundo remédio na relação com outrem é evitar a inquietação interminável causada pela invenção de si como uma personagem (*persona*), pura "hipocrisia e comédia". Por que a referência à comédia? *Persona*, em latim, é a máscara que o ator usa durante uma representação teatral, quando se disfarça num outro, uma personagem. Aquele que, em lugar de manifestar seu próprio caráter ou temperamento, inventa ser o que não é, torna-se *persona*, uma máscara, e teme que ela caia. Com efeito, "que tormento, essa permanente vigilância sobre si mesmo, este terror para não ser surpreendido num papel diferente daquele que se escolheu!". Que segurança há numa existência passada sob uma máscara? O remédio é jamais usar artifícios e artimanhas, mas deixar fluir a espontaneidade do caráter, vivendo com simplicidade.

Porém, um terceiro remédio é indispensável: é preciso evitar cair no oposto da hipocrisia, isto é, numa franqueza excessiva, que machuca os outros e parece ser absurda exibição de virtude, como se esta suportasse exibição. "Não excedamos a medida, pois há muita diferença entre a sinceridade e a falta de modéstia."

O conjunto de remédios para a relação consigo e com o outro é, na verdade, a fixação de uma regra fundada na *ratio*, palavra latina que identifica razão e proporção: evitar os excessos opostos, praticar a medida, isto é, a moderação. A medicina antiga, como sabemos, trabalha a partir da consideração de quatro aspectos determinantes da saúde e da doença: os lugares, as águas, os ventos e a dieta ou regime de vida.[7] Eis por que Sêneca conclui sua medicina propondo a Sereno um novo regime de vida. Não exceder a medida, manter a proporção: eis o que determinam os remédios concernentes ao regime de vida, que prescrevem alternar solidão e sociedade, ocupação e diversão.

Por que essa alternância? Vimos que o mal que acomete Sereno é o *taedium*, doença característica do temperamento melancólico. As medicinas hipocrática e alexandrina descrevem a melancolia como um temperamento sujeito a uma doença peculiar: a ciclotimia, isto é, a mudança súbita no *thymós*, passando repentinamente da *euthymia* à *disthymia*, da exaltação à tristeza, do ímpeto de buscar a multidão ao desejo de total isolamento. Compreende-se, portanto, que Sêneca, médico da alma, receite a Sereno, doente da melancolia, a proporção contra o excesso. Em outras palavras, em lugar de submeter-se à doença acarretada pelo temperamento, Sereno deve colocá-la sob seu poder; ela, que não dependia dele, deve submeter-se a ele. O remédio é, na verdade, a prática da virtude.

Compreendemos também por que, ao propor o regime de vida, Sêneca se demora sobre os benefícios do bom vinho, desde que tomado com moderação. O inventor do vinho, escreve ele, foi chamado Líber (livre) porque o vinho libera o ânimo da escravidão das preocupações e lhe dá força e audácia para grandes empresas. Sêneca menciona políticos famosos que apreciavam a bebida (como Sólon e Catão), cita o elogio do vinho por poetas gregos, Demócrito, Platão e Aristóteles. Por quê? Porque o vinho faz parte da tradição médico-filosófica sobre a melancolia, na qual ele tem função terapêutica.

Eis aqui, conclui Sêneca, os meios para encontrar a tranquilidade e para conservá-la, não sucumbindo à insinuação dos vícios. No entanto, porque o sábio absoluto é impossível, as últimas linhas do *De tranquilitate animi* não escondem os limites da empreitada, postos pela própria alma humana:

> Todavia, dize a ti mesmo que nenhum desses meios é suficientemente poderoso para salvaguardar um bem tão frágil, se não cercarmos com a mais ativa e a mais zelosa vigilância nossa alma, sempre pronta a se deixar desviar (*Da tranquilidade da alma*, XVII, 12).

A virtude, portanto, como as *Cartas a Lucílio* sublinharão, é a força da alma, a *fortitudo animi*, a posse de si como vigilância de si.

Epicteto

Epiktetos não é um nome próprio e sim o particípio passado do verbo *epiktaomai* — adquirir —, significando "adquirido" e, no caso, adquirido ou comprado como escravo. Epicteto nasceu em Hierápolis, na Frígia (Ásia Menor), por volta de 55 e, ainda menino, foi adquirido como escravo por Epafródito, um rico liberto que fora escravo de Nero e um dos administradores de sua corte. Não sabemos exatamente quando foi para Roma. O pouco que se conhece de sua vida vem de algumas referências que ele próprio faz nas *Conversações* e de relatos de seu discípulo Flávio Arrio, do médico Celso e de Orígenes, um dos primeiros Padres da Igreja. Assim, as circunstâncias de sua educação são desconhecidas, exceto o fato de que foi aluno de Musônio Rufo, na época senador romano como Sêneca. Certamente, sendo escravo, não sofreu as agruras sofridas pelos dois filósofos-senadores sob Nero.

Em data desconhecida, tornou-se liberto, abriu uma escola, mas foi forçado a abandonar a cidade em 89, pelo édito de Domiciano, que baniu todos os filósofos da península italiana, por considerá-los perturbadores da ordem e inimigos do Estado. Dirigiu-se para Nicópolis, importante centro cultural na costa do Adriático, e ali abriu uma escola, onde ensinou até sua morte, em 135. Nunca se casou, mas, praticando a virtude da benevolência, no fim da vida adotou uma criança cujos pais não podiam mantê-la. Orígenes afirma que, em sua época, Epicteto foi mais famoso do que Platão na sua e Aulo Gélio, considerado o maior dos filósofos estoicos.

Não faltam historietas sobre o filósofo. Epicteto era coxo. Alguns atribuem essa condição a artrite, resultante de um reumatismo prolongado na infância. Entretanto, Celso e Orígenes contam que Epicteto teria sido torturado por Epafródito, que torceu sua perna. Suportando com dignidade a dor, Epicteto lhe teria dito que, se prosseguisse, iria quebrá-la; e quando ela, de fato, se quebrou, dirigiu ao seu senhor as seguintes palavras: "Aí está. Eu bem lhe disse que ela se quebraria". Como se sabe, Epicteto não se casou. Uma anedota conta que Demonax, depois de ter sido discípulo de Epicteto, tornou-se adepto da escola cínica. Um dia, ouvindo Epicteto exortar seus alunos a se casar e procriar, Demonax lhe perguntou, sarcasticamente, se ele lhe daria permissão para casar-se com uma de suas filhas.

Da mesma maneira, pouco sabemos sobre a redação de suas obras. Dos oito livros das *Conversações*, apenas quatro foram conservados. As aulas de Epicteto se dividiam em duas partes: na primeira, um aluno lia e comentava um texto estoico ou expunha alguma questão técnica, por exemplo, os raciocínios hipotéticos; na segunda, Epicteto comentava a exposição do aluno e, em seguida, improvisava uma discussão com os ouvintes, suscitando e respondendo a questões. Esta segunda parte constitui o conteúdo das *Conversações*. Além destas, há ainda o *Enchiridion*, o *Manual*, coleção de textos que resumem os principais pensamentos de

Epicteto, em tom de lição e conselho, pequena obra lida, comentada e citada com fervor durante quase vinte séculos.

Durante muito tempo atribuiu-se a redação das *Conversações* e do *Manual* (entre 104 e 107) a Flávio Arrio, o historiógrafo, então aluno de Epicteto. Essa opinião foi reforçada pelo fato de que, na carta-prefácio das *Conversações*, Arrio declara que não compôs a obra, mas apenas a redigiu, a partir das anotações das aulas de Epicteto e das conversas que com ele tivera, publicando-as com a mesma intenção com que seu mestre ensinara: conduzir os homens ao bem. Todavia, trabalhos recentes de erudição, realizados nos anos 1990, tendem a considerar as duas obras escritas pelo próprio filósofo. Os motivos alegados para a mudança de opinião são três: em primeiro lugar, estão escritas em *koiné*, isto é, na língua grega comum, e não no grego elaborado e sofisticado das demais obras de Flávio Arrio; em segundo, muitos dos discursos têm uma forma elíptica e brusca de expressão e um vocabulário filosófico muito técnico, não correspondendo ao estilo de Arrio; em terceiro, algumas das conversações são muito longas para serem consideradas transcrições de conversas, que não poderiam ter tão longa duração. Dizem os intérpretes que não há como resolver a questão com segurança. A única certeza é a fidelidade de Arrio ao ensinamento de Epicteto.

O que depende de nós

Como vimos ao iniciar este capítulo, Epicteto funda a distinção entre o bem e o mal sobre a distinção entre o que depende de nós e o que não depende de nós e localiza o que depende de nós em três faculdades da alma: o assentimento, o impulso ou tendência e o desejo. Por meio delas, se exerce a faculdade de escolha, a *prohairesis*, da qual depende a virtude, uma vez que a escolha decide entre as coisas boas, más e indiferentes e "são boas apenas as virtudes e tudo que participa da virtude", e más, as que são contrárias à virtude. O bem, diz Epicteto, não é senão "uma escolha de um certo tipo", isto é, a escolha virtuosa, de maneira que, em última instância, bom, *prohairesis* e virtude são o mesmo.

Disso decorrem algumas consequências que nos permitem apreender a originalidade de Epicteto com relação ao estoicismo antigo. Em primeiro lugar, visto que o que depende de nós são os atos mentais de assentimento, impulso, desejo e escolha, a filosofia deve organizar-se a partir deles. Epicteto opõe a faculdade passiva, a *phantasía* ou a representação de uma coisa pela impressão deixada nos órgãos dos sentidos e levada ao pensamento, e as faculdades ativas — assentimento, desejo e impulso — e estabelece uma relação complexa entre elas, na medida em que cada uma das faculdades ativas se relaciona com um tipo determinado de representação que chega à alma. Assim, o assentimento se exerce sobre as representações que se referem ao verdadeiro e ao falso; o desejo, às referidas ao bom e ao mau; e o impulso, ao que se deve ou não fazer. Em todos esses casos, uma escolha é feita e por isso Epicteto afirma que esses três atos são os campos (*topói*) nos quais deve exercitar-se aquele que aspira a ser sábio.

> Não são as coisas que perturbam os homens, mas os juízos sobre elas. [...] Quando estivermos contrariados, perturbados ou aflitos, não acusemos outrem, mas nós próprios, isto é, nossos próprios juízos. É próprio do ignorante acusar os outros por seus fracassos; aquele que começou a se instruir, os acusa nele mesmo; e aquele que é instruído não acusa nem os outros nem a si mesmo (*Manual*, v).

Em segundo lugar, evidencia-se o papel preponderante conferido à *prohairesis*, que quase não aparecia no antigo estoicismo, ao contrário do que acontecia em Aristóteles, que, na *Ética a Nicômaco*, coloca-a na definição da virtude como "desejo deliberativo de coisas que dependem de nós", isto é, sobre as quais temos poder efetivo. Mas Epicteto não acompanha Aristóteles, pois não coloca o que depende de nós nas coisas sobre as quais temos poder e sim no próprio ato da escolha, de maneira que a *prohairesis* não nos remete ao que está fora de nós, mas a nós mesmos. "O próprio Zeus não pode dominar minha vontade", exclama ele na primeira das *Conversações*. É isto, afinal, que lhe permite dizer que somos livres sob grilhões e que o poder do tirano é ilusório:

> O que perturba e aterroriza a maioria dos homens? O tirano e sua guarda? E por quê? Longe disso. Não é possível que um ser livre por natureza seja perturbado ou impedido por um outro que não ele mesmo; são suas próprias opiniões que o perturbam. Quando um tirano diz: "Acorrentarei tuas pernas", aquele que dá valor a elas diz: "Não, por piedade"; mas aquele para quem sua própria vontade é preciosa, replica: "Acorrente-as, se achas útil fazê-lo", "Não te inquietas?", "Não me inquieto. Vou mostrar-te que sou o senhor", "Como o farás?", "Zeus me deixou livre. Achas que ele iria reduzir seu próprio filho à escravidão? Tu és senhor de meu cadáver. Toma-o" (*Conversações*, I, XIX, 7-10).

A terceira consequência, com a qual a distância do antigo estoicismo aumenta, é a consideração de todas as faculdades, com exceção da *phantasía*, como o que depende de nós. Para os estoicos antigos, apenas o assentimento dependia de nós, pois o desejo e o impulso precisavam ser conciliados com a doutrina do destino, portanto, com o que não depende de nós. Epicteto, porém, não fala do destino. Tudo o que for verdadeiro ou falso, bom ou mau, a fazer ou não fazer depende de nós e somente de nós.

Donde uma quarta consequência: Epicteto também não fala nos preferíveis. Entre o bom e o mau, não há intermediários, apenas os indiferentes. À primeira vista, isso faria supor que tudo que é exterior ao sábio, por não depender de nós, se torna indiferente e não se vê por que ele prezaria as relações com os outros seres humanos e que lugar poderia dar à defesa estoica do altruísmo. Na verdade, porém, o que se dá é o contrário. Somente aquele que tem o domínio do desejo e da aversão, do impulso e da repulsa é capaz de uma relação virtuosa com o outro, isto é, de praticar os deveres segundo o que é conveniente.

> Os deveres são proporcionais às relações. Eis aí teu pai. Está prescrito que deves cuidar dele, ceder-lhe em tudo, suportar suas injúrias e seus golpes. "Mas ele é um mau pai." Foi somente a um bom pai que a natureza te aparentou? Ou simplesmente a um pai. "Meu irmão é injusto." Respeita, porém, a ordem que te une a ele; não olha o que ele faz e sim o que tu deves fazer para que tua vontade permaneça conforme à natureza; pois ninguém te prejudicará se a isso não consentires; o momento em que te prejudicam é aquele em que admites que te prejudicaram. Aplica, pois, o mesmo princípio ao teu vizinho, ao teu concidadão, ao pretor: descobrirás teu dever, se te habituares a considerar as relações que te unem a eles (*Manual*, XXX).

A teoria da liberdade do sábio a partir da definição do que depende de nós tem ainda uma consequência que merece ser mencionada: a figura de Sócrates como modelo da sabedoria, pois "Sócrates realizou-se a si mesmo não se preocupando senão com sua própria razão em tudo o que a ele se apresentava" (*Manual*, LI). Epicteto segue Sócrates ao considerar que o vício é um erro moral involuntário porque é um juízo nascido da ignorância, e também o segue procurando praticar o método interrogativo e refutativo. O que torna possível a afinidade entre ambos é exatamente aquilo que lhes permite atribuir tal papel à ignorância e praticar a maiêutica: a admissão das ideias inatas que, no caso de Epicteto, são as pré-noções comuns inatas, que constituem um conjunto de ideias morais ou de disposições morais universalmente válidas. É essa teoria que fundamenta a posição do assentimento como uma faculdade que depende apenas de nós e do emprego da dialética socrática.

Marco Aurélio

Marco Aurélio, também chamado Marco Antonino, nasceu em Roma em 121, filho do pretor Ânio Vero e de Domícia Lucila, cunhada do futuro imperador, Antonino Pio. Este, ao ser adotado pelo imperador Adriano, que o indicou como seu sucessor, adotou Lúcio Cômodo e o jovem Marco Aurélio, que ficara órfão. Em 138, Marco Aurélio foi eleito cônsul, casou-se com a filha de Antonino Pio, que se tornara imperador, e este o indicou como seu sucessor, juntamente com Lúcio Cômodo. Em 161, com a morte de Antonino, Lúcio Cômodo e Marco Aurélio subiram ao trono, e, pela primeira vez, Roma teve dois imperadores. Marco Aurélio adotou nome de Marco Aurélio Antonino, ao qual se acrescentaram os títulos de César e Augusto, tornando-se Marco Aurélio Antonino César Augusto, quando, em 169, morreu Lúcio Cômodo.

No início das *Meditações*, Marco Aurélio agradece aos deuses pela bondade de todos os que o cercaram desde a infância (pais, parentes, amigos) e tece elogios a seus professores, pois, além das artes marciais, necessárias a quem deveria comandar as legiões romanas, cultivou o espírito com Ático e Fronto, professores de oratória; Meciano, professor de Direito; Sexto de Queroneia (genro de Plutarco) e Quinto Júnio Rústico, professores de filosofia estoica, que o fizeram ler Epicteto. Não se sabe de qualquer imperador romano que tenha tido uma formação igual a esta.

O reinado de Marco Aurélio foi dos mais conturbados. Ininterruptamente, eclodiram guerras: contra os partos, no Oriente; contra os gauleses que, dos Alpes ao Adriático, ameaçavam invadir a Itália; contra os quados, samatas e germanos, ao norte, forçando Marco Aurélio a permanecer durante três anos às margens do Danúbio; depois de uma trégua, em 179 a guerra recomeçou e, nas vizinhanças de Vindobona (Viena), Marco Aurélio contraiu tifo, morrendo em 180. Além das guerras, no final das campanhas contra os partos, em 162, uma peste assolou Roma, disseminou-se pela Itália e atingiu o Oeste da Europa. Em 175, um dos principais comandantes romanos, Avídio Cássio, que estava à frente das tropas na

Ásia, revoltou-se, proclamou-se imperador e foi assassinado por alguns de seus oficiais, leais a Marco Aurélio, que se dirigiu para a região a fim de assegurar o próprio poder. A partir de 177, por exigência das autoridades regionais, às voltas com lutas entre os seguidores da religião romana e os adeptos da nova religião, inicia-se em Lyon e depois difunde-se por todo império a perseguição aos cristãos, que recusavam realizar sacrifícios aos deuses. E ressurge uma literatura que despontara no tempo de Adriano e Trajano, mas agora com fúria corrosiva: a obra dos Padres Apologetas contra Roma, o imperador, a religião pagã e a filosofia.

Foi nessas condições que Marco Aurélio escreveu. Escrevia quando a ocasião permitia, seja em Roma, seja nos acampamentos militares, seja nas partes do império que era obrigado a visitar. E escreveu apenas para si mesmo — o título original dos doze livros, conhecidos como *Meditações* (ou *Pensamentos*), é *O imperador Marco Aurélio para si mesmo*. Isso deu à obra uma singularidade inovadora, não pertencendo a nenhum dos gêneros literários conhecidos pela filosofia, pois não assume a forma do tratado doutrinário, nem das confissões, nem do diário: o exame de consciência. Seu estilo é das sentenças e das fulgurações; seu conteúdo, a fragilidade e fugacidade da vida humana, a morte, as fraquezas do corpo (ou os prazeres da mesa e do sexo), a beleza das ações divinas nas pequenas coisas da natureza e da vida cotidiana, a pequeneza do homem e a grandeza do divino.

Estão presentes as principais ideias estoicas — o cosmo como urdidura e conexão de acontecimentos regidos pela providência e submetido ao eterno retorno; a aceitação do destino como conformidade à natureza; a atitude cosmopolita; a razão como princípio hegemônico da alma; a distinção entre o sábio e o ignorante; a oposição entre virtude e fortuna; o tempo como *tota simul*. Também é possível reconhecer que os temas estoicos aparecem, por vezes, mesclados com ideias de Lucrécio, como, por exemplo, a de que somos compostos de elementos em movimento no infinito e a morte é retorno ao movimento livre dos elementos do corpo e da alma.

Como estas ideias foram examinadas no estudo do estoicismo antigo e médio, e nas obras de Sêneca e Epicteto, aqui simplesmente mencionaremos alguns textos de Marco Aurélio para que o leitor acompanhe por si mesmo o tratamento que lhes é dado pelo imperador-filósofo.

Por que a filosofia? Aprender a morrer

Da vida humana, a duração é um ponto; a substância, um fluxo; a sensação, apagada; a composição de todo o corpo, putrescível; a alma, inquieta; a fortuna, imprevisível; a fama, incerta. Numa palavra, tudo que é do corpo é um rio; o que é da alma, sonho e névoa; a vida, uma guerra, um desterro; a fama póstuma, olvido. O que, pois, pode servir-nos de guia? Só e única a Filosofia. Consiste ela em guardar o espírito (*daimon*) de um homem livre de insolências e danos, mais forte que os prazeres e mágoas, nada fazendo sem um propósito, nem com engano e dissimulação, nem precisando que outrem faça ou deixe de fazer algo, aceitando, ainda, todos os acontecimentos e quinhões que lhe tocam, como vindos dali, seja lá onde for, donde vem ele próprio; sobretudo, aguardando de boa mente a morte, qual mera dissolução dos elementos de que se compõe cada um dos viventes. Se os elementos mesmos nada têm a recear da contínua transformação de cada um em outro, por que havemos de temer a transformação e dissolução do todo? Ela é conforme com a natureza e não existe nenhum mal conforme com a natureza (*Meditações*, II, 17).

Para que a filosofia? Impedir a tirania

Cuidado para não te cesarizares, para não te impregnares, pois é o que costuma acontecer. Preserva-te simples, bom, puro, grave, natural, amigo da justiça, piedoso, benévolo, amigável, resoluto a agir como convém. Luta por permaneceres tal qual a Filosofia te quis fazer. Respeita os deuses, socorre os homens. A vida é breve; fruto único da existência sobre a terra são os sentimentos santos e a prática do bem comum (*Meditações*, VI, 30).

Sobre a morte e a simultaneidade do tempo

Mesmo se houveres de viver três mil anos ou dez mil vezes esse tempo, lembra-te de que ninguém perde outra vida senão aquela que está vivendo, nem vive outra senão a que perde. Assim, a mais longa e a mais curta vêm a dar no mesmo. O presente é o mesmo para todos; o perdido, portanto, é igual e assim o que se está perdendo se revela infinitamente pequeno. De fato, não podemos perder o passado nem o futuro; como nos poderiam tirar o que não temos? Lembra-te, pois, sempre destas duas máximas: primeira, que tudo, desde todo o sempre, tem o mesmo aspecto e se renova em ciclos; nenhuma diferença faz verem-se os mesmos fatos por cem anos ou por duzentos, ou eternamente; segunda, que a perda é igual tanto para o de vida mais longa como para quem morre cedo, porquanto o presente é a única coisa de que será desapossado, pois só tem este e não perde o que não tem (*Meditações*, II, 14).

O conhecimento

— autonomia da razão

Propriedades da alma racional: vê a si mesma, analisa a si mesma, molda-se como quer, colhe ela própria os frutos que produz — pois os frutos das plantas e produtos análogos dos animais são outros que colhem —, alcança seu próprio fim, chegue quando chegar o termo da vida. Não é como na dança ou no teatro, onde a ação fica inteira inacabada quando interrompida; em cada parte de sua vida e em qualquer no ponto em for apreendida, a alma perfaz, completo e acabado, o seu propósito, podendo dizer: Recolho o que é meu (*Meditações*, XI, 1).

— o conhecimento do eterno retorno

Mais que isso, percorre o mundo todo, o vazio circundante e sua forma, estende-se ao infinito do tempo, abarca o retorno de todas as coisas, considera todos os aspectos e verifica que nada de novo verão nossos pósteros nem viram nada mais notável nossos predecessores, mas de certo modo, por menos inteligência que tenha, o homem maduro acaba por ver de alguma maneira o que foi e o que será sob forma semelhante (*Meditações*, XI, 1).

— identidade entre reta razão e justiça

Próprios da alma racional são também o amor do próximo, a veracidade e o pudor, a crença de que nada há de mais preciso do que ela — o que é o traço próprio também da lei. Assim, pois, nenhuma diferença há entre a razão reta e a regra da justiça (*Meditações*, XI, 1).

— conhecimento e ataraxia

Os princípios vivem. Como, aliás, poderiam morrer sem se extinguirem as ideias que a eles correspondem? Depende de ti reavivar incessantemente as chamas destas. Eu posso formar ideias sobre o que é necessário; se posso, por que me perturbar? O que há fora de meu intelecto absolutamente não existe em relação ao meu intelecto. Aprende esse princípio e estás de pé (*Meditações*, VII, 2).

O sábio

— o que distingue o sábio do ignorante e do vicioso

Corpo, alma, mente. Do corpo são as sensações; da alma, os instintos; da mente, os princípios. Receber impressões na imaginação pertence também aos brutos; ser titereado pelos instintos pertence também às feras, aos andróginos, aos Fálaris, aos Neros; o guiar-se pela mente no que se afigura o dever pertence também aos que não creem nos deuses, aos que renegam a pátria e aos que praticam sodomia quando fecham as portas. Se, pois, tudo mais temos em comum com os seres sobreditos, ao bom resta a prerrogativa de amar e de bem acolher os acontecimentos urdidos na trama do destino; não envolver nem perturbar na multidão de ideias o *daimon* alojado dentro do peito, mas preservá-lo propício, na obediência disciplinada à divindade, sem proferir palavra contrária à verdade, sem praticar ato contrário à justiça (*Meditações*, III, 18).

— a ataraxía

Três são os elementos de que és constituído: o corpo, o alento, a mente. Os dois primeiros são teus na medida em que te compete cuidar deles; só o terceiro é teu na acepção da palavra. Se removeres de ti, isto é, de teu pensamento, tudo quanto fazem ou dizem os outros, ou fizeste ou disseste tu mesmo, tudo quanto, como futuro, te perturba, tudo quanto trazes quer no corpo que te envolve, quer no alento unido a ti por natureza, não dependente de teu arbítrio, bem como tudo quanto revolve o turbilhão exterior em seu giro, para que, liberta das contingências de sua sorte, a faculdade inteligente viva pura, desligada e recolhida em si, praticando a justiça, acolhendo os acontecimentos e dizendo a verdade — se, digo, removeres daquele guia o que as paixões lhe pegaram e, do tempo, o porvir e o passado; se fizeres de ti, no dizer de Empédocles, uma esfera perfeita, ufana da estabilidade a girar, e cuidares de viver apenas o que estás vivendo, ou seja, o presente, poderás passar o tempo que resta até a morte de maneira calma, benevolente e favorável ao teu *daimon* (*Meditações*, XII, 3).

Kosmópolis

Se a inteligência nos é comum, também é comum a razão, em virtude da qual somos racionais; posto isso, a razão determinadora do que devemos ou não devemos fazer é comum; posto isso, a lei também é comum; posto isso, somos cidadãos; posto isso, o mundo é como uma cidade. Com efeito, de que outro corpo político se dirá que todo o gênero humano participa? Daí, dessa cidade comum, deriva nossa inteligência, nossa razão, nossa lei (*Meditações*, IV, 4).

Todas as coisas estão entretecidas; seus laços são sagrados, e, a bem dizer, não há uma estranha a outra; estão coordenadas e, juntas, compõem a ordem do próprio mundo. O mundo é único, composto de todas as coisas; única a divindade, disseminada por todas as coisas; única a substância; única a lei; comum a razão de todos os viventes inteligentes; única a verdade, posto que única a perfeição dos seres da mesma espécie e dos viventes que compartilham a mesma razão (*Meditações*, VII, 9).

A virtude contra a fortuna

Ser como o promontório onde se quebram incessantemente as ondas; ele queda-se ereto e os estos da maré vêm morrer em seu redor. "Infeliz de mim, que tal me aconteceu!" Nada disso e sim: "Feliz de mim, porque, tendo-me isso acontecido, continuo a salvo do sofrimento, sem que me fira o presente nem me atemorize o futuro". O mesmo podia suceder a qualquer, mas nem todos o suportariam sem sofrimento. Então, por que o acontecimento seria uma desgraça mais do que a ausência de pena uma felicidade? Chamas de infortúnio o que não é um malogro da natureza humana? Consideras malogro da natureza do homem aquilo que não contraria os desígnios da sua natureza? Mas como? Aprendeste quais os desígnios. Esse acontecimento te impede de ser justo, magnânimo, temperante, prudente, ponderado, leal, discreto, livre, virtudes de cuja reunião colhe a natureza humana o que é seu? Isto não é uma desgraça, mas uma graça suportá-lo nobremente (*Meditações*, IV, 49).

Aceitar o destino

Tal como se diz: Asclépio prescreveu a fulano a equitação, ou banhos frios, ou andar descalço, assim se diz: A natureza prescreveu a sicrano uma doença, um aleijão, uma perda ou infortúnio semelhante. Naquele caso, prescreveu significa: ordenou isto a fulano como adequado ao seu estado de saúde; neste, o que acontece a cada um lhe foi ordenado como adequado ao seu destino. Assim é que dizemos que um fato calhou, como das pedras de cantaria dizem os pedreiros que calharam bem nos muros e nas pirâmides, quando se ajustam entre si em tal ou qual colocação. Em suma, há uma só harmonia e como o mundo se inteira de todos os corpos num tão grande corpo, assim também o destino se inteira de todas as causas numa tão grande causa. [...] Aceitemos, portanto, os acontecimentos como os tratamentos que Asclépio prescrevia; nestes há, sem dúvida, muito de desagradável, mas acatamo-los pela esperança da cura. Considera algo como a tua saúde o acabamento e perfeição dos decretos da natureza comum e saúda como tal todo acontecimento, ainda quando pareça um tanto árduo, porque conduz à saúde do mundo, ao bom andamento e bom êxito de Zeus (*Meditações*, v, 8).

Deves conformar-te com o que te acontece, por duas razões: primeira, porque foi feito para ti, prescrito para ti e se relacionava contigo desde o alto, na urdidura das causas mais veneráveis; segunda, porque o que acontece a cada um em particular assegura a quem rege o conjunto o bom andamento, a perfeição e, por Zeus!, a própria coexistência (*Meditações*, v, 8).

8. Os céticos: Enesidemo e Sexto Empírico

ENESIDEMO

Escrevendo sobre Enesidemo, Victor Brochard afirma que, juntamente com Pirro, foi "o mais ilustre representante do ceticismo na Antiguidade" e que "a potente originalidade de Enesidemo não pode ser posta em dúvida: ele realmente renovou o ceticismo".

De sua vida nada se sabe. Talvez tenha nascido em Cnossos, na ilha de Creta, ou em Egeia. Não se sabe a data de seu nascimento nem de sua morte, mas alguns julgam que foi contemporâneo de Cícero e que desenvolveu suas atividades entre 80 e 60 a.C. Consta que teria ensinado em Alexandria. Sua obra (um total de cinco livros) se perdeu, porém, foi citada por Diógenes de Laércio e Sexto Empírico, e um de seus livros, *Discursos pirrônicos* (*Pyrróneioi lógoi*), foi conservado na forma de um resumo na obra *Biblioteca*, do bizantino Fócio, e na *Preparação Evangélica*, de Eusébio de Cesareia.

Nos *Discursos pirrônicos*, Enesidemo estabelece sua diferença com relação aos Acadêmicos. Considera-os estoicos, embora sob a aparência de combater o estoicismo, e dogmáticos, discursando sobre o ser e o não ser, a virtude e o vício. O que é um sábio pirrônico? Aquele que se dá conta de que nada percebe com certeza, nem pela sensação, nem pelo pensamento e por isso mesmo se liberta das penas e aflições que acometem os seguidores de seitas dogmáticas. É sereno e feliz.

A doutrina de Enesidemo se efetua em duas etapas: a classificação dos *tropos* ou argumentos céticos para provar que a sensação não nos dá certeza, e a demonstração de que também a razão a ela não chega, bastando para isso examinar as ideias de verdade, causa e signo.

Os tropos

Os tropos são esquemas de refutação que permitem a Enesidemo estabelecer de maneira metódica a equivalência de sensações ou juízos contrários e reduzir de modo drástico a enorme massa de argumentos particulares acumulados pelos céticos num número limitado de formas com características identificáveis. Em lugar de incontáveis exemplos sobre as discordâncias (*diaphónia*) entre os testemunhos dos sentidos, os tropos as agrupam em alguns tipos fundamentais que percorrem todo o campo das aparências ou fenômenos e conduzem com segurança à suspensão do juízo (*epoché*).

De acordo com a lista apresentada por Diógenes de Laércio, há dez tropos:

1. *diversidade dos animais*: a disposição dos órgãos sensoriais, os instintos e o modo de reprodução variam entre os animais, de maneira que a percepção do mundo circundante assim como os sentimentos de prazer e dor não podem ser únicos nem idênticos. Se as mesmas realidades suscitam representações diferentes, podemos dizer quais são as nossas, mas não o que é a realidade representada e por isso devemos suspender o juízo;

2. *diversidade humana:* os homens diferem entre si por sua conformação física, disposição fisiológica e estados interiores e por isso as mesmas coisas os afetam de maneiras muito diversas. Assim sendo, é preciso suspender o juízo sobre o que tais coisas são;

3. *diversidade dos sentidos:* de acordo com Diógenes de Laércio, Enesidemo oferece um exemplo dessa diversidade, dizendo que "uma maçã é pálida para a vista, doce para o paladar, de perfume muito vivo para o olfato; uma mesma coisa é percebida de maneira diferente conforme a percebamos por diferentes espelhos e, portanto, ela não tem esta forma mais do que aquela". Cabe, pois, suspender o juízo sobre ela;

4. *diversidade de condições:* não só os homens diferem entre si, mas um mesmo

homem difere de si mesmo conforme suas disposições físicas e fisiológicas estejam em estado normal ou patológico, na vigília ou no sono, em movimento ou em repouso, afetadas de amor ou de ódio, prazer ou dor, sobriedade ou embriaguez etc. Essa diversidade determina discordâncias entre suas representações, que por isso não podem permitir um juízo certo sobre as coisas representadas; é preciso suspender o juízo;

5. *diversidade de costumes, leis e crenças*: entre os povos e num mesmo povo variam e discordam os costumes, as leis e as crenças; não só isso, as discordâncias também existem entre as próprias crenças, as próprias leis, os próprios costumes e entre crenças e costumes, crenças e leis, costumes e leis. Nenhum deles, portanto, permite um juízo seguro ou certo; é preciso suspender o juízo;

6. *as misturas:* nossas percepções sofrem modificações em decorrência das condições exteriores que as afetam, sofrendo a ação do calor e do frio, da umidade e da secura, dos ventos e calmarias etc. Incessantemente modificadas, não podem conduzir a um juízo seguro e certo; é preciso suspender o juízo;

7. *diversidade espacial*: a percepção das coisas varia em função da posição, distância, e lugar em que se encontra o observador, de maneira que não podem levar a um juízo certo e seguro; é preciso suspender o juízo;

8. *diversidade quantitativa e qualitativa*: as coisas nos afetam de maneiras diversas e discordantes conforme variem a quantidade ou a qualidade de seus componentes. Por exemplo, um grão de areia é áspero ao toque, mas um monte de areia é suave ao tato; um remédio pode se transformar em veneno se ministrado em quantidade maior do que o corpo pode absorver. As representações nascidas da diversidade e discordância das qualidades e quantidades das coisas não permitem um juízo certo e seguro sobre suas substâncias; é preciso suspender o juízo;

9. *singularidade do acontecimento*: a avaliação das aparências ou fenômenos se realiza em função de sua frequência ou excepcionalidade; quando o acontecimento é excepcional, somos levados a interpretações fantasiosas e, em geral, amedrontadas. Por exemplo, estamos acostumados com o sol e ele não nos espanta, em contrapartida, um cometa é excepcional, provoca medo e é avaliado como um presságio divino. Assim como as diversidades anteriores impedem que a percepção do que é costumeiro levem a um juízo seguro, também a excepcionalidade ou raridade de um fenômeno exige a suspensão do juízo;

10. *a relação:* toda representação é duplamente relativa, pois é relativa àquele que julga e às coisas percebidas ao mesmo tempo, levando a distinções tais como

o leve e o pesado, o forte e o fraco, o grande e o pequeno, o alto e o baixo. Sobre este tropo, Diógenes de Laércio escreve:

> É assim que o lado direito não é tal por natureza, mas porque é pensado por comparação com o outro lado. Da mesma maneira, pai e filho são pensados por relação a alguém, o dia e noite por relação com o sol, e toda coisa por relação com um pensamento. Ignoramos, portanto, o que uma coisa é em si porque só a conhecemos por sua relação com uma outra (Diógenes de Laércio, XI, 201).

As refutações

Estabelecidas as razões para a suspensão do juízo, Enesidemo se volta para os dogmáticos, imprudentes que imaginam possível uma ciência que escape da relatividade e discordância da sensação. Para construí-la, devem determinar o critério da verdade, provar a existência de relações de causalidade, definir um sistema de signos que permita passar do percebido ao não percebido e dispor de regras de demonstração para encadear coerentemente proposições. Enesidemo pretende mostrar que nenhuma dessas condições pode ser preenchida. Sua técnica argumentativa consiste em forçar o adversário a apresentar todos os argumentos possíveis para, em seguida, refutá-los em cascata, ou seja, a refutação de um deles acarreta a do seguinte e assim sucessivamente, até que nada reste.

a) a verdade

Se o verdadeiro existe, de duas, uma: ou ele é a coisa sensível ou a coisa pensada, a menos que seja ambas. Não pode ser a coisa sensível pelos motivos aduzidos pelos dez tropos; nem a coisa sensível percebida por um sexto sentido especial, visto que este não pode ser órgão dos sentidos (há cinco, apenas) e sim uma predicação ou um discurso (*lógos*), mas este não é da ordem da sensação, que é *alógos*. Não sendo sensação, a verdade, portanto, não é sensível. Deve, então, ser da ordem do pensamento, uma coisa pensada, *noéton*. Mas isto também não é possível, pois ou todos os homens a possuem — da mesma maneira que todos possuem sensação — e não há por que procurá-la, ou a procuramos e não a possuímos, exceto alguns, que seriam seus detentores. Mas como o verdadeiro, que é um bem comum (ou universal), poderia ser um bem particular possuído somente por alguns?

A verdade também não pode ser um misto, ou seja, provir de uma articulação entre sensação e pensamento, porque não só as sensações são discordantes, mas também há discordâncias e contradições entre elas e o pensamento. Alguns tentam distinguir o que há de verdadeiro nas sensações e também nos pensamentos, mas para isso precisam de um critério que lhes permita fazer a distinção. Ora, o critério é exatamente o que está sendo procurado e não pode ser posto em operação antes de ser encontrado.

b) a causalidade

A refutação da causalidade pode ser assim resumida: diz-se que a causa (eficiente) produz o efeito, portanto, ela deve precedê-lo e existir antes dele. Ora, se existe antes do efeito, deve ser dita causa antes de ser causa, o que é absurdo. Mas ela também não pode ser contemporânea nem posterior ao efeito, pois, neste caso, não poderia produzi-lo.

O conjunto das refutações da causalidade por Enesidemo é apresentado por Sexto Empírico, que escreve:

> Enesidemo transmite oito modos que, em sua opinião, refutam toda etiologia dogmática e provam que ela é sem valor: primeiramente, é trazida uma causa que não faz parte das coisas evidentes e não tem apoio no que é evidente por um testemunho reconhecido; em segundo lugar, com frequência, é muito fácil descobrir de várias maneiras uma causa para uma coisa, mas eles insistem que deve ser descoberta de uma única maneira; em terceiro, atribuem a coisas que possuem uma ordem causas que não têm nenhuma; em quarto, depois de haver concebido como se produzem as aparências (os fenômenos), acreditam que o mesmo vale para o que não é aparente, sem saber como este é causado; em quinto, todos, por assim dizer, descobrem causas conforme às suas próprias concepções dos elementos e não às noções comuns e reconhecidas; em sexto, não aceitam como causas senão o que está de acordo com suas próprias hipóteses, deixando de lado as que as contradizem e que são igualmente verossímeis; em sétimo, frequentemente atribuem causas opostas não somente às aparências, mas às suas próprias hipóteses; em oitavo, frequentemente, quando o que é aparente é tão duvidoso quanto a coisa investigada, ensinam com a ajuda do duvidoso aquilo que é igualmente duvidoso (Sexto Empírico, *Esboços pirrônicos*, XVII, 180-5).

c) os signos

Enesidemo refuta a suposição de que haja signos visíveis reveladores de coisas invisíveis — ou seja, a *divinatio* estoica é uma tola ilusão assim como é tolice o vazio epicurista.

A interpretação dos signos é problemática, bastando considerar o que se passa em cada um dos tropos. Se os fenômenos aparecem como semelhantes para os que têm ou estão com disposições semelhantes e se os signos são fenômenos, então deveriam aparecer semelhantes para todos os que têm ou estão com disposições idênticas. Não é o caso, como se vê nas opiniões discordantes dos médicos que interpretam discordantemente os mesmos sintomas. Os signos não oferecem qualquer evidência imediata e não podem servir de fundamento às demonstrações e estas nada demonstrariam, visto que suas premissas exigem a conclusão para serem aceitas, mas a conclusão é exatamente o que elas deveriam trazer.

SEXTO EMPÍRICO

Embora conhecido com um nome latino, Sextus Empiricus, Sexto Empírico, como Enesidemo, era grego e em grego escreveu suas obras. De sua vida não se sabe quase nada: viveu no século III, era médico, esteve em Atenas e Alexandria e residiu em Roma. Em contrapartida, sua obra foi quase toda conservada e constitui a suma de toda a escola cética, sendo por isso a principal fonte para o conhecimento do ceticismo.

As duas obras completas de Sexto que nos chegaram são *Esboços pirrônicos* (*Pyrroneio hypotyposeis*) e *Contra os matemáticos* (*Pròs mathematikós*), mais conhecida pelo seu título latino *Adversus mathematicos*.[1] Na verdade, esta obra é a segunda parte dos *Esboços*. Com efeito, a exposição dos *Esboços pirrônicos* tem um caráter protréptico, isto é, exorta o leitor a filosofar dando-lhe inúmeros exemplos, e pedagógico. Por isso Sexto julga que convém expor a doutrina em duas etapas: na primeira, recapitula o essencial da atitude cética e a diferencia de outras filosofias; na segunda (o *Contra os matemáticos*), aplica os princípios céticos na refutação dos diferentes campos de conhecimento.

A obra de Sexto Empírico recolhe, ordena e sistematiza todos os argumentos que os céticos utilizaram contra seus adversários. Como observa Victor Brochard, o autor parece ter desejado que nada da herança cética se perdesse, mesmo com o risco de repetições e de refutar o dogmatismo nas questões gerais e voltar a fazê-

-lo nas particulares, por vezes com os mesmos argumentos. Tudo lhe serve. Ao lado de argumentos sutis, profundos e intricados, de objeções sérias e de grande alcance, encontramos sofismas ridículos, curiosidades, anedotas. Da admiração que lhe inspira um espírito potente passa à irritação e à impaciência diante de um opositor de má-fé. Mas seu senso de humor e fina ironia são inegáveis quando zomba de si mesmo e desconfia de sua própria argúcia.

A atitude cética

Na abertura dos *Esboços pirrônicos*, Sexto determina a identidade cética por sua diferença com relação a outras posições filosóficas. O ponto de partida é a distinção entre as atitudes dos que investigam algum assunto:

> Os que procuram alguma coisa, de fato, são levados a descobri-la ou a dizer que não podem descobri-la e confessar que ela é inapreensível, ou perseverar em sua busca. Assim, sem dúvida, nas investigações filosóficas, alguns pretenderam ter descoberto a verdade, outros declararam que ela é inapreensível, outros ainda a procuram (*Esboços pirrônicos*, I, 1).

Essa diferença de atitude determina três tipos de filósofos:

> Os que se chamam Dogmáticos, parecem tê-la encontrado, por exemplo, Aristóteles, Epicuro, os estoicos; os que provam seu caráter inapreensível são Carnéades, Clitômaco e outros acadêmicos; os que a procuram são os Céticos. Por isso é razoável dizer que há três filosofias principais: o dogmatismo, a Academia e o ceticismo (*Esboços pirrônicos*, I, I, 2-4).

É interessante observar que Sexto não coloca entre os céticos os membros da Segunda e da Terceira Academias e distinga o ceticismo não só da atitude dogmática, mas também da que lhe é oposta: os dogmáticos afirmam que encontraram a verdade, os acadêmicos, que ela é inapreensível. O cético recusa as duas posições e é o único realmente investigador — *zetético.* Situado fora da disputa filosófica, numa posição equidistante, o cético é o fiel da balança, impedindo-a de pender para um dos lados; ele é o ponto de passagem para a compreensão das relações e diferenças entre as doutrinas e o ponto de suspensão, no qual elas se anulam reciprocamente por suas contradições. Ser cético é ser pirrônico. Ser pirrônico não é adotar a doutrina de Pirro, mas a sua orientação de pensamento:

> A orientação cética é chamada buscadora ou *zetética* pelo seu cuidado de buscar e examinar; suspensiva ou *efética* pela disposição mental do cético após a busca; dubitativa ou *aporética* seja por duvidar de tudo e buscar tudo, seja por não dar assentimento nem à afirmação nem à negação; *pirrônica* porque Pirro nos aparece como tendo praticado o ceticismo de maneira mais pessoal e mais manifesta do que seus predecessores (*Esboços pirrônicos*, I, III, 7).

Como observa Frédéric Cossutta, Sexto Empírico constrói um movimento expositivo que procura corresponder às etapas de uma progressão rumo à atitude cética, cujos passos seriam os seguintes:

1. a busca se enraíza na experiência de uma incerteza, seguida da aspiração de felicidade, isto é, de tranquilidade e quietude, que se espera obter com a filosofia;

2. essa busca se choca com a experiência de um descompasso porque a própria filosofia está submetida ao jogo das contradições, tanto no interior de cada doutrina como entre as doutrinas;

3. em vista dessa descoberta, inicia-se uma exploração inquieta sobre a extensão e o alcance de uma desilusão que pode conduzir ou ao desencanto ou à crença;

4. realizando essa exploração, de maneira voluntária e metódica, opondo representações sensíveis e concepções intelectuais e estas entre si, descobre-se que a contradição é, a cada vez, intransponível e tem alcance universal (atinge toda crença sensível ou intelectual, espontânea ou reflexiva) e que a dúvida é insuperável;

5. no entanto, em vez de experimentar essa dúvida universal como um abismo, pode-se considerar que as razões contrárias se opõem exatamente a ponto de se equilibrarem reciprocamente porque suas forças são iguais (*isosthenía*);

6. a consequência da *isosthenía* é a descoberta de que não podemos usar a faculdade de julgar. O cético recusa a desilusão e o desencanto porque estes ainda conservam a expectativa de certeza e em seu lugar propõe converter o movimento do pensamento em um esforço de distanciamento pelo qual dissocia os conteúdos pensados e a adesão a eles. O resultado é a *epoché*, a suspensão do juízo;

7. o equilíbrio entre as oposições (a *isosthenía* das razões discordantes) e a sus-

pensão do juízo como abstenção colocam o cético na posição de fiel da balança e, por isso, num estado mental estável e feliz. A dúvida e a *epoché* são terapêuticas;

8. a suspensão do juízo, longe de ser uma incapacidade de julgar, é uma decisão ativa de não julgar, transformando o fracasso em método; o cético sacrifica os conteúdos pensados, mas não a atividade do pensamento e, por isso, toda vez que se encontra diante de um dado supostamente necessário e verdadeiro, ele lhe opõe razões que o contradigam;

9. a experiência cética é vertiginosa porque o cético experimenta, ao mesmo tempo, a potência e os limites do pensamento que devora a si mesmo ao devorar seus próprios conteúdos e, no entanto, renasce sem cessar porque sempre retoma a busca e o combate contra o desejo de certeza. Diferentemente dos Acadêmicos, que afirmam que não há verdade, o cético simplesmente constata que não pode ter a experiência da certeza;

10. não poder ter a experiência da certeza, porém, é ter experiência da passagem de uma oposição a outra, de uma razão à sua contraditória e, portanto, do equilíbrio dos opostos que leva à suspensão do juízo, à compreensão de uma incerteza lúcida, e esta conduz à *ataraxía*.

> O ceticismo é a faculdade de opor as aparências ou os fenômenos e os conceitos de todas as maneiras possíveis; disso chegaremos, em decorrência da força das coisas e das razões opostas, primeiro, à suspensão do juízo, depois, à *ataraxía*. [...] Entendemos por razões opostas não a afirmação e a negação, mas simplesmente aquelas que estão em contradição umas com as outras. Chamamos força igual (*isosthenía*) a igual possibilidade de fazer crer e fazer duvidar, de maneira que nenhuma das razões em luta é preferível à outra como mais digna de fé (*Esboços pirrônicos*, I, IV, 8-10).

O ceticismo como pedagogia e terapêutica

No capítulo VI do Livro I dos *Esboços*, Sexto coloca a *ataraxía* como princípio e causa do ceticismo, de sorte que é preciso explicar como se dá a passagem da *epoché* à *ataraxía*.

Dessa passagem, Sexto oferece duas versões muito diversas. Numa delas, ela parece acontecer por acaso, à maneira do que se conta do pintor Apele que, desejando colocar espuma na boca do cavalo que pintava, desesperou-se por não consegui-lo e lançou contra a tela a esponja com que limpava os pincéis, que deixou na boca do cavalo a espuma desejada. Sob essa perspectiva, a *ataraxía* não provém de um esforço voluntário deliberado, mas de um estado de espírito, uma disposição que a deixa acontecer como feliz consequência do hábito da suspensão do juízo. Na outra versão, há um vínculo intrínseco e necessário entre ambas: Sexto diz que "a quietude acompanha a suspensão do juízo como a sombra acompanha o corpo". Há, neste caso, uma ligação constante entre o movimento do pensamento que desmascara as discordâncias de força igual e o estado de equilíbrio ou repouso que disso resulta.

É possível, porém, conciliar as duas versões. A primeira se refere àquele que já pratica o ceticismo; a segunda, àquele que está aprendendo a praticá-lo. No primeiro, a *ataraxía* vem espontaneamente da prática da *epoché*; no segundo, ela precisa ser conquistada pelo aprendizado, por um esforço voluntário e deliberado de abandonar preconceitos e crenças que alimentam o desejo metafísico de possuir a verdade; é uma pedagogia e uma terapêutica. Escreve Sexto:

> Porque é amigo do gênero humano (*philanthrópos*), o cético deseja curar o melhor que puder a precipitação do juízo e a presunção dogmática por meio da potência curativa do raciocínio. Assim como os médicos que cuidam das doenças do corpo têm remédios diferentes segundo a força do mal, aplicando remédios violentos aos que estão violentamente atingidos e remédios leves para os que estão levemente atingidos, também o cético propõe razões de força diferente: serve-se daquelas que tem peso e podem refutar com vigor as presunções de que sofrem os dogmáticos, violentamente atingidos pela precipitação do juízo; emprega outros mais leves para os que sofrem de um mal superficial, fácil de curar e que podem ser refutados por métodos mais doces e persuasivos (*Esboços pirrônicos*, III, XXXII, 280-1).

Limites para a dúvida e a epoché

Sexto Empírico toma precauções contra o risco da autodestruição cética da doutrina, uma vez que a dúvida inclui-se a si mesma e se aplica às asserções doutrinárias. A primeira delas consiste numa regra que impõe um limite ao processo dubitativo: as manifestações fenomênicas não estão submetidas à dúvida, pois o cético não pode recusar seu assentimento a representações sensíveis que se referem a disposições interiores, como, por exemplo, que sente calor ou frio, fome ou sede. A dúvida, explica Sexto, recai sobre a *interpretação* das representações sensíveis, isto é, sobre juízos acerca da natureza das coisas sensíveis, ou seja, dos fenômenos. O que a doutrina exige é que a razão reflita sobre seu próprio percurso depois de atravessar a prova da dúvida universal e aceite as representações sensíveis que são evidentes, mas sem disso inferir o que quer que seja quanto à existência de puras coisas intelectuais.

A segunda precaução consiste em assegurar, graças à anterior, um critério para o campo da prática, de maneira a evitar, de um lado, a ausência de uma ética — conformar-se aos costumes vigentes, que são convenções contingentes e arbitrárias às quais se podem opor outras tantas — e, de outro, que ela transgrida a exigência de suspensão do juízo. Onde encontrar o limite à dúvida no campo prático? Aqui, o médico Sexto tem como propor um critério: seguindo a escola empiricista, que procede apenas relacionando e discriminando signos, isto é, as manifestações visíveis ou fenomênicas e nelas baseia a eficácia da terapêutica, o cético admite duas espécies de signos: o *indicativo*, de que lançam mão os dogmáticos em sua pretensão de concluir pelas aparências as coisas que nos são interditas por natureza (as ideias platônicas, os gêneros aristotélicos, os átomos epicuristas, o destino estoico, os deuses populares); e o *comemorativo* ou *mnemônico*, que nos faz relacionar uma coisa presente a outra, ausente, conservada na memória, mas que também foi diretamente observada anteriormente. Este segundo tipo é um bom guia para a vida prática. O cético não propõe a abstenção de agir, mas uma hierarquia de valores segundo sua utilidade para a vida. O útil é o que fazemos voluntariamente a partir de quatro guias fundamentais: os signos que a natureza oferece por meio dos sentidos e da inteligência, as nossas disposições internas de autoconservação, as tradições das leis e costumes, e as benfeitorias das técnicas.

A refutação como sistema

Graças aos tropos de Enesidemo, os céticos passaram a dispor de um princípio de organização das matérias, fatos e representações, submetidos à dúvida, classificando-os por gênero e conferindo-lhes o papel de tábua das categorias da discordância, *diaphonía*. Sistematizados e reduzidos de dez para cinco por Agripa, os tropos foram classificados em função do aspecto lógico do raciocínio. Sexto reorganiza os tropos propostos por Agripa e apresenta todas as relações possíveis entre representações contraditórias em cinco modos: 1. modo da discordância (os dez tropos de Enesidemo); 2. modo da regressão ao infinito (a prova interminável); 3. modo da relação (relatividade de toda e qualquer representação); 4. modo do caráter hipotético dos princípios (um princípio é sempre uma petição de princípio e não um indemonstrável); 5. modo do dialelo ou o círculo vicioso.

São estes os procedimentos metódicos de refutação de doutrinas dogmáticas que podem ser usados sucessivamente ou numa combinação simultânea, que permite jogar os argumentos adversos uns contra os outros. Assim, por exemplo, pode-se começar mostrando que uma afirmação e sua alternativa desembocam numa contradição (modos 1 e 3), a seguir, pode-se levar o adversário a propor uma prova de grau superior, mostrando que ele, neste caso, incorre numa regressão ao infinito (modo 2), situação de que ele quer se livrar invocando a certeza de um princípio e, assim, caindo no modo hipotético (modo 4), do qual ele se livraria se pudesse fundar o próprio princípio, mas caindo, então, no círculo vicioso (modo 5). Em outras palavras, a refutação cética não é pontual ou fragmentada, mas tão sistemática quanto as doutrinas que ela destrói.

> Em termos céticos, um sistema filosófico repousa sobre uma série de paradoxos ou paralogismos estruturais, paradoxos do começo ou do fundamento, da relação entre formas e conteúdos, da totalidade ou do acabamento. [...] O ceticismo desenha por dentro as formas por meio das quais o pensável vem a se organizar em sistema e põe em evidência a impossibilidade constitutiva que afeta o esforço filosófico para se erigir como sua própria instância de legitimação (Cossutta, 1994, p. 112).

Alguns helenistas consideram um dos aspectos mais formidáveis da refutação cética, tal como pensada por Enesidemo e Agripa, a retomada crítica das posições dos *Segundos Analíticos*, nos quais Aristóteles apresentava as condições do saber verdadeiro ou da ciência. Recusando a regressão ao infinito, Aristóteles havia afirmado que toda ciência deve partir de princípios que são primeiros e indemonstráveis, postos por meio de procedimentos não arbitrários, como a intuição e a indução. Enesidemo e Agripa, porém, afirmam a natureza arbitrária desses princípios e procedimentos, tidos por ambos como um ato de fé injustificado. Ora, Aristóteles os afirmara como necessários justamente porque percebera que sem eles não há ciência possível, mas com isso, dizem os helenistas, ele próprio trouxe as armas de que iriam servir-se os grandes céticos.

Fecha-se nosso círculo. Iniciamos nosso percurso com o surgimento do ceticismo de Pirro, ou o nascimento da filosofia helenística na época em que morria Aristóteles, e o concluímos com a morte simbólica de Aristóteles (isto é, de sua ideia de fundamentação do saber) na obra dos últimos céticos.

Notas

INTRODUÇÃO À PARTE I: DO FINAL DA PÓLIS INDEPENDENTE AO IMPÉRIO DE ALEXANDRE (pp. 13-43)

1. Por ideologia não entendemos (assim como não o entende a helenista Nicole Loraux) um "conjunto de ideias" ou um "ideário", mas uma representação imaginária da realidade construída pelos dominantes para ocultar e dissimular a dominação. Trata-se de um discurso *do* poder que aparece como se fora um discurso *sobre* o poder e *sobre* a realidade, isto é, como se fora uma explicação objetiva, quando, de fato, trata-se de um encobrimento da realidade.

2. Veja-se a classificação aristotélica no volume I, pp. 480-3.

I. PIRRO E A FILOSOFIA COMO ATITUDE CÉTICA (pp. 46-69)

1. No volume I tratamos da distinção dos médicos antigos entre empíricos e metódicos.

2. Como veremos no capítulo II, o termo "canônica" foi, de fato, proposto pela primeira vez por Epicuro, que escreveu uma obra intitulada *Cânone* (*tò khanonikhon*). O termo indica que a teoria do conhecimento oferece regras e critérios para o conhecimento verdadeiro e que Epicuro se opõe explicitamente à dialética platônica e às lógicas aristotélica e estoica. O uso desse termo estendeu-se ao ceticismo porque este também se opõe a Platão, Aristóteles, aos estoicos, mas também aos próprios epicuristas, uma vez que para estes últimos o conhecimento verdadeiro é possível e seu fundamento encontra-se na sensação e no sentimento.

3. A palavra *silles* vem de *sillos*, que significa "vesgo" e "olhar de soslaio, com ar zombeteiro"; o substantivo *sille* significa paródia, sátira. Tímon era vesgo e sua profissão de saltimbanco o acostu-

mara à caçoada e à zombaria. Desse escrito veio a designação *poesia silográfica* para designar poemas satíricos que são paródias de outros poetas.

2. EPICURO E O JARDIM (pp. 70-111)

1. O historiador da filosofia João Quartim de Moraes observa que além das mulheres casadas cujos maridos frequentavam o círculo de Epicuro (tanto em Mitilene e Lâmpsaco quanto em Atenas), também mulheres solitárias participavam da escola: "eram *heteras*, palavra que significa basicamente *companheiras*, mas se empregava com a mesma conotação adquirida entre nós pelo termo *acompanhante*, vale dizer, prestador(a) remunerado(a) de serviços sexuais. O que bastou para alimentar maledicências sobre uma presumida devassidão dos discípulos de Epicuro (e do próprio mestre)". João Quartim de Moraes. *Epicuro. As luzes da ética*. São Paulo, Editora Moderna, 1998, p. 22.

2. Possivelmente, é o modelo do Jardim que levará Sexto Empírico a afirmar que os céticos eram uma escola. Cf. Introdução e capítulo 1.

3. Estamos acompanhando a tradução proposta por Victor Goldschmidt em "Le fondement naturel du droit positif selon Épicure", *Archives de Philosophie du Droit*, n. 21, 1976, p. 188. Os termos que colocamos entre parênteses decorrem da tradução mais corrente, que costuma ser: "O direito natural é uma convenção utilitária feita com objetivo de não se prejudicar mutuamente".

4. Para os vários significados da ideia de movimento como alteração qualitativa, quantitativa, local etc., ver *kínesis* no glossário do volume 1.

5. A pintura de Monet pode auxiliar-nos a compreender o argumento: a catedral de Rouen, pintada em diferentes horas do dia e em diferentes estações do ano, não é, visualmente, a mesma catedral, e sua variação decorre de sua relação com o meio circundante. O mesmo pode ser dito das várias pinturas das ninfeias, que mudam de cor, forma, dimensão conforme a hora do dia ou a estação do ano. Tanto a catedral quanto as ninfeias são, em cada quadro, captadas pelo pintor "em sua efetiva realidade".

6. As traduções do texto de Diógenes costumam traduzir *álogos* por a-racional ou irracional. Preferimos seguir a tradução de J. Brunschwig, op. cit., que traduz por "sem palavra". Para compreender essa oscilação terminológica (razão, discurso, palavra), ver no glossário do volume 1 o termo *lógos*.

7. Quando passarmos ao epicurismo da época imperial e estudarmos a obra de Lucrécio, veremos que a teoria do *clínamen* inaugura uma nova física, a dos fluídos, e nada tem de absurdo ou impossível.

3. A ESCOLA DO PÓRTICO (pp. 112-68)

1. Em latim, destino se diz *fatum*, donde fatalismo, fatalista, fatalidade, fatal.

2. A vida e a doutrina destes filósofos foram tratadas no volume 1.

3. Por isso, Gourinat (2007) julga que a tradução de *phantasía* por "representação" é inadequada, embora tradicionalmente aceita. Com efeito, a coisa exterior não se *re-presenta* à alma e sim se apresenta a ela, se faz imediata e diretamente presente a ela.

4. Deve-se a Cícero a tradução do termo grego *kataleptiké* pelo termo latino *comprehensiva*, tradução inspirada pela analogia da mão aberta e fechada. O termo *katalépsis* significa o ato de agarrar e segurar alguma coisa, captar uma impressão. Dele vem o adjetivo *katalaptikós*, que significa apto a agarrar, a prender, a segurar, a reter, e, por extensão, apto a agarrar e segurar pela inteligência, ou seja, apreender. E são estes os sentidos do verbo latino *comprehendere*, de onde vem o adjetivo *comprehensiva*. Os helenistas brasileiros atuais preferem traduzir por *apreensiva*, e nós os seguimos aqui.

5. Essa descoberta tenderá a ser esquecida e somente será retomada no final do século XIX pelo lógico Frege.

6. Lembremos que *apeíron*, tradicionalmente traduzido por infinito, significa ilimitado e indefinido, pois os gregos desconhecem a ideia de infinito.

7. A língua grega (como a latina) declina os substantivos, adjetivos e pronomes. A declinação possui casos — assim, por exemplo, o caso nominativo é aquele em que designa o sujeito da oração; o caso acusativo designa o objeto direto. *Dia* é Zeus, declinado no caso acusativo. Mas *dia* é também a preposição "por" (e as contrações pelo/pela).

8. O método interpretativo dos médicos gregos foi tratado no volume I.

9. Essa ideia reaparecerá na filosofia posterior (medieval, renascentista e moderna) com o conceito de "espírito animal", que parte dos sentidos, percorre os nervos, chega ao cérebro e retorna aos órgãos sensoriais.

10. Lembremos que Aristóteles responde dizendo que o necessário e o contingente não estão em nosso poder e que somente o possível está em nosso poder.

11. Como explica Gourinat, o termo *oikeósis* é derivado do adjetivo *oikeios*, que designa aquilo que me é próprio, me pertence e me é caro; é também o que faz parte de minha casa, *oikós*, e de minha família, *oikía*.

APÊNDICE À PARTE I (pp. 187-200)

1. Os *Elementos* se distribuem em livros: livros I a IV, geometria do plano; livro V, teoria das proporções; livro VI, aplicação da teoria das proporções à geometria plana; livros VII a IX, teoria dos números; livro X, os irracionais; livros XI a XIII, geometria do espaço ou dos sólidos.

2. Sobre este assunto, ver no volume I o tópico sobre a medicina grega e os procedimentos de diagnóstico.

3. A palavra "planeta", *planétes*, significa errante, vagabundo, nômade, instável, irregular; deriva do verbo *planáo*, afastar-se do caminho reto, perder-se em desvios.

4. O sistema astronômico de Ptolomeu encontra-se exposto na sua principal obra *He mathematike syntaxis* [A compilação matemática], mais tarde chamada pelos gregos de *He magiste syntaxis* [A maior compilação]. Foi traduzida pelos árabes sob o título *Al Majisti*, cuja contração deu *Almagesto*, nome com que foi transmitida para todo o Ocidente, durante a Idade Média.

5. A história de *Eureka!* é a seguinte: Hierão, rei de Siracusa, mandou fazer uma coroa de ouro para oferecer ao templo; o ourives substituiu uma parte do ouro por prata; na aparência, a coroa era perfeita, mas havia a suspeita de fraude. Hierão pediu a Arquimedes que resolvesse o caso. Pondo-se a pensar intensamente no caso enquanto se preparava para tomar banho, Arquimedes observou que

ao entrar na tina, saía uma quantidade de água proporcional ao volume do seu corpo e descobriu como poderia resolver o caso. Preparou dois blocos, um de ouro e outro de prata, ambos de peso igual ao da coroa; mergulhou cada um deles na água, medindo o volume de água que cada um deles deslocava; em seguida, mergulhou a coroa e verificou que ela não deslocava o mesmo volume que o bloco de ouro e, portanto, seu metal havia sido adulterado. Entusiasmado, Arquimedes teria saído de casa, ainda nu, gritando *Eureka!*

6. Como vimos no volume I, a expressão grega *ta mathéma* designa tudo o que pode ser conhecido pelo intelecto e completamente dominado intelectualmente. Visto que a aritmética e a geometria são os casos mais perfeitos de *ta mathéma*, acabou-se, nas nossas línguas, identificando as matemáticas com essas duas disciplinas. Um matemático grego é um teórico. Lembremos o lugar dado à matemática por Platão.

7. Essa frase será retomada, no século XVII, por Descartes, quando propuser como ponto de apoio de todo saber verdadeiro o "eu penso, eu sou".

INTRODUÇÃO À PARTE II: ROMA, CIDADE ETERNA (pp. 203-19)

1. Tibério e Caio Graco foram tribunos da plebe mortos pelo senado para impedir a aprovação de leis agrárias favoráveis aos plebeus. Tibério Graco foi eleito tribuno da plebe em 133 a.C., quando propôs a Lei Agrária, que limitava a extensão da propriedade fundiária patrícia e dava acesso dos plebeus à terra. Porém sua proposta de lei só seria votada depois de expirado seu mandato. Por isso decidiu candidatar-se à reeleição, violando a lei romana e dando pretexto a que o senado, em 131 a.C., decretasse sua morte e a de inúmeros plebeus. Caio Graco, irmão de Tibério, foi eleito tribuno da plebe em 123 a.C. Conseguiu fazer passar uma lei que obrigava a distribuição mensal de trigo aos plebeus urbanos e se indispôs com o senado, tendo que sair de Roma. Derrotado nas eleições seguintes, foi estigmatizado pelo senado como inimigo público. Recusou-se a comparecer ao julgamento; o senado declarou contra ele o estado de guerra: ele e seus partidários foram derrotados; três mil plebeus foram condenados à morte e Caio Graco pediu a um escravo para matá-lo, em 121 a.C. Esses episódios são muito conhecidos através da história de Cornélia, a mãe dos Gracos, que teria ficado à porta de sua casa, impedindo os demais filhos de se refugiarem ali, obrigando-os a lutar até a morte pelas leis de Tibério e Caio.

2. As campanhas militares dão aos generais um prestígio crescente, em Roma, e um poderio cada vez maior, nos exércitos, tanto porque estes estão ligados aos chefes por um juramento de fidelidade inviolável (o *sacramentum*), quanto porque as conquistas permitem elevar o soldo e distribuir terras aos soldados. É assim que os exércitos impõem ao senado Mário como cônsul. Após sua morte, o senado busca recuperar o poder designando Sila ditador. Todavia, revoltas nas regiões conquistadas reconduzem ao prestígio dos generais em batalhas vitoriosas: Crasso, Pompeu e César (sobrinho de Mário) são impostos pelos exércitos e formam o primeiro triunvirato da república. Morrendo Crasso, Pompeu, vitorioso na Síria e na Palestina, alia-se ao senado contra César, declarando-o inimigo público. César, vitorioso na Gália, atravessa o Rubicão, ruma para a Tessália, onde se encontram os exércitos de Pompeu, derrotando-os. Regressa vitorioso a Roma, onde consegue um privilégio sem precedentes: além de cônsul, é declarado ditador perpétuo e sumo pontífice, com direito de declarar a guerra e a paz sem consultar o senado.

3. Uma conspiração do patriciado contra o ditador — celebrizada por um discurso de Cícero, *A conspiração de Catilina* — fracassa, mas a aristocracia prossegue, valendo-se das disputas entre os próximos de César, e consegue persuadir Cássio e Brutus (filho adotivo de César) a matá-lo, o que acontece em 44 a.C. (É este episódio que é celebrizado na famosa frase dita por César ao morrer, dirigindo-se ao filho adotivo: "*Tuquoque, Brutus, fili mihi*" [Tu também, ó Brutus, meu filho?].) No ano seguinte, com o fito de esmagar o poderio da facção aristocrática que assassinara César, sobem ao poder seus herdeiros: os triúnviros Marco Antônio, Lépido e Otávio, que mandam matar todos os inimigos e todos os suspeitos de envolvimento na morte de César, entre os quais Cícero, cujos discursos republicanos eram temidos por todos. Os novos triúnviros repartem o poder: Otávio recebe o Ocidente, Marco Antônio, o Oriente, e Lépido, a África. Lutas contínuas entre os herdeiros de César prosseguem durante os oito anos seguintes. Otávio consegue que o senado deponha Lépido e declare Marco Antônio inimigo de Roma por haver-se aliado a Cleópatra, rainha do Egito. Com a campanha de Otávio para anexar o Egito e sua vitória sobre Marco Antônio, na batalha de Accio, termina, em 31 a.C., a república. Otávio sobe triunfalmente ao poder na qualidade de *princeps* — isto é, o primeiro dos cidadãos. Recebe, do senado e dos exércitos, o título de *imperator* — isto é, detentor de todo o *imperium*, ou seja, o poder executivo e o poder de vetar decisões do senado — e de *augustus* — isto é, consagrado pelos augures ou pelos deuses. Tem início o Império Romano.

4. As terras são chamadas *ager romanum* ou *ager publicum romanum*, terras romanas ou da propriedade de Roma, pertencendo, de direito, aos fundadores de Roma e às suas famílias. Havia seis ordens, cinco delas eram patrícias (destas, as mais importantes, hierarquicamente, eram a ordem senatorial e a ordem equestre ou dos cavaleiros) e a sexta era a plebeia.

5. No caso dos estrangeiros conquistados e tornados aliados, o título de cidadania romana chamava-se *status libertatis*, estado de liberdade o *libertus*, na terminologia do Direito Romano, significando ou um escravo que foi libertado pela vontade do senhor ou aquele que, segundo a lei, comprou a liberdade.

6. Essa nomenclatura pode ser observada em vários momentos interessantes. Assim, por exemplo, quando são Paulo, ou Saulo de Tarso, é submetido a interrogatório pelo pretor romano, ao lhe ser indagado "quem és?", responde "um cidadão romano" (pois pertence aos que se tornaram "amigos de Roma" e possui o *status libertatis*), mas em sua pregação e naquela que derivará dele, dirige-se aos "humildes", isto é, aos *humiliores* e prega que os *honestiores* abandonem suas falsas honras e dignidades (os ofícios) para se tornarem *humiliores* de espírito. Em outras palavras, Paulo prega usando o vocabulário jurídico de Roma. Outro exemplo pode ser fornecido pela peça de Shakespeare *Júlio César*, quando, após o assassinato do ditador, Marco Antônio se dirige ao povo e diz: "pois Brutus é um homem honesto". Não se refere às qualidades morais de Brutus, como poderia parecer, mas à condição social de Brutus, como patrício e nobre. Enfim, encontramos nos documentos e discursos da história brasileira, tanto no período da Colônia quanto do Império e da Primeira República, o termo *homens bons* para se referir aos grandes proprietários de terras.

7. Basta lembrar como a Bíblia se refere ao nascimento de Jesus — "reinava Herodes" — e ao episódio de Pôncio Pilatos, representante romano que só poderia cumprir uma decisão do Sinédrio judaico.

8. Eis por que todo o Direito Romano versa sobre contratos, heranças, casamentos, adultérios, usufruto, locação, venda, usucapião, compra, doação etc.

9. Como explicamos na introdução à parte I, não tomamos a ideologia como um conjunto de ideias ou um ideário, mas uma representação imaginária da realidade construída pelos dominantes para ocultar e dissimular a dominação, ou seja, como se fosse uma explicação objetiva, quando, de fato, trata-se de um encobrimento da realidade. Estamos, assim, contrapondo à ideologia hegeliana a dos próprios romanos.

10. Embora *fortuna* e *fatum* pareçam opostos, a primeira sendo a sorte imprevisível e o segundo, o destino inelutável, são palavras que possuem a mesma origem, derivando-se do verbo latino *fari* ou *for*, que significa falar predizendo ou profetizando. *Fatum* é a posição dos astros determinada pelos deuses e profetizada pelos adivinhos religiosos, donde o destino é o que "está escrito nas estrelas"; *fortuna* é o destino favorável aos homens, aquilo que lhes acontece sem que sejam a causa do acontecido e, frequentemente, sem que tenham qualquer merecimento especial para conseguirem o que lhes veio.

11. Como vimos, os estoicos desprezam os que acreditam na fortuna, entendida por eles como mero acaso, e afirmam que o destino é o nexo necessário de causas e efeitos que liga todos os acontecimentos da natureza. O sábio aceita o destino porque é virtuoso e a virtude é "agir em conformidade com a natureza".

12. Veremos essa ideologia percorrer todo o império romano, a Idade Média, chegar ao Renascimento (quando será demolida por Maquiavel), alcançar a época moderna e vigorar até nossos dias.

5. CÍCERO: A FILOSOFIA FALA LATIM (pp. 221-51)

1. *Sobre a república, Sobre as leis, Paradoxos estoicos, Consolação, Sobre os termos extremos de bem e mal, Acadêmicos* I *e* II, *Sobre a natureza dos deuses, Catão ou sobre a velhice, Sobre a adivinhação, Sobre o destino, Lélio ou sobre a amizade, Sobre a glória, Sobre os deveres e Sobre as virtudes.*

2. Estão postos aqui os elementos para que, alguns séculos mais tarde, teólogos e juristas elaborem a teoria do direito natural objetivo (a ordem natural de hierarquia dos comandos, instituída pela vontade divina) e do direito natural subjetivo (o senso natural e inato de justiça presente em cada homem).

3. Tradicionalmente, a palavra latina *animus* costuma ser traduzida por alma. Entretanto, a língua latina distingue entre *anima* e *animus*: *anima* é a alma entendida como princípio vital — os seres vivos são animados —, enquanto *animus* é a mente humana, sede da razão e dos sentimentos. Em francês, costuma-se traduzir *animus* por espírito (*esprit*) e anima por alma (*âme*); em inglês, *anima* é alma (*soul*) e *animus* é traduzido por mente (*mind*). Isto acontece porque essas línguas não possuem, como o português e o espanhol, a palavra ânimo. Visto, porém, que as traduções das obras de Cícero para o português empregam alma para *animus*, manteremos essa tradução. Voltaremos a essa questão no capítulo sobre Lucrécio.

4. Cícero obedece a essa gradação na *Consolação*, que escreveu para si mesmo por ocasião da morte de sua filha. Essa mesma gradação é observada por Sêneca nas três consolações que escreveu — *Consolação a minha mãe Hélvia, Consolação a Márcia, Consolação a Políbio*.

5. *Perfectus* é a adjetivação do particípio passado do verbo *perficere*, que significa concluir, acabar, completar, acabar. Perfeito é o acabado, concluído, terminado.

6. LUCRÉCIO: O EPICURISMO LIBERADOR (pp. 252-87)

1. O infinito potencial é o imenso ilimitado, aquilo de que não se pode determinar nem o começo nem o fim; o infinito atual é o que é infinito em si mesmo. Na tradição aristotélica, que prevaleceu até a Renascença, afirmava-se apenas o infinito potencial; com Giordano Bruno e Torricelli, no Renascimento, Galileu, Espinosa, Leibniz e Newton, no século XVII, passou-se à afirmação da realidade do infinito atual. Os atomistas, porém, sempre afirmaram a realidade do infinito atual.

2. Ver, no capítulo 2, o tópico sobre a física atomista de Epicuro.

3. Para facilitar nossa exposição, empregaremos a palavra *alma*, assinalando sempre que necessário se se trata do *animus* ou da *anima*. Via de regra, os tradutores empregam "espírito" para *animus* e "alma" para *anima*, entretanto, como na tradição filosófica o termo "espírito" tende a significar imaterialidade, decidimos não empregá-lo aqui.

4. Lucrécio mantém a concepção de Epicuro, segundo a qual a alma é composta de átomos de quatro elementos: um alento ou sopro ou hálito (*pneúma*), um fogo ou calor, um ar ou frio e um quarto elemento sem nome, responsável pela mistura dos outros três. Cf. capítulo 2.

5. A teoria epicurista dos simulacros é menos fantasiosa do que se poderia supor. Basta pensarmos na maneira como a física e a óptica modernas explicam a visão e a audição em termos de ondas luminosas e sonoras emitidas pelos objetos. Também é interessante notar que Lucrécio recusa que a sensação seja a recepção de um mosaico de elementos, mas afirma que sentimos ou percebemos totalidades. Esta, como se sabe, é a ideia fundamental da *Gestalttheorie* ou Psicologia da Forma, elaborada no século XX.

6. Muito se escreveu sobre essa passagem no *Da natureza*. Alguns, na trilha aberta por são Jerônimo, tomam o texto como autobiografia em que o poeta maldiz sua própria loucura; outros, na trilha aberta pelos professores romanos de retórica, consideram que lhe falta *decorum*, isto é, as palavras não estão adequadas à dignidade do assunto. Não foram poucos os que julgaram insuportável a crueza e violência com que Lucrécio descreve a relação sexual e as mulheres. Todavia, os estudiosos da literatura latina sublinham que não se trata de autobiografia nem de inadequação literária, pois Lucrécio simplesmente elabora o discurso erótico segundo dois *tópos* definidos pela arte poética: o amor-ferida e o amor-loucura. Observam também os estudiosos o cuidadoso e minucioso trabalho filológico realizado por Lucrécio, pois a passagem de um *tópos* ao outro se faz pela alteração de uma ou duas letras de uma palavra, mudando-lhe o sentido. Assinalam também que a composição dos versos e o lugar que certas palavras, cuidadosamente escolhidas, neles ocupam produzem um efeito de alta expressividade, conseguido também pelos tropos, isto é, pelas figuras de linguagem como a metáfora, a sinédoque, a parnomásia.

7. Ver, na introdução à parte I, o tópico "A ideologia dos historiadores da filosofia".

7. O QUE DEPENDE DE NÓS: O ESTOICISMO ROMANO (pp. 288-321)

1. Literalmente, "transformação em abóbora". Assim como o termo grego *apotheosis* significa transformação de um homem em deus, *apokolokintosis*, de *kolokynte*, abóbora em grego, significa transformação de um homem em abóbora. A sátira de Sêneca não descreve essa transformação, mas usa a palavra para indicar que a personagem Cláudio (certamente a desforra do filósofo com

relação ao imperador que o exilara) é um "abóbora", tonto, bobo, desprovido de inteligência. A ironia é dupla, uma vez que Cláudio teria tido uma apoteose, já que é dito "divino".

2. Sereno Anêo, como o sobrenome indica, era parente de Sêneca, que o conduziu à vida pública. Além do *Da tranquilidade*, também o *Da constância* é dirigido a Sereno, quando Sêneca procura iniciá-lo ao estoicismo, afastando-o do epicurismo. No *Da tranquilidade*, percebe-se que Sereno já se encontra na via estoica.

3. Como vimos no volume I, particularmente ao estudar a ética de Aristóteles, a *euthymia* se refere ao *thymós*, aquilo que em nós se sente a si mesmo; a *euthymia* é o sentir-se bem e contente consigo mesmo; seu oposto é a *dysthimia*.

4. Na medicina antiga (cf. no volume I o tópico sobre a medicina hipocrática), um temperamento ou caráter é a mistura de quatro elementos (seco, úmido, quente, frio) e de quatro humores (sangue, bílis negra, bílis amarela, fleuma). Os temperamentos variam conforme a predominância de um elemento sobre os outros e de um humor sobre os outros. Embora os temperamentos sejam individuais, há uma tipologia geral, que distingue quatro temperamentos: sanguíneo, colérico, fleumático e melancólico. A melancolia é o predomínio da bílis negra, podendo combinar-se com o predomínio do quente ou do frio. Ela não é uma doença e sim um tipo de temperamento. Cada temperamento tem doenças que lhe são próprias. A doença própria da melancolia é a violenta e repentina oscilação entre a euforia e a tristeza profunda. É assim que Sereno se descreve a Sêneca e este diagnostica o mal como *taedium*.

5. Na descrição médica, o corpo do melancólico doente é afetado por úlceras; Sêneca afirma que a alma melancólica está coberta de úlceras, as paixões.

6. Sêneca afirma, portanto, o princípio hipocrático da determinação de nossa ação pelo nosso modo de ser e este é nosso caráter ou temperamento.

7. A dieta não se refere apenas à alimentação, mas ao conjunto dos hábitos corporais e psíquicos, ao modo de vida de alguém (cf. no volume I o tópico sobre a medicina hipocrática).

8. OS CÉTICOS: ENESIDEMO E SEXTO EMPÍRICO (pp. 322-34)

1. Como vimos em várias ocasiões, a palavra matemática, em grego *ta mathema*, se refere a todos os objetos que podem ser inteiramente conhecidos pela razão. Não se confunde com a aritmética, a geometria e a música, que são disciplinas matemáticas particulares. O termo indica a prioridade do conhecimento teórico e a ideia de que tal conhecimento pode ser transmitido pelo ensino. Dessa maneira, podemos compreender os títulos dos onze livros que constituem o *Contra os matemáticos*, isto é, contra os que pretendem ensinar as ciências: *Contra os gramáticos*, *Contra os retóricos*, *Contra os geômetras*, *Contra os aritméticos*, *Contra os astrônomos*, *Contra os músicos*, *Contra os lógicos I*, *Contra os lógicos II*, *Contra os físicos I*, *Contra os físicos II* e *Contra os moralistas*.

Glossário de termos gregos

Ádela (plural de *ádelon*): Os invisíveis, as coisas não visíveis, as coisas que não se deixam ver. *Ádelos*: invisível, obscuro, incerto, impenetrável.

Adiaphora (plural de *adiáphoron*): Os indiferentes; as coisas indiferentes. Ver *adiaphoría*.

Adiaphoría: Indiferença. Do verbo *adiáphoréo*: não diferir, ser indiferente. Palavra composta do prefixo negativo *a-* e do substantivo *diaphorá* (diferença, diversidade, desacordo, contestação). *Diáphoros*: o diferente, o diverso, o que se distingue dos demais, o superior; a parte adversa. *Adiáphoros*: o indiferente, o que não se distingue de outros. Em termos morais: o que não é bom nem mau, nem útil nem nocivo.

Adoxastous: Permanecer sem opinião, não formar uma opinião. Palavra composta pelo prefixo negativo *a-* e do verbo *doxastéon* (compartilhar uma opinião). Ver *dóxa*.

Ágon: Assembleia, reunião; lugar de reunião, assembleia ou arena para os jogos públicos; os próprios jogos; concurso, luta, torneio; ação militar, combate, batalha; processo judiciário, luta judiciária. Por extensão: luta em geral, debate, objeto de uma luta ou de um debate. Por extensão: momento crítico, momento de decisão. Por extensão, referindo-se a estados de espírito, agonia: angústia, ânsia, medo, inquietação. *Agonistikós*: que concerne à luta, que convém à discussão; aquele que ama os debates e as discussões.

Aísthesis: Percepção pelos sentidos, sensação; percepção pela inteligência, sensibilidade ou o conhecimento sensível-sensorial; órgãos dos sentidos. *Aistherikós*: que tem a faculdade de sentir, de perceber pelos sentidos.

Aitía: A causa como motivo ou razão de alguma coisa, donde autoria e responsabilidade. Vem do vocabulário jurídico, significando, inicialmente, imputação e reputação; negativamente: acusação, censura. Ser causa é responder por alguma coisa, responsabilizar-se por ela como autor ou como motivo dela. A causa é o que responde por alguma coisa. Sentido material: produzir alguma coisa em vista de um fim. Sentido lógico: a razão ou explicação de uma consequência ou de uma conclusão. Sentido físico: a origem a um efeito. Sentido ético-político: o motivo pelo qual uma ação é realizada.

Álogos: Impensável, indizível, irracional. É a ausência do *lógos*. Ver *lógos*.

Ananké: A necessidade como constrangimento ou coerção; destino inevitável e inelutável determinado pelos deuses; necessidade física ou natural; lei na natureza. Inicialmente indica os laços de sangue que determinam o destino individual pelos laços do parentesco, da família e da estirpe; a necessidade significa que não se pode negar a origem e o destino que ela impõe a alguém; juridicamente, que não se pode negar a herança a alguém e alguém não pode recusar-se a receber a herança da família (estes sentidos são próprios de uma sociedade aristocrática e é desta necessidade-destino que falam as tragédias gregas). Necessidade é a ordem das coisas estabelecidas pela divindade como lei; lei da natureza. Coisas e humanos são forçados ou constrangidos a ser como são e a agir como agem por força da necessidade (divina, natural). Opõe-se ao acaso. Personificada, é a deusa Ananke.

Apatheia: Não afetado de paixão. Palavra composta pelo prefixo negativo *a-* e pelo substantivo *páthos*. Ver *páthos*.

Apeirón: Palavra composta pelo prefixo negativo *a-* e pelo substantivo *péras* (limite, fronteira, extremidade, término). Sem fim, imenso, ilimitado, infinito, inumerável, incalculável, interminável, indeterminado.

Aphasía: Impotência para falar, não saber o que dizer, ficar sem fala ou sem palavra, mudo, emudecido. Composta pelo prefixo negativo *a-* e pelo substantivo *phásis*: declaração, palavra, afirmação, ruído, rumor. Com os céticos, deixa de ser um estado passivo e se torna a ação de não dizer nem sim nem não, a decisão de manter silêncio em lugar de emitir uma opinião ou um juízo.

Aphês: Intangível, intocável. Palavra composta pelo prefixo negativo *a-* e pelo substantivo *aphé* (o sentido do tato, ação de tocar, pegar, agarrar; e por extensão: ponto de contato, juntura).

Aponía: Sem sofrimento, sem dor, sem fadiga, sem pena. Palavra composta pelo prefixo negativo *a-* e pelo substantivo *pónos*. Ver *pónos*.

Areté: Mérito ou qualidade nos quais alguém é o mais excelente; excelência do corpo; excelência da alma e da inteligência. Sua tradução costumeira é *virtude*, porque foi traduzida para o latim por *virtus*, que significa, inicialmente, força e coragem e só depois, excelência e mérito moral e intelectual. A *areté* indica um conjunto de valores (físicos, psíquicos, morais, éticos, políticos) que forma um ideal de excelência e de valor humano para os membros da sociedade, orientando o modo como devem ser educados e as instituições sociais nas quais esses valores se realizam. Refere-se à formação do *áristos*: o melhor, o mais nobre, o homem excelente.

Askésis: Exercício, prática, ginástica, profissão laboriosa, meditação. Inicialmente, refere-se à ação laboriosa para trabalhar materiais brutos, a fim de suavizá-los e modelá-los. A seguir, refere-se ao labor ou trabalho dos ginastas para fortalecer o corpo e deixá-lo ágil. Finalmente, por extensão, passou a significar exercícios, práticas, trabalhos espirituais ou de meditação para fortalecer o espírito, moldá-lo, torná-lo ágil e sutil. Na filosofia, é usado para indicar o processo de elevação espiritual, de desenvolvimento do intelecto sem interferência e sem perturbação dos desejos corporais e dos conhecimentos sensoriais.

Astathmèta: Os instáveis; as coisas instáveis.

Ataraxía: Sem perturbação, sem agitação, calma, tranquilidade. Palavra composta pelo prefixo negativo *a-* e pelo substantivo *táraxis* (agitação, perturbação). A partir do momento em que as escolas helenísticas identificam paixão e perturbação / agitação de ânimo, a *ataraxía* é o estado a que chega o sábio, graças à *apátheia*, ou ausência de paixão.

Átomos: Palavra composta pelo prefixo negativo *a-* e pelo verbo *témno* (cortar, dividir). O não divisível, o indivisível; o que não pode ser cortado nem dividido; partícula ou corpúsculo indivisível. Átomo.

Autarcía / Autárkeia: Palavra composta de *autós* (este aqui, este mesmo, eu mesmo, tu mesmo, ele mesmo; por si mesmo, de si mesmo, espontaneamente) e *arkéo* (ser suficiente, bastante). A autarcia é a autossuficiência e a independência para existir, agir e julgar. É o ideal mais alto da ética e da política porque significa liberdade. É livre quem encontra em si mesmo o princípio de sua existência e de sua ação e possui por si mesmo o poder para agir e julgar.

Chora: O espaço, a matéria, a terra.

Clínamen (ou *klinamen*): Inclinação, declinação, desvio. Deriva-se do verbo *klíno* (fazer inclinar; fazer dobrar, fazer curvar, donde: deslocar, desviar, extraviar, declinar).

Daimon: Espírito tutelar ou protetor intermediário entre os deuses e os homens; espírito guia ligado a cada ser humano ou a uma cidade e que personifica a sorte ou o destino de cada um. Esta palavra pertence a um conjunto de termos que se referem à relação entre as divindades e os humanos: *daimonao*, o que está no poder de um deus; *daimonizomai*, ser divinizado; *daimonikós*, ser possuído por um deus; *daimónion*, ser sobrenatural; *daimónios*, *daimónia*, que provém de um deus. Ver *eudaimonía*.

Despótes: Pai de família, ou chefe de família. A família é a casa, *oîkos*, entendida como o conjunto de todas as pessoas (esposa, filhos), escravos, animais, bens móveis e bens imóveis (terra, edificações, plantações etc.). O *despótes* é o chefe de casa, tendo poder absoluto de vida e morte sobre tudo o que lhe pertence e obedecendo apenas à sua própria vontade. Na política, o déspota é o que governa sem as leis, fazendo sua vontade e seus desejos terem o poder de lei; seu governo é chamado despótico.

Díke: Justiça (personificada na deusa Díke, a Justiça, a Vingança, o Castigo). Inicialmente, *díke* significa uso, maneira ou modo de ser e de agir, à maneira de, ao modo de, costume. A seguir, o uso e o modo de ser ou agir se torna uma regra de conduta, a norma correta de ser e agir, ganhando assim o sentido jurídico de certo, justo, conforme às leis e ao direito; donde: justiça. Por extensão, refere-se ao processo judiciário ou ao julgamento de uma ação para saber se está ou não conforme à justiça, à lei, ao direito. No plural, significa a consequência de um julgamento: decreto, punição, recompensa. A função de Díke é impor uma regra de equilíbrio entre os seres e punir a transgressão da regra.

Estabelece uma medida justa para avaliar o modo de ser e de agir dos homens e, a seguir, por extensão, é vista como impondo medida a todas as coisas do mundo (natural e humano). A palavra *díkaios* significa o que está conforme à regra, o que é conveniente e adequado ao direito; honesto, justo, legítimo, tratamento merecido, castigo merecido. Por extensão, refere-se a tudo o que se realiza em conformidade com uma regra (um escritor pode ser *díkaios*, um cavalo pode ser *díkaios*, um juiz deve ser *díkaios* etc.). O oposto de *díke* é *adikía*: o que não está conforme à regra, à lei, ao uso, ao direito, à justiça; o injusto, o desmedido, o desequilibrado, o desnaturado. Quem age de acordo com sua natureza é *díkaios* e está sob a *díke*; quem age de modo contrário à sua natureza é *ádikos* e está sob a *adikía*. A cosmologia tenderá a identificar a *phýsis* (ver *phýsis*) e *díke* para afirmar que a natureza segue regras de ordem, constância, frequência, regularidade, unindo e separando com justeza e equilíbrio todas as coisas — é uma primeira formulação da ideia de lei natural. Para Anaximandro, a separação das coisas do interior do *ápeiron* é *adikía* e seu retorno a ele, *díke*. Esta palavra deriva-se do verbo *deíknymi* quando este significa: 1) mostrar, apontar, fazer ver; 2) indicar, dar a conhecer pela palavra; 3) provar pelo gesto e pela palavra. Trata-se do gesto e da palavra daquele que tem autoridade para impor a regra ou lei e tem autoridade para julgar.

Dóxa: Opinião, crença, reputação (isto é, boa ou má opinião sobre alguém), suposição, conjectura. Esta palavra possui dois sentidos diferentes por ser usada em dois contextos diferentes: o contexto político, no qual foi usada inicialmente, e o contexto filosófico, a partir de Parmênides e Platão. Deriva-se do verbo *dokéo*, que significa: 1) tomar o partido que se julga mais adequado para uma situação; 2) conformar-se a uma norma estabelecida pelo grupo; 3) escolher, decidir, deliberar e julgar segundo os dados oferecidos pela situação e segundo a regra ou norma estabelecida pelo grupo. Era este o seu sentido na assembleia dos guerreiros que deu origem à assembleia política, na democracia. Como a escolha e decisão se davam a partir do que era percebido, dito e convencionado pelo grupo, *dóxa* ganha também o sentido de uma modalidade de conhecimento e, agora, articula-se ao verbo *doxázo*, que significa ter uma opinião sobre algumas coisas, crer, conjecturar, supor, imaginar, adotar opiniões comumente admitidas. É neste segundo sentido que *dóxa* pode ter o sentido pejorativo de conhecimento falso, preconceito, conjectura sem fundamento, sem convenção, arbitrária.

Eídola (plural de *eídolon*): Imagem, reprodução dos traços de uma coisa, retrato, imagem refletida n'água ou num espelho, simulacro. Deriva-se do verbo *eido*: ver, observar, representar, figurar; e na voz média *eídomai*: mostrar-se, fazer-se ver, parecer, tornar-se semelhante. Enquanto a filosofia platônica situa os *eídola* no plano mais baixo do conhecimento, na filosofia epicurista são eles os responsáveis pela nossa percepção das coisas, podendo assegurar tanto um conhecimento verdadeiro como os riscos de conhecimentos enganosos ou enganados.

Eimarméne: O destino. Deriva-se do particípio passado passivo do verbo *meíromai*, no qual se encontra a raiz *mer*, que aparece na palavra *meros* (parte). O destino dá a cada um a parte que lhe é devida, o lugar que lhe cabe no mundo. Desse mesmo verbo deriva-se *Moirai*, as Moiras, as filhas de Anánke, a Necessidade, que fiam, tecem e cortam o fio de nossas vidas, isto é, nosso destino.

Ekpyrosis: Abrasamento, consumação pelo fogo (*pyrós*), conflagração universal pelo fogo (*pyrós*).

Enárgeia: Visão clara e distinta, clareza, evidência.

Episteme: Ciência; conhecimento teórico das coisas por meio de raciocínios, provas e demonstrações; conhecimento teórico por meio de conceitos necessários (isto é, daquilo que é impossível que seja diferente do que é; o que não pode ser de outra maneira, ser diferente do que é) e universais (isto é, válidos para todos em todos os tempos e lugares). Opõe-se à *empeiría*. O verbo *epístamai*, da mesma família de *epistéme*, significa saber, ser apto ou capaz, ser versado em (portanto, inicialmente, este verbo não distinguia nem separava *epistéme* e *empeiría*, mas referia-se a todo conhecimento obtido pela prática ou pela inteligência; referia-se à habilidade). A seguir, passa a significar: conhecer pelo pensamento, ter um conhecimento por raciocínio e, com Aristóteles, passa a significar investigar cientificamente.

Epithymía: Desejo. Ver *thymos*.

Epoché: Suspensão do juízo.

Éthos / Êthos: Essas duas palavras derivam de uma mesma raiz que assume, em cada uma delas, vocalismo diferente: *éthos* (e- breve fechado) e *êthos* (e- longo aberto). *Éthos* significa: costume, uso, hábito; e o verbo *eíotha*: ter o costume, ter o hábito. *Êthos* significa: caráter, maneira de ser de uma pessoa, índole, temperamento, disposições naturais de uma pessoa segundo seu corpo e sua alma, os costumes de alguém (animal, homem, uma cidade) conforme a sua natureza. *Éthos* se refere ao costumeiro; *êthos* se refere ao que se faz ou se é por características naturais, próprias de alguém ou de alguma coisa, o caráter de alguém ou de alguma coisa. O *êthos* é tratado pela ética, que estuda as ações e paixões humanas segundo o caráter ou a índole natural dos seres humanos.

Eudaimonía: Felicidade, prosperidade, abundância de bens. O verbo *eudaimonéo* significa ter êxito, conseguir, ser feliz. Esta palavra é composta pelo prefixo eu- (de origem nobre, algo bom ou justo, algo benevolente, em boa ordem, a boa causa, a bondade, a perfeição — em suma, eu- dá um sentido positivo, bom, belo, justo às palavras que o acompanham) e por *daímonia* (derivado de *daímon*, que faz parte de um conjunto de palavras ligadas à relação entre as divindades e os homens: inspirações, presságios, prodígios, benfeitorias divinas para os homens). Como a ação dos deuses também pode ser malévola e vingativa, passa-se ao emprego do prefixo eu- e à palavra *eudaimonía* para significar exclusivamente a ação boa, benevolente, favorável. A seguir, a palavra passa a referir-se às qualidades positivas e excelentes de alguém, isto é, passa a referir-se apenas aos próprios homens como capazes de felicidade e capazes de uma relação ativa e positiva com o divino. *Eudaimonía* é a felicidade como perfeição ética, como resultado da vida virtuosa. Relaciona-se com *eupraxía*: a ação boa, bela e justa; a ação virtuosa.

Eulógon: Que fala bem, que fala com prudência, que fala racionalmente; por extensão, a boa palavra, a palavra prudente, a palavra de louvor (donde, elogio).

Eunóia: Benevolência.

Euthymía: Confiança, coragem, alegria, desejo de viver. Ver *thymos*.

Hairésis: Ação de agarrar, de tomar com as mãos; por extensão: escolha, eleição, busca daquilo que se prefere; escolha de um objeto de estudo, de uma doutrina. Motivo de uma escolha, de uma preferência, condição proposta, proposta ou proposição.

Hedoné: O prazer.

Hegemonikon: Parte dirigente.

Héxis: O hábito, a disposição duradoura ou permanente.

Homología: Palavra composta de *homo* (o mesmo, a mesma) e *lógos* (razão, sentido, proposição; ver *lógos*). Ter a mesma proporção, ser de mesma proporção, ter ou ser de mesmo sentido. Harmonia. Correspondência.

Hormé: Inclinação, impulso, capacidade para experienciar desejo e aversão.

Hypokheímenon: Sujeito, substrato, suporte, fundamento. Vem de *hypokeímai*, que significa estar estendido sob, servir de base ou de fundamento, alicerce e suporte; estar colocado sob os olhos ou sob a mão, à disposição de; estar proposto ou posto como base ou fundamento, ser admitido como princípio. Aristóteles afirma que a substância — o que existe em si e por si mesmo — é o *hypokeímenon*, o suporte, a base, o fundamento onde se assentam os atributos ou predicados da *ousía*, da essência. É o sujeito que recebe os predicados.

Ídios: Qualidade própria, individual, o que pertence propriamente a alguém ou a alguma coisa; os bens próprios a cada um. Por extensão, o caráter de cada um, o temperamento ou índole de alguém.

Isegoría: Palavra composta de dois elementos: ise-, que vem de *isos* (igual, igual em número e em força; igualmente repartido, ter parte igual; justo, equitável, equilibrado, nivelado), e -goría, derivada do verbo *agoreúo* (falar em público, falar numa assembleia, discursar em público). É o direito de cada cidadão de dizer sua opinião na assembleia democrática. É a liberdade de expressão que cada um possui e de que todos os cidadãos desfrutam.

Isonomía: Palavra composta por ise- que vem de *isos* (igual, igualmente repartido, equilibrado, equitável) e *-nomía*, vinda de *nómos* (ver *nómos*). Inicialmente, significa repartição igual; a seguir, significa igualdade de direitos perante a lei no regime democrático.

Isosthenía: De igual força ou vigor; equilíbrio de forças. Palavra composta de *isos* (igual) e *tenía*, vinda de *tónos*: tensão, intensidade, força, vigor.

Kairós: Em sentido amplo, significa justa medida ou medida conveniente. Com relação ao tempo, significa momento oportuno, momento certo, tempo favorável, tempo certo, instante favorável; boa ocasião, oportunidade, circunstância favorável ou oportuna. É o tempo como algo rápido e efêmero que deve ser agarrado no momento certo, no instante exato, porque, do contrário, a ação não poderá ter sucesso e fracassará.

Katalépsis: Ação de agarrar, ação de atingir ou alcançar, ação de se apossar ou de tomar posse. Na filosofia estoica: ação de apreender ou agarrar pela inteligência; compreender. *Kataleptikós*: apto a apreender ou compreender. *Katálepsia*: compreensão.

Kathekón (no plural *kathékonta*): O conveniente, as coisas convenientes, as coisas ou ações que eticamente devem ser feitas.

Kénon: O vazio. Deriva-se de *keneón*: cavidade, oco.

Khanón: Conjunto de critérios e regras (cânones) ou de fórmulas técnicas que regulam uma prática (como a música ou a jurisprudência) ou uma teoria; donde *kanonikós*:

feito de acordo com regras; e *tò kanonikón*, a canônica, uma das partes da filosofia de Epicuro ou a lógica epicurista. Deriva-se do verbo *kanonízoz* (regrar, submeter a uma regra, julgar de acordo com uma regra).

Kósmos (no plural *Kosmói*): Bom ordenamento de coisas e pessoas; boa ordem; arranjo conveniente e adequado; disciplina; organização do cerimonial religioso, organização do Estado; ordem estabelecida; princípio ordenador e regulador das coisas; ordem do mundo e, por extensão, mundo; e no plural, *kosmoi*: os mundos. Inicialmente esta palavra indica a ação dos seres em conformidade com um comportamento estabelecido; a seguir, significa a ação humana organizadora que produz uma ordem nas coisas ou nas instituições; por extensão, refere-se à ordem e organização da natureza ou do mundo.

Lektón: Que se pode dizer, exprimível, o sentido. Na filosofia estoica, para a qual só existem corpos, o sentido ou o significado subsiste apenas na linguagem ou no pensamento (é um dos incorporais, juntamente com o espaço e o tempo). *Lektós*: reunião ou escolha de palavras; léxico.

Lógos: Esta palavra sintetiza vários significados que, em português, estão separados, mas unidos em grego. Vem do verbo *légo* (no infinitivo: *légein*) que significa: 1) reunir, colher, contar, enumerar, calcular; 2) narrar, pronunciar, proferir, falar, dizer, declarar, anunciar, nomear claramente, discutir; 3) pensar, refletir; ordenar; 4) querer dizer, significar, falar como orador, contar, escolher; 5) ler em voz alta, recitar, fazer dizer. *Lógos* é: palavra, o que se diz, sentença, máxima, exemplo, conversa, assunto da discussão; pensar, inteligência, razão, faculdade de raciocinar; fundamento, causa, princípio, motivo, razão de alguma coisa; argumento, exercício da razão, juízo ou julgamento, bom senso, explicação, narrativa, estudos; valor atribuído a alguma coisa, razão íntima de uma coisa, justificação, analogia. *Lógos* reúne numa só palavra quatro sentidos: linguagem, pensamento ou razão, norma, ou regra, ser ou realidade íntima de alguma coisa. No plural, *lógoi*, significa: os argumentos, os discursos, os pensamentos, as significações; -logía, que é usado como segundo elemento de vários compostos, indica: conhecimento de, explicação racional de, estudo de. Diálogo, dialética, lógica são palavras da mesma família de *lógos*. O *lógos* dá a razão, o sentido, o valor, a causa, o fundamento de alguma coisa, o ser da coisa. É também a razão conhecendo as coisas, pensando os seres, a linguagem que diz ou profere as coisas, dizendo o sentido ou o significado delas. O verbo *légo* conduz à ideia de linguagem porque significa reunir e contar: falar é reunir sons; ler e escrever é reunir e contar letras; conduz à ideia de pensamento e razão porque pensar é reunir ideias e raciocinar é contar ou calcular sobre as coisas. Esta unidade de sentidos é o que leva os historiadores da filosofia a considerar que, na filosofia grega, dizer, pensar e ser são a mesma coisa.

Noesis: A faculdade de pensar, o ato de pensar. Ver *noûs*.

Noéton: A coisa pensada, o objeto do pensamento. Ver *noûs*.

Nómos: Regra, lei, norma. O primeiro sentido desta palavra é aquilo que se possui por partilha, aquilo que se usa porque atribuído por uma partilha; por extensão: uso, costume, conforme ao uso ou ao costume. Esta conformidade ao costume passa a significar a norma ou regra costumeira de um comportamento de um grupo, as convenções sociais que o grupo estabelece para seus membros. Mais adiante: opinião geral, máxima geral, regra de conduta. Por extensão da regra e da máxima geral: uso ou costume com força de lei; ainda: o direito, o que se faz segundo o direito ou conforme ao direito. *Nómos* opõe-se a *phýsis* (ver *phýsis*): o *nómos* é o que é por convenção, por acordo e decisão dos humanos, enquanto *phýsis* é o que é por natureza, por si mesmo independentemente da decisão ou vontade dos homens. Os sofistas dirão que tudo é pelo *nómos*, tudo é por convenção.

Noûs (ou *nóos*): Faculdade de pensar, inteligência, espírito, pensamento, intelecto, reflexão, intenção racional, maneira de ver pelo pensamento, sentido racional de um discurso. O verbo *noéo* significa colocar no espírito, refletir, compreender, meditar; ter bom senso ou razão; ter um sentido ou uma significação. O substantivo *nóema* significa: fonte do pensamento ou da inteligência, reflexão, projeto, desígnio. O substantivo *noéton* significa: a coisa pensada, o conteúdo do pensamento. O substantivo *nóesis* significa: ação de colocar no espírito, concepção, inteligência ou compreensão de alguma coisa, faculdade de pensar, espírito. Opõe-se a *aísthesis* (conhecimento através dos sentidos, sensibilidade). Anaxágoras designa como *noûs* o ser inteligente que põe a natureza em movimento e faz existir o *kósmos*. Com Platão e Aristóteles *noûs, nóesis, nóema, nóia* indicam o intelecto e a atividade intelectual; *nóesis* significa a intuição intelectual, o conhecimento direto e imediato da verdade de uma essência ou de um princípio. Com os filósofos helenísticos, difunde-se o uso de *noéton* para indicar aquilo que é pensado quando pensamos.

Oikeiósis: Ligação íntima, relação familiar; ação de se apropriar de alguma coisa ou de se conciliar com alguém. Deriva-se do adjetivo *oikeios*, o que pertence à casa — *oikós* — e à família — *oikía* —; o parente e o aliado, os íntimos da família; por extensão, aquilo que me é próprio por natureza, me pertence e me é querido porque faz parte de minha casa e de minha família. O verbo *oikeióo* significa: tornar familiar, unir-se intimamente. A filosofia estoica concebe a *oikeiósis* como relação ética com todos os seres humanos.

Órganon: Instrumento, órgão. Instrumento de trabalho, instrumento de guerra, instrumento musical; matéria sobre a qual se trabalha; órgão do corpo. Por extensão: obra que serve de instrumento para o pensamento ou para a discussão. Neste sentido a lógica de Aristóteles recebeu o título de *Órganon*.

Ousía: Essência, ser, realidade. Substantivo abstrato derivado *ón, óntos*, particípio presente de *eimi*, ser. Em latim, o verbo *esse* (ser) corresponde ao grego *einai* (infinito de *eimi*, eu sou); também em latim, *essentia* corresponde ao grego *ousía*.

Paideía: Educação ou cultivo das crianças, instrução, cultura. O verbo *paideúo* significa: educar uma criança (*paîs-paidós* em grego), instruir, formar, dar formação, dar educação, ensinar os valores, os ofícios, as técnicas, transmitir ideias e valores para formar o espírito e o caráter, formar para um gênero de vida. Da mesma família é a palavra *paideía*, ação de educar, educação, cultura.

Paréghlisis: Inclinação, declinação.

Páthos (no plural *páthe*): Paixão ou sentimento; emoção; aquilo que se sente; aquilo que se sofre no ânimo agitado por circunstâncias exteriores; perturbação do ânimo causada por uma ação externa; acontecimentos ou mudanças nas coisas causadas por uma ação externa ou por um agente externo; passividade humana ou das coisas; doença (donde: patológico, patologia); emoção forte causada por uma impressão externa (donde: patético); passividade física e moral; sofrimento. O verbo *páskho* significa: ser afetado de tal ou qual maneira, experimentar tal ou qual emoção ou sentimento, sofrer alguma ação externa, padecer (em oposição a agir). Oposto a *práxis* (ver *práxis*). Donde, *eupátheia*, a boa ou bela paixão; *apátheia*, a ausência de paixão.

Phantasía: Ação de se mostrar, aparição, imagem, coisa própria a provocar a imaginação; ação de figurar alguma coisa pela imaginação, imaginar, fantasiar; faculdade de representar coisas ao espírito por meio de imagens. O verbo *phantázo* significa fazer ver por imagem, fazer ver a aparência, dar a ilusão, mostrar-se, aparecer em imagem, imaginar, figurar ou reproduzir os traços de alguém ou de alguma coisa. *Phántasma* é a imagem que está no espírito ou que aparece ao espírito, mas sem consistência de uma coisa real. *Phantastikós* é o que concerne à imaginação; aquele que é capaz de imaginar; aquele que é capaz de criar ilusões. *Phantastós, phantastón*: o que se pode representar por imagem; o que se pode figurar.

Phrónesis: Prudência ética, sabedoria moral, inteligência razoável ou sensatez. O verbo *phronéo* significa ter a faculdade para pensar e sentir, isto é, para viver; estar no bom senso; estar no pleno uso da razão (em oposição à insensatez ou à loucura); ser sábio e prudente, ser sensato; ter bons sentimentos, ter sentimentos nobres e elevados. Para Aristóteles, é a mais alta qualidade moral, própria do sábio.

Phýsis: Natureza. Possui três sentidos principais: 1) processo de nascimento, surgimento, crescimento (sentido derivado do verbo *phýomai*); 2) disposição espontânea e natureza própria de um ser; características naturais e essenciais de um ser; aquilo que constitui a natureza de um ser; 3) força originária criadora de todos os seres, responsável pelo surgimento, transformação e perecimento deles. A *phýsis* é o fundo inesgotável de onde vem o *kósmos*; e é o fundo perene para onde regressam todas as coisas, a realidade primeira e última de todas as coisas. Opõe-se a *nómos*.

Pistis: Fé, confiança em alguém, dar crédito, crença, ter por verdadeiro em virtude da fé, crença ou confiança; meio de inspirar confiança ou fé.

Pneûma: Ar, sopro de ar ou vento; hálito, respiração, sopro de vida, sopro vital. Por extensão: espírito.

Poíesis: Ação de fabricar, fabricação. Confecção de um objeto artesanal. Composição de uma obra poética. O verbo *poiéo* significa fabricar, executar, confeccionar (obras manuais), compor (obras intelectuais como um poema), construir, produzir (no trabalho agrícola), provocar (riso, doença, vergonha, pobreza, lágrimas, riqueza), fazer (sacrifícios aos deuses, a guerra, o bem ou o mal a alguém); agir com eficácia produzindo um resultado (um remédio, uma arma, um artefato). Aristóteles explicita o sentido principal da *poíesis* como uma prática na qual o agente e o resultado da ação estão separados ou são de natureza diferente. A *poíesis* liga-se à ideia de trabalho como fabricação, construção, composição e à ideia de *tékhne* (ver *tékhne*).

Pónos: Em sentido físico e/ou moral: pena, dor, sofrimento, cansaço, fadiga, trabalho cansativo. Do verbo *ponéo*: ter dor, sofrer, cansar-se, experimentar males e dores, realizar algo com esforço. Como se sabe, na língua grega (e também na latina), não existe uma palavra para designar o trabalho, que é atividade inferior realizada pelos escravos. Frequentemente, *pónos* é empregado com o sentido de trabalho e *ponéo*, com o de trabalhar.

Práxis: Ação, ato (por oposição a fabricação, *poíesis*); atividade (por oposição a paixão, passividade, *páthos*); realização; maneira de agir e maneira de ser. O verbo *prátto* (no infinitivo *práttein*) significa percorrer um caminho até o fim, chegar ao fim, alcançar o objetivo, executar, cumprir, realizar, agir, conseguir, fazer acontecer alguma coisa, fazer por si mesmo. Aristóteles explicita o sentido de *práxis* afirmando tratar-se daquela prática na qual o agente, o ato ou ação e o resultado são inseparáveis. Trata-se da ação no campo ético e político. A *práxis* difere da *poíesis* e se opõe ao *páthos*.

Proaíresis: Escolha preferencial ou dos preferíveis; a escolha moral e o ato voluntário do agente ético e político. Palavra composta pelo prefixo pro- (antes de, diante de, perante, de preferência a, como consequência de, precedentemente a) e de *aíresis* (ver *aíresis*). A *proaíresis*, segundo Aristóteles, é a escolha racional de uma ação pela avaliação de seu valor moral. Para Platão, a *proaíresis* oferece o conjunto dos princípios pelos quais guiamos nossas ações éticas e políticas. O verbo *proairéo* significa escolher de preferência, preferir para escolher, tomar partido.

Prolépsis: Ação de segurar de antemão ou previamente, donde: opinião prévia, pressuposição, opinião preconcebida; e por extensão: toda noção anterior a qualquer percepção sensorial; noção inata.

Pronoia: Saber antecipado, conhecimento antecipado, saber prévio; por extensão, a Providência.

Psyché: Alma, psique; sopro de vida; princípio da vida; o vivente; caráter, temperamento; sede dos desejos, sentimentos e pensamentos. Personificada, Psyché simboliza a imortalidade e é atormentada por Eros.

Scholé: Repouso, lazer, ócio, ocupação do homem livre, que dispõe de lazer e ócio. Desde Sócrates a Platão, que criticam os sofistas por receberem pagamento pelo ensino, *scholé* passou a significar o estudo pelo estudo, próprio do homem livre. Por extensão: associação de estudiosos; lugar de estudo, escola.

Semeíon: Signo ou marca distintiva pela qual se reconhece alguém ou alguma coisa; donde signo celeste (as constelações), selo ou sinete (de um rei, de um chefe militar, de um sacerdote), bandeira, placa em estradas (para indicar a direção) e em edifícios (para indicar a finalidade), comunicação naval por meio de bandeirolas e gestos. *Semeíon* é também o sinal ou vestígio deixado por animais, donde indício e, na linguagem judiciária, produzir provas oferecendo os indícios; na linguagem médica, indício ou sinal visível de alguma coisa ou de algum acontecimento visível. *Sema* é signo ou marca e sinal. O verbo *semaíno* significa: 1) marcar com um signo ou com um sinal distintivo para reconhecimento; 2) manifestar-se sob a forma de um sinal ou de um sintoma.

Skeptikós (no plural *skeptikói*): Aquele que observa atentamente, aquele que reflete. Deriva-se do verbo *skeptomai*: olhar atentamente, observar com atenção; examinar, meditar, refletir; preocupar-se, ter cuidado ou preocupação.

Sophía: Sabedoria. Inicialmente significa habilidade manual para as artes e técnicas. A seguir, a sabedoria moral ou prudência do homem razoável e sensato. Finalmente, passa a significar o conhecimento teórico em seu ponto de mais alta perfeição. O verbo *sophízo* significa tornar hábil, prudente, sábio.

Spérmata: Sementes. Na cosmologia de Anaxágoras, as sementes que saem da *phýsis* (que é uma mistura primordial) pela ação do Noûs, contêm, em cada uma delas, todos os elementos que estão presentes no universo. São germes ou grãos de todas as coisas. O verbo *spermatízo* significa procurar, fecundar, engendrar, de modo que todas as sementes são *phýsis*, pois engendram, fecundam e procriam todas as coisas da natureza.

Soma: (no plural *sómata*): O corpo por osposição à alma. Em Homero, o cadáver (sentido mantido no inglês contemporâneo, que distingue entre *body*, o corpo vivo, e *corps*, o corpo morto). Depois de Homero: o corpo vivo, o corpo animado do homem e dos animais. Posteriormente e por extensão: as coisas visíveis e tangíveis por oposição às coisas invisíveis e intangíveis.

Symbolon: Signo de reconhecimento (um objeto partido em dois, cada pessoa ficando com uma metade, para que, num encontro futuro, fossem ajuntadas para significar que cada portador reconhecia no outro um amigo antigo); jetom que os cidadãos recebiam ao participar de uma assembleia. Em geral: signo convencionado, sinal. Por extensão; índice, insígnia, emblema, alegoria. Na linguagem religiosa: presságio, augúrio. Na linguagem política: convenção entre cidades ou entre nações para se submeterem às decisões de seus tribunais respectivos as contestações das partes envolvidas num litígio. Essa palavra provém de *symbolé*: aproximação, encontro, juntura, ajuste, engajamento, convenção, contrato.

Sympátheia: Estar unido pelo mesmo sentimento ou pela mesma paixão; o sentir junto ou em conjunto com os demais. Palavra composta pelo prefixo *–syn* (união, unir, juntar, junto, juntado) e pelo substantivo *páthos* (paixão, sentimento). Significa um acordo ou uma concordância natural e espontânea entre os seres. Os estoicos empregam esse conceito para exprimir a ordem universal constituída pelos laços naturais entre os seres.

Syneimarména: Palavra composta pelo prefixo *syn-* (união, unir, juntar, junto, juntado) e pela palavra *eimarméne* (o destino), significando a conexão ou a ligação necessária entre os acontecimentos, de tal maneira que quando um deles ocorre todos os que lhe estão ligados também ocorrem necessariamente.

Syntonía: Palavra composta pelo prefixo *syn-* (união, unir, juntar, junto, juntado) e pelo substantivo *tónos* (tensão, intensidade, força, vigor), para significar que a força ou o vigor de cada corpo opera em conjunto com o *tónos* de cada um dos outros seres. Os estoicos empregam esse conceito para significar que o *kosmos* é um vivente no qual as forças de todas as coisas se relacionam ou se conectam formando uma vida racionalmente ordenada.

Sýstasis: Organização, ordenamento, a constituição de alguma coisa ou o ser dela. Palavra composta pelo prefixo *syn-* (união, unir, juntar, junto, juntado) e de *stásis* (ação e erguer ou levantar, tomar um lugar e uma posição, atitude). *Systásis* significa a ação de reunir e organizar elementos (palavras, coisas, pessoas, fatos); a ação de garantir e dar consistência a alguma coisa ou a algum acontecimento; a ação de unir-se e reunir-se; a natureza ou constituição de um ser.

Systema: Reunião num só corpo de diversos objetos ou de partes diversas do mesmo objeto; por extensão, reunião numa só doutrina de suas diferentes partes para formar um todo unitário. Na origem, *systema* significa: conjunto, rebanho, tropa de homens, massa ou multidão; confederação, associação, coligação; conjunto das instituições políticas e constituição política. Em filosofia, foram as escolas helenísticas que introduziram o termo para significar a organização unitária das partes de uma doutrina.

Télos: Fim, finalidade, conclusão, acabamento, realização, cumprimento; resultado, consequência; chegar a um termo previsto; ponto culminante, cume, cimo, alvo; formação e desenvolvimento completos, pleno acabamento; plenitude de poder de alguma coisa, soberania; o que deve ser realizado ou cumprido; o que é completo em si mesmo. O *télos* pode ser natural, isto é, determinado pela *phýsis* ou pela *ousía* de um ser. O *télos* também pode ser uma decisão humana, uma convenção estabelecida segundo o *nómos*. O *télos* é o que permite avaliar ou determinar o valor e a realidade de alguma coisa.

Theoría: Teoria, ação de ver, observar, examinar para conhecer; contemplação do espírito, meditação, estudo; especulação intelectual por oposição à prática. Deriva-se do verbo *theoréo*: observar, examinar, contemplar. Inicialmente, este verbo se refere aos espectadores que contemplam os jogos olímpicos e os comandantes que passam em revista as tropas. A seguir, passa a significar os que contemplam com os olhos da inteligência ou do espírito e, portanto, que examinam ideias, conceitos, essências, com o significado de raciocinar, pensar, demonstrar, julgar, meditar e refletir. A teoria é o conhecimento pelo conhecimento, sem preocupação com seu uso instrumental, com sua aplicação, com as técnicas.

Týkhé: A fortuna, o acaso, a boa ou má sorte; as vicissitudes da vida, acidentes, acasos, felicidades e infelicidades; indica o fortuito, acidental, casual, inesperado; a adversidade. Personificada, Týkhe é a deusa Fortuna, representada sobre uma roda que ela faz girar ao acaso, distribuindo, caprichosa e arbitrariamente, seus favores, benefícios ou malefícios. É o acaso, a contingência.

Thymós: Na medicina antiga, sopro que é princípio de vida; princípio da vontade e das paixões; o coração como sede do pensamento; o coração como sede da vontade e dos sentimentos; o sentir a si mesmo ou a emoção. *Dysthimía*: desânimo; *athymía*: tristeza profunda, desejo de morrer; *epithymía*: o desejo; *euthymía*: alegria que solta o coração, o desejo de viver.

Tyrannikós: Tirânico, o que é relativo ao *týrannos*. Historicamente a palavra *týrannos* registra dois sentidos diversos: 1) o rei, o soberano. Ver, por exemplo, o nome da tragédia de Sófocles: *Oidípos týrannos*, Édipo-Rei; 2) aquele que, aproveitando de sua superioridade militar, intelectual, capacidade de persuasão, toma o poder pela força e o exerce segundo sua vontade pessoal. Deste sentido deriva aquele com que usamos esta palavra modernamente.

Zêtêtikós (no plural, *zetetikói*): Aquele que ama investigar, aquele que está apto a procurar ou investigar.

Zetéuô: Procurar, buscar, investigar, examinar.

Glossário de termos latinos

Affectio: Afecção. Deriva-se do verbo *afficio*, receber uma ação, de maneira que o primeiro traço da *affectio* é a passividade, sofrer uma ação vinda de um outro ou de uma outra coisa.

Alienus juris: De *alienus* (outro) e *jus* (direito). Estar sob o direito de um outro; estar submetido a um outro.

Auctoritas patrum: A autoridade dos pais fundadores; a autoridade que fundou Roma. De *auctoritas* (derivado de *auctor*, autor, agente, fiador, garantidor) e *pater* (pai, no plural, *patres*). Os descendentes dos *patres* são por isso denominados patrícios e constituem a classe dominante romana, contraposta à *plebs*, plebe, povo.

Anima: A alma. Sopro vital, princípio vital.

Animus: O ânimo. O princípio pensante; a sede do pensamento e da vontade; a sede das emoções e dos pensamentos. Tem sentido racional e afetivo. Corresponde ao grego *thymós*.

Ars: Habilidade adquirida pelo estudo ou pela prática; conhecimento técnico; conjunto de preceitos e regras que orientam uma prática (arte retórica, arte gramatical, arte poética, arte médica etc.). Corresponde ao grego *tékne*.

Assensio: Ação de assentir, assentimento, dar adesão, dar consentimento, concordar. Deriva-se do verbo *assentior* (partilhar a opinião de alguém, ser do mesmo parecer, concordar a respeito de alguma coisa).

Auctoritas patrum: Autoridade dos pais.

Augustus: Augusto; adjetivo derivado do verbo *augeo*, que significa fazer crescer, aumentar. *Augustus* é aquele consagrado pelos augúrios, isto é, pelos *augures*, aqueles que dão os presságios favoráveis que asseguram o crescimento de um empreendimento.

Civitas: A cidade como instituição política (corresponde ao grego *pólis*), o conjunto dos *cives*, os cidadãos. O adjetivo *civilis*, civil, se refere ao direito e se opõe a militar. *Civilitas* corresponde a *humanitas*: afabilidade, civilidade.

Comprehensio: Compreensão, conhecimento. Empregado por Cícero para traduzir o sentido estoico de *katalépsis*. Deriva-se do verbo *comprehendo* (*comprehendere* no infinitivo): prender, segurar, agarrar, abarcar, abranger, ligar, atar, compreender pelo pensamento.

Concursus: Ação de correr conjuntamente; ação de concorrer; peleja, combate, choque.

Conceptio: Ação de conter; ação de conceber. Concepção do feto. Concepção de pensamentos.

Conceptus: Concebido, gerado, fruto, progênie. O conceito como o que é concebido e gerado pelo pensamento.

Confatalia: Palavra composta pela preposição cum- (com, junto) e pelo adjetivo *fatalis* (no plural, *fatalia*), derivado de *fatum*, o destino. Tradução latina do termo grego *syneimarména* que, no vocabulário estoico, designa o conjunto de acontecimentos conectados e interligados que constituem o destino de alguém ou de alguma coisa.

Consilium: Deliberação, resolução, desígnio, conselho.

Constitutio: Constituição do corpo, compleição, temperamento, disposição firme ou permanente, o caráter. Do verbo *constituo* (*constituere* no infinitivo), formado pela preposição cum- (com, junto) por *statuo* (fundar, erguer, estabelecer, ordenar, decretar). Significa criar, fundar, erguer, dispor com ordem e firmeza, instituir. Por extensão, a constituição da cidade, a fundação da cidade, seu caráter e suas instituições.

Cupiditas: O desejo.

Declinatio: Ação de inclinar para baixo, desviar, afastar, arredar; inclinação, desvio, extravio. Corresponde ao grego *clínamen*.

Decorum: O que está conforme aos bons costumes, conveniente, decoro, decência. Na retórica, designa a conveniência entre o preceito e a representação verossímil do que deve ser.

Dictator: Ditador; de *dictare* (dizer, proferir, ditar). Aquele que profere ou dita a lei durante um período de exceção, até que a normalidade política seja restaurada. Um ditador romano era proclamado como tal pelo Senado, do qual ele recebia um mandato temporário e limitado.

Divinatio: Conhecer os sinais do divino; adivinhar, adivinhação. Essa palavra vem de *divinus*, divina, que se deriva da forma primitiva da palavra *deus*, que era *divus*.

Dominium: Domínio. Palavra derivada de *domus* (a casa ou propriedade imobiliária de alguém) e de *dominus* (o senhor da casa, o proprietário).

Fatum: O destino.

Fides: A boa-fé, fidelidade, retidão, guardar fielmente a palavra dada; confiança; cumprir a promessa.

Fortuna: O acaso, a boa sorte ou má sorte (infortúnio); as vicissitudes da vida, acidentes, acasos, felicidades e infelicidades; o fortuito, acidental, casual; o inesperado; a adversidade. Personificada, é a deusa Fortuna, considerada a mais querida e mais popular divindade romana (protetora das virgens e das parturientes, dos mancebos), representada como uma bela jovem que traz uma cornucópia de boas coisas para distribuir aos homens. Também é representada a girar uma roda distribuindo, caprichosa e arbitrariamente, seus favores, benefícios ou malefícios. É a contingência.

Fundamentum: Fundamento; base segura, alicerce. Aquilo sobre o qual se apoia todo o restante. Aquilo de que tudo depende.

Furor: A desintegração da faculdade racional; furioso é o mentalmente cego, o louco propriamente dito.

Gens: Grupo de todos aqueles que possuem o mesmo ancestral masculino; é a comunidade de origem de todos os membros de um grupo. Por extensão: a família, a descendência, a raça, a nação. Essa palavra deriva do verbo *geno* (no infinitivo, *gignere*), que significa engendrar, gerar. Desse verbo derivam; gênero, generoso, gênese, genético, primogênito, ingênuo.

Imago: Imagem; parecença, aparência, semelhança. Corresponde ao grego *phantasma*.

Imaginatio: Imaginação. Corresponde ao grego *phantasía*.

Imperator: Aquele que detém o *imperium*, isto é, o poder de ordenar, comandar, legislar e julgar.

Imperium: O poder de ordenar, comandar, legislar e julgar. O *imperium* romano era o poder de Roma sobre seu território e sobre todos os territórios conquistados por ela e submetidos à sua lei.

Inanis: O vazio, o vácuo.

Ingenium: Qualidade ou natureza de alguma coisa; a índole ou o caráter de uma pessoa; as disposições naturais ou inatas de inteligência e de entendimento; as inclinações naturais ou inatas de alguém. Por extensão, o engenho, o talento, a habilidade, a destreza, a esperteza. Essa palavra derivo do verbo *geno* (no infinitivo, *gignere*) que significa gerar, engendrar. Ver *gens*.

Insânia: A doença mental, a loucura, a perda (temporária ou permanente) da sanidade mental.

Ius (ou *jus*): O direito.

Lex: A lei proclamada.

Libido: O desejo sexual; a sensualidade e a sexualidade.

Locus: Lugar.

Lumen: A luz recebida; iluminado, iluminada, luminosidade. *Lumen naturale*: a luz natural, a razão.

Lux: A luz que se irradia e ilumina todas as coisas, tornando-as visíveis. A fonte da luminosidade.

Mens: A mente; a faculdade do conhecimento.

Motus: O movimento.

Natura: A natureza. Deriva do verbo *nascor* (nascer). *Natura* significa a ação de fazer nascer ou de dar nascimento; a ordem natural das coisas; a substância de uma coisa, que determina as operações e ações que ela realiza. A expressão *rerum naturae* é o equivalente latino do grego *phýsis*.

Officium: O que convém fazer, a obrigação moral. Palavra empregada por Cícero para traduzir o sentido estoico de *kathekon*. Em geral, traduzido como o dever.

Optimates: Derivado de *optimus*, o melhor, o excelente. *Optimates*, no plural, os melhores, isto é, os patrícios. Corresponde ao termo grego *aristós* (no plural, *aristói*), de onde vem a palavra aristocracia, o poder dos melhores.

Perfectus: Adjetivação do particípio passado do verbo *perficere*, que significa concluir, acabar, completar, acabar. Perfeito é o acabado, concluído, terminado.

Perturbatio: Perturbação, agitação, movimento violento. Empregado pelos filósofos latinos para traduzir o grego *páthos*, a paixão.

Populus: O povo politicamente organizado; o conjunto dos cidadãos; a população de um Estado ou de uma nação. Na época imperial, a plebe, em oposição ao patriciado.

Potentia: Potência, capacidade de uma alguma coisa, força de alguma coisa para realizar uma ação ou função; poder para alguma coisa.

Potestas: Poder de alguma coisa ou de alguém; poder da autoridade; poder do chefe (da família, do exército etc.); poder político.

Princeps: O primeiro em relação ao tempo e ao lugar — o princípio; o primeiro a realizar uma obra ou uma ação; o primeiro a arrostar um perigo; o primeiro em dignidade e mérito, portanto, o que é de primeira plana; o primeiro na hierarquia, portanto, o principal, o cabeça, o chefe, o comandante. Por extensão, o primeiro dos cidadãos, isto é, o príncipe.

Ratio: Razão, proporção, relação; motivo e causa. Derivando-se do verbo *reor* (contar, calcular), na origem, *ratio* significava o cálculo, o cômputo e, por extensão, a faculdade de calcular. Como faculdade de calcular significava também planejar, projetar e prestar contas, portanto, capacidade para provar e demonstrar, de oferecer a causa ou o motivo de alguma coisa — em suma, raciocinar. Por extensão, tornou-se também faculdade de argumentar e de julgar. Conceber, compreender, demonstrar, argumentar, julgar, apresentar motivos e causas das coisas, oferecer relações regradas ou proporções entre as coisas: todos esses elementos passaram a constituir o que chamamos de razão. *Ratio* assemelha-se ao grego *lógos*.

Res (no plural *rerum*): Coisa. Palavra empregada para se referir a tudo o que é corporal e pode ser percebido pelos órgãos dos sentidos, por oposição a *verbum* (palavra, discurso) e *opinio* (opinião). Refere-se também aos fatos ou feitos realizados — *res gestae* — de que se ocupam os historiadores. No direito romano, significa um bem ou uma propriedade (*res familiaris*, bem de família; *res publica*, bem público). Aos poucos, porém, passou-se ao uso mais generalizado de *res/rerum* para se referir a coisas mentais ou espirituais, isto é, às coisas pensadas ou em pensamento e às coisas não percebidas diretamente pelos órgãos dos sentidos.

Res publica: A coisa pública, o bem público, a república.

Senatus Populusque Romanus: O Senado e o Povo Romano. Fórmula empregada para designar uma decisão ou um decreto cuja autoridade decorre de sua fonte, isto é, o órgão máximo de deliberação romana, o Senado e os representantes da plebe.

Signum: Signo, sinal.

Simulacrum (no plural, *simulacra*): Simulacro. Deriva-se de *similis*, semelhante, símile, de onde provêm dois substantivos, *simultas*, estar junto, simultâneo, rivalidade e combate, e *similitudo*, semelhança, analogia, e um verbo, *simulare*, representar exatamente, copiar, imitar, dar a aparência de, fingir, simular. *Simulacrum* é a imagem ou a representação de alguma coisa pela pintura, pela escultura, pelo espelho. Lucrécio emprega essa palavra para traduzir o emprego feito por Epicuro do termo grego *ei-*

dolon: nossos sentidos podem perceber as coisas exteriores porque destas se destacam finas películas que reproduzem perfeitamente suas imagens ou figuras (são símiles das coisas) e penetram em nossos órgãos sensoriais.

Stultitia: Inconstância mental. Juridicamente, a estultice é uma incapacidade parcial para alguns direitos e deveres. Psicologicamente, estulto é o que sofre um desequilíbrio em suas faculdades mentais, o tolo.

Taedium: Tristeza profunda, perda do desejo de viver, desânimo, desejo de morrer, melancolia. Uma das mais graves doenças do ânimo.

Tranquilitas: O ânimo tranquilo, sereno, calmo, igual e firme, benévolo consigo mesmo, cheio de alegria ininterrupta, sem exaltação nem depressão. Corresponde ao termo grego *ataraxía*, ausência de perturbação. Sêneca prefere considerá-la correspondente à *euthymía*, portanto, à alegria de viver.

Turbatio: O mesmo que *perturbatio*; movimento violento; forte agitação.

Vacuum: Vazio, vácuo.

Virtus: Virtude. Deriva-se de *vir*: homem varão, e por isso, na origem, *virtus* significa força, virilidade, robustez, vigor, coragem, energia. Essas qualidades, quando atribuídas ao *animus* se tornam qualidades morais, virtudes. Como qualidades morais, diferem nos homens e nas mulheres, havendo virtudes próprias de cada um dos gêneros.

Voluptas: Prazer, deleite, contentamento, gozo, fruição; volúpia ou prazer sensual, sensualidade.

Bibliografia

BIBLIOGRAFIA GERAL

ABBAGNANO, N. *História da filosofia*. Lisboa, Editorial Presença, s/d, vol. 2.

ALGRA, K.; BARNES, J.; MANFIELD, J.; SCHOFIELD, M. *The Cambridge history of hellenistic philosophy*. Cambridge, Cambridge University Press, 1999.

ANNAS, E. *Hellenistic philosophy of mind*. Berkeley, University of California Press, 1998.

ARRIO. *The campaigns of Alexander*. Harmondsworth, Penguin, 1958.

BRÉHIER, E. *História da filosofia*. São Paulo, Mestre Jou, 1978, vol. 2, t. 1.

CANTO-SPERBER, M. (org.). *Philosophie grecque*. Paris, PUF, 1997.

CASSIN, B.; LORAUX, N.; PESCHANSKI, C. *Gregos, bárbaros e estrangeiros. A cidade e seus outros*. São Paulo, Editora 34, 1993.

CHÂTELET, F. (org.). *História da filosofia. Ideias e doutrinas*. Rio de Janeiro, Zahar, 1973. Vol. 1: *A Filosofia pagã. Do século VI a.C. ao século II d.C.*

__________. *Histoire des idéologies*. Paris, Hachette, 1978, vol. 1.

CHEVALIER, J. *D'Aristote à Plotin*. Paris, Editions Universitaires, 1991.

COCHRANE, N. *Christianity and classical culture. A study of thought and action from Augustus to Augustine*. Harvard, Oxford University Press, 1977.

DIÓGENES DE LAÉRCIO. *Vie, doctrines et sentences des philosophes illustres*. Paris, Garnier, s/d. Tradução brasileira: *Vida e doutrinas dos filósofos ilustres*. Brasília, Editora da UnB, 1987.

FONTANIER, J-M. *Le vocabulaire latin de la philosophie*. Paris, Ellipses, 2002.

FURLEY, D. (org.). *From Aristotle to Augustine*. Harvard, Routledge, 2001.

HADOT, P. *Qu'est-ce que la philosophie antique?* Paris, Gallimard, 1995.

HEGEL, G. H. *Lições sobre a história da filosofia*. Tradução inglesa: *Hegel's lectures on the history of philosophy*. Londres, Routledge and Kegan Paul, 1955, vol. 2. Tradução francesa: *Leçons sur l'histoire de la philosophie*. Paris, Vrin, 1975, vol. 4.

LONG, A. A. *Hellenistic Philosophy. Stoics, epicureans, skeptics*. Berkeley, University of California Press, 1986.

LORAUX, N. *A invenção de Atenas*. São Paulo, Editora 34, 1994.

MONDOLFO, R. *O pensamento antigo*. São Paulo, Mestre Jou, 1964, vol. II.

PETERS, F. E. *Termos filosóficos gregos*. Lisboa, Fundação Gulbenkian, 1974.

PIGEAUD, J. *La maladie de l'âme. Étude sur la relation de l'âme et du corps dans la tradition médico-philosophique antique*. Paris, Les Belles Lettres, 1989.

PLUTARCO. *The raise and fall of Athens*. Harmondsworth, Penguin, 1981.

__________. *The age of Alexander*. Harmondsworth, Penguin, 1982.

__________. *The fall of the Roman Republic*. Harmondsworth, Penguin, 1982.

POLÍBIO. *História*. Brasília, Editora da UnB, 1985.

REALE, G.; ANTISERI, D. *Historia del pensamiento filosófico y científico*. Barcelona, Herder, 1988. Vol. 1: *Antiguedad y Edad Media*.

REALE, G. *História da filosofia antiga*. São Paulo, Loyola, 1994. Vol. 3: *Os sistemas da era helenística*.

SCHOFIELD, M.; STRIKER, G. (orgs.). *Las normas de la naturaleza. Estudios de ética helenística*. Buenos Aires, Manantial, 1993.

STRIKER, G. *Essays on hellenistic epistemology and ethics*. Cambridge, Cambridge Universty Press, 1996.

TUCÍDIDES. *História da guerra do Peloponeso*. Brasília, Editora da UnB, 1987.

VERNANT, J.-P. *Entre mito e política*. São Paulo, EDUSP, 2002.

VEYNE, P. *O império greco-romano*. Rio de Janeiro, Elsevier, 2009.

WINDELBAND, W. *Historia de la filosofia antigua*. Buenos Aires, Editorial Nova, 1955, vol. 1.

INTRODUÇÃO À PARTE I

Todas as obras mencionadas na bibliografia geral.

AUBENQUE, P. "As filosofias helenísticas. Estoicismo, epicurismo, ceticismo". In: CHÂTELET, F. (org.). *História da filosofia. Ideias e doutrinas*. Rio de Janeiro, Zahar, 1973. Vol. 1: *A filosofia pagã. Do século VI a.C. ao século II d.C.*

BRUNSCHWIG, J. "La philosophie à l'époque hellénistique". In: CANTO-SPERBER, M. (org.). *Philosophie grecque*. Paris, PUF, 1997.

MANSFELD, J. "Sources". In: ALGRA, K.; BARNES, J.; MANFIELD, J.; SCHOFIELD, M. *The Cambridge history of hellenistic philosophy*. Cambridge, Cambridge University Press, 1999.

I. PIRRO E A FILOSOFIA COMO ATITUDE CÉTICA (PP. 46-69)

Todas as obras mencionadas na bibliografia geral.

Fontes

CAIZZI, F. D. *Pirrone. Testimonianze*. Nápoles, Bibliópolis, 1981.

DIÓGENES DE LAÉRCIO. Livro IX: "Les isolés et les sceptiques". In: *Vie, doctrines et sentences des philosophes illustres.* Paris, Garnier, s/d.
SEXTO EMPÍRICO. *Esboços pirrônicos.* Há edições bilíngues: grego-inglês, Harvard, Loeb Classical Library; grego-francês, Paris, Les Belles Lettres.

Comentadores

ANNAS, J.; BARNES, J. (orgs.). *The modes of scepticism: ancient texts and modern interpretations.* Cambridge, Cambridge University Press, 1985.
BOLZANI FILHO, R. *Acadêmicos* versus *pirrônicos.* Tese de doutoramento. São Paulo, Departamento de Filosofia, Faculdade de Filosofia, Letras e Ciências Humanas, Universidade de São Paulo, 2003.
BROCHARD, V. *Les sceptiques grecs.* Paris, Vrin, 1969.
BRUNSCHWIG, J. "Pyrrhon". In: CANTO-SPERBER, M. (org.). *Philosophie grecque.* Paris, PUF, 1997.
CONCHE, M. *Pyrrhon ou l'apparence.* Villers sur Mer, Mégare, 1973.
COSSUTA, F. *Le scepticisme.* Paris, PUF, 1994.
GIANNANTONI, G. (org.). *Lo scetticismo antico.* Nápoles, Bibliópolis, 1981.

2. EPICURO E O JARDIM (PP. 70-111)

Todas as obras mencionadas na bibliografia geral.

Obras de Epicuro

Coleções mais importantes, em ordem cronológica:

USENER, H. *Epicurea.* Sttutgart, Lipsia, 1887. Reimpressão: 1966.
ARRIGHETI, G. *Epicuro. Opere.* Turim, Einaudi, 1973 e 1975.
PARENTE, M. I. *Opere di Epicuro.* Turim, Unione Tipográfico-Editrice Torinese, 1974 e 1983.

Cartas

Carta sobre a felicidade. São Paulo, EDUNESP, 1997. Edição bilíngue grego-português.
Lettres. Paris, Nathan, 1982. Tradução de O. Hamelin, revista por Jean Salem.
Lettere. Sulla fisica, sul cielo e sulla felicita. Texto bilíngue grego-italiano. Tradução de Nicoletta Russello. Milão, Rizzoli, 2004.

Antologias

Antologia de textos. São Paulo, Abril Cultural, 1973. Coleção Os Pensadores. Tradução e notas de Agostinho da Silva.
Épicure et les épicuriens. Textes choisis. Jean Brun (org.). Paris, PUF, 1962.
Doctrines et maximes. Paris, Hermann, 1965. Tradução de Maurice Solovine.
Lettres, maximes, sentences. Paris, Le Livre de Poche, 1994. Tradução de Jean-François Balaude.

Fontes

CÍCERO. *Tratado do destino, Dos termos extremos dos bens e dos males, Da natureza dos deuses, Contra acadêmicos, Tusculanas.* Há edições bilíngues: latim-italiano, Nápoles, Bibliópolis; latim-francês,

Paris, Les Belles Lettres; latim-inglês, Harvard, Loeb Classical Library. Há tradução brasileira do *Tratado do destino*. Há tradução espanhola das *Tusculanas*.

CLEMENTE DE ALEXANDRIA. *Stromateis (Tapeçarias)*. Há edição bilíngue grego-francês. Edição Migne da Patrologia Grega. Paris, Les Belles Lettres.

DIÓGENES DE ENOANDA. *The epicurean inscription*. Edição bilíngue grego-inglês. Estabelecimento do texto, tradução e notas de Martin Ferguson Smith. Nápoles, Bibliópolis, 1993.

__________. *La philosophie épicurienne sur pierre. Les fragments de Diogène d'Oenoanda*. Tradução de Alexandre Etienne e Dominic O'Meara. Fribourg Suisse, Editions Universitaires, 1996.

DIÓGENES DE LAÉRCIO. *Vie, doctrines et sentences des philosophes illustres*. Livro X: "Epicure", Paris, Garnier, s/d., vol. 2.

LUCRÉCIO. *Da natureza das coisas*. Há edições bilíngues: latim-italiano, Nápoles, Bibliópolis e Milão, Rizzoli; latim-francês, Paris, Les Belles Lettres; latim-inglês, Harvard, Loeb Classical Library. Há tradução para o português de trechos da obra, por Agostinho da Silva. São Paulo, Abril Cultural, 1973. Coleção Os Pensadores.

PLUTARCO. *Das opiniões dos filósofos*; *Contra Colótes*; *Contra o conceito epicurista de felicidade*. Há edições bilíngues: italiano, Nápoles, Bibliópolis; francês, Paris, Les Belles Lettres; inglês, Harvard, Loeb Classical Library.

SEXTO EMPÍRICO. *Contra os matemáticos*; *Esboços pirrônicos*. Há edições bilíngues: grego-italiano, Nápoles, Bibliópolis; grego-francês, Paris, Les Belles Lettres; grego-inglês, Harvard, Loeb Classical Library.

Comentadores

ASMIS, E. "Epicurean epistemology". In: ALGRA, K.; BARNES, J.; MANFIELD, J.; SCHOFIELD, M. *The Cambridge history of hellenistic philosophy*. Cambridge, Cambridge University Press, 1999.

BRUN, J. *L'épicurisme*. Paris, PUF, 1959.

BRUNSCHWIG, J. "Epicuro". In: CANTO-SPERBER, M. (org.). *Philosophie grecque*. Paris, PUF, 1997.

DUVERNOY, J-F. *L'épicurisme et sa tradition antique*. Paris, Bordas, 1990. Tradução brasileira: *O epicurismo e a tradição antiga*. Rio de Janeiro, Zahar, 1993.

ERLER, M.; SCHOFIELD, M. "Epicurean ethics". In: ALGRA, K.; BARNES, J.; MANFIELD, J.; SCHOFIELD, M. *The Cambridge history of hellenistic philosophy*. Cambridge, Cambridge University Press, 1999.

EVERSON, S. "Epicurean psychology". In: ALGRA, K.; BARNES, J.; MANFIELD, J.; SCHOFIELD, M. *The Cambridge history of hellenistic philosophy*. Cambridge, Cambridge University Press, 1999.

__________. "Epicureanism". In: FURLEY, D. (org.). *From Aristotle to Augustine*. Harvard, Routledge, 2001.

FARRINGTON, B. *A fé de Epicuro*. Rio de Janeiro, Zahar, 1968.

FESTUGIÈRE, A.-J. *Epicure et sés dieux*. Paris, PUF, 1946 e 1985.

GOLDSCHMIDT, V. *La doctrine d'Epicure sur le droit*. Paris, Vrin, 1977.

__________. "Le fondement naturel du droit positif selon Epicure". In: *Archives de Philosophie du Droit*, n. 21, 1976.

JONES, H. *The epicurean tradition*. Harvard, Routledge, 1992.

MARX, K. *Diferença entre as filosofias da natureza de Demócrito e Epicuro*. São Paulo, Global Editora, s/d.

PESCE, D. *Introduzione a Epicuro*. Bari, Laterza, 2005.
PESSANHA, J. A. "As delícias do Jardim". In: NOVAES, A. (org.). *Ética*. São Paulo, Companhia das Letras, 1992.
QUARTIM DE MORAES, J. *Epicuro. As luzes da ética*. São Paulo, Moderna, 1998.
RODIS-LEWIS, G. *Épicure et son école*. Paris, Gallimard, 1975.
SALEM, J. *L'atomisme antique. Démocrite, Épicure, Lucrèce*. Paris, Librairie Générale Française, 1997.

3. A ESCOLA DO PÓRTICO (PP. 112-68)

Todas as obras mencionadas na bibliografia geral.

Obras dos estoicos antigos

Coleções mais importantes em ordem cronológica:

DIELS, H. *Doxographi graeci*. Berlim, 1879; reimpressão: 1958.
PEARSON, A. C. *The fragments of Zeno and Cleanthes*. Londres, Clay, 1891.
VON ARNIN, H. *Stoicorum veterum fragmenta*. Leipzig, Teubner, 1903-1924; reimpressão: Sttugart, Teubner, 1978.
VOGEL, C. J. *Greek philosophy: a collection of texts with notes and explanation*. vol. 3. Leiden, J. Brill, 1959.
BRÉHIER, E. *Les stoïciens*. Paris, Gallimard, 1962, vol. 1.
PARENTE, M. I. *Opere e testimonianze*. Nápoles, F. Alese, 1989.
LONG, A. A.; SEDLEY, D. N. *The hellenistic philosphers*. Cambridge, Cambridge University Press, 1987.
INWOOD, B.; GERSON, L. P. *Hellenistic philosophy. Introductory readings*. Indianapolis, Hackett, 1997

Fontes

ALEXANDRE DE AFRODÍSIA. *Tratado do destino*; *Da mistura*. Há edições bilíngues: latim-italiano, Nápoles, Bibliópolis; latim-francês, Paris, Les Belles Lettres; latim-inglês, Harvard, Loeb Classical Library.
CÍCERO. *Do destino*; *Da natureza dos deuses*; *Da adivinhação*; *Dos fins dos bens e dos males*; *Dos deveres*; *Acadêmicos I* e *II*; *Tusculanas*. Há edições bilíngues: latim-italiano, Nápoles, Bibliópolis; latim--francês, Paris, Les Belles Lettres; latim-inglês, Harvard, Loeb Classical Library. Há tradução brasileira de *Do destino* e *Dos deveres* e espanhola das *Tusculanas*.
CLEMENTE DE ALEXANDRIA. *Stromateis* (*Tapeçarias*). Há edição bilíngue grego-francês. Edição Migne da Patrologia Grega. Paris, Les Belles Lettres.
DIÓGENES DE LAÉRCIO. *Vie, doctrines et sentences des philosophes illustres*. Livro VII, Paris, Garnier, s/d, vol. 2.
GALENO. *Dos preceitos de Hipócrates e de Platão*. Há edições bilíngues: grego-italiano, Nápoles, Bibliópolis; grego-francês, Paris, Les Belles Lettres; grego-inglês, Harvard, Loeb Classical Library. Há tradução castelhana.
PLUTARCO. *Das contradições dos estoicos*. *Das concepções comuns contra os estoicos*. Há edições bilíngues: italiano, Nápoles, Bibliópolis; francês, Paris, Les Belles Lettres; inglês, Harvard, Loeb Classical Library.

SEXTO EMPÍRICO. *Contra os matemáticos*. Há edições bilíngues: latim-italiano, Nápoles, Bibliópolis; latim-francês, Paris, Les Belles Lettres; latim-inglês, Harvard, Loeb Classical Library.

Comentadores

ALBERTI, A. (org.). *Lógica, mente, persona*. Florença, F. Olschki, 1990.
ANNAS, J. *The morality of happiness*. Oxford, Oxford University Press, 1993.
BÉNATOUÏL, T. *Faire usage. La pratique du Stoïcisme*. Paris, Vrin, 2006.
BRÉHIER, E. *La théorie des incorporels dans l'ancien stoïcisme*. Paris, Vrin, 1908.
__________. *Chrysippe et l'ancien stoïcisme*. Paris, PUF, 1910.
BRUN, J. *Le stoïcisme*. Paris, PUF, 1998.
BRUNSCHWIG, J. *Etudes sur les philosophies hellénistiques*. Paris, 1995.
__________. "Les stoïciens". In: CANTO-SPERBER, M. (org.). *Philosophie grecque*. Paris, PUF, 1997.
DUHOT, J. J. *La conception stoïcienne de la causalité*. Paris, Vrin, 1989.
FREDE, M. "Stoic epistémologie". In: ALGRA, K.; BARNES, J.; MANFIELD, J.; SCHOFIELD, M. *The Cambridge history of hellenistic philosophy*. Cambridge, Cambridge University Press, 1999.
GOLDSCHMIDT, V. *Le système stoïcien et l'idée de temps*. Paris, Vrin, 1953.
GOURINAT, J. B. *Le stoïcisme*. Paris, PUF, 2007.
GOURINAT, J. B.; BARNES, J. *Lire les stoïciens*. Paris, PUF, 2009.
HANKINSON, R. J. "Explanation and causation". In: ALGRA, K.; BARNES, J.; MANFIELD, J.; SCHOFIELD; M. *The Cambridge history of hellenistic philosophy*. Cambridge, Cambridge University Press, 1999.
IMBERT, C. "La vérité d'Aristote et la vérité de Tarski". *Manuscrito. Revista de Filosofia*, vol. 6, n. 2, 1983.
INWOOD, B.; DONINI, P. "Stoic ethics". In: ALGRA, K.; BARNES, J.; MANFIELD, J.; SCHOFIELD, M. *The Cambridge history of hellenistic philosophy*. Cambridge, Cambridge University Press, 1999.
LAURAND, V. *Le vocabulaire des stoïciens*. Paris, Ellipses, 2002.
LONG, A. A. "Stoic psychology". In: ALGRA, K.; BARNES, J.; MANFIELD, J.; SCHOFIELD, M. *The Cambridge history of hellenistic philosophy*. Cambridge, Cambridge University Press, 1999.
MATES, B. *Lógica de los estoicos*. Madri, Tecnos, 1985.
SANDBACH, F. H. *The stoics*. Londres, Gerald Duckworth, 1984.

4. BREVES CONSIDERAÇÕES SOBRE AS ESCOLAS NO PERÍODO MÉDIO (PP. 169-85)

Todas as obras mencionadas na bibliografia geral e nas dos capítulos 1 e 3.

Fontes para a Academia

CÍCERO. *Academica*. Há edições bilíngues: latim-italiano, Nápoles, Bibliópolis; latim-francês, Paris, Les Belles Lettres; latim-inglês, Harvard, Loeb Classical Library.
FÓCIO. *Bibliothèque*. Paris, Les Belles Lettres, 1962.
SEXTO EMPÍRICO. *Contra os matemáticos*. Há edições bilíngues: grego-inglês, Harvard, Loeb Classical Library; grego-francês, Paris, Les Belles Lettres.

Comentadores

COUISSIN, P. "The skepticism of the New Academy". In: BURNNYAT, M. (org.) *The skeptical tradition.* Cambridge, Cambridge University Press, 1983.

STRIKER, G. "On the difference between the Pyrrhonists and the Academics". In: *Essays on hellenistic epistemology and ethics.* Cambridge, Cambridge Universty Press, 1996.

Fontes para o estoicismo

CÍCERO. *Dos deveres. Tusculanas.* Há edições bilíngues: latim-italiano, Nápoles, Bibliópolis; latim-francês, Paris, Les Belles Lettres; latim-inglês, Harvard, Loeb Classical Library. Há tradução brasileira de *Dos deveres;* e espanhola das *Tusculanas.*

Coletâneas de fragmentos por ordem cronológica

FOWLER, H. N. *Panetii et Hecatonis librorum fragmenta.* Bonn, 1885.

HEINEMANN, J. *Poseidonios Metaphysichen Schriften.* Breslau, 1921-8.

VAN STRAATEN, M. *Panetius, ses écrits et sa doctrine avec une édition des fragments.* Amsterdã, 1946.

__________. *Panetii Rhodi fragmenta.* Leiden, 1952.

EDLESTEIN, L.; KIDD, G. *Possidonius. The fragments.* Cambridge, Cambridge University Press, 1972.

THEILER, W. *Posidonius. The fragments.* Berlim-Nova York, W. de Gruyter, 1982.

Comentadores

GRILLI, A. "Studi paneziani". In: *Studi italiane di filologia classica.* vol. 29, n. 1, 1957.

LAFRANQUE, M. *Poeidonios d'Apamée.* Paris, Vrin, 1964.

REINHARDT, K. *Kosmos und Sympathie: Neue Unterschungen uber Posidonius.* Munique, C. H. Beck, 1926.

SCHULL, P. M. "Panaitios et la philosophie active". *Revue philosophique,* 1960.

INTRODUÇÃO À PARTE II

Todas as obras mencionadas na bibliografia geral, particularmente as de Plutarco e Políbio.

COCHRANE, C. N. *Christianity and Classical Culture.* Londres, Oxford University Press, 1977.

FINLEY, M. *Aspects of Antiquity-Discoveries and controversies.* Harmondsworth, Peguin, 1977.

SCHIMIDT, J. "L'idéologie romaine: la Cité oecuménique", in Châtelet, F. (org.) *Histoire des ideologies.* Paris, Hachette, 1978. Volume I.

VEYNE, P. *Le pain et le cirque. Sociologie historique d'un pluralisme politique.* Paris, Seuil, 1976.

O império greco-romano. Rio de Janeiro, Elsevier, 2009.

Recomenda-se a leitura dos dois poetas maiores do período imperial.

Ovídio — *Metamorfoses.*
Fastos.

Vigílio —*Eneida.*
Bucólicas.
Geórgicas.

Essas obras estão traduzidas para o português. Há também edições críticas e bilíngues: latim-português, latim-italiano, latim-espanhol, latim-francês, latim-inglês.

5. CÍCERO: A FILOSOFIA FALA LATIM (PP. 221-51)

6. LUCRÉCIO: O EPICURISMO LIBERADOR (PP. 252-87)

7. O QUE DEPENDE DE NÓS: O ESTOICISMO ROMANO (PP. 288-321)

8. OS CÉTICOS: ENESIDEMO E SEXTO EMPÍRICO (PP. 322-34)

Todas as obras mencionadas na bibliografia geral e nas dos capítulos 1, 2, 3 e 4.

Obras

A maior parte das obras originais dos autores do período imperial foi conservada praticamente intacta e de algumas poucas restaram fragmentos. Existem, para os principais autores, edições críticas com notas e comentários em italiano, francês, alemão, inglês, espanhol e português. Há também edições bilíngues nas coleções Loeb Classical Library, Les Belles Lettres e Bibliópolis. Há traduções para o inglês, na coleção Penguin Books, e em francês, na coleção Bibliothèque de Philosophie (ed. Aubier), de obras de Alexandre de Afrodísia, Sexto Empírico, Lucrécio, Epicteto, Sêneca, Marco Aurélio, Cícero, Plutarco, e dos historiadores Políbio, Plínio o Velho, Plínio o Moço, Tito Lívio e Tácito. De algumas obras dos principais autores, há também traduções em português, algumas bilíngues e outras com aparato crítico. Para Lucrécio, Cícero, Sêneca e Marco Aurélio, pode-se consultar a coleção Os Pensadores, São Paulo, Abril Cultural, 1973.

Comentadores

ALGRA, K. A.; KOENEN, M. H.; SCHRIJVERS, P. H. (orgs.). *Lucretius and his intellectual background.* Amsterdã, 1997.

ANNAS, J.; BARNES, J. *Sextus Empiricus: outlines of Scepticism.* Cambridge, Cambridge Universty Press, 1994.

AUBERT, S. *La rhétorique des stoïciens à Rome.* Leiden, Brill, 2001.

BARZELLOTTI, G. *Delle dottrine filosofiche nei libri di Cicerone.* Florença, Barbera, 1946.

BOYANCÉ, P. *Lucrèce et l'épicurisme.* Paris, PUF, 1963.

BURY, R. G. "Introduction". In: *Sextus Empiricus Outlines of Pyrrhonism*. Harvard, Loeb Classical Library, 2000.

CONCHE, M. *Lucrèce.* Paris, Mégare, 1990.

CONTE, G. B. "Insegnamenti per un lettore sublime, Lucrezio *La natura delle cose*." Milão, RCS Libri, 1997.

COUISSIN, P. "La critique du réalisme des concepts chez Sextus Empiricus". *Revue d'Histoire de la Philosophie*, vol. 1, 1927.

GERMAIN, G. *Épictète et la spiritualité stoïcienne.* Paris, PUF, 1964.

GIANNANTONI, G. (org.). "Sesto Empirico e il pensiero antico". *Elencho*, n. 13, 1992.

GRENIER, J. "Introduction". In: SEXTUS EMPIRICUS. *Oeuvres chosies.* Paris, Aubier, 1948.

GRIFFIN, M. T. *Seneca. A Philospher in Politics.* Oxford, Clarendon Press, 1976.

GRIMAL, P. *Sénèque ou la conscience de l'empire.* Paris, Les Belles Lettres, 1978.

INWOOD, B. *Reading Seneca: Stoic Philosophy at Rome.* Oxford, Oxford University Press, 2005.

LAGACHE, A. *Lucrèce, Fantasmes et limites de la pensée mécaniste.* Paris, Alpha Bleue, 1997.

LONG, A. *Epictetus. A Stoic and Socratic guide to life.* Oxford, Clarendon Press, 2002.

MICELI, R. *La clasificazione stoica delle pasioni nelle Tusculane di Ciceroni.* Nápoles, Alfredo Rondinella, 1935.

MOREAU, P. F. *Lucrèce. L'âme.* Paris, PUF, 2002.

MOREL, P. M. *Atome et nécessité. Démocrite, Épicure, Lucrèce.* Paris, PUF, 2000.

PIGEAUD, J. *La maladie de l'âme.* Paris, Les Belles Lettres, 1989.

PIAZZI, L. *Lucrezio e i presocratici*. Pisa, Edizioni della Normale, 2005.

REYDAMS-SCHILS, G. *The Roman Stoics: self, responsibility and affection*. Chicago, University of Chicago Press, 2005.

RUTHERFORD, R. B. *The Meditations of Marcus Aurelius*. Oxford, Clarendon Press, 1989.

SALEM, J. *L'atomisme antique. Démocrite, Épicure, Lucrèce*. Paris, Librairie Générale Française, 1997.

SERRES, M. *O nascimento da física no texto de Lucrécio. Correntes e turbulências.* São Paulo, EDUNESP/EDUFSCAR, 2003.

VALENTE, M. *A ética estoica em Cícero.* Caxias do Sul, EDUCS, 1984.

VEILLARD, C. "L'empreinte du stóioisme sur la politique romadine". In: GOURINAT, J. B.; BARNES, J. *Lire les stoiciens*. Paris, PUF, 2009.

VEYNE, P. "Préface". In: *Sénèque: Entrétiens. Lettres à Lucilius*. Paris, Lafont, 1993.

Índice remissivo

1ª EDIÇÃO [2010] 2 reimpressões

ESTA OBRA FOI COMPOSTA PELA PÁGINA VIVA EM DANTE E IMPRESSA EM OFSETE
PELA GRÁFICA PAYM SOBRE PAPEL PÓLEN NATURAL DA SUZANO S.A.
PARA A EDITORA SCHWARCZ EM ABRIL DE 2024

FSC
www.fsc.org
MISTO
Papel produzido
a partir de
fontes responsáveis
FSC® C133282

A marca FSC® é a garantia de que a madeira utilizada na fabricação do papel deste livro provém de florestas que foram gerenciadas de maneira ambientalmente correta, socialmente justa e economicamente viável, além de outras fontes de origem controlada.